Die Strafbarkeit
des Personenversicherungsvermittlers
unter besonderer Berücksichtigung
des Strukturvertriebs

Europäische Hochschulschriften

European University Studies

Publications Universitaires Européennes

Reihe II **Rechtswissenschaft**

Series II Law

Série II Droit

Band/ Volume **5982**

Christian M. J. Rauch

Die Strafbarkeit des Personenversicherungsvermittlers unter besonderer Berücksichtigung des Strukturvertriebs

PETER LANG

Bibliografische Information der Deutschen Nationalbibliothek
Die Deutsche Nationalbibliothek verzeichnet diese Publikation in der Deutschen Nationalbibliografie; detaillierte bibliografische Daten sind im Internet über http://dnb.d-nb.de abrufbar.

Zugl.: Augsburg, Univ., Diss., 2017

D 384
ISSN 0531-7312
ISBN 978-3-631-74340-9 (Print)
E-ISBN 978-3-631-74542-7 (E-PDF)
E-ISBN 978-3-631-74543-4 (EPUB)
E-ISBN 978-3-631-74544-1 (MOBI)
DOI 10.3726/b13255

Peter Lang – Frankfurt am Main · Bern · Bruxelles · New York · Oxford · Warszawa · Wien

Diese Publikation wurde begutachtet.

www.peterlang.com

Meinen Eltern
Elisabeth und Hermann Rauch

Vorwort

Mein herzlicher Dank gilt Herrn Prof. Dr. Henning Rosenau für die Betreuung der Arbeit und das von ihm mir entgegengebrachte Vertrauen in deren Fertigstellung.
Herrn Prof. Dr. Arnd Koch danke ich für die Erstellung des Zweitgutachtens.
Ein ganz besonderer Dank gebührt meinen Eltern, die mir stets mit Rat und Tat zur Seite standen und ohne deren Unterstützung diese Arbeit wohl nie zustande gekommen wäre.
Ferner möchte ich mich bei Tina Raab, Patrick Pointner, Julia Smetann, Martin Steber und Sabine Kreutzpointner für deren Lektorat herzlich bedanken!

Augsburg, November 2017 Christian M. J. Rauch

Inhaltsübersicht

Inhaltsverzeichnis

Abkürzungsverzeichnis

a.A.	andere Ansicht
Abb.	Abbildung
ABl. EU	Amtsblatt der Europäischen Union
ADHGB	Allgemeines Deutsches Handelsgesetzbuch
a.E.	am Ende
AEUV	Vertrag über die Arbeitsweise der Europäischen Union
a.F.	alte Fassung
AT	Allgemeiner Teil
Alt.	Alternative
Anm.	Anmerkung
B2B	Business-to-Business
B2C	Business-to-Consumer
BaFin	Bundesanstalt für Finanzdienstleistungsaufsicht
BayObLG	Bayerisches Oberstes Landesgericht
BB	Betriebsberater
Bespr.	Besprechung
BGB	Bürgerliches Gesetzbuch
BGBl	Bundesgesetzblatt
BGH	Bundesgerichtshof
BGHZ	Entscheidungen des Bundesgerichtshofs in Zivilsachen
BMJV	Bundesministerium der Justiz und für Verbraucherschutz
BR-Drucks.	Drucksachen des Bundesrates
BT	Besonderer Teil
BT-Drucks.	Drucksachen des Deutschen Bundestages
BVerfG	Bundesverfassungsgericht
BVerfGE	Entscheidungen des Bundesverfassungsgerichts
bzw.	beziehungsweise
CCZ	Corporate Compliance Zeitschrift
c.i.c.	culpa in contrahendo
DB	Der Betrieb
DeckRV	Deckungsrückstellungsverordnung
DM	Deutsche Mark
DRiZ	Deutsche Richterzeitung
DZWiR	Deutsche Zeitschrift für Wirtschafts- und Insolvenzrecht
EG	Europäische Gemeinschaft
etc.	et cetera
EU	Europäische Union
EuGH	Europäischer Gerichtshof
EUR	Euro
EUV	Vertrag über die Europäische Union

f.	folgende (Seite)
ff.	folgende Seiten
Fn.	Fußnote
GA	Goltdammer's Archiv für Strafrecht
GDV	Gesamtverband der Deutschen Versicherungswirtschaft e.V.
gem.	gemäß
GewArch	Gewerbearchiv
GewO	Gewerbeordnung
GG	Grundgesetz für die Bundesrepublik Deutschland
GP	Geschäftspartner
GRUR	Gewerblicher Rechtsschutz und Urheberrecht
GRUR-Int.	Gewerblicher Rechtsschutz und Urheberrecht, internationaler Teil
GWR	Gesellschafts- und Wirtschaftsrecht
HGB	Handelsgesetzbuch
h.L.	herrschende Lehre
h.M.	herrschende Meinung
HS	Halbsatz
HRRS	Höchstrichterliche Rechtsprechung zum Strafrecht
i.d.R.	in der Regel
insb.	insbesondere
i.S.d.	im Sinne des/der
i.V.m.	in Verbindung mit
JA	Juristische Arbeitsblätter
JR	Juristische Rundschau
JZ	Juristenzeichnung
krit.	kritisch
lit.	littera (Buchstabe)
LK	Leipziger Kommentar
LTL	Litas (litauische Währung)
LVRG	Lebensversicherungs-Reformgesetz
M	Mark
MDR	Monatsschrift für Deutsches Recht
Mio.	Million
MK	Münchener Kommentar
MK VVG	Münchener Kommentar zum Gesetz über den Versicherungsvertrag
Mrd.	Milliarde
m.w.N.	mit weiteren Nachweisen
n.Chr.	nach Christi Geburt
n.F.	neue Fassung
NJW	Neue Juristische Wochenschrift
NJW-RR	NJW-Rechtsprechungs-Report Zivilrecht
NK	Nomos Kommentar

NStZ	Neue Zeitschrift für Strafrecht
NStZ-RR	Neue Zeitschrift für Strafrecht, Rechtsprechungs-Report
NVersZ	Neue Zeitschrift für Versicherung und Recht
NZG	Neue Zeitschrift für Gesellschaftsrecht
NZI	Neue Zeitschrift für das Recht der Insolvenz und Sanierung
o.Ä.	oder Ähnliche
OLG	Oberlandesgericht
Pf	Pfennig
PKS	Polizeiliche Kriminalstatistik
ProstG	Prostitutionsgesetz
RGSt	Rechtsprechung des Reichsgerichts in Strafsachen
Rn.	Randnummer
RL	Richtlinie
Rs.	EuGH-Rechtssache
r+s	Recht und Schaden
SK	Systematischer Kommentar
sog.	so genannt
StGB	Strafgesetzbuch
StGB-E	Strafgesetzbuch Entwurf
str.	strittig
St. Rspr.	ständige Rechtsprechung
6. StrRG	Sechstes Gesetz zur Reform des Strafrechts
StV	Der Strafverteidiger
UGP-RL	Richtlinie gegen unlautere Geschäftspraktiken
Unterabs.	Unterabsatz
UWG	Gesetz gegen den unlauteren Wettbewerb
v.a.	vor allem
VAG	Versicherungsaufsichtsgesetz
Var.	Variante
v.Chr.	vor Christi Geburt
VersR	Versicherungsrecht
VersVermV	Versicherungsvermittlungsverordnung
vgl.	vergleiche
VR	Die Versicherungsrundschau
VuR	Zeitschrift für Wirtschafts- und Verbraucherrecht
VVG	Gesetz über den Versicherungsvertrag
VW	Versicherungswirtschaft
WiB	Wirtschaftsrechtliche Beratung
WiKri	Wirtschaftskriminalität
WiSt	Wirtschaftswissenschaftliches Studium
wistra	Zeitschrift für Wirtschafts- und Steuerstrafrecht
WM	Wertpapier-Mitteilungen
WphG	Wertpapierhandelsgesetz
WRP	Wettbewerb in Recht und Praxis

ZAkDR	Zeitschrift der Akademie für Deutsches Recht
ZfB	Zeitschrift für Betriebswissenschaft
zfo	Zeitschrift Führung und Organisation
Ziff.	Ziffer
ZIP	Zeitschrift für Wirtschaftsrecht
ZIS	Zeitschrift für Internationale Strafrechtsdogmatik
ZRP	Zeitschrift für Rechtspolitik
ZStW	Zeitschrift für die gesamte Strafrechtswissenschaft
zusf.	zusammenfassend
zust.	zustimmend
ZVersWiss	Zeitschrift für die gesamte Versicherungswissenschaft

A. Einleitung

I. Problemstellung

„Wo viel Licht ist, ist starker Schatten."

Diese Aussage des Götz von Berlichingen aus Goethes gleichnamigem Schauspiel[1] trifft auch auf Personen- und Berufsgruppen zu, die regelmäßig damit betraut sind, mit Vermögenswerten anderer umzugehen, diese zu verwalten oder anzulegen. Sei es generell im Finanzdienstleistungssektor oder speziell in der Versicherungsbranche – immer, wenn Kundengelder im Spiel sind, besteht zumindest die latente Gefährdung, mit diesen unsachgemäß umzugehen.

Auch wenn Versicherungsprodukte von den Versicherungskonzernen angeboten werden, so erfolgt deren Vertrieb bis heute noch überwiegend durch Vermittler. Solche Intermediäre haben als Absatzmittler die Funktion eines bedeutsamen Vertriebskanals insbesondere für die Versicherer, da der Versicherungsschutz ein Vertrauensgut darstellt, das jedenfalls für den durchschnittlichen Versicherungsnehmer in hohem Maß erklärungsbedürftig ist.[2]

Bei ca. 554.700 Erwerbstätigen in der Versicherungsbranche in Deutschland und 560 Versicherungsunternehmen kann es vereinzelt vorkommen, dass sich das eine oder andere „schwarze Schaf" darunter befindet, welches seinen Vermittlungsauftrag nicht ordnungsgemäß durchführt, sondern vielmehr strafrechtlich relevante Handlungen in Bezug auf seine Vermittlungstätigkeit begeht.[3]

Besonders lukrativ für Versicherungsvermittler ist der Personenversicherungssektor, da im Bereich der Lebens- und privaten Krankenvollversicherung die höchsten Provisionen zu erzielen sind. In dieser Sparte gehen der Bestand der Versicherungsverträge sowie die generierten Neuabschlüsse allerdings in den letzten Jahren kontinuierlich zurück. So gab es 2005 etwa im Bereich der Lebensversicherung noch 96,9 Millionen Versicherungsverträge, wohingegen in den Folgejahren die Entwicklung permanent stagnierte, sodass 2013 noch 91,8 Millionen Verträge bestanden.[4] Diese Tendenz wird in den nächsten Jahren wohl auch keine Änderung erfahren.

Zum einen macht den Versicherungsunternehmen bezüglich der Lebensversicherungen das andauernde Zinstief zu schaffen. Dieser Trend blieb auch dem Gesetzgeber in der Vergangenheit nicht verborgen. Verdeutlicht wird diese Entwicklung

---

1 *Goethe*, S. 25.

2 *Mattern*, S. 145.

3 Stand 2013, vgl. *GDV*, Statistisches Taschenbuch der Versicherungswirtschaft 2014, S. 1, 10. Die Zahl der Erwerbstätigen umfasst dabei sowohl die sozialversicherungspflichtig Beschäftigten bei Erst- und Rückversicherern und im Versicherungsgewerbe, sowie die selbstständigen Vermittler und Berater.

4 *GDV*, Statistisches Taschenbuch der Versicherungswirtschaft 2014, S. 8.

an der schrittweisen Absenkung der durch die seitens des Lebensversicherers garantierten Mindestverzinsung, dem sog. „Garantiezins". Betrug dieser im Juli 1994 noch 4 %, so wurden im Januar 2004 noch 2,75 % garantiert und ab Januar 2015 kam es seitens des Gesetzgebers zu einer Absenkung des Garantiezinses für Neuabschlüsse auf 1,25 %.[5]

Zum anderen ist in Bezug auf die Prognose der Personenversicherungsbranche die Entwicklung in der Bevölkerung zu beachten. Das Bundesministerium des Inneren vertritt dabei die These, dass der demografische Wandel in den nächsten Jahren und Jahrzehnten Deutschland so tiefgreifend verändern wird wie kaum eine andere gesellschaftliche Entwicklung.[6] Eine dauerhaft rückläufige Geburtenrate steht einer stetig wachsenden Lebenserwartung gegenüber. Diese Trends führen im Personenversicherungssektor dazu, dass sich zukünftige Neuabschlüsse etwa bei Lebensversicherungen deutlich schwieriger gestalten dürften.

Um mit dieser Entwicklung Schritt halten zu können, bedienen sich die Versicherungskonzerne verschiedener Vertriebsmethoden. Eine dieser Vertriebsmethoden ist der Strukturvertrieb. Nachdem dieses Vertriebskonzept zunächst etwa zu Beginn der 40er Jahre des letzten Jahrhunderts in Amerika seinen Anfang hatte, etablierte es sich im Finanzdienstleistungssektor in den 60er Jahren.[7]

Das Grundprinzip dieser Vertriebsform besteht einfach dargestellt darin, neue Laienwerber[8] als Vermittler zu gewinnen, die zum einen durch Versicherungsneuabschlüsse selbst Provisionen erzielen und zum anderen eigene „Vertriebspartner" anwerben, um von deren Abschlüssen ebenfalls einen Teil der erzielten Provision zu erhalten. Der Strukturvertrieb begegnet in der Bevölkerung oftmals Skepsis. Exemplarisch für diese Einstellung sei ein Artikelausschnitt der Süddeutschen Zeitung angeführt:

> „[...] Der Strukturvertrieb der Hamburg-Mannheimer, der zum Munich-Re-Reich gehört und nun solch erbärmliche Schlagzeilen[9] macht, war lange Zeit berüchtigt für seine üblen Methoden. „Der Skandal bei der Hamburg-Mannheimer überrascht mich nicht", sagt Tillman Bruns, der im Jahr 2005 als Ingenieurstudent für den Vertrieb rekrutiert

---

5 Vgl. Art. 4 LVRG i.V.m. § 2 Abs. 1 DeckRV. Für einen Überblick über die Entwicklung des Garantiezinses seit seiner Einführung zum 01. Januar 1980 siehe http://www.cecu.de/lebensversicherung-garantiezins.html (zuletzt aufgerufen am 03. September 2015).

6 Siehe http://www.bmi.bund.de/DE/Themen/Gesellschaft-Verfassung/Demografie/demografie_node.html (zuletzt aufgerufen am 03. September 2015).

7 *Wehling*, Anreizsysteme im MLM, S. 1; *Frehrking/Schöffski*, ZfB 1994, S. 571 (572).

8 Unter den Begriff der Laienwerber fallen üblicherweise nicht berufsmäßige, private Kundenwerber, die als Gegenleistung für ihre Tätigkeit von dem Unternehmen Provisionen oder Werbeprämien erhalten, vgl. *Köhler/Bornkamm*, § 4 Rn. 1.192; *Preuß*, S. 8.

9 Angespielt wird auf eine Reise der Vertreter des gebundenen Strukturvertriebs der ERGO-Pro (damals noch HMI), verbunden mit einem Spesenaufwand von ca. EUR 330.000, vgl. Gebert/Erdmann/Beenken – *Müller-Sartori*, S. 420 f.

> werden soll. Völlig unvermittelt sprechen ihn auf einem Reitturnier zwei Mitarbeiter der Versicherung an. Es folgt eine Einladung zum Wochenendseminar in Frankfurt an der Oder. Bruns geht hin – aus Neugier.
> Was er dort erlebt, kommt ihm vor wie „Hirnwäsche", fast „sektenmäßig". Die Menschen dort sollen darauf eingeschworen werden, eine Lebensversicherung mit dem klingenden Namen „Golden Future" zu verkloppen. Die Lektion: Wie manipuliere ich Kunden, damit sie bedenkenlos zugreifen? Geködert werden die angehenden Vertriebsleute damit, brutal viel Geld zu verdienen.
> Doch das System Strukturvertrieb ist hart: Provisionen erhält derjenige, der ein Finanzprodukt verkauft. Aber auch derjenige, der Verkäufer angeworben hat. Bruns beschreibt es als „Pyramidensystem": Jede Hierarchiestufe verdient an den Untergeordneten. Die Vermittler in den unteren Rängen müssen deshalb einen großen Teil ihrer Provisionen nach oben abgeben. „Aufgestiegene Mitarbeiter bezeichnen die neuen, unter ihnen stehenden, als ‚Einheitenschweine', da die oberen Stufen von den unteren finanziell profitieren", lernt der Ingenieur. „Andere Teilnehmer waren sorglos, ich bin vorzeitig nach Hause gefahren", erzählt er heute. [...]"[10]

Die Nähe und teilweise Vermischung des (legalen) Strukturvertriebs zum (illegalen) Schneeballsystem gewann in den letzten Jahren noch weiter an Brisanz, da der Finanz- und Versicherungssektor in jüngster Vergangenheit immer öfter Gegenstand staatsanwaltlicher Ermittlungen war. Es gab einige aufsehenerregende und medienwirksame Prozesse.

Vor allem seit der Weltwirtschaftskrise im Jahre 2008 stehen Finanzinstitute unter verschärfter Beobachtung, wodurch einige Unregelmäßigkeiten ans Tageslicht gekommen sind. Oftmals wurde dabei die Problematik eines potentiellen Schneeballsystems thematisiert. An dieser Stelle seien nur die Namen „TelDaFax Holding AG[11]", „S&K Holding GmbH[12]", „Phönix Kapitaldienst-GmbH[13]" oder aber aktuell „Prokon Regenerative Energien GmbH[14]" und „Infinus AG[15]" genannt.

International sorgte vor allem der Fall des ehemaligen NASDAQ-Chefs Bernhard Madoff in Amerika für besonderes Aufsehen. Im Juni 2009 wurde er zu einer Haftstrafe von 150 Jahren verurteilt, da er über viele Jahre hinweg eine Unterform eines

---

10 Siehe http://www.sueddeutsche.de/geld/munich-re-tochter-ergo-skandal-im-sperrbezirk-1.1102663 (zuletzt aufgerufen am 03. September 2015).

11 Vgl. http://www.sueddeutsche.de/wirtschaft/teldafax-zwischen-groessenwahn-und-dillettantismus-1.1138162 (zuletzt aufgerufen am 03. September 2015).

12 Siehe http://www.welt.de/finanzen/article113750152/Planmaessig-und-gross-angelegtes-Betrugssystem.html (zuletzt aufgerufen am 03. September 2015).

13 Siehe dazu zusf. etwa *Römermann*, NZG 2009, 1261 ff.; *Baumert/Schmitt*, NZI 2012, 394 ff. sowie die Ausführungen auf S. 168 dieser Arbeit am Ende.

14 Vgl. *Tiffe*, VuR 2014, 81 ff.

15 Siehe http://www.handelsblatt.com/finanzen/steuern-recht/recht/finanzdienstleister-infinus-soll-25-000-anleger-betrogen-haben/9036296.html (zuletzt aufgerufen am 03. September 2015).

Schneeballsystems betrieben und eine Anlagesumme von mindestens 65 Mrd. Dollar von 3 Mio. Betroffenen veruntreut hat.[16]

II. Gang der Untersuchung

Gegenstand dieser Arbeit ist die Untersuchung und strafrechtliche Würdigung von Versicherungsvermittlern im Personenversicherungssektor. Ein besonderes Augenmerk wird dabei im zweiten Teil der Arbeit auf die Vermittlungs- bzw. Vertriebsart des Strukturvertriebs gelegt.

Zu Beginn der Arbeit soll zunächst beleuchtet werden, welche unterschiedlichen Vertriebsarten es bei der Vermittlung von Personenversicherungen gibt. Als Personenversicherung wird im Allgemeinen der Versicherungssektor verstanden, der sich mit dem auf die körperliche Sphäre von Personen bezogenen Versicherungsschutz beschäftigt.[17] Die versicherte Person muss dabei nicht mit der des Versicherungsnehmers identisch sein, § 150 Abs. 1 VVG. Es wird insbesondere auch auf die historische Entwicklung sowohl des Versicherungswesens, als auch der Stellung des Versicherungsvermittlers unter Berücksichtigung europarechtlicher Tendenzen eingegangen.

Versicherungen sind Dienstleistungsprodukte immaterieller und unsichtbarer Natur.[18] Der Begriff der Versicherung ist gesetzlich nicht definiert. Kurz dargestellt ist unter einer Versicherung eine planmäßige und entgeltliche Deckung eines risikobedingten Eventualbedarfs zu verstehen.[19] Der Bereich der Personenversicherung ist dabei von dem Sektor der Sachversicherung abzugrenzen. Unter die Sparte der

---

16 *Riesenkampff/Schuba*, NJW 2010, 571. Für weitere Ausführungen zum Fall „Madoff" siehe S. 168 dieser Arbeit.

17 *Führer/Grimmer*, S. 30. Zu der Einteilung der Versicherungszweige in Personen-, Sach- und Vermögensversicherungen siehe *Führer/Grimmer*, S. 39 f.

18 *Mattern*, S. 1.

19 *Braess*, S. 14. Die ausführliche, allgemein anerkannte Definition des zweiseitig verpflichtenden Vertrags lautet: „Versicherungsgeschäfte betreibt, wer, ohne dass ein innerer Zusammenhang mit einem Rechtsgeschäft anderer Art besteht, gegen Entgelt verpflichtet ist, ein wirtschaftliches Risiko dergestalt zu übernehmen, dass er
a) anderen vermögenswerte Leistungen zu erbringen hat, wenn sich eine für deren wirtschaftliche Verhältnisse nachteilige, ihrem Eintritt nach ungewisse Tatsachen ereignet, um die dadurch verursachten Nachteile auszugleichen, oder
b) anderen vermögenswerte Leistungen zu erbringen hat, wobei es von der Dauer des menschlichen Lebens oder dem Eintritt oder Nichteintritt einer Tatsache im Laufe des menschlichen Lebens abhängt, ob oder wann oder in welchem Umfang zu leisten oder wie hoch das Entgelt ist,
sofern der Risikoübernahme eine Kalkulation zugrunde liegt, wonach die dazu erforderlichen Mittel ganz oder im Wesentlichen durch die Gesamtheit der Entgelte aufgebracht werden." vgl. *Rittner*, § 28 Rn. 3; ferner *Eichler*, S. 27 ff.; Prölss/Martin – *Prölss*, § 1 Rn. 1 ff.

Personenversicherungen fallen die Lebens-, die private Unfall- und die private Krankenversicherung.[20]

Die Bedeutung dieser Versicherungssparten lässt sich daran erkennen, dass 2013 im Bereich der Lebensversicherung EUR 90,8 Mrd. und bei der Krankenversicherung EUR 35,8 Mrd. an Versicherungsbeiträgen eingezahlt wurde.[21] Dem gegenüber wurden an Versicherungsnehmer in der Sparte der Lebensversicherung EUR 116,2 Mrd. an Leistungen von dem Versicherer ausbezahlt.[22]

Im Anschluss erfolgt eine Darstellung von potentiellen Straftatbeständen für Versicherungsvermittler. Es ist dabei zunächst auf die allgemeinen Tatbestandsmerkmale der jeweiligen Normen einzugehen, bevor der vermittlerspezifische Kontext dargestellt und erörtert wird. Ein besonderes Augenmerk wird auf die Gefahr der Betrugsstrafbarkeit des Versicherungsvermittlers nach § 263 StGB gelegt.

Im zweiten Teil der Arbeit liegt der Schwerpunkt auf der besonderen Vertriebsart des Strukturvertriebes im Finanzdienstleistungssektor. Der Strukturvertrieb im Allgemeinen zeichnet sich dadurch aus, dass Vertriebstätige sowohl die Möglichkeit des eigenen Produktvertriebs haben, als auch eigene „Mitarbeiter" anwerben und teilweise auch selbst ausbilden können, um sich so ein eigenes Vertriebsteam aufzubauen.

Der Strukturvertrieb wird sowohl in der wissenschaftlichen Literatur, als auch im allgemeinen Sprachgebrauch als Multi-Level-Marketing[23] (kurz: MLM), strukturierter Vertrieb oder auch Network- bzw. Netzwerk-Marketing umschrieben.[24] Dabei ist sein Hauptaufgabenbereich die Führung und Motivation des Teams, allerdings grundsätzlich ohne feste Arbeitszeiten oder andere formelle Regelungen.[25]

Der (legale) Strukturvertrieb ist dabei vom (illegalen) Schneeballsystem in seinen unterschiedlichen Ausgestaltungen abzugrenzen. Diese Abgrenzung erfolgt an einer Darstellung der verschiedenen Merkmale der einzelnen Vertriebssysteme und einer Auseinandersetzung mit dem Straftatbestand der progressiven Kundenwerbung nach § 16 Abs. 2 UWG.

---

20 *Schüll*, S. 103.

21 Vgl. *GDV*, Statistisches Taschenbuch der Versicherungswirtschaft 2014, S. 1.

22 Vgl. *GDV*, Statistisches Taschenbuch der Versicherungswirtschaft 2014, S. 1.

23 Wobei unter Multi-Level-Marketing in Deutschland überwiegend der Vertrieb von Waren gefasst wird, vgl. *Otto/Brammsen*, WiB 1996, 281 (283). Im Finanzdienstleistungssektor wird hingegen der Begriff des Strukturvertriebs in erster Linie verwendet, vgl. *Preuß*, S. 1.

24 *Wehling*, Anreizsysteme, S. 5.

25 *Groß*, S. 18.

B. Historischer Kontext des Versicherungswesens und Vertriebsansätze

Die Versicherungswirtschaft gehört mit Beitragseinnahmen in Höhe von jährlich über EUR 180 Mrd. allein im Bereich des Erstversicherungsgeschäfts und mit gut einer halben Million erwerbstätiger Menschen in diesem Sektor zu den bedeutendsten Wirtschaftszweigen in Deutschland.[26] Im Folgenden soll eine historische Darstellung des versicherungsspezifischen Kontexts gegeben, und sodann auf die unterschiedlichen Vertriebsmöglichkeiten von Personenversicherungsprodukten eingegangen werden.

I. Historische Entwicklung der Versicherungsbranche

Um missbräuchliche Machenschaften der sozialen Funktion des Versicherungswesens nachvollziehen zu können, ist es von Vorteil, zunächst näher auf die historische Entwicklung der Versicherungsbranche einzugehen und auf diesem Wege den heutigen Zweck des Versicherungswesens und der Tragweite deliktischer Angriffe darauf zu verinnerlichen. So kann erkannt und nachvollzogen werden, dass Entwicklungen, die eigentlich zum Wohle des Menschen gedacht waren, in den unterschiedlichen Epochen auch gerne dazu genutzt wurden, sich auf Kosten anderer illegal zu bereichern.[27] Dabei basiert das heutige Versicherungsrecht im Wesentlichen auf dem antiken Seedarlehen sowie dem Prinzip der Genossenschaft.[28]

Schon früh kam der Gedanke auf, Individuen vor unvorhersehbaren, unerwünschten Ereignissen und den damit verbundenen, existenziellen Gefahren zu schützen, indem potentieller Schaden von der Gemeinschaft getragen wird.[29] Es gibt von den Assyrern und in den östlichen Hochkulturen Quellen, die besagen, dass diese sich bereits vor 4000 Jahren – wenn auch mit noch recht primitiven Ansätzen – gegen Feuer und andere Elementarschäden absichern wollten.[30] Sie gründeten dazu Fonds, aus denen insbesondere bei Dürre oder Feuer Entschädigungen an die Mitglieder des jeweiligen Verbandes gezahlt wurden.[31]

26 Vgl. *GDV*, Statistisches Taschenbuch der Versicherungswirtschaft 2014, Vorwort.

27 *Geerds*, S. 3.

28 *Bruck*, S. 3.

29 *Schüll*, S. 3.

30 *Bröckers*, S. 13.

31 In Städten und Distrikten wurden dafür Priester, Richter und andere obrigkeitliche Beamte ernannt und mit einer Vollmacht ausgestattet, von Verbandsmitglieder diese Beiträge zu erheben, vgl. *Schad*, S. 11. Für den Fall, dass ein Mitglied aufgrund seiner Armut den von ihm geforderten Betrag nicht entrichten konnte, wurde der entsprechende Anteil aus dem gemeinschaftlichen Fond geleistet, siehe *Bröckers*, S. 13.

Etwa im 18. Jahrhundert v. Chr., zu Zeiten des babylonischen Königs Hammurabi (1728 – 1686 v. Chr.), schlossen sich Händler zu Gefahrengemeinschaften vertraglich zusammen, deren Mitglieder für potentielle Verluste gemeinsam haften sollten.[32] Genossenschaftliche Zusammenschlüsse, die sog. „collegia tenuiorum", wurden zur Kaiserzeit im römischen Reich gegründet, um – vermutlich auf religiöser Grundlage – beim Tod eines Mitglieds ein Sterbegeld zur Kompensation der Begräbniskosten zu zahlen.[33]

Ausschlaggebend für die weitere Entwicklung des Rechtsinstituts der Versicherung waren jedoch die Sparten der See- und Feuerversicherung, die für die heutigen Versicherungsarten die Grundlage bildeten.[34]

Noch vor der Zeitenwende der christlichen Zeitrechnung kannten Griechen und Römer als Seedarlehn ausgestaltete Verträge wie das foedus nauticum, die den Reeder vor einem existenziellen Schaden durch den Verlust eines Schiffes samt Ladung bewahren sollten.[35] Im Römischen Reich wurden seerechtliche Gefahrengemeinschaften geschaffen, die ebenfalls gegenseitig erlittene Verluste in Bezug auf das Schiffsgut kompensieren sollten.[36]

Diese als Seedarlehen ausgestalteten, fingierten Kaufverträge erfüllten aufgrund des kanonischen Zins- bzw. Wucherverbots zunächst den Zweck einer Versicherung, weswegen sich aus ihnen dann auch im 14. Jahrhundert die klassische Prämienversicherung entwickelte.[37] Der Anspruch auf Prämie in der ersten Hälfte des 15. Jahrhunderts legte letztendlich die Grundlagen für das moderne Versicherungsrecht.[38] Diese Entwicklung vollzog sich hauptsächlich in den italienischen Hafenstädten, da aufgrund des florierenden Seehandels und den damit einhergehenden Risiken ein starkes Bedürfnis nach einer Seeversicherung bestand.[39]

Im weiteren Verlauf breitete sich die Seeversicherung auf andere Seehandelsnationen des Mittelmeers wie Frankreich, die Niederlande, Portugal und Spanien aus,

---

32 *Schad*, S. 11; *Krets*, S. 2; *Geerds*, S. 3.

33 *Schad*, S. 11; *Schüll*, S. 3; *Krets*, S. 2; *Bröckers*, S. 15. Diese Sterbegilden wurden auch „collegia funeraticia" genannt, vgl. *Liebenam*, S. 39 f.

34 *Krets*, S. 2.

35 *Geerds*, S. 3. Dabei handelt es sich um ein dem Kreditbedürfnis des Kaufmanns dienendes, eigentümlich ausgestaltetes Darlehen. Bei diesen Verträgen lieh der Darlehnsgeber dem Reeder Geld, dessen Rückzahlung durch die erfolgreiche Ankunft des Schiffes am Zielort bedingt war. Als Gegenleistung zahlte der Reeder dem Darlehnsgeber einen Zins, der den üblichen Zinssatz deutlich überstieg, vgl. *Bruck*, S. 4 f. So betrug die Höhe des Zinses bzw. der Prämie zwischen 12 und 36 Prozent, siehe *Bröckers*, S. 14 m.w.N.

36 *Bruck*, S. 4 f.; *Bröckers*, S. 15. Diese Gefahrengemeinschaften beruhten auf der lex Rhodia de jactu oder wurden ihr zumindest nachgebildet, siehe *Bruck*, S. 4.

37 *Krets*, S. 2; *Matschewsky*, S. 2.

38 *Bruck*, S. 5; *Schüll*, S. 3.

39 *Schüll*, S. 3.

bevor sie Ende des 16. Jahrhunderts Hamburg erreichte.[40] Gesetzlich festgelegt lässt sich die Seeversicherung erstmals 1435 in der Ordonnanz von Barcelona finden.[41]

Die Ordonnanzen zeigen aber auch, dass die Entwicklung des Versicherungswesens Missbrauchspraktiken mit sich brachte. In ihnen wurde die erste echte Strafvorschrift über den Versicherungsbetrug angeführt.[42] Es wurde demjenigen Strafe angedroht, der eine Seeversicherung in Kenntnis eines bereits eingetretenen Schadens abschloss.[43]

Anders als die Römer und Griechen legten die Germanen hingegen ihren Schwerpunkt auf die Feuerversicherung. In dieser Entwicklung ist der eigentliche Vorläufer der heutigen Versicherung zu sehen.[44] Im Jahre 779 n. Chr. verpflichtete Karl der Große in der die heutige Brandversicherung betreffende „Capitulare Franciscum“ die dort erwähnten Gilden, bei Brand oder Schiffbruch Unterstützung zu gewähren.[45] Explizit normiert wurde die Feuerversicherung im isländischen Gesetzbuch von 1118 n. Chr., dem sog. „Graugans“. Danach mussten die „Hrepps[46]“ für den Schaden aufkommen, der durch Feuer und Viehsterben verursacht wurde.[47] Kompensationen wurden zunächst durch Naturalleistungen erbracht, indem die Geschädigten solche Gegenstände erhielten, die sie durch den Brand verloren – erst später kam es zu Geldleistungen.[48]

In Deutschland wuchs mit den Städtegründungen die Bedeutung der Gilden.[49] Die ersten Brandgilden sind im ausgehenden Mittelalter nachweisbar.[50] Voraussetzung für eine Aufnahme in eine Brandgilde war grundsätzlich, dass der Interessent einen guten Leumund besaß und einen „ungescholtenenen, stillen, christlichen und

40 *Krets*, S. 2 f; *Bruck*, S. 6.

41 *Krets*, S. 3.

42 *Schad*, S. 15.

43 *Geerds*, S. 5. Zwar war das Herbeiführen eines Versicherungsfalles zu dieser Zeit noch nicht strafbar. Die wissentliche Verheimlichung einer bereits auswärts genommenen Versicherung hatte aber die Wirkung, dass die neue Versicherung als betrügerisch und fingiert angesehen wurde und dadurch unwirksam war, ohne dass jedoch der Versicherer seine Prämie zurückzuerstatten hatte (Ord. 1458, Cap. 6). Der Versicherungsnehmer, der zur Zeit des Vertragsschlusses von dem bereits eingetretenen Schaden Kenntnis gehabt hatte, wurde mit 100 barcelonischen Livres bestraft, von denen je 1/3 der Ankläger, der Executionsbeamte und der Schatz der Loge erhielten (Ord. 1484, Ca.17), vgl. *Schad*, S. 15.

44 *Wendt*, S. 6.

45 *Geerds*, S. 3.

46 Unter den „Hrepps“ wurden kleine Bezirke von je etwa 20 Gehöften zusammengefasst, vgl. *Bröckers*, S. 16.

47 *Bruck*, S. 8; *Geerds*, S. 3.

48 *Matschewsky*, S. 2.

49 *Schüll*, S. 4.

50 *Geerds*, S. 3. Zur Geschichte der Brandgilden in Schleswig-Holstein vgl. *Helmer*, S. 1 ff.

ordentlichen Lebenswandel“ führte, nicht als streitsüchtig bekannt war sowie im Hinblick auf den Frieden und der Eintracht der Gilde auch „beliebt“ sein musste.[51]

In Hamburg schlossen sich um das Jahr 1676 herum 46 kleinere Feuerkassen zu einer staatlich privilegierten Hamburger Feuerkasse zusammen.[52] Diese sich aus dem Hamburger Feuerkontrakt von 1591 entwickelnde Hamburger Feuerkasse war wohl das Vorbild aller nachfolgenden öffentlich-rechtlichen Feuerversicherungsanstalten.[53] Der Zusammenschluss führte erstmals zu einem indirekten Versicherungszwang, da jeder Hauseigentümer für die Aufnahme einer Hypothek eine Brandversicherung abschließen musste.[54]

Staatlich angeordnet wurde die erste Zwangsversicherung in der Feuerordnung für das „platte Land der Chur- und Mark Brandenburg“ vom 26. Januar 1701.[55] Dieses Beispiel Preußens diente als Vorlage für das restliche Deutschland, sodass gegen Ende des 18. Jahrhunderts überall staatliche Feuerversicherungsanstalten gegründet wurden.[56] Die ersten privaten Feuerversicherungen wie die Berliner Feuerversicherung ergänzten die staatlichen Feuerversicherungen ab dem Jahr 1812.[57] Die Entwicklung im deutschen Versicherungswesen war somit mehr von der Brand- als von der Seeversicherung geprägt, da die nach dem Jahr 1000 n. Chr. einsetzenden Städtegründungen mit der zunächst angewendeten Holzbauweise diese Kategorie flächendeckend priorisierten.[58]

Im 18. Jahrhundert bildeten sich neben der See- und Feuerversicherung auch die Lebens-, Vieh-, Hagel- und Diebstahlversicherung heraus.[59] Der wirtschaftliche und technologische Aufschwung im 19. Jahrhundert bewirkte ferner einen zügigen Ausbau des deutschen Versicherungswesens von privater und staatlicher Seite.[60]

---

51 *Helmer*, S. 163 f.

52 *Schad*, S. 13; *Schüll*, S. 4.

53 *Bruck*, S. 8.

54 *Schad*, S. 13; *Schüll* S. 4; *Bröckers*, S. 16. Ferner war den Gildenmitgliedern ein Austritt aus der Versicherung verwehrt, sofern sie bereits Leistungen zur Kompensation eigener Feuerschäden erhalten hatten, *Helmer*, S. 209 ff.

55 *Geerds*, S. 4.Darin wird geregelt, dass bei kleineren Bränden die Gemeinden für Schäden aufzukommen haben, wohingegen im Fall von großflächigen Bränden Feuergesellschaften, die mehrere Bezirke umfassten, den Schaden tragen müssen, vgl. *Bröckers*, S. 17.

56 In einigen Staaten bestand eine direkte staatliche Verwaltung (etwa in Bayern, Sachsen, Württemberg, Baden, Hessen, Weimar, Altenberg, Gotha, Oldenburg, Braunschweig, Anhalt, Lippe, Waldeck und Hamburg), wohingegen die Feuerversicherungsanstalten in Preußen den Stadtkommunen einer Provinz als delegierte Betriebe unterstanden (Berlin 1718, Stettin 1722, Königsberg 1723 und Breslau 1744), vgl. *Schad*, S. 14.

57 *Krets*, S. 3.

58 *Geerds*, S. 4.

59 *Schüll*, S. 4. Die erste Lebensversicherungsgesellschaft wurde 1762 gegründet, siehe *Bröckers*, S. 17.

60 *Geerds*, S.5.

Vor allem aber förderte die Ausdehnung der Rückversicherung als Möglichkeit zur Absicherung eines Risikoobjekts mit großen Summen den Aufschwung des Versicherungswesens.[61] Und schließlich erlangten zu Beginn des 20. Jahrhunderts die Unfall-, Haftpflicht-, Kraftfahrzeug- und Kreditversicherung große Bedeutung.[62]

Diese Entwicklung verdeutlicht, dass der eigentliche Kern einer Versicherung als Gefahrengemeinschaft im Laufe mehrerer Jahrhunderte bis zur heutigen Vielfältigkeit kultiviert wurde und durch den fortschreitenden gesellschaftlichen Wohlstand und dem damit verbundenen ansteigenden Verlustrisiko stetig an Bedeutung gewann.[63]

Der Fortschritt und die zunehmende Diversifizierung führten dazu, dass sich etwa 150 unterschiedliche Versicherungen herausbildeten und sie durch den permanenten Aufschwung eine wichtige Stellung in der Volkswirtschaft einnehmen konnten.[64] Sich gegen unvorhersehbare oder überraschende Ereignisse durch Versicherungspolicen abzusichern, ist in der heutigen Zeit fast unbegrenzt möglich.[65]

II. Vertriebsarten von Personenversicherungen

Auch wenn im Laufe dieser Arbeit zur besseren Lesbarkeit stets von „dem Versicherungsvermittler" gesprochen wird und dieser als Oberbegriff verwendet werden soll, so sind die Vertriebswege auf dem deutschen Versicherungsmarkt doch verschiedenartig.

Im Folgenden stellt sich die Frage, wie bzw. durch wen Versicherungsprodukte im Bereich der Personenversicherung vertrieben und vermittelt werden. Unter die Kategorie der Versicherungsvermittler fällt die Personengruppe, die seitens eines Versicherungsunternehmens mit einer rechtsgeschäftlichen Geschäftsbesorgungsmacht ausgestattet sind und für Dritte Versicherungsschutz ganz oder teilweise beschaffen, ausgestalten und abwickeln, ohne jedoch selbst Versicherer oder Versicherungsnehmer zu sein.[66] Versicherungsberater hingegen sind keine Versicherungsvermittler.[67]

Als Versicherungsunternehmen werden gemäß § 1 Abs. 1 Nr. 1 VAG alle Unternehmen bezeichnet, die den Betrieb von Versicherungsgeschäften zum Gegenstand haben und nicht Träger der Sozialversicherungen sind.[68]

---

61 *Matschewsky*, S. 3.
62 *Schüll* S. 5.
63 *Wendt*, S. 7.
64 *Rittner*, § 28 Rn. 3.
65 *Krets*, S. 3; *Schüll*, S. 5.
66 *Möller*, S. 19; *Trinkhaus*, S. 16.
67 *Mattern*, S. 144.
68 Anfang des 20. Jahrhunderts verstand man unter einer Versicherungsgesellschaft ein wirtschaftlich starkes Rechtssubjekt, welches einen Einzelnen vor plötzlichen Schadensfällen schützen sollte, vgl. *Matschewsky*, S. 3.

Zwischen Versicherungsgeber und Versicherungsnehmer steht zunächst eine „vermittelnde Institution", sei es in der Form des Ausschließlichkeitsvertreters einer Gesellschaft oder eines Maklers, der auf diverse Anbindungen verschiedener Unternehmen zugreifen kann oder aber eines Versicherungsberaters. Eine Abgrenzung der verschiedenen Versicherungsintermediäre ist dabei insoweit nötig, als der Kunde nur so Gewissheit über die berufliche Rolle und die damit zusammenhängende Funktionswahrnehmung des Vermittlers bezüglich der Anbahnung des Versicherungsvertrages sowie der normativen Verhaltenserwartung haben kann.[69] Unterbleibt diese Abgrenzung, kommt es zu einer generellen Verunsicherung über die soziale Rolle des jeweiligen Vermittlertypus bei allen beteiligten Parteien.[70]

Der Versicherungsvermittler nimmt mithin eine Schlüsselfunktion für beide Parteien des Versicherungsverhältnisses als Bindeglied ein.[71] Als Informationsintermediär ist es dabei die Aufgabe des Vermittlers, den Versicherungsnehmer bei der bedarfsgerechten Auswahl beratend zu unterstützen und auf nicht ohne Weiteres erkennbare, produktspezifische Merkmale des Versicherungsschutzes einzugehen.[72]

Ferner kann die vermittelnde Dienstleistung nicht nur durch eine natürliche Person durchgeführt werden, es besteht auch die Möglichkeit des Zugriffs auf Informationsmittel wie Print- bzw. Onlinemedien. Dieser Direktvertrieb, der gänzlich auf die Einschaltung eines beratenden Vermittlers verzichtet, ist in erster Linie bei der jüngeren Zielgruppe oder bei einfachen Standardprodukten, wie etwa einer Kfz-Haftpflichtversicherung erfolgreich.[73] Auf der anderen Seite weist der Vermittlervertrieb für beratungsintensive Produkte aus dem Personenversicherungssektor und für beratungsbedürftige Personen nach wie vor eine hohe Relevanz auf.[74] Im Folgenden sollen zunächst die vermittelnden Gruppen des § 59 VVG dargestellt werden.

1. Der Versicherungsvermittler nach dem VVG

Versicherungsvermittler nach § 34d GewO ist, wer gewerbsmäßig als Versicherungsmakler oder als Versicherungsvertreter den Abschluss von Versicherungsverträgen vermitteln will. Die deutsche Versicherungspraxis unterscheidet somit im Wesentlichen zwischen zwei Vermittlertypen: dem Versicherungsvertreter, der als Interessenvertreter des Versicherers handelt und dem Versicherungsmakler, der im Lager des Kunden steht.[75] Dies ist auch so im Gesetz über den Versicherungsvertrag

---

69 *Ihle*, S. 274.
70 *Taupitz*, VersR 1995, 1125 (1126).
71 *Ihle*, S. 267.
72 *Mattern*, S. 144.
73 Siehe *Mensching*, S. 58.
74 Beckmann/Matusche-Beckmann – *Reiff*, § 5 Rn. 4.
75 Diese „Bipolarität" ist kennzeichnend für das Versicherungsgewerbe in Deutschland, weswegen eine genaue Differenzierung schon im Hinblick auf die Haftung erforderlich ist, vgl. BGH VersR 1987, 663 (664); *Ihle*, 269; *Reiff*, r+s 1998, 89 (90).

zu finden, das gem. § 59 Abs. 1 VVG den Versicherungsvermittler in die Kategorien des Versicherungsvertreters und des Versicherungsmaklers unterteilt.

Beiden gemeinsam ist nach § 59 VVG nur, dass es sich um eine gewerbsmäßige Tätigkeit handeln muss. Gewerbsmäßigkeit erfordert eine selbstständige, planmäßige, auf Dauer angelegte und mit Gewinnerzielungsabsicht vorgenommene Tätigkeit.[76]

a. Historischer Kontext der Zulassungspflicht von Vermittlern

In Hamburg war der Versicherungsmakler zunächst seit 1567 ein staatlich bestellter Vermittler, für den es erforderlich war, seine Zuverlässigkeit, Eignung und Sachkunde nachzuweisen und einen Maklereid abzulegen.[77] Das Erfordernis einer hoheitlichen Bestellung des „Handelsmäklers" wurde bis in die zweite Hälfte des 19. Jahrhunderts in Art. 66 Abs. 1 ADHGB normiert. Maklermonopol und Maklereid wurden durch das ADHGB von 1861 generell bzw. in Form des „Maklerschwurs" durch das neue HGB von 1897 mit Wirkung ab 1900 abgeschafft.[78]

Mit der Einführung des HGB gab es zwar nicht länger Vorgaben von staatlicher Seite im Hinblick auf die Ausübung der Tätigkeit des Versicherungsvermittlers, in Preußen benötigte der Versicherungsvertreter allerdings für seine hoheitliche Zulassung einen Nachweis für seine Zuverlässigkeit und seinen guten Ruf. Für den Versicherungsvertreter entfiel das Erfordernis einer staatlichen Zulassung im Jahre 1869 durch das Inkrafttreten der GewO.[79] Daraus lässt sich erkennen, dass die uneingeschränkte Gewerbefreiheit der Versicherungsvermittler in Deutschland nicht schon immer bestand.

Das Versicherungsvertragsgesetz von 1908 enthielt ursprünglich in den §§ 43 – 48 VVG a. F. nur Regelungen über die sog. „Versicherungsagenten". Darin wurde fast ausschließlich die (Empfangs-) Vertretungsmacht der Agenten für den Versicherer geregelt.[80] Eine Legaldefinition des Versicherungsagenten erfolgte hingegen nicht. Mit Blick auf den Begriff des „Handlungsagenten", also des Versicherungsvertreters in Form des heutigen Handelsvertreters, der in §§ 92 Abs. 1, 84 Abs. 1 HGB definiert ist, hielt man dies für entbehrlich.[81]

In der ersten Hälfte des 20. Jahrhunderts wurden die Zulassungsvoraussetzungen für den Vertrieb von Versicherungsprodukten gesetzlich geregelt.[82] Die Akademie für Deutsches Recht erarbeitete im Jahr 1940 ein Zulassungsgesetz für Versicherungsvertreter sowie Versicherungsmakler, nach dem für eine hauptberufliche Vermittlungstätigkeit eine vorangehende staatliche Zulassung erforderlich war,

---

76 Römer/Langheid – *Rixecker*, § 59 Rn. 2.
77 Vgl. zu den folgenden Ausführungen *Mattern*, S. 203.
78 *Durstin/Peters*, VersR 2007, 1457 (1460) m.w.N.
79 *Abram*, VersR 1998, 551 (552).
80 MK VVG – *Reiff*, § 59 Rn. 2.
81 *Reiff*, ZVersWiss 2002, 103 (107).
82 *Mattern*, S. 172.

die ihrerseits an die Erfüllung bestimmter Voraussetzungen wie etwa die gewerberechtliche Zuverlässigkeit, die persönliche Eignung sowie die berufliche Sachkunde gebunden war und in ein öffentliches Register eingetragen werden musste.[83] Die Errichtung von Unternehmen des Versicherungsmaklergewerbes wurde 1942 und bis zum 31. Dezember 1943 befristet durch den Reichswirtschaftsminister für einwilligungsbedürftig erklärt.[84]

Im Anschluss daran wurden einige Jahrzehnte lang keine weiteren Bemühungen hinsichtlich der berufsrechtlichen Regulierung der Versicherungsvermittler betrieben, bis im Jahr 1991 die Kommissions-Empfehlung für das Vermittlerrecht vom 18. Dezember 1991 ausgesprochen wurde.[85] Damit sollte über eine Harmonisierung der beruflichen Anforderungen die fehlende Dienstleistungs- und Niederlassungsfreiheit innerhalb der Europäischen Union eingeleitet werden.[86] Es wurde zudem versucht, berufsrechtliche und verhaltensbezogene Regelungen für Versicherungsvermittler festzulegen, da die Geschichte der Versicherungsvermittlung durch das negative Ansehen eines ganzen Berufsstandes geprägt war.[87]

Zunächst zeigte sich allerdings der deutsche Gesetzgeber fast schon unwillig, die Kommissions-Empfehlung umzusetzen, weswegen Deutschland zum Zeitpunkt des Ablaufens der Umsetzungsfrist der Empfehlung am 28. Januar 1995 neben Österreich und Dänemark einer der drei von damals 15 Mitgliedsstaaten ohne normierte Versicherungsvermittlerstatute war.[88] Die damalige Bundesregierung vertrat die Auffassung, dass in Deutschland kein Umsetzungsbedarf der Kommissions-Empfehlung bestand.[89] Es gab zwar eine Gesetzesinitiative der Bundesländer Niedersachsen und Saarland zur Regulierung des Vermittlerrechts vom 09. Juli 1997, die Regierung unter Bundeskanzler Helmut Kohl sprach sich in ihrer Stellungnahme vom 29. Januar 1998 jedoch gegen die Verwirklichung des Gesetzentwurfs aus.[90]

---

83 *Abram*, VersR 1998, 551 (553).

84 *Möller*, S. 61 f.

85 Empfehlung der Kommission vom 18.12.1991 über Versicherungsvermittler (92/48/EWG), Abl. EU Nr. L 19 vom 28.01.1992, S. 32 f.; Abdruck bei *Beenken/Sandkühler*, 207 ff.; siehe ferner *Mensching*, S. 103.

86 *Beenken/Sandkühler*, S. 15.

87 Vgl. *Unger*, S. 3. Daher stammt auch der Ausspruch „und ist ihm alles nicht gelungen, so macht er in Versicherungen" siehe *Möller*, S. 145.

88 *Fricke*, VersR 1995, 1134; *Hübner*, S. 36. Begründet wurde diese zurückhaltende Einstellung gegen Berufszulassungsregelungen im Versicherungsvermittlungssektor in erster Linie aus wirtschaftspolitischer Sicht wegen befürchteter Einschränkungen des Wettbewerbs. Vgl. zu dieser Thematik vertiefend auch *Bünger*, GewArch 1994, 305 (307).

89 So erfolge die existierende Berufsausbildung für Versicherungsvermittler in einem zufriedenstellenden Qualitätsstandard, der den in der Empfehlung der Kommission niedergelegten Anforderungen gerecht wird, vgl. BT-Drucks. 12/4279, 4 ff. Siehe ferner *Bünger*, GewArch 1994, 305 (306) sowie *Geisendörfer*, GewArch 1995, 41 (44).

90 BT-Drucks. 13/9721, S. 21 ff. Zu der genauen Entwicklung des Gesetzesentwurfs, seiner Vorgeschichte sowie den genauen Inhalten der Kommissions-Empfehlung siehe ausführlich *Mattern*, S. 178 ff.

Nachdem sich insbesondere Deutschland lange Zeit weigerte, die Kommissions-Empfehlung umzusetzen[91], hat die Kommission eine verbindliche Vermittlerrichtlinie vorgeschlagen, die im Wesentlichen die berufsrechtlichen Regelungen enthält, welche bereits in der Empfehlung der EU-Kommission zu finden waren.[92] Die „Richtlinie 2002/92/EG des Europäischen Parlaments und des Rates vom 09. Dezember 2002 über Versicherungsvermittlung“ (=Vermittlerrichtlinie) wurde am 15. Januar 2003 im Amtsblatt der Europäischen Gemeinschaft veröffentlicht.[93]

Durch das Gesetz zur Neuregelung des Versicherungsvermittlungsrechts vom 19. Dezember 2006 wurden die berufsrechtlichen und vertraglichen Reglementierungen der Versicherungsvermittler mit Wirkung zum 22. Mai 2007 grundlegend reformiert.[94] Dadurch haben die informationellen Schutzvorschriften und in erster Linie der Beratungsschutz als zentrale Komponente des Informationsschutzes eine nachhaltige Aufwertung erfahren.[95] Der bisher verwendete Begriff des „Versicherungsagenten“ wurde durch „Versicherungsvertreter“ ersetzt und es wurde mit § 42a VVG a. F., der heute mit § 59 VVG identisch ist, erstmals eine Vorschrift geschaffen, die Versicherungsvermittler mit den Unterformen Versicherungsvertreter und Versicherungsmakler sowie dem Versicherungsberater, gesetzlich definiert.[96]

Verwunderlich ist im Hinblick auf die Vermittlerrichtlinie allerdings, dass lediglich auf den Vermittler, nicht aber den Kunden eingegangen wird. Es erfolgt keine Unterscheidung zwischen Verbraucher und Unternehmer als potentiellen Vertragspartner des Versicherungsvermittlers.[97] Eine Erwähnung des Verbraucherschutzes

---

91 Kommissions-Empfehlungen sind zwar rechtlich unverbindlich, vgl. Art. 288 AEUV (ex-Art. 249 EG). Allerdings sind die Mitgliedsstaaten in Folge der in Art. 4 Abs. 3 EUV normierten Treuepflicht verpflichtet, eine Umsetzung jeweils ernsthaft in Erwägung zu ziehen, um freiwillig die Herausbildung eines Gemeinschaftsrechts oder die Angleichung der nationalen Rechtsbestimmungen für eine Förderung der Gemeinschaftsziele zu forcieren, siehe *Beenken/Sandkühler*, S. 15.

92 *Mattern*, S. 200, 235. Ein entscheidender Grund für den Erlass der Verbraucherrichtlinie als „schärfere Waffe“ dürfte die Missachtung der berufsbezogenen Vorgaben der Kommissions-Empfehlung in Deutschland gewesen sein, um insbesondere auch eine Verbesserung des Verbraucherschutzes in versicherungstechnischen Problemstellungen gewährleisten zu können, vgl. *Beenken/Sandkühler*, S. 16.

93 ABl. EU L 9/3, S. 211 ff.

94 BGBl 2006 I, 3232 ff. Das Gesetz hätte nach Art. 16 Abs. 1 S. 1 der Vermittlerrichtlinie bereits bis zum 15. Januar 2005 umgesetzt werden müssen. Dabei hat Deutschland die Vermittlerrichtlinie als letzter Mitgliedsstaat umgesetzt, siehe *Schönleiter*, GewArch 2007, 265. Insbesondere vorangetrieben dürfte die Umsetzung wohl durch das gegen Deutschland im Oktober 2005 eingeleitete Vertragsverletzungsverfahren wegen Nichtumsetzung der Vermittlerrichtlinie, vgl. *Herrmann/Wilkens*, DZWiR 2006, 309 (311 f.).

95 *Mattern*, S. 199.

96 MK VVG – *Reiff*, § 59 Rn. 2.

97 *Abram*, r+s 2005, 137 (140).

findet sich lediglich in den Erwägungsgründen 8 und 18 zu der Vermittlerrichtlinie.[98] Folglich bestanden mangels Ermächtigungsgrundlage in der Richtlinie für den nationalen Gesetzgeber keine Optionen, zwischen Unternehmern und Verbrauchern zu differenzieren, auch wenn das bei verbraucherschützenden Gesetzgebungsinitiativen sonst als üblich gilt.[99]

b. Vereinbarkeit des nationalen Rechts mit der Vermittlerrichtlinie

Die Vermittlerrichtlinie ist wohl die entscheidendste und umfangreichste gewerbliche Neuregelung der letzten Jahrzehnte nach der Einführung des Gaststättengesetzes.[100] Sie verfolgte verschiedenste Ansätze. In erster Linie sollte der Verbraucherschutz durch die Regulierung des Vermittlerberufs verbessert und die Niederlassungs- und Dienstleistungsfreiheit für Vermittler garantiert werden.[101]

Ferner sollte einer Marktverzerrung in der Versicherungsbranche durch uneinheitliche Wettbewerbsbedingungen vorgebeugt werden.[102] Den Missstand etwa, dass sich der Versicherungsvertreter mangels berufsrechtlicher Regelungen aufgrund der uneingeschränkten Gewerbefreiheit in Deutschland ohne fachliche Qualifikation oder persönlichen Zuverlässigkeitsnachweis gegenüber dem Kunden als Makler gerieren kann, um den Anschein größerer Sachkunde, Unabhängigkeit und Seriosität hervorzurufen, galt es zu beheben.[103]

Im Folgenden ist zu überprüfen, ob insbesondere die für die verschiedenen in der Richtlinie vorgesehenen Vermittlerstatuten auch entsprechend in nationales Recht umgesetzt wurden.

Neben dem beschränkten Vermittlerbegriff aus § 59 Abs. 1 VVG, der lediglich Versicherungsvertreter und Versicherungsmakler als Versicherungsvermittler definiert, gibt es den funktionalen Vermittlerbegriff der Vermittlerrichtlinie.[104] Gemäß Art. 2 Nr. 5 VermittlerRL ist Versicherungsvermittler jede Person, die die Tätigkeit der Versicherungsvermittlung gegen Vergütung aufnimmt oder ausübt.

Unter Versicherungsvermittlung ist nach Art. 2 Nr. 3 Unterabs. 1 VermittlerRL das Anbieten oder Vorschlagen bzw. das Durchführen anderer Vorbereitungsarbeiten zum Abschluss von Versicherungsverträgen oder das Abschließen von Versicherungsverträgen oder das Mitwirken bei deren Verwaltung und deren Erfüllung, insbesondere im Schadensfall, zu verstehen. Daher können durchaus Zweifel bestehen, ob die Beschränkung auf das Vermitteln und Abschließen als richtlinienkonform angesehen werden kann.[105]

---

98 *Mattern*, S. 204.
99 So auch *Abram*, r+s 2005, 137 (140).
100 *Schönleiter*, GewArch 2007, 265 (266).
101 *Jahn/Klein*, DB 2007, 957; *Teichler*, VersR 2002, 385.
102 *Herrmann/Wilkens*, DZWiR 2006, 309.
103 *Mattern*, S. 200 f. m.w.N.
104 MK VVG – *Reiff*, § 59 Rn. 5.
105 So auch MK VVG – *Reiff*, § 59 Rn. 5.

Diese extrem weitreichende Definition der Vermittlerrichtlinie wird allerdings in den weiteren Unterabsätzen eingeschränkt. Nach Art. 2 Nr. 3 Unterabs. 2 VermittlerRL ist eine Versicherungsvermittlung dann nicht gegeben, wenn die Tätigkeit von einem Versicherer oder einem Angestellten eines Versicherers ausgeübt wird.

Ebenfalls keine Versicherungsvermittlung ist es nach Art. 2 Nr. 3 Unterabs. 3 VermittlerRL, wenn beiläufig Auskünfte im Zusammenhang mit einer anderen beruflichen Tätigkeit erteilt werden, sofern diese nicht deswegen getätigt werden, um den Kunden bei einem Abschluss oder der Handhabung eines Versicherungsvertrages zu unterstützen.

Der Gesetzesbegründung ist zu entnehmen, die Richtlinie sei in der Frage der Reichweite des Begriffes der Versicherungsvermittlung nicht eindeutig.[106] Der funktionale Vermittlerbegriff wurde von dem Gesetzgeber folglich bewusst nicht übernommen, da dieser keine deutliche Abgrenzung zwischen Versicherungsvertreter und Versicherungsmakler beinhaltete.[107] Vielmehr hielt der Gesetzgeber eine deutliche Differenzierung für notwendig.[108]

Jedoch bestehen ohnehin kaum sachliche Unterschiede zwischen der Vermittlerdefinition des Versicherungsvertragsgesetzes und dem funktionalen Vermittlerbegriff der Richtlinie, denn sowohl die Verwaltung als auch die Erfüllung sind in der Regel mit der Vermittlung und dem Abschluss einer Versicherung verknüpft.[109] Somit kommt den weitreichenderen Merkmalen der Vermittlerrichtlinie keine eigenständige Bedeutung zu, weswegen die Beschränkung des Vermittlerbegriffes auf die typischen Merkmale des Vermittelns und Abschließens nicht gegen die Vermittlerrichtlinie verstößt.

Ferner werden in Art. 12 VermittlerRL für die sog. Informationspflichten der Vermittler verschiedene Anforderungen an Vertreter einerseits und Makler andererseits gestellt. Folglich war es für die Umsetzung des vertragsrechtlichen Teils der Richtlinie im Versicherungsvertragsgesetz unverzichtbar, den Versicherungsvertreter vom Versicherungsmakler abzugrenzen und eine eigenständige Definition der unterschiedlichen Begrifflichkeiten einzuführen.[110] Insoweit ist die Beschränkung des Vermittlerbegriffes durchaus richtlinienkonform.

Bezüglich des sachlichen Anwendungsbereiches sieht Art. 2 Nr. 3 der Vermittlerrichtlinie ausgehend vom funktionalen Vermittlerbegriff vor, dass unter die Vermittlertätigkeit in der Regel auch die Verwaltung und Schadensabwicklung selbst fällt. Demgegenüber findet eine Beschränkung des Vermittlerbegriffs in der deutschen

---

106 BT-Drucks. 16/1935 S. 17 zu § 34d Abs. 1 GewO. Nach *Schönleiter*, GewArch 2007, 265 (266) ist die Beschränkung innerhalb der Richtlinie zwar leider nicht mit der erforderlichen Klarheit zum Ausdruck gekommen, aber sie entspricht ihrer Philosophie und den Beratungsergebnissen.

107 *Abram*, r+s 2005, 137 (140).

108 Siehe BT-Drucks. 16/1935, S. 22.

109 MK VVG – *Reiff*, § 59 Rn. 5.

110 BT-Drucks. 16/1935, S. 22 zu § 42a Abs. 1 VVG a.F., der mit § 59 Abs. 1 VVG identisch ist.

Transformationsvorschrift des § 34d Abs. 1 S. 1 GewO auf die reine Vermittlertätigkeit statt.[111] Im Ergebnis sind zwischen der Richtlinienvorgabe und der deutschen Regelung die Sache betreffend allerdings keine Unterschiede erkennbar, da der Vermittlerbegriff durch zusätzliche Richtlinienbestimmungen erheblich eingeengt wird.[112]

c. Versicherungsvertreter

Der Beginn der Geschichte der Versicherungsvertreter war erst Mitte des 18. Jahrhunderts.[113] Ausschlaggebend für den starken Zuwachs dieses Vermittlertyps war die Gründung der Berlinischen Feuerversicherungs-Anstalt im Jahre 1812.[114] Einen weiteren Zuwachs konnte die Anzahl der Versicherungsvertreter dann im Jahr 1869 verzeichnen, als durch das Inkrafttreten der GewO die Voraussetzung einer staatlichen Zulassung zu Gunsten der Gewerbefreiheit weggefallen ist und eine verstärkte Nachfrage nach Versicherungsschutz einer zunehmenden Anzahl von Versicherern gegenüberstand.[115]

Die Geschichte des Versicherungsagenten stellt aber auch gleichzeitig die Entwicklung und Aufrechterhaltung des schlechten Rufes eines ganzen Berufsstandes dar, was insbesondere die Eigenschaften Zuverlässigkeit, Sachkunde bzw. Eignung, fehlerhafte Beratung und Aufklärung, unlautere Werbemethoden sowie ähnliche Missstände bei den Intermediären betraf.[116] Im Hinblick auf diesen Ruf trägt die Versicherungswirtschaft selbst eine gewisse Mitschuld, wenn in anonymen Zeitungsanzeigen Versicherungsvertreter gesucht werden, wobei „Fachkenntnisse nicht erforderlich" sind und „Höchstprovisionen" bzw. ein „müheloser Nebenverdienst" in Aussicht gestellt werden.[117]

Versicherungsvertreter nach § 59 Abs. 2 VVG ist, wer von einem Versicherer oder einem Versicherungsvertreter damit betraut ist, gewerbsmäßig Versicherungsverträge zu vermitteln oder abzuschließen. In Deutschland gab es 2013 etwa 165.700 registrierte Versicherungsvertreter.[118] Damit ist der Berufsstand der Versicherungsvertreter

---

111 Diese Abweichung von der Richtlinienvorgabe wird vom Gesetzgeber wie folgt begründet: „Es erscheint angezeigt, eine Definition zu wählen, die der gewerberechtlichen Systematik und inhaltlich den Zielen der Richtlinie entspricht", siehe BT-Drucks. 16/1935, S. 17. Vgl. ferner dazu *Beenken/Sandkühler*, r+s 2007, 182.

112 *Mattern*, S. 209; *Reiff*, VersR 2007, 717 (719).

113 *Unger*, S. 3.

114 *Möller*, S. 8.

115 *Deckers*, S. 28; *Möller*, S. 62. Für die genauen Entwicklungszahlen der „Versicherungsagenten" zwischen 1835 und 1918, siehe ausführlich *Möller*, S. 10 f.

116 *Unger*, S. 3.

117 Siehe *Möller*, S. 147, der die Versicherungsvermittler auch als „Versicherungshausierer" und „Klinkenputzer" bezeichnet.

118 Vgl. *GDV*, Statistisches Taschenbuch der Versicherungswirtschaft 2014, S. 12.

der wichtigste Vertriebskanal in der Versicherungswirtschaft.[119] Etwa 70% der registrierten Vermittler sind gebundene Versicherungsvertreter im Ausschließlichkeitsvertrieb, was Deutschland im europäischen Vergleich auffallend stark in diese Richtung prägt.[120]

Versicherungsvertreter werden mitunter als „Versicherungsagenten[121]" bezeichnet und stellen eine inhomogene Gruppe dar.[122] Zwar können sie als selbstständige Handelsvertreter i.S.d. § 92 HGB agieren. Versicherungsvertreter im handelsrechtlichen Sinn ist nach § 92 Abs. 1 HGB, wer als Handelsvertreter und mithin als selbstständiger Gewerbetreibender i.S.d. § 84 Abs. 1 HGB damit betraut ist, Versicherungsverträge zu vermitteln (sog. Vermittlungsvertreter) oder abzuschließen (sog. Abschlussvertreter).[123] Allerdings ist keine ständige, also auf eine unbestimmte Vielzahl von Verträgen gerichtete Beauftragung erforderlich.[124] Es genügt vielmehr auch bereits, dass die Tätigkeiten auf Grund eines mit dem Versicherer geschlossenen Geschäftsbesorgungsvertrages i.S.d. § 675 BGB vorgenommen werden und der Versicherer dem Vertreter im Einzelfall die Vermittlung auf vertraglicher Grundlage übertragen hat.[125]

Die Legaldefinition des Versicherungsvertreters gem. § 59 Abs. 2 VVG präzisiert die handelsrechtliche Definition dahingehend, dass der Untervertreter des Versicherungsvertreters ebenfalls selbst Versicherungsvertreter ist und das Unternehmen im Rahmen seiner Bevollmächtigung unmittelbar vertritt, auch wenn er keine vertragliche Verbindung zum Versicherer hat.[126] Ferner ist es denkbar, dass der Vertreter in einem festen Anstellungsverhältnis zum Versicherer steht und als unselbstständiger Arbeitnehmer hauptberuflich im Außendienst für den Versicherer tätig ist; sie sind den selbstständigen Versicherungsvertretern allerdings gleichgestellt, vgl. § 73 VVG.

Der Versicherungsvertreter steht im Rahmen seiner Vermittlungstätigkeit im Lager des Versicherers, weswegen dieser sich ein mögliches Fehlverhalten des

---

119 *Mattern*, S. 160; *Matusche*, S. 15.

120 MK VVG – *Reiff*, Vor § 59 Rn. 13; *Beenken/Sandkühler*, S. 11.

121 In der Begründung zum „Gesetz zur Neuregelung des Versicherungsvermittlerrechts" wird von dem Gesetzgeber ausgeführt, dass der Begriff des Versicherungsagenten überholt ist, zumal im HGB schon 1953 der „Agenten" durch den „Vertreter" im Rahmen des Handelsvertretergesetzes ersetzt wurde, vgl. BT-Drucks. 16/1935, S. 22.

122 *Farny*, S. 146; *Schüll*, S. 12.

123 Sofern das Merkmal der Selbstständigkeit nicht erfüllt ist, gilt der Vertreter als Angestellter im handelsrechtlichen Sinn nach §§ 92 Abs. 1, 84 Abs. 2 HGB, vgl. *Deckers*, S. 11 ff.

124 Prölss/Martin – *Dörner*, § 59 Rn. 8.

125 Sog. „Gelegenheitsvertreter", siehe BT-Drucks. 16/1935 S. 22. Hierbei kann es allerdings vorkommen, dass das Erfordernis der Gewerbsmäßigkeit fehlt.

126 *Unger*, S. 14.

Vertreters regelmäßig zurechnen lassen muss.[127] Er vertritt aus Kundensicht also die Marktgegenseite.[128] Er wird in der Regel aufgrund eines mit dem Versicherer geschlossenen Geschäftsbesorgungs- oder Agenturvertrages tätig, durch den er verpflichtet wird, die Interessen des Versicherers wahrzunehmen und für diesen Verträge zu vermitteln.[129] Dabei handelt er als Verkaufsvermittler des Versicherers in dessen Außendienstorganisation und ist Bestandteil der Vertriebs- und Verwaltungsorganisation.[130] Er gilt als bevollmächtigt, Anträge, die auf den Abschluss eines Versicherungsvertrages gerichtet sind sowie die vor Vertragsschluss abzugebenden Anzeigen sowie alle übrigen das Versicherungsverhältnis betreffenden Erklärungen (wie etwa Widerruf, Kündigung, Rücktritt etc.) vom Versicherungsnehmer entgegenzunehmen und die vom Versicherer ausgefertigten Versicherungsunterlagen dem Versicherungsnehmer zu übermitteln, vgl. § 69 Abs. 1 VVG.

Des Weiteren kann der Versicherungsvertreter grundsätzlich Zahlungen annehmen, die im Zusammenhang mit der Vermittlung oder dem Abschluss eines Versicherungsvertrags von dem Versicherungsnehmer an ihn geleistet wurden, siehe § 69 Abs. 2 VVG. Vergütet wird sein Tätigwerden in der Regel mit einer Vermittlungs- bzw. Abschlussprovision, die meist Bestandteil der Versicherungsprämie des Versicherungsnehmers ist.[131]

Versicherungsvertreter können der Rechtsform nach natürliche Personen, Personengesellschaften oder juristische Personen sein.[132] Im Rahmen ihrer Vermittlungstätigkeit können sich Versicherungsvertreter zudem anderer Personen wie etwa Angestellter oder auch anderer selbstständiger Versicherungsvertreter[133] bedienen. Deren Verhalten kann dann im Falle des Abschlusses von Rechtsgeschäften nach den Regeln über die Stellvertretung i.S.d. §§ 164 ff. BGB oder der Botenstellung und bei der Erfüllung von Verhaltenspflichten als Erfüllungsgehilfen nach § 278 BGB zugerechnet werden.[134]

In der Regel ist ein Versicherungsvertreter ein sogenannter Ausschließlichkeits- bzw. unechter Mehrfachvertreter gem. § 34d Abs. 4 GewO. Das heißt, er darf als Einfirmen- bzw. Konzernvertreter gemäß §§ 92 Abs. 2, 84, 86 Abs. 1 HGB nur für einen Versicherer tätig werden, weswegen eine Vermittlertätigkeit für andere Versicherer

127 Rechtsgedanke der §§ 164, 166 BGB, die sog. Auge-und-Ohr-Rechtsprechung, vgl. BGH NJW 1988, 973, sowie nun § 70 VVG; siehe *Reiff*, ZVersWiss 2007, 535 (568 ff.); *Meixner/Steinbeck*, § 5 Rn. 49; *Mattern*, S. 162; *Matusche-Beckmann*, VersR 1995, 1391 (1392).

128 *Teichler*, VersR 2002, 385 (388).

129 *Teichler*, VersR 2002, 385 (388); *Zinnert*, VersR 2000, 399 (402).

130 Siehe *Keil*, VW 1990, 311 (314).

131 *Mattern*, S. 162.

132 Prölss/Martin – *Dörner*, § 59 Rn. 10.

133 Diese agieren dann als „Untervertreter".

134 Prölss/Martin – *Dörner*, § 59 Rn. 11.

aufgrund eines aus § 86 Abs. 1 Hs. 2 HGB abzuleitenden gesetzlichen, sowie mitunter auch ergänzenden vertraglichen Wettbewerbsverbots nicht in Frage kommt.[135]

Ein solches Wettbewerbsverbot, welches sich aus der das ganze Vertragsverhältnis beherrschenden Interessenwahrungspflicht des Vertreters gegenüber dem Versicherer ergibt, hindert ihn während der Vertragslaufzeit daran, für ein Konkurrenzunternehmen tätig zu werden.[136] In Agenturverträgen wird darüber hinaus regelmäßig in der Praxis eine Ausschließlichkeitsbindung des Vertreters vereinbart, um generell sicherzustellen, dass der Versicherungsvertreter ebenfalls in keinen Versicherungssparten tätig ist, die von dem eigenen Unternehmen nicht vertreten werden bzw. eine Tätigkeit außerhalb der Versicherungswirtschaft ausübt.[137]

Es gibt allerdings neben den Ausschließlichkeitsvertretern auch „echte" und „unechte" Mehrfachvertreter. Echte Mehrfachvertreter sind in Folge mehrerer Agenturverträge für verschiedene Versicherer tätig und haben für die jeweiligen Fälle entsprechende Ausnahmen vom Wettbewerbsverbot vereinbart.[138] Sie sind befugt, Versicherungsprodukte mehrerer in Konkurrenz stehender Versicherungsunternehmen zu vermitteln.[139] Demgegenüber werden bei der unechten Mehrfachvertretung durch den Vermittler mehrere, nicht miteinander konkurrierende Produkte, für unterschiedliche Versicherer vertreten.[140] Wird durch einen Agenturvertrag der Vertrieb lediglich bestimmter Produkte eines anderen Versicherers erlaubt, spricht man dabei von einer sog. Ventillösung.[141]

Bei Mehrfachvertretern kann es zu schwierigen Interessenkonflikten kommen, da eine Verpflichtung zur Interessenwahrung gegenüber jedem Versicherungsunternehmen besteht.[142] Der Versicherungsvertreter muss dem Versicherungssuchenden nämlich die Versicherungsprodukte „seiner" konkurrierenden Versicherungsgeber gleich vorteilhaft präsentieren, wobei er allerdings seine eigenen Ansichten im Hinblick auf Vor- und Nachteile der Produkte durchaus äußern kann.[143] Welchem Versicherer letztendlich das Geschäft eines Neukunden zugewiesen wird, bleibt

---

135 Prölss/Martin – *Dörner*, § 59 Rn. 13.

136 *Mattern*, S. 165.

137 *Voß/Höft/Müller-Stein*, S. 14.

138 Siehe zu der Mehrfachvertretung unter anderem BGH BB 1972, 11; BGH NJW-RR 86, 709 (für Handelsvertreter); OLG Hamm VersR 1995, 167 f.; Prölss/Martin – *Dörner*, § 59 Rn. 13; kritisch dazu *Matusche-Beckmann*, VersR 1995, 1391 ff., die vor einer Zusammenarbeit mit solchen Vermittlern aufgrund des damit verbundenen Risikos der Rechtsunsicherheit warnt.

139 *Mattern*, S. 165.

140 *Deckers*, 92.

141 Römer/Langheid – *Rixecker*, § 59 Rn. 5; *Mensching*, S.49; *Schönleiter*, GewArch 2007, 265 (268).

142 Baumbach/Hopt – *Hopt*, § 86 Rn. 24, 27.

143 Baumbach/Hopt – *Hopt*, § 86 Rn. 24; *Mattern*, S. 165; *Mensching*, 51 f.; OLG Nürnberg NJW-RR 1995, 227 (229).

dem Mehrfachvertreter freigestellt.[144] Wenn allerdings ein Versicherungssuchender bereits andere Vertragsbeziehungen zu einem Versicherer hat, ist der Mehrfachvertreter grundsätzlich verpflichtet, weitere Versicherungen ebenfalls diesem Versicherungsunternehmen zuzuführen, sofern der Versicherungssuchende nicht ausdrücklich den Abschluss bei einem anderen Versicherer verlangt.[145]

Auch wenn das Berufsbild des Mehrfachvertreters durch seine Anbindung an verschiedene Versicherungsunternehmen zunächst Ähnlichkeiten mit einer Maklerstellung aufweist, so bleibt doch die grundsätzliche Unterscheidung zum Versicherungsmakler unzweifelhaft bestehen, als der Mehrfachvertreter – anders als der Makler – Interessenvertreter des Versicherers und damit zu dessen Gunsten parteiisch ist.[146]

Schließlich gibt es noch die Sonderform des Assekuradeurs, der insbesondere im Bereich der Transport- und Sachversicherung anzutreffen ist. Dieser Mehrfachvertreter übernimmt für den Versicherer entsprechend seines Agenturvertrages neben der Vermittlung eines Versicherungsvertrages auch noch die Aufteilung des Risikos auf mehrere Versicherer, Abrechnungen, Mahnungen und die Schadensbearbeitung sowie das Prämieninkasso und Dokumentationsaufgaben.[147]

Eine weitere Unterform stellt der nebenberufliche Versicherungsvertreter dar. Dieser ist zwar ständig von einem Versicherer mit der gewerbsmäßigen Vermittlung sowie dem Abschluss von Verträgen vertraut, übt neben dieser Tätigkeit aber auch noch eine andere Beschäftigung aus.[148] Die Anzahl der nebenberuflichen Versicherungsvertreter ist in Relation zu den hauptberuflichen Vertretern sehr hoch.

Dies ist historisch bedingt, da Versicherungsunternehmen bereits zu Beginn des 19. Jahrhunderts in der Platzierung nebenberuflicher Kontaktvermittler und Vertrauensleute die Möglichkeit einer schnellen und effektiven Expansion sahen.[149] Demgegenüber sind Gelegenheitsvertreter vom Versicherungsunternehmen für eine unbestimmte Vielzahl von Verträgen und somit ständig betraut. Sie werden nur von Fall zu Fall vermittelnd tätig.[150]

Im Hinblick auf das Versicherungsvertragsrecht und die aus ihm folgenden Rechtspflichten dem Versicherungsnehmer gegenüber ist diese Differenzierung jedoch unerheblich.[151]

---

144 *Bronisch*, VersR 1950, Anm. zum Urteil des LG Lübeck vom 30.06.1950 – 3 C 98/48, S. 182; *Mensching*, S. 52.

145 *Bronisch*, VersR 1950, Anm. zum Urteil des LG Lübeck vom 30.06.1950 – 3 C 98/48, S. 182; *Mattern*, S. 166.

146 *Matusche-Beckmann*, VersR 1995, 1391 (1393).

147 Prölss/Martin – *Dörner*, § 59 Rn. 14.

148 Prölss/Martin – *Dörner*, § 59 Rn. 15.

149 *Beenken/Sandkühler*, S. 11.

150 Prölss/Martin – *Dörner*, § 59 Rn. 16.

151 Römer/Langheid – *Rixecker*, § 59 Rn. 5.

d. Versicherungsmakler

Der Versicherungsmakler hat bereits eine jahrhundertlange Tradition und wird durch verschiedene Rechtsgrundlagen geprägt. Dabei stammt die Titulierung des Maklers von dem niederländischen Wort „makelaar“, was übersetzt „machen“ bzw. „zustandebringen“ bedeutet und mithin auf die schöpferische Leistung des Maklers hinweist.[152]

Historisch gesehen reichen die Wurzeln des Maklertums bis ins 14. Jahrhundert zurück.[153] Hierbei spielt – wie dies auch bei der allgemeinen Entwicklung des Versicherungswesens der Fall ist – die Seeversicherung eine wichtige Rolle. Die erste nachweisbare Versicherungsmaklervergütung erfolgte bei dem Abschluss einer Seeversicherungspolice in Florenz im Jahr 1319.[154]

In Hamburg waren Versicherungsmakler im Seeversicherungsrecht seit 1588 involviert, wobei der älteste nachweisbare, von einem Makler vermittelte Versicherungsvertrag in Deutschland aus dem Jahr 1590 stammt.[155] Eines der Hauptbetätigungsfelder des Maklers Anfang des 20. Jahrhunderts war neben dem Seeversicherungsgeschäft die Rückversicherung.[156]

Versicherungsmakler gemäß § 59 Abs. 3 S. 1 VVG ist seit der Umsetzung der Vermittlerrichtlinie, wer gewerbsmäßig für den Auftraggeber die Vermittlung oder den Abschluss von Versicherungsverträgen übernimmt, ohne von einem Versicherer oder einem Versicherungsvertreter damit betraut zu sein. Seine rechtliche Stellung lässt sich indes nicht nur aus dieser Legaldefinition herleiten. Vielmehr stellt das Versicherungsmaklerrecht eine Sammlung von Gesetzesrechten, Handelsbräuchen, Gewohnheitsrechten und Rechtsprechung dar.[157] Das Tätigwerden des Maklers basiert grundsätzlich zunächst auf der Initiative des potentiellen Versicherungskunden, der die Maklertätigkeit dabei nicht nur auslöst, sondern auch steuert.[158]

Durch den Maklervertrag als Ausgestaltung eines Geschäftsbesorgungsvertrags nach § 675 BGB zwischen dem Versicherungssuchenden und dem Makler, der in fremdem Interesse handelt, sind die beiden Parteien sehr eng verbunden.[159] Dadurch wird der Versicherungsmakler zum weisungsgebunden Vertrauten und „treuhänderähnlichen Sachwalter“ des Versicherungssuchenden.[160] So wird er auch als „Bundesgenosse“, „Interessenvertreter“ oder „Vertrauensmann“ des Versicherungsnehmers

---

152 *Deckers*, S. 27.
153 *Mattern*, S. 145.
154 *Möller*, S. 5.
155 *Möller*, S. 6.
156 *Matusche*, S. 8 m.w.N.
157 *Zinnert*, VersR 2000, S. 399; *Mattern*, S. 145.
158 *Matusche*, 28.
159 *Reiff*, r+s 1998, 89 (90); *Mattern*, S. 147. Zum Maklervertrag im Detail siehe *Zinnert*, Versicherungsmakler, S. 119 ff.
160 *Ihle*, S. 272; BGHZ 94, 356 (359); *Werber*, VersR 1992, 917 (920 f.).

tituliert.[161] Neben den dienstvertraglichen Aspekten beinhaltet der Maklervertrag dabei überwiegend Komponenten eines Werksvertrages wie etwa den Vermittlungserfolg als Bedingung des Provisionsanspruchs.[162] Sein Abschluss ist entsprechend der Privatautonomie formfrei möglich.[163]

Der Versicherungsmakler weicht schon von der Begrifflichkeit tatsächlich wie rechtlich erheblich vom gesetzlichen Leitbild des Handelsmaklers gem. § 93 Abs. 1 HGB ab, obwohl letzter auch Versicherungsverträge vermittelt.[164] Der Unterschied der beiden „Maklertypen“ basiert dabei auf den Informationsdefiziten des zu beratenden Kunden.[165]

Der Handelsmakler nach § 93 Abs. 1 HGB war schon vor Umsetzung der Vermittlerrichtlinie nicht mehr mit der Rechtswirklichkeit des Versicherungsmaklers in Einklang zu bringen. Zwischen dem Handelsmakler und seinem Vertragspartner besteht grundsätzlich nur eine temporär angelegte Rechtsbeziehung, etwa im Hinblick auf die Vermittlung einer Immobilie, wohingegen der Versicherungsmakler regelmäßig aufgrund seines als Dauerschuldverhältnis ausgestalteten Betreuungsverhältnisses längerfristig für den Kunden tätig wird.[166]

Der Versicherungsmakler ist Interessenwahrer des Kunden und hat diesem gegenüber eine Tätigkeitspflicht, die sich über das bloße Zusammenführen der Parteien des Versicherungsvertrages hinaus erstreckt: er muss den Versicherungsbedarf des Kunden durch eine Analyse ermitteln und einen sachgerechten Versicherungsschutz am Markt besorgen, durch den eine Abdeckung der ermittelten Risiken erfolgt.[167] Demgegenüber steht es dem Handelsmakler grundsätzlich frei, Geschäfte zu vermitteln – auch wenn er aufgrund seines Vergütungsinteresses ohnehin aktiv wird.[168]

Entgegen § 99 HGB ist es seit dem Jahr 1868 gewohnheitsrechtlich verankert, dass der Versicherungsmakler seine Courtage nicht von beiden Parteien, sondern

---

161 *Dohmen*, S. 188 m.w.N.

162 Vgl. zur Rechtsstellung des Versicherungsmaklers und seinem Verhältnis zum Kunden ferner *Matusche*, S. 28 ff; *Mensching*, S. 40 ff; *Deckers*, S. 22 ff; *Dohmen*, S. 187 ff.; *Mattern*, S. 146 ff. Der Provisionsanspruch des Maklers gegen den Versicherer, auch Courtageanspruch genannt, entsteht aufgrund einer Courtagezusage in Form einer einseitigen Willenserklärung des Versicherungsunternehmens, vgl. *Koch*, VersR 1997, 1200 (1203).

163 Der Maklervertrag kann also schriftlich, mündlich (wie dies früher in den Hansestädten der Regelfall war) oder auch konkludent abgeschlossen werden, *Fischer*, NJW 2009, 3210; *Matusche*, 28 f. m.w.N.

164 *Mattern*, S. 147; *Zinnert*, Versicherungsmakler S. 23.

165 *Traub*, ZVersWiss 1994, 369 (371).

166 Siehe *Koch*, VW 2007, 248 (249); *Traub*, ZVersWiss 1994, 369 (371 f.); selbst Stimmen, die den Versicherungsmakler als Handelsmakler i.S.d. §§ 93 ff. HGB einordnen, führen insoweit aus, dass die beiden „Maklertypen“ keine großen Gemeinsamkeiten haben, vgl. *Römer*, S. 15 Rn. 34; *Schüll*, S. 14.

167 *Koch*, VW 2007, 248 (249).

168 *Mattern*, S. 147.

ausschließlich vom Versicherer erhält.[169] Anders als von dem Zivilmakler wird von dem Versicherungsmakler allerdings die tatsächliche Vermittlung von Verträgen für einen Vergütungsanspruch gefordert, die grundsätzlich über den Nachweis einer Abschlussgelegenheit hinausgeht und ihm den gesamten Risikobereich seines Mandanten übergibt.[170]

Der Versicherungsmakler ist vom Versicherungsvertreter abzugrenzen. Gegenüber dem Versicherungsvertreter verfügt der Makler über eine wesentlich geringere Marktmacht.[171] So sind lediglich etwa 40.000 der registrierten rund 247.000 haupt- und nebenberuflich handelnden Versicherungsvermittler als Versicherungsmakler tätig.[172] Als Merkmal zur Abgrenzung dient die Betrauung durch einen Versicherer oder einen Versicherungsvertreter.[173]

Der Versicherungsmakler steht als „Sachwalter“, „Vertrauter“ bzw. „Bundesgenosse“ des Versicherungsnehmers in dessen Lager.[174] Daher gilt im Falle der Maklervermittlung eines Versicherungsproduktes grundsätzlich, dass sich eine Assekuranz das Fehlverhalten eines Versicherungsmaklers auch dann nicht zurechnen lassen muss, wenn sich der Makler ihr gegenüber zur Übernahme bestimmter Tätigkeiten vertraglich verpflichtet hat.[175]

Es gilt jedoch ausnahmsweise eine Maklerzurechnung dann, wenn ein Versicherungsmakler für den Versicherer Tätigkeiten wahrnimmt, welche ihn objektiv nicht länger als Sachwalter des Versicherungsnehmers erscheinen lassen.[176] Dies ist gemäß § 59 Abs. 3 S. 2 VVG dann gegeben, wenn gegenüber dem Versicherungsnehmer der Anschein erweckt wird, es würden Leistungen eines Versicherungsmaklers im Sinne des § 59 Abs. 3 S. 1 VVG erbracht. Ein solcher Fall ist gegeben, wenn der

---

169 Siehe *Teichler*, VersR 2002, 385 (388); *Unger*, S. 16. Vor dem Jahr 1868 wurde der Maklerlohn noch von dem Versicherungsnehmer und dem Versicherer gemeinsam getragen, siehe *Matusche*, S. 8 m.w.N.
Heute wird dieser Vergütungsanspruch in der Praxis durch das Modell der sog. Bruttopolice getragen, bei der festgelegt wird, dass die vom Versicherungsnehmer zu zahlende Versicherungsprämie in den ersten Jahren einen hohen Anteil enthält, aus dem der Versicherer die Courtage an den Versicherungsmakler entrichtet. Dem gegenüber steht das vom BGH als rechtlich zulässig angesehene Modell der sog. Nettopolice, bei der eine Vereinbarung zwischen den Parteien getroffen wird, durch die der Versicherungsnehmer den Makler bezahlt, vgl. BGH LMK 2005, 88; zuletzt auch *Schwintowski* NJW 2014, Anm. zum Urteil des BGH vom 12.03.2014 – IV ZR 295/13, 1658 ff.

170 *Matusche*, S. 22 f.

171 *Mattern*, S. 146.

172 Zu den genauen Vermittlerzahlen und Marktanteilen siehe MK VVG – *Reiff*, Vor § 59 Rn. 13.

173 MK VVG – *Reiff*, § 59 Rn. 1.

174 BGH NJW 1985, 2595; BGH NVersZ 2000, 124; *Schimikowski*, Rn. 141.

175 Zuletzt z.B. OLG Celle, BeckRS 2012, 03559; LG Köln VersR 2012, 701.

176 *Grote / Schaaf*, GWR 2012, Anm. zum Urteil des BGH vom 11.07.2012 – IV 164/11, 477 (479 f.).

Makler durch den Versicherer die gesamte Geschäftsführung einschließlich der Entscheidung über Antragsannahmen und über die Schadensregulierung übertragen bekommen hat.[177] Eine weitere Konstellation für eine Umkehr des Grundsatzes liegt auch dann vor, wenn der Versicherer die Fehlberatung durch den Makler zwar erkannt, jedoch nicht korrigiert hat.[178]

Gerade im Lebensversicherungsbereich können gravierende Pflichtenkollisionen entstehen, die den Makler als statusfremden Versicherungsvertreter in das Lager der Versicherungsgesellschaft umqualifizieren und ihn somit seiner Maklerstellung entheben.[179] Exemplarisch sei dafür der Themenkomplex Gesundheitsfragen/Risikoprüfung angeführt.

Einerseits soll der Makler den Versicherungsnehmer bei der Beantwortung der Gesundheitsfragen unterstützen. Zugleich obliegt es ihm aber auch, die Risikoprüfung für den Versicherer zu übernehmen und Risikozuschläge für Vorerkrankungen festzusetzen.[180]

Nach früherem Recht war es für den Versicherungsnehmer in der Praxis oft schwierig, zu erkennen, ob der Versicherungsvertrag durch einen von einem Versicherungsmakler oder einem von einem Versicherer betrauten Versicherungsvertreter vermittelt wurde.[181] Diese Differenzierungsproblematik hat sich heute weitgehend erledigt, da die Gewerbeerlaubnis nach § 34d Abs. 1 S. 1 GewO nur typenspezifisch erteilt wird und der Vermittler bereits beim ersten Geschäftskontakt seinen Status offen legen muss, § 11 Abs. 1 Nr. 3 VersVermV.[182]

e. *Pseudomakler*

Pseudomakler sind Versicherungsvertreter, die ihren beruflichen Status teilweise nicht offen legen und sich gegenüber dem Versicherungsnehmer als unabhängiger Versicherungsmakler gerieren, um durch die „Maskerade" etwa kompetenter zu wirken.[183]

Bei den Pseudomaklern, die auch als „Etikettenschwindler", „Sofamakler" oder auch „janusköpfige Versicherungsvermittler" bezeichnet werden, treten neben

177 BGH NJW-RR 2001, 593.

178 OLG Saarbrücken, VuR 2012, 75. Dies ist jedoch umstritten und mit Augenmerk auf § 6 Abs. 4 VVG fragwürdig, vgl. *Grote / Schaaf*, GWR 2012, Anm. zum Urteil des BGH vom 11.07.2012 – IV 164/11, 477 (480).

179 Beckmann/Matusche-Beckmann – *Reiff*, § 5 Rn. 34 ff.

180 *Grote / Schaaf* GWR 2012, Anm. zum Urteil des BGH vom 11.07.2012 – IV 164/11, 477 (480).

181 Siehe zuletzt etwa BGH VersR 2008, 242 f.

182 Prölss/Martin – *Dörner*, § 59 Rn. 10.

183 MK VVG – *Reiff*, § 59 Rn. 50; *Dohmen*, S. 218. Im Hinblick auf die unterschiedlichen Geschäftspraktiken und verschiedenen Zwischenformen von Makler und Vertreter vgl. *Baumann*, S. 15 sowie *Matusche*, S. 19 f. Früher wurde der Pseudomakler als Makleragent bezeichnet, siehe *Griess/Zinnert*, Versicherungsmakler, S. 43.

Interessenkonflikten auch gewerberechtliche und wettbewerbsrechtliche Probleme auf.[184] Sie werden – wie man schon aus den Titulierungen erkennen kann – als unerwünschtes Phänomen angesehen, da deren Doppelspiel viele Rechtsprobleme nach sich führt und auch dem Ansehen des Versicherungsmaklers Schaden zufügt.[185]

Vor der gesetzlichen Normierung des Pseudomaklers wurde teilweise vertreten, er hätte gegenüber dem Versicherungsnehmer die Rolle eines Versicherungsvertreters inne, auch wenn er sich wie ein Versicherungsmakler verhalten würde.[186] Danach wäre er als vertraglich gebundener Versicherungsvertreter dem Lager des Versicherers zuzuordnen.[187] Mangels (konkludentem) Maklervertrag unterläge der Pseudomakler dieser Ansicht nach keiner Sachwalterhaftung und es wäre auch keine Haftungsverschärfung nötig, da der Versicherer für seinen Erfüllungsgehilfen unabhängig von dessen Auftreten als Makler nach § 287 BGB und der „falsche" Vertreter ferner persönlich nach den Grundsätzen der c.i.c. hafte.[188] Nach dieser Ansicht gab es allerdings insoweit Schutzlücken, als eine Eigenhaftung des Vertreters nur unter engen Voraussetzungen gegeben war.[189]

Folglich vertraten auch bereits vor Umsetzung der Vermittlerrichtlinie die überwiegenden Stimmen die Ansicht, dass der Pseudomakler im Verhältnis zum Kunden die rechtliche Stellung eines Maklers haben sollte. Sofern sich ein Vertreter gegenüber einem Versicherungssuchenden als Makler geriert, muss er sich bezüglich der Rechtsfolgen auch als Makler behandeln lassen.[190] Dabei war ausschlaggebend, wie der Kunde die Erklärung des Vermittlers und dessen Auftreten verstehen musste.[191] Dies ergab sich schon durch einen konkludent geschlossenen Maklervertrag mit dem Versicherungsnehmer, wobei der Pseudomakler in der Regel verschwieg, dass er entweder an einen oder an mehrere Versicherer und deren Produkte gebunden ist, oder aber in Folge eines entsprechenden Rechtsscheintatbestandes diese Bindung zustande kommt.[192]

Heute ist der Pseudomakler in § 59 Abs. 3 S. 2 VVG normiert. Nach dieser Vorschrift gilt als Versicherungsmakler, wer gegenüber dem Versicherungsnehmer den Anschein erweckt, er erbringe seine Leistungen als Versicherungsmakler nach § 59 Abs. 3 S. 1 VVG.

---

184 *Mattern*, S. 166.
185 *Deckers*, S. 38 ff, 128 ff.
186 *Mattern*, S. 167.
187 *Zumpf*, S. 18.
188 *Mattern*, S. 167.
189 Mangels der evidenten Gefahr einer Eigenhaftung hätte es für den Vertreter auch kaum einen Anreiz gegeben, statusrechtliche Transparenz zu schaffen, siehe *Mattern*, S. 167.
190 OLG Oldenburg VersR 1999, 757 f.; *Matusche*, S. 20 f.; *Werber*, VW 1988, 1159 (1163).
191 *Mattern*, S. 168.
192 *Mattern*, S. 168; *Zumpf*, S. 18.

Das Gegenstück zum Pseudomakler stellt der sog. Pseudoagent dar, der zwar eine Gewerbeerlaubnis als Makler i.S.d. § 34d Abs. 1 GewO erhalten hat, dem Versicherungsnehmer aber eine agenturvertragliche Bindung vorspiegelt.[193]

f. Versicherungsberater

Nach § 34e Abs. 1 S. 1 GewO bzw. § 59 Abs. 4 VVG ist Versicherungsberater, wer gewerbsmäßig Dritte bei der Vereinbarung, Änderung oder Prüfung von Versicherungsverträgen, bei der Wahrnehmung von Ansprüchen aus Versicherungsverträgen oder im Versicherungsfall berät sowie gegenüber dem Versicherer außergerichtlich vertritt, ohne von einem Versicherer einen wirtschaftlichen Vorteil erhalten zu haben oder in anderer Weise von ihm abhängig zu sein.[194] Auf dem deutschen Versicherungsmarkt sind allerdings nur vereinzelt Versicherungsberater anzutreffen.[195]

Ein Versicherungsberater ist nicht als Versicherungsvermittler einzustufen.[196] Aufgrund des Verbotes der Vermittlung von Versicherungen ist seine Beratung in der Regel objektiv und neutral, da jegliche Interessenbindung an einen Versicherer ausgeschlossen ist.[197] Seine Informationsweitergabe darf somit nicht zu dem Abschluss eines Versicherungsvertrages für die ermittelten Risiken durch den Versicherungsberater oder zu einer Kontaktherstellung zum Versicherer führen.[198] Damit stellt der außerhalb des Vertriebssystems des Versicherers stehende Versicherungsberater das Ideal eines aus der Warte des Versicherungssuchenden neutralen, unabhängigen Informationsintermediärs dar, der für die klare Trennung zwischen Beratung und „Verkauf“ steht.[199]

Nach Art. 1 § 1 Abs. 1 Nr. 2 RBerG bedarf der Versicherungsberater einer behördlichen Erlaubnis. Nach Angaben der Deutschen Industrie- und Handelskammer waren 2013 etwa 3000 Versicherungsberater zugelassen.[200]

2. Vertriebsstruktur im Übrigen

Neben den in § 59 VVG geregelten Vermittlern in Form der Versicherungsvertreter, Versicherungsmakler, Pseudomakler und Versicherungsberater gibt es noch weitere Vertriebsstrukturen im deutschen Versicherungsvermittlungswesen, die nachfolgend dargestellt werden.

---

193 Prössl/Martin – *Dörner*, § 59 Rn. 18.

194 Zum Berufsbild, der Tätigkeit und den Aufgaben des Versicherungsberaters vgl. *Zierke*, MDR 1989, 780 f.; BVerfG NJW 1988, 543 f.

195 *Karten*, ZVersWiss 2002, 43 (49).

196 MK VVG – *Reiff*, § 59 Rn. 1.

197 *Zumpf*, S. 26.

198 *Traub*, S. 30 f.

199 *Ihle*, S. 276; *Karten*, ZVersWiss 2002, 43 (49); *Taupitz*, VersR 1995, 1125 (1127).

200 Vgl. *GDV*, Statistisches Taschenbuch der Versicherungswirtschaft 2014, S. 12.

a. Online-Versicherungsvertrieb

Der Vertrieb von Versicherungsprodukten über das Internet gewinnt immer mehr an Bedeutung.[201] Sowohl eine Intensivierung des Wettbewerbs, als auch die ständig wachsende Dynamik der Versicherungsmärkte machen es für die Unternehmen erforderlich, eine größere Flexibilität aufzubringen und sich insbesondere den neuen Medien nicht zu versperren, indem sie mit zieladäquaten Reaktionen auf den sich anbahnenden fundamentalen Wandel reagieren.[202]

Zwar haben die traditionellen Vertriebsposten innerhalb der Versicherungsgesellschaften ein starkes Machtgefüge, weswegen das Angebot und der Vertrieb von Versicherungsdienstleistungen über das Internet lange Zeit verzögert wurde.[203] Allerdings werden die klassischen Vertriebswege[204] mit einer zunehmenden Konkurrenzsituation von unabhängigen Finanzvertrieben, Banken sowie branchenfremden Vertrieben und Unternehmen und des Online-Vertriebes konfrontiert.[205] Im Hinblick auf die Kostenentwicklung besteht für den Versicherer ein nicht unerhebliches Einsparpotential, da die Kosten des jeweiligen Internetkontakts von dem Kunden zu tragen sind und dieser den Antrag auch ohne einen Intermediär selbst ausfüllt.[206]

Ein zunehmender Informationsbedarf, der einer hohe Informationsintensität gegenübergestellt wird, begünstigt dabei insbesondere den Einsatz des Internets, zumal die Versicherungsbranche als für den Online-Vertrieb und die mobile Datenübertragung prädestiniert gilt.[207] Dieser Vertriebsweg ermöglicht es potentiellen Versicherungsnehmern, zeit- und ortsunabhängig digital aufbereitete Produkte abzurufen.[208] So wird er selbst aktiv, trifft von „Verkäufern" unabhängig eigene Entscheidungen und wird folglich nicht „überredet".[209] Ferner liegen die Vorteile in einem praktisch unbegrenzten Informationsfassungsvermögen, die Daten sind einfach zu aktualisieren sowie frei zugänglich und für die Neukundenakquise müssen lediglich die technischen Einrichtungen bereitgehalten werden.[210]

Den Versicherungsgesellschaften wird eine Plattform geboten, auf der sie einzelne Produkte vielfältig miteinander verknüpfen und Informationen benutzerfreundlich präsentieren können, um eine möglichst hohe Wertschöpfung für den Interessenten

---

201 Siehe auch *Fischer*, BB 2012, 2773.

202 *Bölscher*, S.1.

203 *Bölscher*, S.2.

204 Man denke insoweit nur an den versicherungstypischen Außendienst, von dem ein Gros der Prämieneinnahmen der Versicherungen kommt.

205 *Hoock/Lüner*, VW 2002, 980.

206 *Schneider*, Der Vertrieb von Versicherungen über das Internet, S. 19; für einen Überblick über das genaue Einsparpotential vgl. *Wirtz/Vogt/Denger*, ZVersWiss 2001, 175 ff.

207 *Schindler*, Mobile Business in der Versicherungswirtschaft, S. 1.

208 *Bölscher*, S.2.

209 *Griess/Zinnert*, Versicherungsmakler, S. 20.

210 *Schneider*, Der Vertrieb von Versicherungen über das Internet, S. 19.

zu gewährleisten.[211] Die Versicherungsvermittlung im Internet befindet sich jedoch auch heute noch größtenteils in den Anfängen, auch wenn vermehrt innovative Konzepte an den Markt gehen.[212]

Allerdings gehen mit der Digitalisierung des Versicherungsvertriebs auch Risiken einher. Zum einen ist an die Datensicherheit der personenbezogenen Versicherungsdaten zu denken. Die Datensicherheit kann im Rahmen des Internets als offenes System bei der digitalen Abwicklung durch höhere Gewalt, durch menschliches Versagen in Form von Bedienungsfehlern, vorsätzlichem Handeln oder organisatorischen Fehlern bzw. durch technisches Versagen gefährdet werden.[213] Die Versicherer müssen zum anderen ihren gesetzlichen Pflichten, insbesondere der Informationspflicht sowie den Befragungs-, Beratungs- und Dokumentationspflichten nachkommen.[214]

Das Internet verstärkt in diesem Kontext zudem die Auswirkungen einer zunehmenden Globalisierung, Liberalisierung sowie einer damit im Zeitalter der Digitalisierung einhergehenden Deregulierung.[215] Dies stellt teilweise noch einen rechtlichen Graubereich dar, auch wenn der Gesetzgeber diese Problematik bereits partiell aufgegriffen hat.[216]

b. Honorarberatung

In der Vergangenheit wurde die Honorarberatung stets als rechtlicher Graubereich angesehen.[217] Aufgabe eines Honorarberaters ist es, Versicherungsverträge ohne die üblichen Courtagen und Provisionen (sog. „Nettotarife“) zu vertreiben.[218] Dabei muss der Vertrieb mit der Beratung einhergehen, da ansonsten die Beratung und

---

211 *Schneider*, Elektronische Verträge und Vertrauen im Internet, S. 18 f.

212 *Fischer*, BB 2012, 2773. Als Beispiel für diesen Trend sei etwa die Berliner Fairr.de – GmbH genannt, die eine Online – Altersvorsorge mit niedrigen und transparenten Gebühren ohne Beratung oder die Mitwirkung von Versicherungen anbietet. Deren Produkte sollen sich ohne Abschlussprovision und mit sehr niedrigen laufenden Kosten, sowie starker Rendite von den bisherigen Produkten absetzen.

213 *Bölscher*, S.107 f.

214 *Fischer*, BB 2012, 2773 (2774).

215 *Bölscher*, S. 3.

216 So geht der europäische Gesetzgeber bereits von einer grundsätzlichen Vermittlungsmöglichkeit von Versicherungsverträgen über das Internet aus. In dem am 03. Juli 2012 von der Europäischen Kommission vorgelegten Vorschlag zur Neufassung der Richtlinie des Europäischen Parlaments und des Rates über Versicherungsvermittlung ist vorgesehen, dass dem Kunden Informationen zur Beratung grundsätzlich auch über Website übermittelt werden können, siehe Vorschlag der Europäischen Kommission vom 03. Juli 2012, COM(2012) 360 final.

217 Siehe nur *Griess/Zinnert*, Der Versicherungsmakler, S. 219 ff. m.w.N.

218 *Zumpf*, S. 25. Dem Honorarberater ist es ebenfalls nicht gestattet, sonstige Vergünstigungen wie Belohnungsreisen etc. entgegenzunehmen. Sollte es dennoch zu einer Ausschüttung von Provisionszahlungen für vermittelte Anlageprodukte

gerade nicht die Vermittlung eine Hauptleistung darstellt, welche nach Art. 1 § 1 Abs. 1 Nr. 2 RBerG erlaubnispflichtig wäre.[219] Das gezahlte Honorar deckt dabei sowohl die Beratung, als auch die Vermittlung der jeweiligen Versicherung ab.[220] Grundsätzlich spielen Honorarberater im deutschen Versicherungsmarkt nur eine untergeordnete Rolle, was wohl daran liegt, dass eine Verrechnung des Honorars mit entstandenen Provisionen bzw. die Weiterreichung solcher Provisionen an die Versicherungsvermittler gegen das Provisionsabgabeverbot[221] verstößt und dass es nur vereinzelt „Nettotarife" auf dem Versicherungsmarkt gibt.[222]

Der Honorarberater ist mittlerweile gesetzlich in den Formen des Honoraranlageberaters i.S.d. § 36d WpHG bzw. Honorarfinanzanlageberater nach § 34h GewO geregelt. Diese Berufszweige wurden am 01. August 2014 mit dem Honoraranlageberatungsgesetz eingefügt und sollen eine für den Kunden möglichst transparente Betreuung gewährleisten.

c. *Tippgeber*

Ebenfalls nicht unter das Versicherungsvertragsgesetz fallen sog. „Tippgeber", die keine Vermittler i.S.d. § 59 Abs. 1 VVG darstellen.

Diese unterteilen sich in zwei Unterkategorien. Zum einen gibt es den sog. Namhaftmacher, der sich darauf beschränkt, eine Möglichkeit zum Abschluss von Versicherungsverträgen herzustellen. Zum anderen gibt es den sog. Kontaktgeber, der lediglich durch die Herstellung eines Kontaktes zwischen Kunden und Vermittlern Versicherungsverträge anbahnt.[223] Diese beiden Varianten stellen keine Versicherungsvermittlung im engeren Sinne dar, sondern allenfalls Vermittlung an einen Vermittler.[224] Eine Einwirkung auf den Willensbildungsprozess des Kunden erfolgt nicht.[225]

In dieser Konstellation besteht die Gefahr, dass ein Versicherer versuchen kann, nebenberufliche Vermittler als Tippgeber zu deklarieren, um sie aus den berufs- und

---

kommen, sind diese unverzüglich an den Kunden weiterzugeben, vgl. Landmann/Rohmer – *Schönleiter*, GewO, § 34h Rn. 17.

219 Siehe *Benken/Reusch*, VersR 1992, 1302 (1308).

220 *Zumpf*, S. 25.

221 Das Provisionsabgabeverbot für Versicherungen ist eine Verordnung der BaFin auf Basis des VAG, welche es Anbietern und Vermittlern bestimmter Versicherungen untersagt, Versicherungsnehmer für den Abschluss von Versicherungen zu vergüten. Für einen Überblick bezüglich des Provisionsabgabeverbots in der Lebensversicherung siehe *Winter*, VersR 2002, S. 1055 ff. sowie *Zinnert*, Versicherungsmakler, S. 331.

222 Vgl. *Verbraucherzentrale Bundesverband*, S. 7.

223 MK VVG – *Reiff*, § 59 Rn. 6.

224 BT-Drucks. 16/1935, S. 17 zu § 34d Abs. 1 GewO.

225 *Mattern*, S. 211.

vertragsrechtlichen Bestimmungen des Gesetzes zur Neuregelung des Versicherungsvermittlerrechts herauszuhalten.[226]

Daher bedarf es einer Abgrenzung zwischen einem Versicherungsvermittler und einem Tippgeber. Eine begrifflich scharfe Trennung unter Zuhilfenahme des Gesetzeswortlauts kann insoweit nicht erfolgen, als der Gesetzgeber den Begriff des Tippgebers nicht gesetzlich definiert, sondern lediglich in der Gesetzesbegründung verwendet. Zwar gibt es Tätigkeiten, die klar dem einen oder dem anderen Bereich zuzuordnen sind. Allerdings besteht auch eine Grauzone, die möglicherweise noch eine Tätigkeit als Tippgeber, vielleicht aber auch schon die Tätigkeit eines Versicherungsvermittlers darstellen kann. Rechtssicherheit für die Rechtspraxis kann nur insoweit geschaffen werden, als eine Konkretisierung und das Herausarbeiten von Fallgruppen stattfinden muss.[227]

Dabei kann als Gedankenstütze die österreichische Regelung herangezogen werden, da der österreichische Gesetzgeber den „Tippgeber" bei der Umsetzung der Vermittlerrichtlinie ausdrücklich geregelt hat. § 376 Ziff. 18 Abs. 8 der österreichischen Gewerbeordnung legt fest, dass die sog. Tippgeber ein „freies Gewerbe" ausüben und mithin lediglich anmeldepflichtig sind. Um eine klare Abgrenzung zu erreichen, müssen österreichische Tippgeber allerdings das freie Gewerbe mit dem Wortlaut „Namhaftmachung von Personen, die an der Vermittlung von Versicherungsverträgen interessiert sind, an einen Versicherungsvermittler oder ein Versicherungsunternehmen unter Ausschluss jeder einem zur Versicherungsvermittlung berechtigten Gewerbetreibenden vorbehaltenen Tätigkeit" anmelden. Ferner wird in dieser Bestimmung dem Tippgeber „eine auf einen bestimmten Versicherungsbedarf gerichtete über die allgemeinen Daten des Kunden hinausgehende Informationsaufnahme beim Kunden und insbesondere die Einholung der Unterschrift des Kunden auf einem Versicherungsantrag untersagt." Ein Tippgeber in Österreich darf also nur „allgemeine Daten" beim Kunden aufnehmen und gerade keine Informationen abfragen, die auf einen „bestimmten Versicherungsbedarf" gerichtet sind.[228] Beratungs- und Informationstätigkeiten, Werbemaßnahmen oder die Einholung von Unterschriften sind ihnen verboten.[229]

Diese Grundsätze lassen sich auch auf das deutsche Recht übertragen. Ein Tippgeber darf somit keine Veranlassung zur unmittelbaren Unterschrift unter einen Versicherungsantrag oder auch nur eine Produktkonkretisierung geben, sondern lediglich allgemeine Kundendaten aufnehmen, um den Kontakt zwischen dem Interessenten bzw. potentiellen Versicherungsnehmer und dem Versicherer sowie

226 *Reiff*, VersR 2007, 717 (719).
227 MK VVG – *Reiff*, § 59 Rn. 9.
228 MK VVG – *Reiff*, § 59 Rn. 10.
229 Vgl. *Jabornegg*, VR 2005, 128 (129).

dessen Vermittler herzustellen.[230] Allgemeine Daten in diesem Sinne sind Name, Anschrift, Geburtsdatum und Familienstand.[231]

Anders verhält es sich jedoch, wenn bereits ein bestimmter Versicherungsbedarf seitens des Versicherungsnehmers vorhanden ist und sich dessen Interesse somit auf ein bestimmtes Produkt des Versicherers gerichtet hat. Zu diesen in einem solchen Fall für den Tippgeber zulässigerweise abfragbaren Informationen gehören etwa die Fragen zum Gesundheitszustand in der Krankenversicherung und anderen Personenversicherungen[232] oder aber das Vorliegen eines Rahmenvertrages beim beschäftigenden Betrieb im Hinblick auf eine betriebliche Altersvorsorge[233].

Nachdem es sich bei dem Tippgeber – wie aufgezeigt – um keinen Versicherungsvermittler handelt, ist seine Tätigkeit weder erlaubnispflichtig, noch löst sie gewerberechtliche und zivilrechtliche Pflichten eines Versicherungsvertreters oder Versicherungsmaklers aus und umfasst nur vorbereitende Tätigkeiten.[234]

Allerdings ist aus praktischer Sicht bei der Behandlung eines Tippgebers dennoch anzuraten, Erwägungen wie etwa Provisionsrückgewähransprüche während der Stornohaftungszeit zwischen dem Versicherer bzw. Versicherungsvermittler und

---

230 Kein Tippgeber, sondern erlaubnispflichtiger Versicherungsvermittler ist jedoch ein Supermarkt, der eine Verkaufsbox mit Versicherungsunterlagen verkauft, vgl. LG Wiesbaden VersR 2008, 919 f. In dem zu entscheidenden Fall hatte eine Supermarktkette in ihren Filialen eine Box zum Kauf angeboten, in der sich Versicherungsunterlagen zu einem Paket – unter anderem mit einer Unfallversicherung – befanden. Diese Box konnte an der Kasse für 49 € erworben werden. Zum Abschluss der Versicherung musste sich der potentielle Versicherungsnehmer dann per Post, Fax oder Internet beim Versicherer registrieren und erhielt die Police zugeschickt. Wollte der Kunde die Versicherung nicht abschließen, so musste er die Box zusammen mit dem Kassenbon gegen Rückzahlung des Kaufpreises zurückgeben.
Die im Supermarkt allein erhältliche Verkaufsbox stellt dabei bereits eine hinreichende Konkretisierung auf ein ganz bestimmtes Produkt dar und durch den Kaufpreis hat die Supermarktkette zwar nicht in rechtlicher, wohl aber in wirtschaftlicher Hinsicht die Prämie für das erste Jahr der Versicherung eingezogen und dadurch den Kunden in gewissem Umfang an den noch nicht abgeschlossenen Vertrag gebunden, siehe auch MK VVG – *Reiff*, § 59 Rn. 17.

231 MK VVG – *Reiff*, § 59 Rn. 12.

232 Für weitere spezielle Informationsgruppen vgl. MK VVG – *Reiff*, § 59 Rn. 14.

233 In diesem Beispiel ist jedoch zu beachten, dass lediglich das Vorliegen der äußeren Modalitäten wie etwa der generellen Möglichkeit des Abschlusses einer betrieblichen Altersvorsorge für den Versicherer des Tippgebers noch als zulässige Informationsbeschaffung anzusehen ist. Handelt es sich hingegen bereits um produkt- und v.a. auch beratungsspezifische Aspekte wie etwa dem Angebot von vermögenswirksamen Leistungen seitens des Arbeitgebers, so ist dies wohl bereits als Produktberatung im engeren Sinne zu qualifizieren, welche lediglich durch einen zertifizierten Versicherungsvermittler und nicht durch einen Tippgeber erfolgen darf.

234 MK VVG – *Reiff*, § 59 Rn. 15.

dem Tippgeber bereits im Tippgebervertrag zu regeln, um möglicherweise später auftretenden Problemen wie etwa der Rückforderung zu viel gezahlter Provisionen entgegenwirken zu können.

d. Strukturvertrieb

Die Vertriebsform des Strukturvertrieb soll an dieser Stelle lediglich kurz dargestellt werden. Diese Vertriebsart hat bei der Vermittlung von Personenversicherungen einen bedeutenden Anteil.[235] Eine ausführliche und differenzierte Darstellung der verschiedenen Ausgestaltungen des Strukturvertriebs im Finanzdienstleistungssektor erfolgt in Kapitel D dieser Arbeit.

Strukturvertriebe lassen sich als rechtlich verselbständigte, mehrstufig aufgebaute Vertriebsorganisationen beschreiben, die als Versicherungsmakler, Mehrfirmenvertreter oder Ausschließlichkeitsvertreter auftreten und deren Hauptaugenmerk auf den Verkauf von Versicherungen gerichtet ist.[236] Merkmale eines Strukturvertriebs sind ein gegliedertes Hierarchiegefüge – in der Regel in Form eines detailliert formulierten Karriereplans – sowie ein kompliziertes Vergütungs- und Anreizsystem, welches hauptsächlich auf den Absatz von Versicherungen und anderen Finanzgeschäften abzielt.[237]

Auf der untersten Vertriebsstufe, die meist aus selbstständigen haupt- oder nebenberuflichen Handelsvertretern besteht, wird das Hauptaugenmerk auf die Vermittlung von Versicherungsprodukten gelegt, wobei mitunter aggressive Verhandlungs- und Werbemethoden geschult und sodann in der Praxis von den neuen Vermittlern eingesetzt werden.[238] Hauptbetätigungsfeld der Vermittlungstätigkeit ist dabei vornehmlich der Bekannten- und Verwandtenkreis des Vermittlers.[239] Ein Aufstieg im Rahmen des vorgegebenen Hierarchiegefüges ist durch hohe Verkaufserfolge sowie durch das Anwerben neuer Mitarbeiter möglich.

Im Hinblick auf die im Strukturvertrieb tätigen Personenversicherungsvermittler ist anzuführen, dass sie bei den Versicherungsgesellschaften oftmals als produktgebundene Vertreter i.S.d. § 34d Abs. 4 GewO tätig sind. Sie können auf diese Weise relativ schnell bei Freunden und Bekannten agieren, ohne über fundierte Qualifikationen und Produktkenntnisse zu verfügen, welche für eine sachgerechte Beratung erforderlich wären.

Bei produktgebundenen Vertretern ist problematisch, dass kein Erfordernis besteht, über eine eigene Berufshaftpflichtversicherung nach § 34d Abs.2 Nr. 3 GewO zu verfügen oder einen Sachkundenachweis zu erbringen.[240] Es gibt Befürchtungen,

---

235 *Beenken/Sandkühler*, S. 12.
236 *Zumpf*, S. 22 m.w.N.
237 *Farny*, S. 752 f.
238 *Küstner/Thume*, S. 463 Rn. 10; Martinek/Semler/Habermeier/Flohr – *Martinek*, § 3 Rn. 32.
239 *Preuß*, S. 8.
240 *Mattern*, S. 236.

dass diese Ausschließlichkeitsvertreter insbesondere in Wochenend-Crashkursen bei einer „Schmalspurausbildung“ lediglich auf ein einziges Produkt hin geschult werden.[241] Dies wird den Versicherungsunternehmen ermöglicht, sofern sie für die gebundenen Vermittler eine uneingeschränkte Haftungsübernahme nach § 34d Abs. 4 Nr. 2 GewO eingehen.

Bei dieser Sachlage ist zweifelhaft, ob die BaFin aufgrund der knappen Sach- und Personalausstattung ihrer Überprüfungsverpflichtung gem. § 80 Abs. 2 VAG nachkommen kann. Versicherer müssen danach überprüfen, ob die nicht erlaubnispflichtigen bzw. von der Erlaubnispflicht befreiten Vermittler über angemessene Qualifikationen verfügen.[242] Daran hat sich auch durch die Umsetzung der Vermittlerrichtlinie 2002/92/EG des Europäischen Parlaments und des Rates vom 09. Dezember 2002 für die gebundenen Vertreter i.S.d. § 34d Abs. 4 GewO kaum etwas geändert.[243]

In Deutschland betrug der Gesamtumsatz der Strukturvertriebssysteme in allen Branchen weit über 50 Mrd. DM jährlich, wohingegen weltweit über diesen Vertriebsweg ein Warenverkehrswert von mehr als 100 Mrd. DM veräußert wurde.[244]

e. Bancassurance und weitere Vertriebswege

Eine weitere Möglichkeit, Versicherungsprodukte zu vermitteln, bieten Kreditinstitute.[245] In der Finanzdienstleistungsbranche bestehen generell vertriebliche Kooperationen zwischen Kreditinstituten, Versicherungsunternehmen, Investmentgesellschaften oder Bausparkassen.[246] Der direkte Weg des Vertriebs über eine Bank – in Wissenschaft und Praxis auch Bancassurance genannt[247] – wird oftmals genutzt, um dem Kunden neben den klassischen Leistungen der Kreditinstitute auch Versicherungsprodukte anbieten zu können, wobei oft lediglich standardisierte und

---

241 Siehe dazu *Beenken/Sandkühler*, S. 40.

242 Vgl. *Reiff*, VersR 2007, 717 (721).

243 *Mattern*, S. 236 m.w.N.

244 *Brammsen/Leible*, BB 1997, Beilage 10, 1 (2). Aktuellere Zahlen sind kaum erhältlich bzw. schwer nachzuvollziehen, da die Erhebungen der World Federation of Direct Selling Associations den gesamten Direktvertrieb beinhalten und nicht den Strukturvertrieb gesondert behandeln, vgl. *Küstner/Thume*, S. 462 Rn. 4. Im gesamten Direktvertrieb kommt es zu einem jährlichen Gesamtumsatz von 7,85 Mrd. US-Dollar in Deutschland und es wird von etwa 700.000 tätigen Mitgliedern in diesem Sektor ausgegangen, siehe *Groß*, S. 28.

245 Jedoch ist es nach § 7 Abs. 2 VAG nicht zulässig, dass Bankprodukte über eine Versicherungsgesellschaft vertrieben werden, da es sich insoweit um versicherungsfremdes Geschäft handelt.

246 *Dorka*, S. 1.

247 Siehe etwa *Dorka*, S. 1; *Kern*, S. 1. Der Vertriebsweg „Bancassurance“ fungiert als Oberbegriff für alle Formen des Vertriebes von Versicherungsprodukten in einem bankwirtschaftlichen Umfeld, vgl. *Führer/Grimmer*, S. 220.

einfache oder bankähnliche Versicherungsprodukte konzernverbundener Unternehmen vermittelt werden.[248]

2009 sind 28,7 Prozent und 2010 bereits 32,1 Prozent aller Lebensversicherungen in Deutschland über den Bankschalter verkauft worden.[249] Damit haben die Banken im Bereich der Vermittlung von Lebensversicherungen eine führende Rolle übernommen.[250] Dies scheint auch nicht verwunderlich, da die Kundenkontaktfrequenz einer Bank bis zu 20-mal höher ist als bei einer Versicherung und der „cross-selling"-Faktor zunehmend an Bedeutung gewinnt.[251]

Es gibt im Wesentlichen zwei Ansatzpunkte für eine Kooperation zwischen dem Versicherungsunternehmen als Versicherungsgeber und der Bank als Versicherungsvermittler.[252] Zum einen wird das Model praktiziert, bei dem es sich auf beiden Seiten um eigenständige Organisationen handelt. Das produktgebende Versicherungsunternehmen bedient sich bei der Auswahl der Vertriebswege nicht nur einer bzw. verschiedener Banken, sondern auch der Makler oder Vertreter. Dem gegenüber besteht die Option, dass ein Spezialversicherer die angeschlossene Bank als einzigen Vertriebskanal verwendet und mithin ein Exklusivitätsverhältnis besteht.

Der Vorteil der Bank gegenüber dem klassischen Außendienstvermittler des Versicherungsunternehmen besteht darin, dass der Kunde selbst an den Schalter geht und dort seinen persönlichen Bankberater vorfindet, wodurch ein gewisses Vertrauensverhältnis entsteht, zumal der oft langjährige, persönliche Kontakt bereits vorhanden ist.[253] Dadurch, dass der Kunde auf eigenen Wunsch in die Bankfiliale geht, ist er zudem von vornherein offener gegenüber Produktempfehlungen und -angeboten durch den Bankangestellten.

Einen weiteren Vertriebsweg stellen Verbände, Vereine und Kreditkartenunternehmen dar, über die Versicherungsunternehmen oftmals Gruppenverträge mit Sonderkonditionen offerieren.[254] Die Vorteile dieses Modells bestehen darin, dass

---

248 Bei der Bancassurance tritt das Kreditinstitut i.d.R. als Ausschließlichkeitsvertreter auf, vgl. *Zumpf*, S. 23.

249 Vgl. http://www.handelsblatt.com/unternehmen/versicherungen/vertrieb-am-bankschalter-boomt-das-geschaeft/5896358.html (zuletzt aufgerufen am 03. September 2015). Im Vergleich zum europäischen Ausland ist das Bancassurance – Konzept bis dato jedoch noch relativ gering verbreitet. So führt eine Studie aus dem Jahr 2006 an, dass der Anteil des Bancassurance am Lebensversicherungsneugeschäft in Deutschland bei 26 % lag, während er sich in Frankreich bei 62 % und in Spanien sogar bei 72 % befand, vgl. *Dorka*, S. 2.

250 *Beenken/Sandkühler*, S. 12.

251 *Karas*, S. 50.

252 Zu den beiden Konzepten siehe *Kern*, S. 1 f.

253 *Karas*, S. 50.

254 Zu denken wäre hier beispielsweise an eine Unfallversicherung, die im Rahmen eines Kreditkartenvertrags in das Leistungsspektrum des Kreditkartengebers inkludiert wird.

der Versicherungsnehmer günstigen Versicherungsschutz erhält und der Versicherer ein großes Kundenpotential zu günstigen Verwaltungskosten erschließt.[255]

Daneben gibt es noch die sog. Bagatellvermittler nach § 34d Abs. 9 Nr. 1 GewO, die aufgrund des unbedeutenden Umfangs, des geringeren Risikos sowie der geringen Versicherungsprämienhöhe geringeren Anforderungen unterliegen als dies bei Versicherungsvermittlern der Fall ist.[256] Darunter fallen etwa Reisebüros bei der Vermittlung von Reisekranken- und Reiserücktrittsversicherungen, Brillenhändler bei der Vermittlung einer Kaskoversicherung oder aber der Elektrohändler bei der Vermittlung einer Reparatur- bzw. Garantieversicherung.

III. Zusammenfassung

Die Entwicklung der Versicherungswirtschaft, wie wir sie heute kennen, fand ihren Ursprung in der See- und Feuerversicherung. Bereits frühzeitig erkannten die Menschen, dass es für eine Gemeinschaft sinnvoll ist, sich im Falle eines unvorhergesehenen Ereignisses gegenseitig zu unterstützen und einander beizustehen.

So schlossen sich einzelne Gruppen zusammen und gründeten Fonds, aus denen Feuerschäden kompensiert werden konnten. Aus diesen Brandgilden formten sich städtische Feuerkassen und erste Regularien aus denen schließlich im 18. Jahrhundert flächendeckend staatliche Feuerversicherungsanstalten entwickelt wurden.

Das ursprüngliche Seedarlehen, welches die Reeder vor den finanziellen Einbußen durch den Verlust eines Schiffes absicherte, entwickelte sich nach und nach zum System der klassischen Prämienversicherung, wie wir sie heute in den meisten Versicherungssparten kennen.

Die Personenversicherung als eine dieser Versicherungssparten wird über verschiedenste Vertriebsstrukturen vermittelt. Besonders prägend für die Entwicklung dieser Strukturen insbesondere in den letzten Jahren war die Umsetzung der Vermittlerrichtlinie vom 09. Dezember 2002. Durch das auf dieser Richtlinie basierende Gesetz zur Neuregelung des Versicherungsvermittlungsrechts vom 19. Dezember 2006 wurde unter anderem § 59 VVG eingeführt, in dem sich für den Versicherungsvertreter, den Versicherungsmakler sowie den Versicherungsberater Legaldefinitionen finden.

Die Besonderheiten dieser Vermittlertypen bestehen darin, dass der Versicherungsvertreter, der früher auch als Versicherungsagent tituliert wurde, „im Lager" des Versicherers steht. Der Versicherungsmakler ist demgegenüber als Interessenvertreter des Kunden zu sehen und nimmt für diesen eine „treuhänderähnliche Sachwalterstellung" ein.

Zwischen den beiden Vermittlertypen angesiedelt ist der Pseudomakler, der sich zwar dem Kunden gegenüber als Versicherungsmakler geriert, tatsächlich aber ein

255 *Zumpf*, S. 24. Auch in diesem Fall handelt es sich i.d.R. um eine Ausschließlichkeitsvertretung.

256 Vgl. BT-Drucks. 16/1935, S. 20.

auf Seiten des Versicherers stehender Vertreter ist. Nach § 59 Abs. 3 S. 2 VVG wird er dem Versicherungsmakler gleichgestellt, was etwa die Haftung betrifft.

Hingegen nicht als Vermittler einzustufen ist der Versicherungsberater i.S.d. § 34e Abs. 1 S. 1 GewO bzw. § 59 Abs. 4 VVG. Ihn zeichnet aus, dass er den Kunden in versicherungsspezifischen Belangen berät, ohne von einem Versicherer einen wirtschaftlichen Vorteil zu erhalten oder selbst in irgendeiner Form vermittelnd tätig zu werden.

Neben diesen durch die Neuregelung des Versicherungsvermittlerrechts gesetzlich normierten Institutionen gibt es noch weitere Vertriebswege für Versicherer. Zunehmende Bedeutung gewinnt dabei der Online-Versicherungsvertrieb, da er als umfangreiche, jederzeit und überall verfügbare Informationsquelle direkt den Versicherungssuchenden erreicht.

Ferner existieren als vermittelnde Institutionen der den Kunden ohne eigenes Provisionsinteresse informierende Honorarberater, der einen Versicherungsabschluss zwischen dem Versicherungsnehmer und dem Vermittler anbahnende Tippgeber, die insbesondere die Effekte des „cross-sellings“ nutzende Bank sowie der unter Kapitel D noch genauer dargestellte Strukturvertrieb.

C. Strafbarkeit des Personenversicherungsvermittlers im Allgemeinen

In der Versicherungsbranche ist es i.d.R. der Versicherungsvermittler, der zwischen den „Fronten“ des Versicherungsgebers und des Versicherungsnehmers steht. Auf der einen Seite ist er als Versicherungsvertreter dem Versicherer gegenüber verpflichtet, seine Produkte zu vermitteln und dessen Interessen zu vertreten. Auf der anderen Seite schuldet er aber auch den zu versichernden Personen seine Dienstleistung insoweit, als er sie umfassend berät und ihnen eine maßgeschneiderte Lösung entsprechend ihren Bedürfnissen präsentiert. Und schließlich betrifft sein Handeln auch noch sein eigenes Provisions- und Vergütungsverständnis.[257]

Zwischen diesen verschiedenen Interessenrichtungen kann es mitunter zu Konflikten kommen, welche strafrechtlich relevant sind. Dies ist unter anderem dem Umstand geschuldet, dass der Abschluss von besonders provisionsträchtigen Neugeschäftsanteilen im Bereich der Personenversicherung in den letzten Jahren rückläufig ist und weit unter dem Bestandsanteil liegt.[258]

In diesem Abschnitt soll der Fokus auf das potentielle deliktische Handeln des Personenversicherungsvermittlers gelegt werden, wobei zunächst allgemeine Strafbarkeitsnormen im Rahmen einer täterschaftlichen bzw. mittäterschaftlichen Begehungsweise betrachtet werden, bevor sodann auf vermittlerspezifische Besonderheiten der jeweiligen Norm eingegangen wird.

I. Hausfriedensbruch, § 123 StGB

Beim Abschluss von Versicherungen ist es nicht immer gegeben, dass der Kunde Versicherungsverträge im Büro bzw. der Vertretung des Versicherers schließt. Vielmehr ist es durchaus in der Branche üblich, dass sowohl Beratungen durch den Vermittler, als auch Vertragsunterzeichnungen und -abschlüsse in den privaten Räumlichkeiten des Versicherungsnehmers vollzogen werden. Dies erleichtert die Beratung des Vermittlers insoweit, als der Versicherungssuchende zuhause sämtliche für eine umfassende Beratung nötige Unterlagen aufbewahrt. Ferner spielt i.d.R. auch der psychologische Aspekt der vertrauten Atmosphäre innerhalb der „eigenen vier Wände“ für den Vermittler bei der Wahl der Örtlichkeit des Beratungsgesprächs eine Rolle.

257 So auch *Schüll*, S. 171.

258 *Beenken/Sandkühler*, S. 12.

Problematisch kann die Situation jedoch dann werden, wenn sich nach der Beratung kein Abschlussinteresse einstellt und der Vermittler andeutet, nicht ohne eine Vertragsunterzeichnung die Wohnung zu verlassen.

Es gibt Konstellationen, bei denen der Vermittler in ein befriedetes Besitztum ohne den Willen des Rechtsinhabers eindringt oder darin verweilt. Unter welchen Voraussetzungen dies als strafbare Handlung gesehen werden kann, soll im Folgenden Gegenstand der Betrachtung sein.

1. Tatbestandliche Voraussetzungen

Geschütztes Rechtsgut des Tatbestandes ist das individuelle Hausrecht, worunter die rechtliche Befugnis zu verstehen ist, über das Verweilen Dritter innerhalb der in dem Herrschaftsbereich einer Person zugeordneten geschützten räumlichen Sphäre wie etwa einer Wohnung und mithin über „Haus und Hof“ tatsächlich frei zu verfügen.[259]

Geschütze Örtlichkeiten des Tatbestandes sind die Wohnung, Geschäftsräume, das befriedete Besitztum und abgeschlossene Räume, die zum öffentlichen Dienst oder Verkehr bestimmt worden sind, § 123 Abs. 1 StGB.

Ein Versicherungsvermittler berät schwerpunktmäßig in Wohnungen, da die Gesprächspartner dort i.d.R. die für eine adäquate Beratung nötigen Unterlagen und Versicherungsordner parat haben. Unter einer Wohnung ist eine abgeschlossene und zumindest teilweise überdachte – auch bewegliche – Räumlichkeit zu verstehen, die dem Zweck dient, einem oder mehreren Menschen zumindest vorübergehend Unterkunft zu gewähren.[260] Ebenfalls unter diesen Schutzbereich fallen erkennbar zugeordnete, auch außerhalb des eigentlichen Wohnbereichs gelegene Nebenräume wie Treppenhaus, Keller- Wasch- Bodenräume oder Garagen.[261]

Ein weiteres Betätigungsfeld des Vermittlers stellen Geschäftsräume dar, welche als abgeschlossene – auch bewegliche Räumlichkeiten – definiert werden, die jedenfalls überwiegend und für gewisse Dauer zu gewerblichen, beruflichen, wissenschaftlichen, künstlerischen und ähnlichen, nicht notwendig auf Erwerb gerichteten Geschäften bestimmt sind und benutzt werden, einschließlich erkennbar zugeordneter Nebenräume.[262]

259 *Fischer*, § 123 Rn. 1; OLG Köln NJW 82, 2740 (2740 f.).

260 Sch/Sch – *Sternberg-Lieben*, § 123 Rn. 4; *Lackner/Kühl*, § 123 Rn. 3 m.w.N.

261 *Küper/Zopfs*, S. 492.

262 *Fischer*, § 123 Rn. 7; MK StGB – *Schäfer*, § 123 Rn. 13; *Wessels/Hettinger*, Rn. 580 f.; *Kargl*, JZ 1999, 930 (935 f.); fraglich ist allerdings die Einbeziehbarkeit offener „Zubehörflächen“, wie etwa Warenhauspassagen, vgl. *Wessels/Hettinger*, Rn. 581; eingehend *Müller-Christmann*, JuS 1987, Anm. zum Urteil des OLG Oldenburg vom 21.01.1985 – Ss 566/84, S. 19ff; *Behm*, JuS 1987, Anm. zum Urteil des OLG Oldenburg vom 21.01.1985 – Ss 566/84, S.950 ff.: im Ergebnis ist eine entsprechende Einbeziehbarkeit dieser Flächen zum Tatbestand wohl zu bejahen, da Versicherungsvertreter zu Beratungszwecken auch diese Örtlichkeiten aufsuchen können.

Als Tathandlungen kommen das Eindringen sowie das subsidiäre Verweilen in Form des Eindringens durch Unterlassung in Betracht.

Unter dem Eindringen i.S.d. § 123 Abs. 1 Alt. 1 StGB versteht man das körperliche Betreten eines Menschen in den geschützten Bereich und zwar gegen den erkannten oder mutmaßlichen Willen des Hausrechtsinhabers.[263] Dabei genügt es bereits, wenn zumindest ein Teil des Körpers (etwa ein Fuß) eindringt.[264] Liegt ein ausdrückliches oder stillschweigend erteiltes Einverständnis des Rechteinhabers vor, so wirkt dieses tatbestandsausschließend[265], auch wenn dies durch Täuschung erlangt wurde.[266] Bei mehreren Hausrechtsinhabern hängt es von Zumutbarkeitskriterien ab, ob ein Hausrechtsinhaber einem Dritten, wie etwa einem Vertreter, auch gegen den Willen des anderen Hausrechtsinhabers Zutritt gewähren kann.[267]

Ein unbefugtes Verweilen i.S.d. § 123 Abs. 1 Alt. 2 StGB ist bereits dann gegeben, wenn sich der Täter trotz Aufforderung eines Berechtigten nicht entfernt.[268] Dabei handelt es sich um ein echtes Unterlassungsdelikt.[269] Als berechtigt gelten auch Angehörige, minderjährige Kinder oder Angestellte, die den Willen des Hausrechtsinhabers vertreten.[270]

Subjektiv verwirklicht den Tatbestand nur, wer zumindest mit Eventualvorsatz handelt; eine Absicht, den Hausfrieden zu brechen, ist nicht erforderlich.[271]

Bei dem Hausfriedensbruch handelt es sich um ein Antragsdelikt, sodass nach § 123 Abs. 2 StGB ein Strafantrag zu stellen ist. Als Strafrahmen sieht § 123 Abs. 1 StGB Freiheitsstrafe bis zu einem Jahr oder Geldstrafe vor.

---

263 *Eisele*, BT I, Rn. 668; *Rengier*, BT II, § 30 Rn. 8; BGH MDR 1955, 144.

264 A/W – *Weber*, § 9 Rn. 45; § 8 Rn. 9; *Joecks*, § 123 Rn. 19; SK- *Rudophi/Stein*, § 123 Rn. 12a. Zu denken ist hier insbesondere an die Situation, in der ein Vermittler seinen Fuß in die sich schließende Haustüre setzt.

265 *Haft*, BT 2, S. 17; *Wessels/Hettinger*, Rn. 587.

266 So die h.M., vgl. A/W – *Hilgenhof*, § 8 Rn. 12; *Eisele*, BT I, Rn. 671; LK – *Lilie*, § 123 Rn. 50f., Sch/Sch – *Lenckner/Sternberg-Lieben*, § 123 Rn. 22, die darauf abstellt, dass das Einverständnis lediglich faktischer Natur ist und sich ein Beziehen auf den vermeintlich „wahren Willen" des Berechtigten als bloße Fiktion darstellt. Dieser Ansicht ist zu folgen, da für den Fall, dass ein Vertreter etwa unter Vorspiegelung einer falschen Identität den Eintritt in eine geschützte räumliche Sphäre erlangt, diese Erlaubnis aus der ex ante - Sichtweise legitim erteilt wurde. Bei Bekanntwerden seiner Täuschungshandlung kann ohnehin ein illegitimes Verweilen gegeben sein.

267 *Heinrich*, JR 1997, 89 (92). Eine Strafbarkeit nach § 123 StGB läge etwa dann vor, wenn die Geliebte eines Ehegatten die Wohnung betritt, obwohl die andere Ehegattin dies verbietet, vgl. BGHZ 6, 360 (361 ff.); *Wessels/Hettinger*, Rn. 596. Nicht jedoch, wenn es lediglich die unliebsame Schwiegermutter eines Ehegatten ist, vgl. *Eisele*, BT I, Rn. 680.

268 Sch/Sch – Lenckner/*Sternberg-Lieben*, § 123 Rn. 27.

269 *Eisele*, BT I, Rn. 683; *Fischer*, § 123 Rn. 27; *Haft*, BT 2, S. 18.

270 BGHSt 21, 224 (226).

271 *Lackner/Kühl*, § 123 Rn. 11; MK StGB – *Schäfer*, § 123 Rn. 56.

2. Besonderheiten bei Vermittlern

Während der Beratungstätigkeit des Versicherungsvermittlers gibt es verschiedene Situationen, in denen neben einer Nötigung nach § 240 StGB[272] oder einer Erpressung i.S.d. § 253 StGB[273] auch Anknüpfungspunkte zu § 123 StGB denkbar sind. Zum einen besteht eine Strafbarkeitsmöglichkeit bereits dann, wenn der Vermittler etwa an der Haustüre oder am Arbeitsplatz zum ersten Mal mit dem zu Beratenden in Kontakt kommt. Ferner kann ein entsprechendes Strafbarkeitsrisiko auch dann drohen, wenn sich die Parteien bereits innerhalb der Grenzen des geschützten Rechtsguts befinden und es im Rahmen der Beratungs- bzw. Gesprächssituation zu einer Unstimmigkeit kommt.

a. An der Haustür

Sollten Kundentermine nicht im Büro des Versicherungsvermittlers stattfinden, so kommt es zu einem physisch-realen Kontakt zwischen den Parteien etwa in einem Café, dem Arbeitsplatz des Klienten oder aber vorzugsweise im privaten Bereich des Versicherungssuchenden. Problematisch kann dieser erste physische Kontakt insbesondere dann sein, wenn er auf dem Grundstück des Klienten stattfindet oder es im Vorfeld zu keiner telefonischen bzw. elektronischen Terminvereinbarung kam. Bei einem solchen unangekündigten Hausbesuch – auch „Klinkenputzen" genannt – kommt eine Strafbarkeit nach § 123 Abs. 1 Alt. 1 StGB in Betracht, sofern der Vermittler das Grundstück einer Privatperson betritt.[274]

Dieses stellt dann ein befriedetes Besitztum gem. § 123 Abs. 1 Var. 1 StGB dar, wenn es sich dabei um ein bebautes oder unbebautes Grundstück handelt, das von dem Berechtigten gegen ein willkürliches Betreten durch andere in äußerlich erkennbarer Weise durch zusammenhängende, nicht notwendig lückenlose Schutzwehren gesichert ist.[275] Es erstreckt sich zudem ebenfalls auf nicht durch derartige Maßnahmen gesicherte Grundstücksflächen, die für jedermann erkennbar funktional wie örtlich mit dem äußerlich gesicherten Besitztum eng verbunden sind.[276] Bei durch Hecken, Mauern, Zäunen oder in sonstiger Weise gesicherten Arealen handelt es sich dabei um befriedete Besitztümer i.S.d. § 123 Abs. 1 Var. 1 StGB.

Weiter bedarf es noch des Tatbestandsmerkmales eines Eindringens in dieses befriedete Besitztum. Ein dafür nötiger ausdrücklich entgegenstehender Wille

---

272 Für Ausführungen zu diesem Straftatbestand siehe S. 59 ff. dieser Arbeit.

273 Vgl. dazu S. 62 ff. dieser Arbeit.

274 *Schüll*, S. 196.

275 *Fischer*, § 123 Rn. 8; *Kargl*, JZ 1999, 936 f.

276 Str., vgl. OLG Oldenburg, NJW 1985, 1352; *Amelung*, NJW 1986, 2075, (2079 ff.); *Behm*, GA 1986, 547 ff. Ausschlaggebend ist bei der Beurteilung wohl, dass die betreffende Einfriedung noch als Manifestation eines dem beliebigen Betreten entgegenstehenden Willens des Berechtigten aufgefasst werden kann, siehe Sch/Sch – *Sternberg-Lieben*, § 123 Rn. 6a m.w.N.

kann nicht schon alleine durch die Tatsache angenommen werden, dass es sich um ein entsprechend gesichertes Grundstück handelt. Eine Ausnahme dazu ist dann gegeben, wenn dem Versicherungsvermittler entweder bereits im Vorfeld das Betreten etwa fernmündlich bzw. schriftlich untersagt wurde[277], oder aber ein deutlich sichtbares Schild oder ähnliches bereits an der Grundstücksgrenze angebracht wurde, welches für jedermann erkennbar anzeigt, dass ein unbefugter Zutritt nicht erwünscht ist.[278]

Ebenso scheidet ein entgegenstehender mutmaßlicher Wille in solchen Situationen aus. Die Tatsache allein, dass unangekündigte Besuche zur Neukundengewinnung an der Haustüre als unangenehm empfunden werden können, bedeutet noch nicht automatisch, dass dadurch ein mutmaßliches Eindringen angenommen werden kann.[279] Vielmehr gibt es auch Personengruppen, denen eine solche aktive Form der Neukundenakquise durchaus gelegen kommt, denn sonst würde diese Form des Marketings gar nicht erst betrieben werden. Im Übrigen entspricht dies wohl auch der Intention des Gesetzgebers. Wäre ein derartiges „Klingelputzen" in den Augen der Legislative als Untergruppe der Kaltakquise unerwünscht, hätte die Werbeform als unzumutbare Belästigung Einzug in den Katalog des § 7 Abs. 2 bzw. Abs. 3 UWG gefunden.

b. In der Räumlichkeit

Befindet sich der Vermittler bereits in den Räumlichkeiten des zu Beratenden wie etwa in dessen Wohnung oder Geschäftsräumen, kann es zu weiteren strafrechtlich relevanten Konfliktsituationen kommen. Sollte das Gespräch zwischen den Parteien zu einem Dissens führen – weil etwa keine Einigung bezüglich eines Abschlusses gefunden werden konnte oder es zu sonstigen Unstimmigkeiten kam – in Folge dessen der Kunde den Vermittler auffordert, die jeweiligen Räumlichkeiten zu verlassen, ist der Tatbestand des § 123 Abs. 1 Alt. 2 StGB dann erfüllt, wenn sich dieser weigert, dem Ansinnen des Hausherrn nachzukommen und seiner Aufforderung Folge zu leisten.[280]

Zwar suggeriert der Wortlaut der Vorschrift, dass für die Tatbestandsmäßigkeit zunächst bereits ein unbefugtes Verweilen in der Räumlichkeit gegeben sein muss, damit eine Aufforderung zum Entfernen seitens des Berechtigten überhaupt rechtswirksam ergehen kann. Danach würde es zu keiner Strafbarkeit kommen, wenn

277 *Schüll*, S. 197.

278 LK-*Lilie*, § 123 Rn. 46.

279 So auch LK-*Lilie*, § 123 Rn. 60 im Falle von Zeitschriftenwerber.

280 Im Übrigen verstößt dies auch gegen § 3 Abs. 3 UWG und stellt daher ein wettbewerbswidriges Verhalten nach Nr. 26 des Anhangs zu § 3 Abs. 3 UWG dar. Eine Ausnahme davon ist lediglich dann gegeben, wenn der Besuch zur Durchsetzung einer rechtlichen Verpflichtung erfolgt. Dies wäre etwa dann der Fall, wenn der Vermittler die Räumlichkeit betreten muss, um einen geltend gemachten Schaden zu verifizieren, vgl. *Evers/Oberst* VW 2009, 273.

sich der Vermittler zunächst mit Billigung oder sogar auf Wunsch des Klienten etwa in dessen privater Wohnung befindet und dann lediglich ein „Entfernen" im Sinne des Verlassens gefordert wird. Vielmehr müsste dieser Forderung zunächst eine Äußerung des Hausrechtsinhabers voran gehen, um die mangelnde Befugnis zum Aufenthalt herzustellen.[281]

Dies geht jedoch an der Intention des Gesetzes vorbei. Vielmehr will die Vorschrift durch ihre Formulierung zum Ausdruck bringen, dass das zunächst berechtigte Eintreten sich zu einem unbefugten Verweilen wandelt, wenn der andere sich trotz der Aufforderung des Berechtigten nicht entfernt.[282] Es genügt also, dass der Versicherungsvermittler in Folge des Verhaltens seines Kunden erkennt, dass sein Verhalten nicht dessen Willen entspricht.[283]

3. Exkurs: Schwarze Klauseln Nr. 25, 26 (im Anhang zu § 3 Abs. 3 UWG)

Zusammen mit einer potentiellen Strafbarkeit des Hausfriedensbruchs nach § 123 StGB bzw. der Nötigung gemäß § 240 StGB ist auch ein Verstoß gegen Nr. 25 bzw. Nr. 26 der „Schwarzen Liste" im Anhang zu § 3 Abs. 3 UWG zu prüfen, die durch die Richtlinie 2005/29/EG gegen unlautere Geschäftspraktiken[284] (sog. UGP-RL) aufgestellt, und sodann vom deutschen Gesetzgeber umgesetzt wurde.

Die UGP-RL bezweckt eine „Vollharmonisierung" der nationalen Rechte und betrifft den Geschäftsverkehr mit Verbrauchern[285]. Als Anhang I enthält sie eine abschließende Liste von Geschäftspraktiken, die nach Art. 5 Abs. 5 der Richtlinie unter allen Umständen als unlauter anzusehen sind. Diese gilt in allen Mitgliedsstaaten einheitlich und ist nur durch eine Änderung der Richtlinie abänderbar.

Die „Schwarze Liste" bzw. „Black List" wurde im Rahmen der Umsetzung der UGP-RL durch die UWG-Novelle von 2008 im Anhang zu § 3 Abs. 3 UWG sowie in § 7 Abs. 2 Nr. 1 UWG in das Gesetzt eingefügt.[286] Die Einzeltatbestände gelten allerdings nur für geschäftliche Handlungen, die sich unmittelbar an Verbraucher und damit lediglich innerhalb eines B2C-Verhältnisses richten und gerade nicht im Verhältnis zwischen Unternehmern im Sinne eines B2B-Verhältnisses.[287]

281 Vgl. *Schüll*, S. 196.
282 LK – *Lilie*, § 123 Rn. 64.
283 *Rengier*, BT II, § 30 Rn. 13.
284 RL 2005/29/EG vom 11. Mai 2005, ABl. EU L 149/22.
285 Diese Richtlinie hat heute ferner den zweifellos größten Einfluss auf das nationale Wettbewerbsrecht, vgl. *Rittner/Dreher/Kulka*, § 1 Rn. 68.
286 NK-UWG – *Wirtz*, § 3 Rn. 137.
287 *Berlit*, S. 20.

a. Nr. 25 der Black-List

Die schwarze Klausel Nr. 25 im Anhang zu § 3 Abs. 3 UWG, die Nr. 24 des Anhangs I der UGP-RL entspricht, wendet sich gegen die Ausübung von räumlichem Zwang. Danach ist es im Sinne des § 3 Abs. 3 UWG unzulässig, wenn der Eindruck erweckt wird, der Verbraucher könne bestimmte Räumlichkeiten nicht ohne vorherigen Vertragsschluss verlassen. Es handelt sich bei dieser Vorgehensweise um eine aggressive Geschäftspraktik, weswegen es nicht entscheidend ist, ob der Eindruck falsch oder zutreffend ist.[288] Es ist folglich unerheblich, ob das Empfinden, bestimmte Räumlichkeiten nicht ohne vorherigen Vertragsschluss verlassen zu können, objektiv zutreffend ist oder es sich nur um einen subjektiven Eindruck handelt.[289] Voraussetzung für eine Anwendung der Vorschrift ist, dass ein Unternehmer bzw. eine für ihn handelnde Person auf einen Verbraucher einwirkt und insoweit eine geschäftliche Handlung nach § 2 Abs. 1 Nr. 1 UWG gegeben ist.[290] Allerdings setzt der Tatbestand Räumlichkeiten in Form von geschlossenen Räumen voraus, weswegen keine Konstellationen im Freien von der Vorschrift umfasst werden.[291]

Zu denken ist im Versicherungsvermittlerkontext an eine Fallgestaltung, bei der dem Versicherungssuchenden suggeriert wird, er könne das Büro des Intermediärs nicht verlassen, ohne nicht zuvor ein Antragsformular unterzeichnet zu haben.

Neben Nr. 25 des Anhangs zu § 3 Abs. 3 UWG kommt seitens des Versicherungsvermittlers zudem die Verwirklichung der Straftatbestände der Nötigung nach § 240 StGB sowie der Freiheitsberaubung gemäß § 239 StGB in Betracht, wenn er dem Versicherungssuchenden den Eindruck vermittelt, er könne seine Räumlichkeiten nicht ohne Vertragsabschluss verlassen.[292]

b. Nr. 26 der Black-List

Klausel Nr. 26 des Anhangs zu § 3 Abs. 3 UWG, welche Nr. 25 des Anhangs I der UGP-RL umsetzt, bestimmt, dass es ebenfalls unzulässig ist, bei dem persönlichen Aufsuchen in einer Wohnung die Aufforderung des Besuchten nicht zu beachten, diese zu verlassen oder nicht zu ihr zurückzukehren. Auch hierbei muss das Aufsuchen der Wohnung in Zusammenhang mit einer geschäftlichen Handlung gemäß § 2 Abs. 1 Nr. 1 UWG stehen.[293] Der Begriff der Wohnung ist weit zu verstehen, weswegen auch Räumlichkeiten darunter fallen, die nur temporär für die private

---

288 *Apetz*, 2011, S. 560; *Sosnitza*, WRP 2008, 1014 (1025).

289 Spindler/Schuster – *Micklitz/Schirmbacher*, § 3 Rn. 156.

290 *Köhler/Bornkamm*, Anh. zu § 3 Abs. 3 Rn. 25.1.

291 *Apetz*, S. 563 f.

292 Harte-Bavendamm/Henning-Bodewig – *Schöler*, Anh. zu § 3 Abs. 3 Nr. 25, Rn. 4. Es kommt allerdings für Nr. 25 des Anhangs zu § 3 Abs. 3 UWG nicht darauf an, ob sich der Unternehmer zugleich auch tatsächlich wegen Nötigung strafbar macht, vgl. BT-Drucks. 16/10145, S. 34.

293 NK-UWG – *Wirtz*, UWG, § 3 Rn. 174.

Lebensführung bestimmt sind.[294] Bezüglich der Eigentumsverhältnisse der Wohnung ist unerheblich, dass der Besuchte (Mit-)Besitzer der Räumlichkeiten ist.[295]

Im Hinblick auf die Versicherungsvermittlung kommt dieser Anhang etwa dann in Betracht, wenn der Vermittler in den Wohnräumlichkeiten des Versicherungssuchenden verweilt, obwohl er zum Gehen aufgefordert wurde. Ferner ist Nr. 26 des Anhangs dann einschlägig, wenn der Vermittler erneut trotz unmissverständlicher und eindeutiger Aufforderung zu der Wohnung des Verbrauchers zurückkehrt. Eine Ausnahme zu dieser Bestimmung besteht dem Gesetzeswortlaut nach allerdings dann, wenn der Besuch zur rechtmäßigen Durchsetzung einer vertraglichen Verpflichtung des Verbrauchers gerechtfertigt ist, auch wenn die Rückkehr bzw. das Nichtverlassen gegen dessen Willen erfolgt.[296]

In dieser Konstellation ist neben der Verwirklichung der Nr. 26 des Anhangs zu § 3 Abs. 3 UWG auch an die Straftatbestände des Hausfriedensbruchs nach § 123 StGB sowie der Nötigung i.S.d. § 240 StGB zu denken, auch wenn diese unabhängig von der UWG Norm sind und auch aufgrund der gemeinschaftsrechtlichen Auslegung der Begriffe des Anhangs keine Interpretationshilfe darstellen.[297] Somit muss die Schwelle zur Strafbarkeit für die Verwirklichung des Verbots der Black-List Nr. 26 noch nicht erreicht werden.[298] Wird gegen Nr. 26 des Anhangs zu § 3 Abs. 3 UWG verstoßen, so stellt dies regelmäßig auch einen Verstoß gegen § 4 Nr. 1 und Nr. 11 UWG dar.[299]

II. Verletzung von Privatgeheimnissen, § 203 StGB

Als Problemfeld für den Versicherungsvermittler kann sich auch § 203 StGB gestalten, wenn es um die Verletzung von fremden Privatgeheimnissen geht und diese unbefugt durch einen Schweigepflichtigen offenbart werden.

1. Schutzbereich / Schutzzweck

Geschütztes Rechtsgut dieser Vorschrift ist der persönliche Lebens- und Geheimnisbereich eines Betroffenen, der sich aufgrund seines Individualinteresses den

---

294 Spindler/Schuster – *Micklitz/Schirmbacher*, Recht der Elektronischen Medien, 3. Aufl. 2015, UWG § 3 Rn. 158.

295 *Apetz*, S. 574 f.; so fallen etwa auch Mieter unproblematisch unter Nr. 26, vgl. *Ohly/Sosnitza*, Anhang zu § 3 Abs. 3, Rn. 68.

296 *Köhler/Bornkamm*, Anh. zu § 3 Abs. 3 Rn. 26.2. Die Gesetzesbegründung spricht insoweit von vertraglichen Mitwirkungspflichten des Verbrauchers, vgl. BT-Drucks. 16/10145, S. 34.

297 Harte-Bavendamm/Henning-Bodewig – *Henning-Bodewig*, Anh. zu § 3 Abs. 3 Nr. 26, Rn. 5; *Schöttle*, WRP 2009, 673 (681).

298 Siehe NK-UWG – *Wirtz*, § 3 Rn. 174.

299 *Schöttle*, WRP 2009, 673 (681).

Trägern von sozial bedeutsamen Berufen weitgehend anvertrauen muss.[300] Daneben ist auch mittelbar das Allgemeininteresse geschützt, wenn es um das Vertrauen in bzw. die Funktionsfähigkeit von Berufen und der öffentlichen Verwaltung sowie der Interessen der in § 203 StGB aufgeführten Berufsgruppen geht.[301]

Für den Geheimnisschutz gilt dabei, dass das Recht auf informationelle Selbstbestimmung als Teil des allgemeinen Persönlichkeitsrechts gem. Art. 2 Abs. 1 i.V.m. Art. 1 GG ein verfassungsrechtlich gesichertes Recht darstellt, wonach grundsätzlich jeder selbst entscheiden kann, wann und in welchen Grenzen persönliche Lebenssachverhalte von einem Dritten offenbart werden dürfen.[302] Bei Versicherungsdaten gilt dabei, dass diese insoweit ein verfassungsrechtlich gesichertes Recht darstellen, als sie zum persönlichen Lebens- oder Geheimbereich des Rechteinhabers gehören und eine Offenlegung der Daten an Dritte in der Regel rechtfertigungspflichtig ist.[303]

2. Tatgegenstand

Tatgegenstand ist in den Fällen von § 203 Abs. 1, Abs. 2 Satz 1 StGB ein Geheimnis, welches für den Täter fremd ist und das dem persönlichen Lebens- und Geheimbereich der betroffenen Person angehört, sei es aus der persönlichen, wirtschaftlichen oder beruflichen Sphäre.[304]

Unter einem solchen Geheimnis versteht man Tatsachen, die nur einem begrenzten Personenkreis bekannt sind und an deren Geheimhaltung der betroffene Geheimnisträger ein aus seiner Sichtweise sachlich begründetes und schutzwürdiges Interesse hat bzw. bei eigener Tatsachenkenntnis haben würde.[305] Dabei kann es sich unabhängig von dem jeweiligen Lebensbereich um Tatsachen aller Art handeln.[306]

---

300 *Joecks*, § 203 Rn. 1; *Rogall* NStZ 83, S. 3.

301 *Fischer*, § 203 Rn. 2; hingegen LK – *Schünemann*, § 203 Rn. 14: nur Individualschutz.

302 BVerfGE 65, 41 ff.; 84, 192 ff.; BVerfG NJW 2164; Sch/Sch – *Lencker/Eisele*, § 203 Rn. 3.

303 *Hilgendorf*, S. 88; *Schüll*, S. 206.

304 *Fischer*, § 203 Rn. 3.

305 *Bock/Wilms*, JuS 2011, 24 f.; MK StGB – *Cierniak/Pohlit*, § 203 Rn. 11, 18; Sch/Sch – *Lenckner/Eisele*, § 203 Rn. 5; LK – *Schünemann*, § 203 Rn. 19, die neben dem Geheimhaltungsinteresse zudem einen Geheimhaltungswillen verlangt; dagegen NK-StGB – *Kargl*, § 203 Rn. 4, der einzig auf den Willen des Betroffenen abstellt und gegen eine primäre Interessengewichtung ist. Dieser Streit über den Geheimhaltungswillen ist jedoch insoweit überholt, als ein derartiger Wille für die Deklaration als Geheimnis ohne ein schutzwürdiges Geheimhaltungsinteresse sich als nicht ausreichend darstellt („Interessen-" gegen „Willenstheorie"), siehe *Küper/Zopfs*, S. 160.

306 *Eisele*, BT I, Rn. 773; *Lackner/Kühl*, § 203 Rn. 14; vgl. zum Geheimnisbegriff auch *Rogall*, NStZ 1983, 1 (5). Bereits das Bestehen von Vertragsbeziehungen stellt ein solches Geheimnis dar, *Heghmanns/Niehaus*, NStZ 2008, 57.

Ein begrenzter Personenkreis ist ein zahlenmäßig bestimmter oder bestimmbarer Kreis, der jedoch von der Zahl her gesehen so begrenzt sein muss, dass von einem allgemeinen Bekanntwerden nicht auszugehen ist.[307]

Das sachlich begründete und schutzwürdige Interesse muss nicht nur bei Anlegung eines objektiven Maßstabs als vernünftig anzusehen sein. Vielmehr verlangt der Schutzzweck des § 203 StGB, dass rein subjektive, von anderen nicht geteilte Auffassungen anzuerkennen sind.[308] Insoweit stellt das Erfordernis einer „sachlichen Berechtigung" lediglich ein negatives Abgrenzungsmerkmal gegenüber reiner Willkür und Launenhaftigkeit des Geheimnisträgers dar.[309]

Versicherungsdaten etwa erfüllen regelmäßig die Voraussetzungen, ein Geheimnis gem. § 203 StGB darzustellen, denn sie sind geheim und unterliegen dem nötigen Geheimhaltungswillen des Betroffenen, der an der Geheimhaltung der Daten ein nachvollziehbares objektives und sachlich begründetes Interesse hat.[310]

3. Kenntniserlangung

Für die Kenntniserlangung als Tatbestandsmerkmal bedarf es eines besonderen Vertrauensaktes.[311] Dieser ist dann gegeben, wenn die übermittelten Informationen dem Täter in seiner Funktion als Angehöriger der von Gesetzes wegen ausdrücklich bezeichneten Berufsgruppen anvertraut oder bekannt geworden sind. Auch gegenüber mehreren Personen, die dem Rechtsträger im Einzelnen nicht einmal bekannt sein müssen, kann ein derartiger Vertrauensakt begründet werden, etwa in dem Fall, in dem der Versicherungsnehmer seiner Krankenversicherung Geheimnisse mitteilt, welche damit dem für ihn zuständigen Sachbearbeiter anvertraut werden.[312]

Dem Täter als Angehörigem einer spezifischen Berufsgruppe i.S.d. § 203 Abs. 1 Var. 1 StGB anvertraut ist ein Geheimnis dann, wenn dieser aufgrund seiner beruflichen Stellung derart in einen Sachverhalt eingeweiht wird, dass sich daraus ausdrücklich oder aus den Umständen entsprechend eine Pflicht zur Verschwiegenheit ergibt.[313]

Sonst bekanntgeworden i.S.d. § 203 Abs. 1 Var. 2 StGB ist ein Geheimnis hingegen dann, wenn der Täter – etwa der Versicherungsvermittler – dieses auf einem anderen Weg, der jedoch gleichfalls in innerem Zusammenhang mit der Ausübung

---

307 *Joecks*, § 203 Rn. 3. In Abgrenzung zum Staatsgeheimnis, für das ein zahlenmäßig bestimmter oder bestimmbarer Kreis nicht notwendig ist; bei diesem ist im Hinblick auf die Begrenzung des Personenkreises nur darauf abzustellen, dass von der Zahl her gesehen ein allgemeines Bekanntwerden nicht erwartet werden braucht, vgl. *Fischer*, § 93 Rn. 3; LK – *Schmidt*, § 93 Rn. 3.

308 Sch/Sch – *Lencker/Eisele*, § 203 Rn. 7.

309 *Joecks*, § 203 Rn. 4; LK – *Schünemann*, § 203 Rn. 27.

310 *Hilgendorf*, S. 89; *Schüll*, S. 207.

311 MK-StGB – *Cierniak*, § 203 Rn. 45.

312 Sch/Sch – *Lencker/Eisele*, § 203 Rn. 12.

313 *Eisele*, BT I, Rn. 776; *Fischer*, § 203 Rn. 8; OLG Köln NStZ 83, 412.

seines Berufes steht, erfahren hat.[314] Wie beim Anvertrauen ist hier ebenfalls Voraussetzung, dass die Kenntniserlangung aufgrund einer auf Vertrauen angelegten Sonderbeziehung geschieht.[315]

Im Hinblick auf Versicherungsdaten ist ein derartiges Vertrauensverhältnis in der Regel unproblematisch gegeben.[316]

4. Tathandlung

Als Tathandlung bedarf es einer unbefugten Offenbarung von geschützten Geheimnissen.

a. Offenbarung

Unter der Offenbarung ist jede Mitteilung über geheim zu haltende Tatsachen einschließlich der Person, auf die sie sich bezieht, an einen Dritten zu verstehen, wobei der Dritte auch ein nach § 203 StGB Schweigepflichtiger sein kann.[317]

Dabei ist zwischen den unterschiedlichen Übermittlungsformen zu unterscheiden.[318] Bei mündlicher Übermittlung bedarf es einer Kenntnisnahme. Bei einem verkörperten Geheimnis – etwa bei einem Schriftstück – genügt das sich Verschaffen des Gewahrsams mit der Möglichkeit der Kenntnisnahme durch einen anderen.[319] Sollten die Geheimnisse digital auf einem Datenträger wie etwa einer CD, einem USB-Stick, einer Chipkarte etc. oder als Datei gespeichert sein, so genügt parallel dazu die Einräumung der Verfügungsgewalt etwa durch Weitergabe oder Versendung per E-Mail.[320] Unerheblich ist dabei, ob sich das Offenbaren konkludent oder ausdrücklich, spontan oder auf Nachfragen ereignet.[321]

Weitere Voraussetzung für ein wirksames Offenbaren ist, dass das Geheimnis dem Empfänger noch unbekannt ist.[322]

314 Sch/Sch – *Lencker/Eisele*, § 203 Rn. 15.
315 *Schmitz*, JA 1996, 772 (776); SK – *Hoyer*, § 203 Rn. 24.
316 *Hilgendorf*, S. 91.
317 BGHZ 116, 268; BayObLG NJW 1995, 1623; *Lackner/Kühl*, § 203 Rn. 17.
318 Zu den Übermittlungsformen siehe auch Sch/Sch – *Lackner/Eisele*, § 203 Rn. 19.
319 LK – *Schünemann*, § 203 Rn. 41. Dies ist insoweit im Versicherungsbereich problematisch, als Versicherungsvermittler mitunter sensible Dokumente wie etwa ausgefüllte Versicherungsanträge oder Versicherungspolicen nicht mit der nötigen Sorgfalt verwahren, sondern für Dritte ersichtlich auf dem Schreibtisch, mit anderen Versicherungsunterlagen oder im eigenen KFZ aufbewahrt.
320 Vgl. dazu MK StGB – *Cierniak*, § 203 Rn. 52.
321 Sch/Sch – *Lackner/Eisele*, § 203 Rn. 19.
322 SK – *Hoyer*, § 203 Rn. 31.

b. Unbefugt

Für eine Strafbarkeit muss das Handeln schließlich auch unbefugt gewesen sein.[323] Eine Offenbarungsbefugnis kann sich aus der Einwilligung des Geheimnisinhabers bzw. dessen mutmaßlicher Einwilligung, aus der Erfüllung von Rechtspflichten, nach den Grundsätzen der Güter- und Pflichtenabwägung im Fall der Wahrnehmung berechtigter Interessen oder aber aus prozessrechtlicher Auskunftspflicht ergeben.[324]

5. Täterkreis

Bei § 203 StGB handelt es sich um ein Sonderdelikt, da als taugliche Täter nur Angehörige der in der Vorschrift genannten Berufsgruppen in Betracht kommen.[325] Im Versicherungskontext fällt der Fokus hierbei nach § 203 Abs. 1 Nr. 6 StGB auf Unternehmensangehörige der privaten Kranken-, Unfall- oder Lebensversicherung. Nr. 6 stellt dabei eine Spezialregel zu § 203 Abs. 3 S. 1 StGB dar, denn unter den Begriff der „Unternehmensangehörigen" fallen Inhaber, Leiter, Organe, Mitglieder eines Organes sowie alle Bediensteten, die ihrer Funktion nach mit Geheimnissen konfrontiert werden, ferner aber auch die selbstständigen Vertreter der privaten Krankenversicherungen etc.[326]

Auch sonstige schweigepflichtige Bedienstete – wie etwa eine mit bloßer Schreibarbeit betraute Sekretärin – gehören zu dieser Kategorie, sodass eine Erweiterung des Täterkreises auf die berufsmäßig tätigen Gehilfen in § 203 Abs. 3 S. 2 StGB hierauf im Wesentlichen ohne Anwendung bleibt; für Hilfspersonal von selbstständigen Versicherungsvertretern ist sie allerdings von Bedeutung.[327] Jedoch findet § 203 Abs. 1 Nr. 6 StGB nur Anwendung auf private Assekuranzen; bei öffentlich-rechtlichen Versicherungsträgern wie etwa der Sozialversicherung ist § 203 Abs. 2 StGB einschlägig.[328]

---

323 Vgl. etwa OLG Köln NJW 1962, 686 ff.; MK StGB – *Cierniak/Pohlit,* § 203 Rn. 54. Nach anderer Ansicht soll das Einverständnis desjenigen, dessen Geheimnis zu schützen ist, lediglich rechtfertigende Wirkung haben, siehe *Fischer,* § 203 Rn. 31; *Warda,* Jura 1979, 286 (296); *Rogall,* NStZ 1983, S. 6. Dieser Ansicht ist allerdings nicht zu folgen, da es aufgrund des Schutzzwecks des persönlichen Lebenskreises dem jeweiligen Rechteinhaber auch selbst überlassen werden muss, ob das Geheimnis als solches bestehen bleiben soll oder kommuniziert werden darf.

324 Siehe *Wessels/Hettinger,* Rn. 568 m.w.N.

325 *Eisele,* BT I, Rn. 772.

326 *Fischer,* § 203 Rn. 18; *Rein,* VersR 1976, 117 (118 f.).

327 Sch/Sch – *Lackner/Eisele,* § 203 Rn. 41.

328 Sch/Sch – *Lackner/Eisele,* § 203 Rn. 41.

6. Übrige Voraussetzungen

Im Hinblick auf den subjektiven Tatbestand ist zumindest bedingter Vorsatz erforderlich.[329] Eine Versuchsstrafbarkeit besteht nicht, da durch die unbefugte Offenbarung die Tat bereits vollendet sowie beendet ist.[330]

Ferner ist anzuführen, dass es sich um ein Antragsdelikt handelt, sodass nach § 205 Abs. 1 StGB die Stellung eines Strafantrags erforderlich ist. Der Strafrahmen für Taten gemäß § 203 Abs. 1 bis 4 StGB beträgt Freiheitsstrafe bis zu einem Jahr oder Geldstrafe. Handelt der Täter entgeltlich gem. § 11 Nr. 9 StGB, indem er für seine Tathandlung eine in einem Vermögensvorteil bestehende Gegenleistung annimmt, oder in der Absicht, sich oder einen anderen zu bereichern oder zu schädigen, so liegt eine Qualifikation nach § 203 Abs. 5 StGB vor, wodurch sich der Strafrahmen zu einer Freiheitsstrafe bis zu zwei Jahren oder zu Geldstrafe verschiebt.[331]

7. Besonderheiten bei Vermittlern

Nachdem die allgemeinen Voraussetzungen des Tatbestands dargestellt wurden, soll nun auf die Tätereigenschaft des Personenversicherungsvermittlers bzw. –maklers sowie die Anknüpfungspunkte des Personenversicherungsvermittlers mit § 203 StGB bei einer Bestandsübertragung bzw. Provisionsabtretung eingegangen werden.

a. Täterstellung des Versicherungsvermittlers und -maklers

Nachdem § 203 Abs. 1 Nr. 6 StGB lediglich Angehörige eines Unternehmens der privaten Kranken-, Unfall- oder Lebensversicherung zu dem Kreis der Schweigepflichtigen zählt, stellt sich allerdings die Frage, ob auch der Versicherungsvertreter mit seinen Angestellten als Täter in Frage kommt.[332] Sollte dies verneint werden, würde der Geheimnisschutz eine große Strafbarkeitslücke aufweisen.[333]

Bei der Bestimmung des genauen Täterkreises ist auf den Begriff des Angehörigen abzustellen. Zunächst ist dabei klarzustellen, dass darunter nicht der Angehörige i.S.d. § 11 Abs. 1 Nr. 1 StGB gemeint ist, da es dem Begriff des Unternehmens widerspricht, wenn Angehörige im personenrechtlichen Sinn (Verwandte etc.) darunter fallen sollten.[334] Ob allerdings der Versicherungsvertreter nach § 59 Abs. 2 VVG bzw. §§ 92, 84 HGB und der Versicherungsmakler gem. § 59 Abs. 3 S. 1 VVG als Angehörige i.S.d. Vorschrift anzusehen sind, soll im Folgenden geklärt werden.

329 MK StGB – *Cierniak*, § 203 Rn. 81.
330 Sch/Sch – *Lenckner/Eisele*, § 203 Rn. 72.
331 *Schmitz*, JA 1996, 949 (951).
332 So bereits auch *Rein*, VersR 1976, 117 (118).
333 *Köpke*, S. 25.
334 *Rein*, VersR 1976, 117 (119).

(i) Versicherungsvertreter

Fraglich ist zunächst, ob der Versicherungsvertreter, der als Intermediär für Personenversicherungen fungiert, unter den Angehörigenbegriff des § 203 Abs. 1 Nr. 6 StGB fällt und sich durch eine Verletzung von Privatgeheimnissen strafbar machen kann.[335]

Der Wortlaut „Angehörige eines Unternehmens“ deutet zunächst darauf hin, dass die handelnde Person angestellter Mitarbeiter der Personenversicherung sein muss. Dies ist allerdings unzutreffend. Vielmehr erstreckt sich der Angehörigenbegriff dem Schutzzweck der Norm nach auch auf nicht als Angestellte tätige, selbstständige Versicherungsvertreter nach §§ 92, 84 HGB.[336] Zwar befinden sich Versicherungsvertreter i.S.d. § 84 HGB aufgrund ihrer Selbstständigkeit und ihrer rechtlichen Stellung außerhalb des Versicherungsunternehmens, allerdings ist die Weisungsbefugnis des Versicherungsunternehmens gegenüber dem selbstständigen Versicherungsvertreter für die alltäglichen Abläufe wie etwa Antragsaufnahme oder Korrespondenz wohl tatsächlich nicht von der Weisungsbefugnis gegenüber dem angestellten Außendienst zu differenzieren.[337]

Demnach ist jeder ein „Angehöriger“ einer Personenversicherung, der im Geschäftsbereich einer Personenversicherung zumindest auch für deren Interesse tätig ist.[338] Dafür spricht auch die Legaldefinition des Versicherungsvertreters in § 59 Abs. 2 VVG, die fordert, dass der Versicherungsvertreter von einem Versicherer zur gewerbsmäßigen Vermittlung von Versicherungsverträgen betraut ist. Das Merkmal der Betrauung ist weit auszulegen und verlangt lediglich, dass der Vertreter mit Wissen und Wollen des Versicherers für diesen vermittelnd tätig wird.[339] Insoweit wird der Versicherungsvertreter seiner Rolle gerecht, „im Lager des Versicherers“ zu stehen. Er ist als Angehöriger i.S.d. § 203 Abs. 1 Nr. 6 StGB zu werten.

(ii) Versicherungsmakler

Weiter zu prüfen ist, ob der Versicherungsmakler nach § 59 Abs. 3 S. 1 VVG ebenfalls als Angehöriger i.S.d. § 203 Abs. 1 Nr. 6 StGB qualifiziert werden kann. Er gehört

335 Vgl. dazu *Schüll*, S. 210 f., der auf den selbstständigen Versicherungsagenten nach § 84 HGB abstellt.

336 Dölling/Duttge/Rössner – *Tag*, § 203 Rn. 17; BGH WM 2010, 669 (670).

337 So auch *Köpke*, S. 26. Andernfalls würde der Versicherer von dem selbstständigen Personenversicherungsvertreter kein Geschäft mehr annehmen und policieren. Die Weisungsbefugnis des Versicherers ist bei selbstständigen Vertretern im Vergleich zu angestellten Vertretern höchstens dann abgeschwächt, wenn es um einzuhaltende Arbeitszeiten und Urlaubsregelungen geht. Siehe zu den Pflichten des selbstständigen Versicherungsvertreters ferner *Bangert*, S. 78 ff.

338 *Rein*, VersR 1976, 117 (119).

339 MK VVG – *Reiff*, § 59 Rn. 27.

grundsätzlich nicht zum Außendienst des Personenversicherers und ist Interessenvertreter des Versicherungsinteressenten.[340]

Sofern er seiner Verpflichtung aus § 11 Abs. 1 Nr. 3a VersVermV nachkommt und sich – etwa durch Überreichung der Visitenkarte – als Versicherungsmakler dem Versicherungssuchenden zu erkennen gibt, scheidet eine Stellung als Angehöriger eines Personenversicherers von vornherein aus, weswegen er nicht tauglicher Täter des § 203 Abs. 1 Nr. 6 StGB sein kann.[341]

Es ist allerdings auch denkbar, dass sich der Versicherungsmakler nicht ordnungsgemäß ausweist.[342] Dann kommt eine Täterstellung als Angehöriger eines Unternehmens der privaten Kranken-, Unfall- oder Lebensversicherung nur in Betracht, wenn eine vertragliche Vereinbarung erkennbar ist, die besagt, dass der Betroffene trotz seiner Titulierung als „Makler" faktisch zumindest auch im Lager des Versicherers auftritt.[343] Dies dürfte allerdings grundsätzlich nicht einschlägig sein, weswegen sich der Personenversicherungsmakler i.d.R. nicht nach § 203 Abs. 1 Nr. 6 StGB strafbar macht.[344]

b. Bestandsübertragung

Probleme im Hinblick auf den persönlichen Lebens- und Geheimnisbereich sind immer dann zu befürchten, wenn Informationen und Daten weitergegeben werden. Dabei wurde bereits ausführlich diskutiert, ob die §§ 203 f. StGB bei Bestandsübertragungen einschlägig sind.[345]

Zwischen Versicherungsmaklern existiert ein reger Handel von Versicherungsbeständen.[346] Die Modalitäten einer Bestandsübertragung unter der Kontrolle der BaFin sind zwar grundsätzlich in § 14 VAG geregelt, allerdings regelt diese Vorschrift lediglich die Bestandsübertragung zwischen ganzen Versicherungsunternehmen.[347] Diese Vorschrift greift allerdings nicht bei der Übertragung von Bestandskunden zwischen Versicherungsmaklern, da die Vermittlung von Versicherungsverträgen nicht einen Betrieb von Versicherungsgeschäften nach § 1 VAG darstellt.[348]

340 Prössl/Martin – *Dörner*, § 59 Rn. 43.
341 *Köpke*, S. 27.
342 Zu dieser Konstellation des Maklers als statusfremder Versicherungsvertreter vgl. S. 27 f. dieser Arbeit.
343 *Schüll*, S. 212.
344 Siehe dazu auch *Wesselhöft*, S. 212.
345 Siehe nur *Schüll*, S. 214.
346 Vgl. etwa *Jung* VW 1997, 263.
347 Aus diesem Grunde kommt auch keine Strafbarkeit von Versicherungsvertretern nach § 203 Abs. 1 Nr. 6 StGB in Betracht, da die Versicherungsbestände ausschließlich bei dem Versicherungsunternehmen liegen, bei dem der Versicherungsvertreter tätig ist.
348 *Doth/Laas* VW 2009, 140.

Im Rahmen einer Bestandsübergabe werden auch Kundendaten weitergegeben, ohne dass dafür i.d.R. eine ausdrückliche Zustimmung des Kunden vorliegt.[349] Insofern ist die Befürchtung einer Verletzung von Privat- oder Berufsgeheimnissen nach § 203 Abs. 1 StGB nicht ausgeschlossen.

Bei der Bewertung des Sachverhalts ist aber zu berücksichtigen, dass der Versicherungsmakler gerade im Lager „seines" Versicherungsnehmers steht und auch dessen Interessen vertritt. Eine Strafbarkeit nach § 203 Abs. 1 Nr. 6 StGB kommt daher grundsätzlich nicht in Betracht, es sei denn der „Makler" steht zumindest auch im Lager des Versicherers.[350]

c. *Provisionsabtretung*

Schließlich musste sich der BGH schon mit der Abtretung von Provisionsansprüchen eines Personenversicherungsvertreters in Zusammenhang mit § 203 Abs. 1 Nr. 6 StGB beschäftigten.[351] In der Entscheidung ging es darum, dass ein Vermittler von Unfallversicherungen sämtliche aus seiner Vermittlungstätigkeit für das Versicherungsunternehmen herrührende Zahlungsansprüche sowie alle Auskunfts-, Abrechnungs- und Kontrollrechte an einen Dritten abgetreten hat.[352] Nach Ansicht des BGH war diese Abtretung nach § 134 BGB nichtig, da insoweit ein Verstoß gegen § 203 Abs. 1 Nr. 6 StGB gegeben war. Gem. § 402 BGB muss der Zedent einer Abtretung dem Zessionar grundsätzlich sämtliche Informationen zukommen lassen, die dieser zur erfolgreichen Durchsetzung der abgetretenen Forderung benötigt. Teile dieser Informationen unterliegen allerdings der strafrechtlich durch § 203 Abs. 1 StGB sanktionierten Schweigepflicht, was folglich zu einer Nichtigkeit nach § 134 BGB führt.[353]

8. Exkurs: Outsourcing von Versicherungsdaten

Im Versicherungskontext besonders problematisch ist die strafrechtliche Behandlung des Outsourcings von Versicherungsdaten.[354] Für Versicherungsvermittler kann dies etwa dann zum Problem werden, wenn sie auf die Vorgaben des produktgebenden Unternehmens vertrauen und die ihnen seitens der Versicherungsnehmer anvertrauten Daten an das Serviceunternehmen weiterreichen.

---

349 *Doth/Laas* VW 2009, 140.

350 Vgl. zu der Stellung des Maklers *Wesselhöft*, S. 212.

351 Ausführlich dazu *Schüll*, S. 212 ff.

352 BGH WM 2010, 669.

353 St. Rspr., vgl. nur BGHZ 115, 123 (124 f.); 122, 115 (117 ff.); BGH NJW 2005, 507.

354 Darunter ist die Datenwartung und Datenverwaltung durch ein drittes, nicht zum Versicherungskonzern gehörendes Unternehmen zu verstehen, um seitens des Versicherers Kosten und Zeit zu sparen. Siehe *Hilgendorf*, S. 81.

Als Geheimnis kann bereits das Bestehen einer Vertragsbeziehung zwischen dem Versicherungsnehmer und dem Versicherungsgeber gesehen werden.[355] Ferner gibt es nach Ansicht des BVerfG unter den Bedingungen der modernen Datenverarbeitungen auf Grund der mit ihr verbundenen Verknüpfungsmöglichkeiten keine „unsensiblen" oder „belanglosen" Daten mehr.[356] Ein derart weites Verständnis des Datenbegriffs ist auch in seiner Parallele zum Bankgeheimnis zu sehen, unter welches das Bestehen einer Vertragsbeziehung ebenfalls fällt.[357] Folglich ist das dem Dienstleistungsunternehmen im Rahmen des Outsourcing zum Zweck der Bearbeitung zur Verfügung gestellte Datenmaterial als Geheimnis nach § 203 StGB einzustufen.[358]

Die Tathandlung des Offenbarens ist grundsätzlich verwirklicht, sobald die geheim zu haltende Tatsache an einen Dritten, dem diese bisher verborgen war, mitgeteilt oder in einer sonstigen Form auf die Weise zugänglich gemacht wird, dass eine Kenntnisnahme ohne Weiteres möglich ist.[359] Hier ist die Fallgestaltung denkbar, dass der beim Kunden tätige Vermittler von dem Versicherer angewiesen wird, die Daten – etwa einen ausgefüllten Versicherungsantrag – zur weiteren Bearbeitung an ein Serviceunternehmen weiterzureichen, das für die Verarbeitung zuständig ist, ohne selbst Versicherer zu sein.

Eine Ausnahme, die den Begriff des Offenbarens einschränkt, besteht jedoch dann, wenn das Geheimnis einer Funktionseinheit – etwa einer Behörde oder einem Wirtschaftsunternehmen – und keiner einzelnen natürlichen Person anvertraut wird, denn dann stellen Mitteilungen zwischen den einzelnen Organisationseinheiten im Rahmen der beruflichen Tätigkeit schon kein Offenbaren dar.[360] Dies ist beim Outsourcing allerdings gerade nicht gegeben, da es Zweck der geschäftlichen Kooperation der handelnden Unternehmen ist, einzelne Aufgaben durch Personen außerhalb des beauftragten Dienstleisters wahrnehmen zu lassen.[361] Soweit bei diesem Vorgang keine Anonymisierung oder Pseudonymisierung der Daten erfolgt, ist das Überlassen von Kundendaten an externe Anbieter in der Regel als tatbestandliche Offenbarung zu sehen.[362]

Insbesondere ist in dieser Konstellation allerdings fraglich, ob die als berufsmäßiger Gehilfe mitwirkende externe Person am Vertrauensverhältnis teilnehmen soll. Dies hätte zur Folge, dass eine Weitergabe der Daten nicht tatbestandsmäßig wäre. Gehilfe ist in der Regel, wer innerhalb des von § 203 Abs. 1 StGB erfassten

---

355 Vgl. auch *Otto,* wistra 1999, 201 (202).
356 BVerfGE 65, 1 (45).
357 *Mennicke/Radtke,* MDR 1993, 400 (402).
358 So auch *Heghmanns/Niethaus,* NStZ 2008, 57.
359 *Meier,* S. 153 ff.; BGH NJW 1995, 2915 (2916).
360 LG Bonn NJW 1995, 2419 (2420); *Otto,* wistra 1999, 201 (202 f.).
361 Siehe auch *Heghmanns/Niehaus,* NStZ 2008, 57 (58).
362 So auch Sch/Sch – *Lenckner/Eisele,* § 203 Rn. 19b. Vgl. ferner *Hartung,* VersR 2012, 400 (405) bzgl. der Pseudonymisierung bzw. Anonymisierung gegen eine Strafbarkeit der Auslagerung von Versicherungsdaten.

beruflichen Wirkungsbereichs eines Schweigepflichtigen eine auf dessen berufliche Tätigkeit bezogene Unterstützung ausübt, die die Kenntnis fremder Geheimnisse mit sich bringt oder ohne Überwindung besonderer Hindernisse ermöglicht.[363]

Die h.M. in der Literatur verneint die Einbeziehung der externen Person in das Vertrauensverhältnis mit der Begründung, dass diese Personen nicht in den Organisationsablauf und in die Tätigkeit des Schweigepflichtigen eingebunden sind, keiner Weisungspflicht unterliegen und mithin diesen gegenüber kein Vertrauen in Anspruch genommen wird.[364]

Eine andere Ansicht, die sich insbesondere auf praktische Bedürfnisse und wirtschaftliche Gründe stützt, spricht sich für eine Einbeziehung Dritter aus. Es wird damit argumentiert, dass professionelle und spezialisierte externe Dienstleister mitunter einen effektiveren Schutz gegen Angriffe auf Daten gewährleisten, als dies bei den oft fachfremden Dateninhabern (etwa Arztpraxen, Rechtsanwaltskanzleien etc.) unter Berücksichtigung des jeweiligen Aufwands möglich ist.[365] Insoweit hat sich eine zustimmungswürdige vermittelnde Ansicht herausgebildet, die besagt, dass eine Weitergabe an berufsmäßig tätige Gehilfen dann zulässig sein soll, wenn der Schweigepflichtige im Verhältnis zu diesen noch ausreichende Steuerungs-, Kontroll- und Weisungsrechte besitzt, wobei die Auftragsdatenverwaltung nach § 11 BDSG[366]

---

363 *Otto*, wistra 1999, 201 (203); Sch/Sch – *Lenckner/Eisele*, § 203 Rn. 64.

364 Vgl. Sch/Sch – *Lenckner/Eisele*, § 203 Rn. 19b; für einen Überblick über die einbezogenen Personen siehe MK StGB – *Cierniak/Pohlit*, § 203 Rn. 124 ff.

365 Etwa *Eisele*, Computerstrafrecht, § 13 Rn. 12. Es besteht zwar die grundsätzliche Möglichkeit, ein tatbestandsausschließendes Einverständnis oder aber eine rechtfertigende Einwilligung in derartigen Konstellationen einzuholen, für Altdatenbestände ist dies allerdings kaum möglich. Vgl. zu den Schwierigkeiten *Kintzi*, DRiZ 2007, 244 (245 f).

366 *§ 11 BDSG: Erhebung, Verarbeitung oder Nutzung personenbezogener Daten im Auftrag*

(1) Werden personenbezogene Daten im Auftrag durch andere Stellen erhoben, verarbeitet oder genutzt, ist der Auftraggeber für die Einhaltung der Vorschriften dieses Gesetzes und anderer Vorschriften über den Datenschutz verantwortlich. Die in den §§ 6, 7 und 8 genannten Rechte sind ihm gegenüber geltend zu machen.

(2) Der Auftragnehmer ist unter besonderer Berücksichtigung der Eignung der von ihm getroffenen technischen und organisatorischen Maßnahmen sorgfältig auszuwählen. Der Auftrag ist schriftlich zu erteilen, wobei insbesondere im Einzelnen festzulegen sind:

1. der Gegenstand und die Dauer des Auftrags,

2. der Umfang, die Art und der Zweck der vorgesehenen Erhebung, Verarbeitung oder Nutzung von Daten, die Art der Daten und der Kreis der Betroffenen,

3. die nach § 9 zu treffenden technischen und organisatorischen Maßnahmen,

4. die Berichtigung, Löschung und Sperrung von Daten,

5. die nach Absatz 4 bestehenden Pflichten des Auftragnehmers, insbesondere die von ihm vorzunehmenden Kontrollen,

6. die etwaige Berechtigung zur Begründung von Unterauftragsverhältnissen,

als Maßstab herangezogen werden kann.[367]

Für die strafrechtliche Beurteilung des Outsourcing ist ferner von Bedeutung, welche Schutzmaßnahmen seitens der Daten verarbeitenden Stelle ergriffen werden müssen, um sich im Falle einer rechtswidrigen Informationsbeschaffung durch eigene Mitarbeiter oder Dritte eine Strafbarkeit nach § 203 oder §§ 203, 13 StGB zu

---

7. die Kontrollrechte des Auftraggebers und die entsprechenden Duldungs- und Mitwirkungspflichten des Auftragnehmers,
8. mitzuteilende Verstöße des Auftragnehmers oder der bei ihm beschäftigten Personen gegen Vorschriften zum Schutz personenbezogener Daten oder gegen die im Auftrag getroffenen Festlegungen,
9. der Umfang der Weisungsbefugnisse, die sich der Auftraggeber gegenüber dem Auftragnehmer vorbehält,
10. die Rückgabe überlassener Datenträger und die Löschung beim Auftragnehmer gespeicherter Daten nach Beendigung des Auftrags.
Er kann bei öffentlichen Stellen auch durch die Fachaufsichtsbehörde erteilt werden. Der Auftraggeber hat sich vor Beginn der Datenverarbeitung und sodann regelmäßig von der Einhaltung der beim Auftragnehmer getroffenen technischen und organisatorischen Maßnahmen zu überzeugen. Das Ergebnis ist zu dokumentieren.
(3) Der Auftragnehmer darf die Daten nur im Rahmen der Weisungen des Auftraggebers erheben, verarbeiten oder nutzen. Ist er der Ansicht, dass eine Weisung des Auftraggebers gegen dieses Gesetz oder andere Vorschriften über den Datenschutz verstößt, hat er den Auftraggeber unverzüglich darauf hinzuweisen.
(4) Für den Auftragnehmer gelten neben den §§ 5, 9, 43 Abs. 1 Nr. 2, 10 und 11, Abs. 2 Nr. 1 bis 3 und Abs. 3 sowie § 44 nur die Vorschriften über die Datenschutzkontrolle oder die Aufsicht, und zwar für
1.a) öffentliche Stellen,
b) nicht-öffentliche Stellen, bei denen der öffentlichen Hand die Mehrheit der Anteile gehört oder die Mehrheit der Stimmen zusteht und der Auftraggeber eine öffentliche Stelle ist,
die §§ 18, 24 bis 26 oder die entsprechenden Vorschriften der Datenschutzgesetze der Länder,
2. die übrigen nicht-öffentlichen Stellen, soweit sie personenbezogene Daten im Auftrag als Dienstleistungsunternehmen geschäftsmäßig erheben, verarbeiten oder nutzen, die §§ 4f, 4g und 38.
(5) Die Absätze 1 bis 4 gelten entsprechend, wenn die Prüfung oder Wartung automatisierter Verfahren oder von Datenverarbeitungsanlagen durch andere Stellen im Auftrag vorgenommen wird und dabei ein Zugriff auf personenbezogene Daten nicht ausgeschlossen werden kann.

367 So auch Sch/Sch – *Lenckner/Eisele*, § 203 Rn. 19b; *Heghmanns/Niehaus,* NStZ 2008, 57 (59 ff.); *Çekin*, ZIS 2012, 425 (428 f.); *Giesen*, NStZ 2012, 122 (124 f.); *Hartung*, VersR 2012, 400 (408 f.). Dabei lassen sich auffällige Parallelen der Auftragsdatenverarbeitung zu der vorliegend aufgeworfenen Frage der strafrechtlichen Zulässigkeit einer Datenweitergabe an im Auftrag des Versicherungsunternehmens verarbeitende Dritte erkennen, vgl. *Heghmanns/Nierhaus,* NStZ 2008, 57 (59); *Otto,* wistra 1999, 201 (205).

vermeiden.[368] Die Schutzmaßnahmen lassen sich in normative und in physische unterscheiden.[369]

Eine (kumulative) Kausalität des Versicherers ist im Rahmen des Outsourcings von geschützten Versicherungsdaten zu bejahen, da das die Daten entsendende Unternehmen selbst einen für den Taterfolg kausalen Beitrag leistet, auch wenn der Outsourcer intensive Schutzmaßnahmen gegen ein Bekanntwerden der verarbeiteten Daten trifft.[370]

Problematischer gestaltet sich jedoch die Annahme einer objektiven Zurechnung. Ein Taterfolg soll nach gängiger Ansicht einer Person nur dann objektiv zurechenbar sein, wenn diese Person durch ihr Vorverhalten eine rechtlich relevante Gefahr geschaffen hat, die sich im Erfolg realisiert hat.[371] Im Rahmen des Outsourcing hat der Auftraggeber durch die Abgabe der Datenverwaltung die Gefahr geschaffen, dass sich Mitarbeiter des Outsourcers oder Dritte im Zusammenhang mit dieser Datenverwaltung Kenntnis der Daten verschaffen.

Greift der Unbefugte auf die Daten zu, so hat sich die Gefahr in einem konkreten Erfolg realisiert, auch wenn Schutzmaßnahmen gegen den Zugriff getroffen wurden. Ausschlaggebend ist lediglich, ob die durch das Handeln des Auftraggebers geschaffene Gefahr als rechtswidrig einzustufen ist. Grundsätzlich ist eine Gefahr dann rechtswidrig, wenn ein über die „normale" allgemeine Gefahr hinausgehender Gefahrengrad geschaffen wird.[372] Folglich wird mitunter vertreten, dass im Falle der Anwendung umfangreicher Schutzmechanismen auf Seiten des Outsourcers eine objektive Zurechnung des Taterfolgs verneint werden kann, da sich durch den unbefugten Zugriff nur das allgemeine Lebensrisiko verwirklicht hat, welches durch das Zutun des Auftraggebers nicht vergrößert wurde.[373]

Im Hinblick auf die subjektive Komponente des Outsourcings lässt sich schließlich noch anführen, dass ein Vorsatz umso weniger zu vertreten ist, je mehr Schutzmaßnahmen getroffen wurden, um eine unbefugte Kenntnisnahme zu verhindern.

Bezogen auf die Weitergabe von Daten des Versicherungsvermittlers an ein datenverwaltendes Unternehmen lässt sich somit festhalten, dass es kein erlaubtes

368 *Hilgendorf*, S. 101.

369 Unter normative Schutzverletzungen fallen etwa Hinweise, Empfehlungen oder arbeitsrechtliche Verbote bzw. Verbote mit strafrechtlichen Sanktionen. Physische Schutzmaßnahmen hingegen erschweren faktisch den Zugriff auf die geschützten Daten oder machen einen solchen unmöglich. Zu denken ist dabei an bauliche Sicherungen oder Hardware- und Softwaresicherungen. Vgl. *Hilgendorf*, S. 101 f. sowie ferner *Hilgendorf*, JuS 1996, 702 ff.

370 *Hilgendorf*, S. 102.

371 Siehe nur *Wessels/Beulke/Satzger*, Rn. 179 m.w.N.

372 *Hilgendorf*, S. 102.

373 So die Ausführungen von *Hilgendorf*, S. 102, der diesem Ansatz kritisch gegenübersteht, da der Auftraggeber die Gefahr eines unbefugten Zugriffs in seiner Verantwortungssphäre erst geschaffen hat und unklar ist, wie intensiv die Schutzmaßnahmen sein müssen.

oder verbotenes Verhalten per se gibt. Es ist vielmehr jeweils auf den konkreten Einzelfall abzustellen.[374] Ausschlaggebend für eine Strafbarkeit ist insbesondere das Maß der normativen wie physischen Abwehrmaßnahmen des datenverarbeitenden Unternehmens gegen unbefugten Zugriff von dritter Seite.

III. Nötigung, § 240 StGB

Nach einer durchgeführten Beratung muss es nicht immer zwangsläufig zum Abschluss eines Versicherungsvertrages kommen. Der zu Beratende will die Unterlagen und Angebote oftmals noch in Ruhe sichten, eine zweite Meinung einholen oder er sieht von dem Abschluss gänzlich ab. Zeichnet sich diese Situation für den Vermittler ab, so kann es vorkommen, dass dieser sämtliche ihm zu Verfügung stehenden Mittel ergreift, um doch noch den erwünschten Vermittlungserfolg zu erzielen. Sei es, dass er einfach in der Wohnung des zu Beratenden verweilt,[375] diesem mehr oder weniger deutlich zu verstehen gibt, ohne Abschluss dürfe er nicht sein Büro verlassen, oder aber die Folgen eines verweigerten Abschlusses besonders drastisch schildert.

Fraglich ist dabei, ob der Vermittler den Tatbestand der Nötigung nach § 240 StGB verwirklicht. Dabei soll zunächst ein kurzer Überblick über den Tatbestand gegeben werden, bevor auf die vermittlerspezifischen Berührungspunkte einzugehen ist.

1. Tatbestandliche Voraussetzungen

Geschütztes Rechtsgut bei § 240 StGB ist die durch Art. 2 Abs. 1 GG gewährleistete persönliche Freiheit der Willensbetätigung und Willensentschließung.[376]

Für die Erfüllung des objektiven Tatbestands ist erforderlich, dass der Täter sein Opfer mit Gewalt oder durch Drohung mit einem empfindlichen Übel zu einer Handlung, Duldung oder Unterlassung nötigt, § 240 Abs. 1 StGB.

Nötigung ist das Versetzen des Opfers in eine Zwangslage.[377] Als Nötigungsmittel sieht der Tatbestand dafür Gewalt und jede Drohung mit einem empfindlichen Übel vor.

Unter Gewalt versteht man nach überwiegender, insbesondere von der Rechtsprechung vertretenen Ansicht jeden körperlich wirkenden Zwang durch die Entfachung physischer Kraft, um den Angreifer zu einem von ihm nicht gewollten Verhalten durch Beseitigung eines tatsächlich geleisteten oder zu erwartenden Widerstandes zu zwingen.[378] Als Gewalt zählt nicht nur die beeinflussende

---

374 Vgl. dazu die Ausführungen von *Hilgendorf*, S. 104 f.

375 Wobei dies auch einen Hausfriedensbruch i.S.d. § 123 Abs. 1 StGB darstellen kann, siehe S. 43 dieser Arbeit.

376 *Joecks*, § 240 Rn. 1; BVerfGE 73, 206 (237); 92, 1 (13); Sch/Sch – *Eser/Eisele*, § 240 Rn. 1; *Fischer*, § 240 Rn. 2.

377 Dölling/Duttge/Rössner – *Rössner/Otto*, § 240 Rn. 5.

378 NK-StGB – *Toepel*, § 240 Rn. 35.; RGSt 64, 113 (115).

willensbeugende Gewalt (= vis compulsiva), durch die der Wille des Genötigten in die gewünschte Richtung gelenkt wird, sondern auch die überwältigende Gewalt (=vis absoluta), die die freie Willensbildung des Tatopfers völlig ausschaltet und dem Opfer mithin die Möglichkeit nimmt, sich aus eigenem Willen entsprechend zu verhalten.[379]

Neben der Gewalt wird in § 240 Abs. 1 StGB auf das Drohen mit einem empfindlichen Übel abgestellt. Eine Drohung ist das in Aussicht stellen eines Übels, auf dessen Verwirklichung der Täter Einfluss zu haben vorgibt, um einen bestimmten Nötigungserfolg zu erreichen.[380] Als Übel wird jede, über bloße Unannehmlichkeiten hinausgehende Einbuße an Werten oder Zufügung von Nachteilen aufgefasst, die dann als empfindlich gilt, wenn der drohende Verlust oder der zu befürchtende Nachteil geeignet ist, einen besonnenen Menschen zu dem mit der Drohung erstrebten Verhalten zu bestimmen.[381]

Demgegenüber nicht ausreichend ist das Drohen mit bloßen Unannehmlichkeiten, Schwierigkeiten, Weigerungen oder sonstigen Belästigungen.[382] Abzugrenzen ist die Drohung regelmäßig von einer straflosen Warnung, bei der lediglich auf eine außerhalb des Einflusses des Warnenden liegende Folge hingewiesen wird.[383]

Als Nötigungserfolg wird auf jedes Handeln, Dulden oder Unterlassen abgestellt. Dieser muss durch die Anwendung des Nötigungsmittels bei dem Opfer erzwungen werden.[384]

Im Rahmen des subjektiven Tatbestandes ist Vorsatz erforderlich, wobei nach der h.M. hinsichtlich des abgenötigten Verhaltens Eventualvorsatz ausreicht.[385]

Auch wenn die Systematik des Gesetzes keinen eindeutigen Schluss zulässt, weshalb bei § 240 StGB eine Verwerflichkeitsklausel erforderlich sein soll, so macht die konturenlose Weite der Rechtsgutsinterpretation ein einschränkendes Korrektiv erforderlich.[386] Es muss nach § 240 Abs. 2 StGB die Rechtswidrigkeit der Tat insoweit positiv festgestellt werden, als nicht zunächst bereits ein Rechtfertigungsgrund eingreift und wenn die Anwendung der Gewalt oder die Androhung des Übels zu dem angestrebten Zweck verwerflich ist.[387]

Ein Verhalten ist dann als „verwerflich“ anzusehen, wenn eine wertende Gesamtbetrachtung des Nötigungsmittels und des Nötigungszwecks[388] ergibt, dass ein

379 *Fischer*, § 240 Rn. 9.
380 *Eisele*, BT I, Rn. 471; BGHSt 16, 386 (387); 31, 195 (201).
381 *Joecks*, § 240 Rn. 21; Sch/Sch – *Eser/Eisele*, § 240 Rn. 10.
382 *Fischer*, § 240 Rn. 33.
383 *Eisele*, BT I, Rn. 474.
384 Dölling/Duttge/Rössner – *Rössner/Otto*, § 240 Rn. 22.
385 *Wessels/Hettinger*, Rn. 419; BGHSt 5, 245 (246).
386 MK StGB – *Sinn*, § 240 Rn. 115.
387 *Wessels/Hettinger*, Rn. 423.
388 Sog. „Zweck-Mittel-Relation“.

erhöhter Grad an sittlicher Missbilligung des Verhaltens gegeben ist, welcher sich als sozial unerträglich erweist.[389]

Die Nötigung i.S.d. § 240 StGB wird mit einem Strafrahmen von Freiheitsstrafe bis zu drei Jahren oder mit Geldstrafe, in einem besonders schweren Fall mit Freiheitsstrafe von sechs Monaten bis zu fünf Jahren sanktioniert.

2. Besonderheiten bei Vermittlern

In den oben angeführten Konstellationen ist denkbar, dass der Vermittler, der etwa in der Wohnung des zu Beratenden mit allen Mitteln verweilt, diese trotz der Aufforderung des Interessenten nicht verlässt bzw. den zu Beratenden vor Antragsunterzeichnung nicht aus seinem Büro gehen lassen will, eine Nötigungshandlung i.S.d. § 240 Abs. 1 StGB begeht.

Fraglich ist dabei allerdings, ob „Gewalt" angenommen werden kann. Es fehlt bereits am Vorliegen von vis absoluta oder vis compulsiva.[390] Dem Versicherungsinteressenten ist weder seine freie Willensentschließung bzw. -betätigung unmöglich, noch ist durch das Verhalten des Vermittlers i.d.R. von einer Beugung des Willens mittels körperlicher Gewalt auszugehen.[391] Ein lediglich verbales Einwirken auf den zu Beratenden ist nicht ausreichend für die Nötigungshandlung, da keinerlei körperliche Kraftentfaltung des Vermittlers vorliegt.[392] Insoweit ist gerade nicht jede Zwangswirkung für die Annahme von Gewalt ausreichend, nur weil sie seitens des Versicherungsinteressenten als gegenwärtiges Übel empfunden wird.[393]

In dem Verhalten des Versicherungsvermittlers könnte allerdings eine Drohung gemäß § 240 Abs. 1 StGB gesehen werden. Eine solche muss nicht direkt erfolgen, vielmehr kann sie auch konkludent geäußert werden.[394] Dabei ist eine Abgrenzung der Drohung von einer bloßen Warnung erforderlich.[395] Bei einer Warnung wird der Betroffene lediglich auf ein vom Willen des Warnenden unabhängig eintretendes Übel hingewiesen, wohingegen es für die Drohung erforderlich ist, dass der Drohende Einfluss auf das behauptete Übel hat oder einen solchen Einfluss zumindest ernstlich vorgibt.[396] Der Vermittler muss also zumindest ernstlich vorgeben, auf das angedrohte Ereignis Einfluss zu haben und dies muss der Bedrohte zumindest für möglich halten. Ferner muss die Drohung auf ein empfindliches Übel abzielen, es

---

389 Dölling/Duttge/Rössner – *Rössner/Otto*, § 240 Rn. 28 m.w.N.

390 *Schüll*, S. 190.

391 *Lackner/Kühl*, § 240 Rn. 5.

392 Rein psychisch wirkender Zwang ist indes nicht ausreichend, es bedarf der Anwendung physischer Kraft zur Überwindung geleisteten oder erwarteten Widerstands, statt vieler vgl. *Fischer*, § 240 Rn. 11 ff. m.w.N. im Hinblick auf die Entwicklung des Gewaltbegriffs durch die Rechtsprechung.

393 *Wessels/Hettinger*, Rn. 392.

394 *Eisele*, BT I, Rn. 471.

395 Vgl. *Schüll*, S. 191.

396 MK StGB – *Sinn*, § 240 Rn. 72.

muss also eine über bloße Unannehmlichkeiten hinausgehende Einbuße an Werten oder Zufügung von Nachteilen befürchtet werden.

Eine Drohung ist entsprechend dieser Ausführungen nicht schon dann gegeben, wenn der Vermittler etwa bei der Darstellung einer Rentenlücke lediglich besonders einprägsam und drastisch ausführt, zu welchen negativen Folgen es bei Nichtabschluss einer Rentenversicherung kommen kann, da der Versicherungsvermittler auf Rentenentwicklungen grundsätzlich keinen Einfluss nehmen kann. Anders ist dies allerdings dann, wenn der Vermittler eine öffentliche Bloßstellung des zu Beratenden[397] oder eine (berechtigte) Strafanzeige[398] in Aussicht stellt. In diesen Fällen kann von einer Drohung i.d.R. ausgegangen werden.[399]

Sofern der zu Beratende aufgrund dieser Äußerungen einen Antrag unterzeichnet, ist auch der erforderliche Nötigungserfolg eingetreten. Sollte es nicht zur Unterzeichnung kommen, hat sich der Vermittler lediglich einer versuchten Nötigung nach §§ 240 Abs. 1, 3, 12 Abs. 2, 23 Abs. 1 StGB strafbar gemacht.

Für den subjektiven Tatbestand ist erforderlich, dass dem Versicherungsvermittler bewusst ist, durch die Drohung mit einem empfindlichen Übel den ausgefüllten und unterzeichneten Antrag des zu Beratenden erzwungen zu haben. Es muss folglich Eventualvorsatz hinsichtlich des abgenötigten Verhaltens bestehen.

Im Rahmen der Rechtswidrigkeit setzt § 240 Abs. 2 StGB voraus, dass der Vermittler in verwerflicher Weise gehandelt hat. Dafür ist auf die Zweck-Mittel-Relation zwischen Drohung und Nötigungszweck in der Form abzustellen, dass zwischen den beiden Komponenten ein erhöhter Grad an sittlicher Missbilligung des Verhaltens existieren muss, welcher sich als sozial unerträglich erweist. In den oben angeführten Einzelfällen (Strafanzeige bzw. Bloßstellung zur Antragsunterzeichnung) dürfte eine Verwerflichkeit regelmäßig zu bejahen sein, da sich der Einsatz eines dieser Nötigungsmittel zur Erlangung einer Antragsunterschrift als sozial unerträglich und daher nicht mehr tolerierbar erweist.[400]

IV. Erpressung, § 253 StGB

Sofern sich der Versicherungsvermittler einer Nötigung nach § 240 Abs. 1 StGB strafbar gemacht hat, steht zudem noch eine Strafbarkeit wegen Erpressung nach § 253 StGB im Raume. Auch hier soll zunächst ein Blick auf den allgemeinen Tatbestand und seine Voraussetzungen geworfen werden, bevor auf die besonderen Zusammenhänge bezüglich des Vermittlers eingegangen wird.

---

397 Siehe *Edenfeld*, JZ 1998, 645 (648).

398 So BGHSt 5, 254 (256 ff.).

399 Vgl. *Schüll*, S. 192.

400 So auch *Schüll*, S. 192.

1. Tatbestandliche Voraussetzungen

Wie bei § 240 StGB ist auch bei der Erpressung gemäß § 253 Abs. 1 StGB die persönliche Freiheit der Willensentschließung und Willensbetätigung, welche durch Art. 2 Abs. 1 GG gewährleistet wird, Schutzgut der Norm.[401] Der Tatbestand schützt neben der persönlichen Freiheit ferner das Vermögen des Geschädigten.[402]

Eine Erpressung nach § 253 Abs. 1 StGB begeht, wer einen Menschen rechtswidrig mit Gewalt oder durch Drohung mit einem empfindlichen Übel zu einer Handlung, Duldung oder Unterlassung nötigt (vgl. § 240 StGB) und dadurch dem Vermögen des Genötigten oder eines anderen Nachteil zufügt, um sich oder einen Dritten zu Unrecht zu bereichern. Im Hinblick auf die Nötigungskomponente kann auf die Ausführungen zu § 240 StGB verwiesen werden, da die Tatbestände dem Wortlaut wie dem Inhalt nach – sofern für diese Arbeit ausschlaggebend – identisch sind.[403]

Hauptaugenmerk bei der Erörterung und Diskussion um den Tatbestand der Erpressung wird auf die Frage gelegt, ob die Anwendbarkeit des § 253 StGB davon abhängt, dass die durch Nötigung erzwungene Handlung, Duldung oder Unterlassung eine Vermögensverfügung darstellt, wobei dieses Erfordernis von der Rechtsprechung und der Lehre unterschiedlich gewertet wird.[404] Die Rechtsprechung stellt aufgrund des Wortlauts von § 253 Abs. 1 StGB darauf ab, dass der Gesetzgeber das Erfordernis einer Vermögensverfügung nicht vorgesehen hat und der objektive Tatbestand folglich bei jeder mittelbaren Schädigung erfüllt sein soll, wenn der Genötigte dem Täter oder einem Dritten den schädigenden Eingriff in das Vermögen nur möglich oder leichter macht.[405]

Demgegenüber vertritt die h.L. den Standpunkt, dass das abgenötigte Verhalten auf eine Vermögensverfügung gerichtet sein muss, da die Erpressung den Eintritt eines Vermögensnachteils ähnlich dem Bereicherungsrecht benötigt und § 253 StGB folglich ein dem Betrug gleich konstruiertes Vermögensdelikt enthält.[406] Für die Verfügung ist willentliches (nicht jedoch „freiwilliges“) Verhalten erforderlich, aber auch ausreichend.[407] Ausschlaggebend ist eine ausführliche Darlegung der verschiedenen Meinungen für den Fall, dass die Erpressung zum Raub abzugrenzen ist, bei dem eine eigene Mitwirkung des Opfers erforderlich ist.[408] Im Hinblick auf die Strafbarkeit des Versicherungsvermittlers im Bereich der Personenversicherung

---

401 *Joecks*, § 253 Rn. 1.
402 BGHSt 19, 342 (343); 41, 123 (125); *Wessels/Hillenkamp*, Rn. 706.
403 Vgl. *Rengier*, BT I, § 11 Rn. 8.
404 *Wessels/Hillenkamp*, Rn. 709. Vertiefend dazu *Tenckhoff*, JR 1974, 489 ff.
405 Siehe BGHSt 25, 224 (228); *Geilen*, Jura 1980, 43 (50 f.); *Schünemann*, JA 1980, 486.
406 Sch/Sch – *Eser/Bosch*, § 253 Rn. 8; *Tenckhoff*, JR 1974, 489 ff.
407 Vgl. *Rengier*, JuS 1981, 654 (655).
408 Dölling/Duttge/Rössner – *Duttge*, § 253 Rn. 13.

ist dieser Streit aufgrund der mangelnden Sachnähe zur Thematik des Raubes nicht näher auszuführen.[409]

Als Folge der Nötigung muss es zu einem Vermögensnachteil seitens des Verfügenden oder eines Dritten gekommen sein, wobei sich dieser hinsichtlich Inhalt, Umfang und Berechnung nach den Ausführungen zu § 263 StGB bestimmen lässt und folglich auf die Ausführungen in Bezug auf den Vermögensschaden auf S. 79 ff. dieser Arbeit verwiesen werden kann.[410]

Der subjektive Tatbestand des § 253 Abs. 1 StGB erfordert neben dem Vorsatz i.S.d. § 15 StGB die Absicht, sich oder einen Dritten zu Unrecht zu bereichern, wobei sich die Bereicherungsabsicht auch hier mit § 263 Abs. 1 StGB deckt.[411]

Schließlich wird die Rechtswidrigkeit der Erpressung genauso wie bei § 240 StGB nicht durch die Tatbestandsmäßigkeit indiziert – sie muss vielmehr positiv festgestellt werden, indem auf die Verwerflichkeitsklausel des § 253 Abs. 2 StGB abzustellen ist.[412] Danach ist die Tat rechtswidrig, wenn die Anwendung der Gewalt oder die Androhung des Übels zu dem angestrebten Zweck als verwerflich anzusehen ist.

Der Strafrahmen für eine Erpressung i.S.d. § 253 StGB beläuft sich auf eine Freiheitsstrafe bis zu fünf Jahren oder auf Geldstrafe. In besonders schweren Fällen ist Freiheitsstrafe nicht unter einem Jahr vorgesehen.

2. Besonderheiten bei Vermittlern

Eine Strafbarkeit der Versicherungsvermittler nach § 253 Abs. 1 StGB kommt, wie bereits im Rahmen der Nötigung nach § 240 Abs. 1 StGB auf S. 61 dieser Arbeit dargestellt, in den Fällen in Betracht, in denen er im Rahmen seiner Beratungstätigkeit entweder bei dem zu Beratenden verweilt und mit allen Mitteln versucht, einen Abschluss zu erzielen bzw. der Aufforderung des Interessenten nicht folgt, zu gehen, oder aber das Beratungsgespräch in den Räumlichkeiten des Vermittlers erfolgt und dieser den zu Beratenden vor Antragsunterzeichnung nicht gehen lassen will.

Neben den gegebenen Voraussetzungen des § 240 Abs. 1 StGB bedarf es für den objektiven Tatbestand ferner eines auf der Nötigung beruhenden Vermögensnachteils des Genötigten, § 253 Abs. 1 StGB. Eine Vermögensverfügung erfolgt durch den

409 Einen guten Überblick über die Streitproblematik bietet *Sander* in MK StGB, § 253 Rn.13 ff.

410 NK-StGB – *Kindhäuser*, § 253 Rn. 28. Der Begriff des Vermögensnachteils in § 253 Abs. 1 StGB deckt sich dabei mit dem Begriff des Vermögensschadens bei § 263 Abs. 1 StGB.

411 BGHSt 48, 322 (325); *Rengier*, BT I, § 11 Rn. 59. Auch hier kann auf die Ausführungen zu der Bereicherungsabsicht im Rahmen der Betrugsprüfung auf S. 81 f. dieser Arbeit verwiesen werden.

412 *Fischer*, § 253 Rn. 21.

Abschluss des Versicherungsvertrags des Versicherungsinteressenten, die dessen Eigenvermögen mit einer Zahlungsverpflichtung belastet.[413]

Die Vermögensverfügung führt in Folge des Versicherungsvertragsschlusses auch direkt zu einem Vermögensschaden, da in paralleler Wertung zum Betrug bereits eine bloße Vermögensgefährdung einen Nachteil i.S.d. § 253Abs. 1 StGB unabhängig davon darstellt, dass eine Möglichkeit der Anfechtung des Versicherungsvertrags aufgrund einer Drohung besteht.[414]

Auch der subjektive Teil des Tatbestandes ist erfüllt, da der Vermittler wissentlich und willentlich und damit vorsätzlich die Drohung mit einem empfindlichen Übel zu dem Zweck verwendet, dass der Versicherungsinteressent den Antrag unterschreiben sollte. Insoweit nimmt der Vermittler den Vermögensnachteil des zu Beratenden auch billigend in Kauf.[415]

Neben dem Vorsatz bezüglich der Tatbestandsmerkmale erfordert § 253 Abs. 1 StGB noch die Absicht, sich oder einen Dritten zu Unrecht zu bereichern. Trotz der differenzierten sprachlichen Fassung entspricht dies sachlich der bei § 263 Abs. 1 StGB geforderten Absicht, sich oder einem Dritten einen rechtswidrigen Vermögensvorteil zu verschaffen.[416] Eine derartige Absicht ist dann gegeben, wenn es dem Täter auf die Erlangung des Vorteils unabhängig davon ankommt, ob dieser lediglich als Mittel zu einem anderen Zweck und damit als Zwischenziel erstrebt wird, oder ob er das Motiv bzw. das in erster Linie erwünschte Ziel seines Handelns ist.[417]

Ziel des Vertragsabschlusses für den Versicherungsvermittler ist es, einen Provisionsanspruch gegenüber dem Versicherer zu erhalten und im Ergebnis eine Provisionszahlung für den Vertrag zu erzielen, worin ein Vermögensvorteil zu sehen ist. Problematisch ist dabei jedoch, dass es an der benötigten Stoffgleichheit zwischen der die Vermögensminderung bedingende Vermögensverfügung und der erstrebten Bereicherung fehlt. Der angestrebte Vermögensvorteil des Vermittlers durch die Auszahlung der Provision wird nämlich durch den Versicherer veranlasst und ergibt sich nicht aus der Versicherungsprämie des Versicherungsnehmers. Folglich ist in dieser Konstellation keine eigennützige Erpressung des Vermittlers zu sehen.[418]

---

413 Vgl. LK – *Tiedemann*, § 263 Rn. 99. Jedenfalls im Zeitpunkt der Überweisung der Versicherungsprämie liegt eine Vermögensverfügung vor, siehe *Schüll*, S. 193 Fn. 1062.

414 MK StGB – *Sander*, § 253 Rn. 24. Zur Vermögensgefährdung trotz Anfechtbarkeit siehe BGH NJW 1968, 261.

415 Vgl. *Schüll*, S. 193.

416 *Wessels/Hillenkamp*, Rn. 718.

417 *Fahl*, JA 1997, Bespr. des BGH-Beschlusses vom 23.02.1961 – 4 StR 7/61, S. 110 ff.; *Wessels/Hillenkamp*, Rn. 583; *Rengier*, JZ 1990, 321 ff.; BGHSt 16, 1 (2 ff.).

418 Vgl. die auch im Rahmen der Erpressung anwendbaren Ausführungen zu dieser Konstellation bei der Prüfung der Betrugsstrafbarkeit auf S. 92 ff. dieser Arbeit.

Allerdings stellt die vorliegende Fallgestaltung eine fremdnützige Erpressung zu Lasten des Antragstellers[419] und zum Vorteil des Versicherers dar, da der Vermittler zwar lediglich aus eigenem Provisionsinteresse heraus handelt, die Bereicherung des Versicherers durch die Vermögensverfügung des Antragstellers jedoch als notwendiges Zwischenziel der letztlich beabsichtigten Selbstbereicherung von § 253 Abs. 1 StGB mit umfasst ist.[420]

Schließlich ist noch im Hinblick auf die Konkurrenzen festzuhalten, dass die Vorschrift des § 253 Abs. 1 StGB der des § 240 Abs. 1 StGB in Folge der Spezialität vorgeht und die Drohung des Vermittlers lediglich aus eigener Bereicherungsabsicht erfolgt, weswegen bei der aufgezeigten Konstellation nur eine Strafbarkeit nach § 253 Abs. 1 StGB in Betracht kommt, sofern die Rechtswidrigkeit und Schuld gegeben ist.[421]

V. Geldwäsche, § 261 StGB

Bei Lebensversicherungen und kombinierten Unfallversicherungen mit Beitragsrückgewähr besteht aufgrund hoher Prämien- oder Einmalzahlungen nicht nur für den Versicherungsnehmer und den Versicherer, sondern auch für den Versicherungsvermittler ein Geldwäscherisiko.[422] Aufgrund der mitunter hohen Abschlussprovisionen von Lebensversicherungen kann der Vermittler verführt werden, den abschlusswilligen Kunden bezüglich der Herkunft seiner Geldmittel nur oberflächlich und unzureichend zu durchleuchten.[423]

Mit Blick auf den Versicherungsvermittler ist besonders § 261 Abs. 5 StGB relevant, welcher darauf abstellt, dass bereits leichtfertiges Handeln strafbar ist und Freiheitsstrafe bis zu zwei Jahren oder Geldstrafe als Sanktion vorsieht. Leichtfertig handelt, wer grob fahrlässig nicht bedenkt, dass der Gegenstand aus einer Katalogtat herrührt, etwa aus besonderer Gleichgültigkeit oder grober Unachtsamkeit sich keine oder unzutreffende Gedanken über die Herkunft des Gegenstandes macht, obwohl sich die wahre Herkunft nach der Sachlage gerade aufdrängt.[424]

Um Leichtfertigkeit nachweisen zu können, müssen Tatsachen festgestellt werden, aus denen sich ergibt, dass sich für den Täter nicht nur die deliktische Herkunft des Gegenstandes im Allgemeinen, sondern gerade auch die Herkunft

---

419 Für die bessere Lesbarkeit der Arbeit soll im Folgenden der Begriff des „Antragstellers" konsequent für die Person verwendet werden, die den Versicherungsantrag bei dem Versicherer stellt. Insoweit wird bewusst darauf verzichtet, zwischen der eigentlichen Antragstellung und einer „unverbindlichen Anfrage" zu differenzieren.

420 Für die genaue Begründung und Herleitung insbesondere der stoffgleichen Drittbereicherungsabsicht durch Aufspaltung in zwei Betrugsfälle siehe S. 95 dieser Arbeit.

421 Vgl. *Schüll*, S. 194 m.w.N.

422 *Bongard*, S. 102.

423 *Bongard*, S. 102.

424 Sch/Sch – *Stree/Hecker*, § 261 Rn. 28; BGHSt 43, 158 (168); NK-StGB – *Altenhain*, § 261 Rn. 139.

aus einer Katalogtat hätte aufdrängen müssen.[425] Inhaltlich ist die Leichtfertigkeit objektiv mit der groben Fahrlässigkeit im Zivilrecht zwar nicht gleichzusetzten, aber vergleichend heranzuziehen, wobei jedoch insbesondere die individuellen Kenntnisse und Fähigkeiten des Täters zu berücksichtigen sind.[426] Im Einzelfall kann sich diese Leichtfertigkeit z.B. aus der besonderen Höhe der Geldsumme, aus ungewöhnlichen Transaktionsformen (etwa Barzahlung oder Zahlung mit Naturalien) oder aus dem Vermögenswert in Zusammenschau mit dem Vermögensinhaber abzeichnen.[427]

Ein Vermittler, der leichtfertig die Herkunft des Geldes aus einer Katalogtat verkennt, wird i.d.R. weder die finalen Handlungen des Verschleierungstatbestandes (Verschleiern, Verbergen) vornehmen, noch den erforderlichen Gefährdungsvorsatz aufweisen.[428] In Betracht kommt allerdings ein deliktisches Handeln des Vermittlers nach § 261 Abs. 2 Nr. 2, Abs. 5 StGB, wenn der Vermittler die Herkunft des Geldes leichtfertig verkennt und eine Anlage, etwa in Form einer Lebensversicherung gegen Einmalzahlung auf den Namen eines Dritten vornimmt.[429] Hierbei ist insoweit ein „Verwenden“ gegeben, als der Vermittler den Gegenstand im Einvernehmen mit dem Vorbesitzer bestimmungsgemäß gebraucht und insbesondere ein Geldgeschäft tätigt.[430]

Der Versicherer ist dazu angehalten, seine Vermittler insoweit im Auge zu behalten, als ihr Verhalten sich auffällig verändert. Beispiele für mögliche Geldwäscheaktivitäten eines Vermittlers sind nach Einschätzung der Aufsichtsbehörde etwa eine unerwartete Leistungssteigerung bei der Vertragsvermittlung, eine überraschende Erhöhung des Anteils an Einmalprämiengeschäften oder die plötzliche Änderung des Lebenswandels wie Urlaubsverzicht oder ein auffälliger, anspruchsvoller Lebensstil.[431]

Ferner ist besondere Aufmerksamkeit dann ratsam, wenn unbekannte Vermittler an den Versicherer Anträge für Versicherungen mit hohem Beitragsdepot/Einmalbetrag oder hoher Jahresprämie stellen bzw. wenn ein Vermittler auf Rückfragen des Versicherers nach Sinn und Zweck des intendierten Abschlusses nicht reagiert.[432]

---

425 Sch/Sch – *Stree/Hecker*, § 261 Rn. 28.

426 MK StGB – *Neuheuser*, § 261 Rn. 88; BGH NJW 2006, 1297 (1299); NJW 2008, 2516 (2517). Zum Begriff der Leichtfertigkeit ferner *Leip*, S. 151 m.w.N.

427 MK StGB – *Neuheuser*, § 261 Rn. 88; Sch/Sch – *Stree/Hecker*, § 261 Rn. 28.

428 *Schüll*, S. 185; NK-StGB – *Altenhain*, § 261 Rn. 138.

429 *Schüll*, S. 185.

430 *Fischer*, § 261 Rn. 26; *Bottke*, wistra 1995, 122. Demgegenüber scheitert eine Begünstigung nach § 257 Abs. 1 StGB daran, dass dem Vermittler in der Regel die benötigte Begünstigungsabsicht fehlt, vgl. *Schüll*, S. 185. Der Vermittler handelt nicht aus dem Bestreben heraus, eine Wiederherstellung des gesetzmäßigen Zustands zu erschweren oder gar zu verhindern; vielmehr handelt er in der Regel ausschließlich aus eigenem Provisionsinteresse, siehe *Fischer*, § 257 Rn. 10.

431 Herzog/Mühlhausen – *Gehrke*, § 46 Rn. 58.

432 Herzog/Mühlhausen – *Gehrke*, § 46 Rn. 58.

VI. Betrug, § 263 StGB

Eine der zentralen Vorschriften sowohl im Besonderen Teil des StGB,[433] als auch insbesondere im Zusammenhang mit der Versicherungswirtschaft ist sicherlich die Betrugsstrafbarkeit nach § 263 StGB, wobei der Vermittler als Täter oder Teilnehmer auftreten kann.[434]

Gegenstand dieser Arbeit soll die potentielle Strafbarkeit des Versicherungsvermittlers und nicht die des Versicherungsnehmers sein.[435] Zunächst ist auf den allgemeinen Aufbau des Betruges nach § 263 StGB einzugehen, bevor im Folgenden die Besonderheiten im Zusammenhang mit dem Versicherungsvermittler dargestellt werden.

1. Tatbestandliche Voraussetzungen im Allgemeinen

Geschütztes Rechtsgut der Norm ist (ausschließlich) das Vermögen als Inbegriff aller wirtschaftlichen Güter, welche nach der Gesamtrechtsordnung einer einzelnen Person zugeordnet sind.[436] Im Hinblick auf Versicherungen wird das Vermögen der jeweils konkret betroffenen Gesellschaft geschützt.[437]

Verletzter des Betruges ist nicht auch der Getäuschte bzw. Irrende, sondern ausschließlich der Träger des beschädigten Vermögens.[438] Bei Versicherungsgesellschaften kommt als Verletzter nur das Unternehmen als juristische Person in Betracht, nicht jedoch der getäuschte Angestellte oder der Versicherungsvermittler.[439]

Der Grundtatbestand des Betrugs nach § 263 Abs. 1 StGB stellt unstrittig ein Erfolgsdelikt dar.[440]

a. Objektiver Tatbestand

Die mehrgliedrigen, tatbestandlichen Voraussetzungen erfordern in objektiver Hinsicht die Täuschung einer natürlichen Person.[441] Aus dieser Handlung muss als Erfolg ein Irrtum des Täuschungsadressaten resultieren.[442] Als weitere Folge des Irrtums muss eine Verfügung über Vermögensbestandteile getätigt werden, welche zu einem Vermögensschaden bei dem Getäuschten oder einem Dritten führt.[443] Um dies

---

433 Vgl. *Fischer*, § 263 Rn. 2.
434 So auch *Schüll*, S. 171.
435 Zur Strafbarkeit des Versicherungsnehmers gemäß § 263 StGB siehe *Schüll*, S. 28 ff. sowie *Lindenau*, S. 150 ff.
436 *Fischer*, § 263 Rn. 3; BGHSt 16, 220 (221).
437 *Lindenau*, S. 150.
438 LK – *Tiedemann*, § 263 Rn. 6.
439 *Lindenau*, S. 152.
440 LK – *Tiedemann*, § 263 Rn. 3.
441 *Fischer*, § 263 Rn. 5; BGH NStZ 2005, 213.
442 *Fischer*, § 263 Rn. 5.
443 *Fischer*, § 263 Rn. 5.

zu verdeutlichen, wird das Erfordernis der kausalen und funktionalen Verknüpfung der vier Merkmale hervorgehoben.[444]

(i) Täuschungshandlung

Die Täuschung besteht dem Wortlaut des Gesetztes nach in der Vorspiegelung falscher oder in der Unterdrückung bzw. Entstellung wahrer Tatsachen.[445] Somit gibt es drei im Betrugstatbestand umschriebene Tatmodalitäten, die sich allerdings nicht genau abgrenzen lassen und die sich zum Teil überschneiden.[446] Unter einem Entstellen wahrer Tatsachen versteht man das Verfälschen des tatsächlichen Gesamtbildes durch Hinzufügen oder Fortlassen einzelner Elemente.[447] Das Vorspiegeln meint das Darstellen einer nicht bestehenden Tatsache als existent.[448] Unter einem Unterdrücken wahrer Tatsachen ist schließlich ein Handeln zu verstehen, durch das eine Tatsache der Kenntnis einer anderen Person vorenthalten wird.[449]

Insbesondere bei dem Entstellen wahrer Tatsachen gibt es Überschneidungen, denn sowohl durch das Unterdrücken als auch durch das Vorspiegeln von Tatsachen kommt es zu einer Verzerrung und mithin zu einer Entstellung von Tatsachen.[450] Wer also beispielsweise eine nicht bestehende Tatsache vorspiegelt, unterdrückt zugleich dadurch die existierende Sachlage.[451]

Diese gesetzliche Aufgliederung der Täuschungshandlungen ist – wie aufgezeigt – durchaus irreführend, da letztlich keine verschiedenartigen Formen dargestellt werden.[452] Zusammengefasst kann das als „Täuschung" bezeichnete Täterverhalten als ein Einwirken auf das intellektuelle Vorstellungsbild einer anderen natürlichen Person gesehen werden, durch das eine Fehlvorstellung über Tatsachen erzeugt wird.[453]

Eine Täuschungshandlung kann sowohl durch aktives Tun, als auch durch Unterlassen begangen werden.[454] Bei einem Unterlassen bedarf es allerdings einer Garantenstellung sowie der Annahme einer Gleichwertigkeit des Unterlassens mit dem positiven Tun.[455] Eine ausdrückliche Täuschungshandlung setzt voraus, dass der Täter seine Erklärung der Unwahrheit über Tatsachen aktiv durch Worte,

444 Park – *Zieschang*, § 263 Rn. 16.
445 Sch/Sch – *Perron*, § 263 Rn. 6.
446 MK StGB – *Hefendehl*, § 263 Rn. 53.
447 Sch/Sch – *Perron*, § 263 Rn. 6.
448 MK StGB – *Hefendehl*, § 263 Rn. 53.
449 Sch/Sch – *Perron*, § 263 Rn. 6.
450 *Schüll*, S. 29; *Lindenau*, S. 158 f.
451 MK StGB – *Hefendehl*, § 263 Rn. 53.
452 Sch/Sch – *Perron*, § 263 Rn. 6.
453 Döllinger/Duttge/Rössner – *Duttge*, § 263 Rn. 8; BGH NJW 01, 2187 (2189).
454 LK – *Tiedemann*, § 263 Rn. 21; Döllinger/Duttge/Rössner – *Duttge*, § 263 Rn. 17.
455 LK – *Tiedemann*, § 263 Rn. 21.

Niederschrift, Gesten bzw. Zeichen oder sonstige kommunikative Mittel zum Ausdruck bringt.[456]

Es bedarf für eine Täuschung nicht notwendiger Weise einer ausdrücklichen Erklärung. Auch durch eine konkludente Erklärung kann eine Täuschung begangen werden.[457] Eine solche konkludente Täuschung liegt dann vor, wenn der Täter die Unwahrheit zwar nicht expressis verbis zum Ausdruck bringt, diese jedoch durch sein Verhalten miterklärt.[458] Dem Gesamtverhalten des Täters kommt also nach der Verkehrsanschauung ein Erklärungswert über eine Tatsache zu.[459] Eine Beurteilung ist unter Zugrundelegung des objektiven Empfängerhorizonts für den Erklärungswert des Einzelfalls und durch Auslegung vorzunehmen.[460] Exemplarisch ist dies dann der Fall, wenn höhere Provisionen als vereinbart berechnet werden.[461]

Ferner muss eine Täuschung über Tatsachen gegeben sein, denn die Tathandlung kann sich nur auf solche beziehen.[462] Als Tatsachen sind alle konkreten, vergangenen oder gegenwärtigen Geschehnisse oder Zustände der Außenwelt und des menschlichen Innenlebens zu verstehen, die sinnlich wahrnehmbar oder zumindest empirisch überprüfbar und damit dem Beweis grundsätzlich zugänglich sind.[463]

Demnach umfasst die Definition zwei Komponenten. Zum einen eine Zeitkomponente, bei der auf Ereignisse der Gegenwart und Vergangenheit Bezug genommen wird.[464] Ereignisse, welche sich erst in der Zukunft abspielen, werden dagegen nicht erfasst, sie werden erst mit ihrem Eintritt zu Tatsachen.[465] Als zweite Komponente muss es sich um dem Beweis zugängliche Ereignisse handeln. Dabei wird nicht nur auf Vorgänge der Außenwelt Bezug genommen, sondern auch „innere Tatsachen" wie etwa Absichten, Gefühle, Überzeugungen, Vorstellungen oder Motive stellen derartige Ereignisse dar, sofern ihnen das Merkmal der Gewissheit und objektiven Bestimmtheit eigen ist.[466]

Insoweit ist die Tatsache vom Werturteil abzugrenzen. Bloße Werturteile und reine Meinungsäußerungen sind als solche keine Tatsachen, da durch diese lediglich

---

456 *Joecks*, § 263 Rn. 32.

457 *Fischer*, § 263 Rn. 21.

458 Sch/Sch – *Perron*, § 263 Rn. 14 f.; *Streng*, ZStW 122, 1 (18); BGHSt 51, 165 (169); OLG Frankfurt NJW 2003, 3215; OLG München NJW 2009, 1288 (1289).

459 Park – *Zieschang*, § 263 Rn. 36.

460 *Schüll*, S. 31; OLG Hamm NJW 1982, 1405 (1406).

461 Park – *Zieschang*, § 263 Rn. 36; BGHSt 30, 388 (389 f.). Siehe dazu auch *Sonnen*, Anm. zum Beschluss des BGH vom 23.02.1982 – 5 StR 685/81, NStZ 1983, 73 ff.

462 Sch/Sch – *Perron*, § 263 Rn. 8.

463 Sch/Sch – *Perron*, § 263 Rn. 6; *Fischer*, § 263 Rn. 6.

464 *Lindenau*, S. 159.

465 Sch/Sch – *Perron*, § 263 Rn. 8; RGSt 56, 227 (232).

466 Döllinger/Duttge/Rössner – *Duttge*, § 263 Rn. 6; BGHSt 47, 1 (3); LK – *Tiedemann*, § 263 Rn. 12.

persönliche Wertungen zum Ausdruck gebracht werden, welche nicht auf ihren Wahrheitsgehalt überprüft werden können.[467]

Oftmals ist eine Abgrenzung schwierig, da die Übergänge – besonders zwischen bloßer Bewertung und innerer Tatsache – fließend und schwer zu ziehen sind.[468] Durch die Einbeziehung von inneren Tatsachen kommt es dazu, dass der Ausschluss zukünftiger Tatsachen weitgehend aufgehoben wird, da und soweit der Täter in der Vergangenheit bzw. Gegenwart konkrete Vorstellungen von künftigen Ereignissen hat.[469] Diese inneren Tatsachen manifestieren sich zudem nicht unmittelbar nach außen und sind daher auch nur mittelbar und indiziell dem Beweis zugänglich.[470]

In dieser Konstellation besteht grundsätzlich die Gefahr, dass auch Werturteile Gegenstand einer Täuschung sein können, obwohl diese gerade nicht von § 263 StGB erfasst werden sollen.[471] Ausschlaggebend ist bei dieser Problematik nach der h.M. als Überprüfungsmaßstab für die Abgrenzung die sinnliche Wahrnehmbarkeit und empirische Nachprüfbarkeit der Tatsachen.[472]

(ii) Irrtum

Der Irrtum stellt das Ergebnis der Täuschungshandlung dar und wird durch diese hervorgerufen. Unter einem solchen ist eine Fehlvorstellung zu verstehen, also die positive Vorstellung einer der Wirklichkeit widersprechenden Tatsache; das bloße Fehlen der Vorstellung einer wahren Tatsache – auch ignorantia facti genannt – stellt keinen Irrtum dar.[473] Dafür ist nach h.M. allerdings kein konkretes, aktuelles Wissen notwendig, es genügt bereits ein intuitives sachgedankliches Mitbewusstsein oder ein „Bewusstsein am Rande".[474]

Ein Irrtum kann nur bei einem Menschen hervorgerufen werden. Ein Einwirken auf eine Maschine ist schon keine Täuschung, soweit dadurch nicht mittelbar der Irrtum einer natürlichen Person bewirkt wird.[475]

Auch genügt es nicht, einen bereits vorhandenen Irrtum lediglich etwa insoweit auszunutzen, als der Täter einen Irrtum vorfindet, stillschweigend auf ihn eingeht

---

467 Park – *Zieschang*, § 263 Rn. 23.
468 Döllinger/Duttge/Rössner – *Duttge*, § 263 Rn. 7.
469 LK – *Tiedemann*, § 263 Rn. 9.
470 *Schüll*, S. 30; *Fabricius*, S. 139.
471 So *Lindenau*, S. 159. Diese verkennt jedoch, dass auch innere Tatsachen gerade dem Beweis zugänglich gemacht werden müssen. Gelingt dies nicht, so ist – zumal entsprechend des „in dubio pro reo" – Grundsatzes – bei konsequenter Anwendung der oben angeführten Grundsätze im Zweifel davon auszugehen, dass es sich nicht um innere Tatsachen, sondern lediglich um Werturteile bezüglich eines zukünftigen Ereignisses gehandelt hat.
472 LK – *Tiedemann*, § 263 Rn. 10.
473 *Lackner/Kühl*, § 263 Rn. 18.
474 *Joecks*, § 263 Rn. 71.
475 Dölling/Duttge/Rössner – *Duttge*, § 263 Rn. 22.

und ihn zu seinen Gunsten weiter wirken lässt.[476] Es muss zwischen der irrigen Vorstellung des Anderen und der Täuschungshandlung vielmehr eine Konnexität in Form eines Kausalzusammenhangs bestehen.[477]

Ein solcher Kausalzusammenhang ist dann gegeben, wenn der Irrtum erregt wird. Von der Erregung eines Irrtums wird dann ausgegangen, wenn die Fehlvorstellung des Opfers durch die Täuschungshandlung begründet wird.[478]

Ferner kann ein Irrtum auch unterhalten werden. Ein derartiges Unterhalten des Irrtums liegt dann vor, wenn der Täter aktiv verhindert, dass eine bereits vorhandene Fehlvorstellung beseitigt wird, welche nicht notwendigerweise durch ihn selbst verursacht wurde.[479] Dies kann durch Zerstreuen von Zweifeln beim Irrenden, durch mangelnde, garantenpflichtwidrige Beseitigung einer Fehlvorstellung oder durch Verhinderung von Aufklärungsmaßnahmen durch einen Dritten erfolgen.[480]

(iii) Vermögensverfügung

Nachdem es sich bei dem Tatbestand des § 263 StGB um ein Selbstschädigungsdelikt handelt, bedarf es des ungeschriebenen Merkmals einer Vermögensverfügung des Getäuschten.[481] Dies ist dabei insoweit notwendig, als ein Schaden durch eine Täuschung und einen Irrtum nur möglich ist, sofern ein vermögensbezogenes Verhalten des Getäuschten hinzugedacht wird.[482]

Als Vermögensverfügung wird jedes rechtliche oder tatsächliche Handeln, Dulden oder Unterlassen verstanden, das eine Vermögensminderung bei dem Getäuschten oder einem Dritten unmittelbar, d.h. ohne zusätzliche deliktische Zwischenhandlung des Täters, herbeiführt.[483] Dafür reicht jede tatsächliche Einwirkung auf das Vermögen aus, einer Verfügung i.S.d. bürgerlichen Rechts[484] oder

476 *Lackner/Kühl*, § 263 Rn. 20.

477 MK StGB – *Hefendehl*, § 263 Rn. 270.

478 *Fischer*, § 263 Rn. 65.

479 Sch/Sch – *Perron*, § 263 Rn. 45.

480 MK StGB – *Hefendehl*, § 263 Rn. 269.

481 Dölling/Duttge/Rössner – *Duttge*, § 263 Rn. 27; RGSt 64, 226 (228); BGHSt 41, 198 (201). Dabei ist die wesentliche Aufgabe des Merkmals gerade die Abgrenzung des Betrugs als Selbstschädigungsdelikt von den „Fremdschädigungsdelikten", vgl. *Fischer*, § 263 Rn. 70.

482 LK – Tiedemann, § 263 Rn. 2.

483 Sch/Sch – *Perron*, § 263 Rn. 56; BGHSt 14, 170 (171); *Lackner/Kühl*, § 263 Rn. 22; *Jäger*, JuS 2010, 761.

484 Unter eine solche Verfügung fallen Rechtsgeschäfte, durch die bestehende Rechte mit unmittelbarer Wirkung aufgehoben, übertragen, belastet oder inhaltlich verändert werden, vgl. MK BGB – *Bayreuther*, § 185 Rn. 3. So kann auch die Handlung eines Geschäftsunfähigen oder ein nur tatsächliches Verhalten genügen, vgl. BGHSt 31, 178 (183). Dies ist etwa dann der Fall, wenn der Getäuschte als Finder eines Gegenstandes dem vermeintlichen Eigentümer eine Sache irrtümlich herausgibt, *Lackner/Kühl*, § 263 Rn. 23; BayObLG MDR 1964, 343 f.

in Form einer sonstigen rechtsgeschäftlichen Natur bedarf es nicht.[485] Es wird mit der Vermögensverfügung lediglich die Einwirkung auf einen Vermögensgegenstand in Form dessen Ausscheidens aus dem Gesamtvermögen des Opfers oder die sonstige Bestandsveränderung geprüft; die eigentliche Bewertung des entstandenen Verlustes bleibt dem Schadenserfordernis vorbehalten.[486] Die Vermögensverfügung muss kausal auf dem Irrtum beruhen.[487]

Bezüglich der Personenkonstellation müssen Getäuschter und Verfügender identisch sein, auch wenn der Getäuschte die Verfügung nicht eigenhändig vorgenommen hat, sondern sie durch einen Dritten ausgeführt wurde.[488] Eine Identität zwischen Verfügendem und Geschädigtem muss indes nicht vorliegen. In dieser Konstellation ist der Tatbestand des § 263 StGB allerdings nur dann erfüllt, wenn die Vermögensverfügung durch diejenige Person vorgenommen wird, die in Folge der Täuschung irrt und wenn die Verfügung dem Inhaber des Vermögens zuzurechnen ist.[489] In diesem Fall wird von einem Dreiecksbetrug gesprochen.

In derartigen Fällen wird der Verfügende als Mittelsperson für die Schädigung eines Dritten benutzt, sodass in dieser Konstellation grundsätzlich auch eine Wegnahme durch mittelbare Täterschaft bei einem Dreiecksbetrug bezüglich Sachen in Frage kommt.[490] Eine Abgrenzung zwischen § 263 StGB und § 242 StGB erfolgt dabei grundsätzlich anhand der Beurteilung, ob ein besonderes Näheverhältnis zwischen Verfügendem und Geschädigtem besteht.[491]

Fraglich ist, ob ein solches Näheverhältnis zwischen dem Verfügenden und dem Geschädigten auch bei einem Dreiecksbetrug im Hinblick auf Forderungen und Rechte erforderlich ist oder ob es genügt, dass es für den Getäuschten lediglich

---

485 Sch/Sch – *Perron*, § 263 Rn. 56; BGHSt 14, 170 (171); BayObLG GA 1964, 82; OLG Celle NJW 1974, 2326 (2327); *Bruns*, S. 233.

486 LK – *Tiedemann*, § 263 Rn. 97.

487 *Lackner/Kühl*, § 263 Rn. 21; *Joecks*, § 263 Rn. 82.

488 NK-StGB – *Kindhäuser*, § 263 Rn. 195.

489 *Fischer*, § 263 Rn. 79.

490 *Rengier*, BT I, § 13 Rn. 93.

491 So sieht es zumindest die Rechtsprechung und ein Teil der Literatur, vgl. NK-StGB – *Kindhäuser*, § 263 Rn. 212. In der Versicherungsbranche geht es fast ausschließlich um Forderungen und Rechte und kaum um körperliche Gegenstände, siehe auch *Lindenau*, S. 209. Zu denken wäre höchstens an die Fallkonstellation, dass ein Vermittler betrügerisch handelt, um einen Incentive-Gegenstand – etwa ein Auto für den besten Vermittler – zu erhalten. Genau betrachtet handelt es sich dabei allerdings ebenfalls um eine Forderung des Vermittlers gegen die Gesellschaft auf „Auszahlung" des Incentive-Gegenstandes. Die strafrechtliche Erörterung in Bezug auf Forderungen und Rechte soll daher den Schwerpunkt der folgenden Ausführungen darstellen. Bezüglich des Dreiecksbetruges um Sachen und seiner Handhabe sei an dieser Stelle lediglich auf die Darstellung von *Joecks*, § 263 Rn. 89 – 93 bzw. *Hefendehl* in MK StGB, § 263 Rn. 326 – 335 verwiesen.

möglich war, die Verfügung vorzunehmen.[492] Die Rechtsprechung bejaht das Erfordernis eines Näheverhältnisses nur pauschal oder erwähnt es überhaupt nicht.[493]

Stellt man auf die tatsächliche Einwirkung auf fremdes Vermögens als Verfügung des Vermögensinhabers durch einen Dritten ab, bedarf es zwischen dem Verfügendem und dem Vermögensinhaber keines besonderen Näheverhältnisses.[494] Dem ist allerdings nicht zuzustimmen, da der verfügende Dritte beim Forderungsbetrug zu seinem Verhalten befugt sein muss.[495] Eine unterschiedliche Behandlung zwischen Sach- und Forderungsbetrug ist ferner deshalb nicht gerechtfertigt, weil sich aus der Struktur des Betrugstatbestandes als Selbstschädigungsdelikt unmittelbar die Notwendigkeit eines Näheverhältnisses ergibt.[496]

Im Versicherungsbereich jedenfalls kann davon ausgegangen werden, dass der Sachbearbeiter die rechtliche Befugnis im Hinblick auf die Vermögensverfügung ohnehin besitzt, welche für die Zurechnung des Verhaltens des Verfügenden zum Geschädigten ausreicht.[497]

(iv) Vermögensschaden

Die Vermögensverfügung des Getäuschten muss sein Vermögen oder das eines Dritten unmittelbar geschädigt haben.[498] Somit ist die Vermögenseinbuße als Folge der Verfügung zu sehen und darf mit dieser nicht gleichgesetzt werden.[499] Die Feststellung, ob ein Vermögensschaden gegeben ist, erfolgt durch den Vergleich der Gesamt-Vermögenslage vor und nach der Verfügung.[500]

(1) Vermögensbegriff

Die in Rechtsprechung und Literatur bis heute umstrittenen Bereiche bei § 263 StGB sind jedoch sowohl Inhalt und Umfang des Vermögens, wie auch die Voraussetzungen, unter denen von einer Minderung gesprochen werden kann.[501] Es soll nachfolgend dargestellt werden, was unter dem Begriff des „Vermögens" nach den verschiedenen Ansichten zu verstehen ist. Dabei wird zwischen dem juristischen,

---

492 Im Ansatz angeführt LK – *Tiedemann* § 263 Rn. 117.

493 Wie etwa im Scheckkarten-Fall, BGHSt 24, 386 ff.; vgl. aber auch BayObLG wistra 1998, 157 f. mit krit. Bespr. *Satzger*, JA 1998, 926 ff.

494 Siehe LK – *Tiedemann*, § 263 Rn. 115 m.w.N., wobei auch hier angeführt wird, dass nicht alle tatsächlichen Möglichkeiten der Einwirkung auf die Sache ausreichen.

495 *Lackner/Kühl*, § 263 Rn. 28; *Krack/Radtke*, JuS 1995, Anm. zum Urteil des OLG Celle vom 12.10.1993 – 1 Ss 166/93, S. 17 (19).

496 MK StGB – *Hefendehl*, § 263 Rn. 33; LK – *Tiedemann*, § 263 Rn. 117; Dölling/Duttge/Rössner – *Duttge*, § 263 Rn. 34.

497 *Lindenau*, S. 210.

498 *Fischer*, § 263 Rn. 88.

499 Dölling/Duttge/Rössner – *Duttge*, § 263 Rn. 37; BGH NJW 2006, 1679 (1681).

500 *Fischer*, § 263 Rn. 88; Park – *Zieschang*, § 263 Rn. 56.

501 NK-StGB – *Kindhäuser*, § 263 Rn. 226.

dem rein wirtschaftlichen, dem juristisch-ökonomischen und dem personalen Vermögensbegriff unterschieden.

(a) Rein juristischer Vermögensbegriff

Zunächst sei der „rein juristische“ (im Sinne von juristisch-technische) Vermögensbegriff erwähnt.[502] Dieser knüpft an die Lehre vom subjektiven Recht des 19. Jahrhunderts an und definiert das Vermögen als Summe der Vermögensrechte und –pflichten einer Person ohne Rücksicht auf ihren Vermögenswert.[503]

Als Kehrseite dazu wird der Schaden in dem Verlust eines solchen Rechts oder der Belastung mit einer entsprechenden Verbindlichkeit gesehen.[504] Ziel dieses Ansatzes war es, Normwidersprüche zu vermeiden.[505] Er wird heute nicht mehr vertreten.[506]

Der kompromisslos angewandte juristische Vermögensbegriff hat zur Folge, dass reale wirtschaftliche Werte des modernen Wirtschaftsverkehrs wie die Exspektanz[507], die Arbeitskraft, der Besitz, Geschäftsgeheimnisse oder aber der Kundenstamm[508] aus dem Schutzbereich von vornherein ausgeschlossen wären.[509] Eine Gefährdung von Vermögenswerten allein stellt nach diesem Vermögensbegriff ferner ebenfalls keine Vermögensminderung dar, da der Rechtsbestand intakt bleiben soll.[510] Andererseits bezieht er aber aus wirtschaftlicher Sicht betrachtet wertlose Rechte wie etwa immaterielle (Affektions-) Interessen ein.[511] Diese Gewichtung kann in der heutigen Zeit zu Strafbarkeitslücken führen und ist folglich im Ergebnis abzulehnen.[512]

(b) Rein wirtschaftlicher Vermögensbegriff

Der rein (oder auch „extrem“) wirtschaftliche (faktische) Vermögensbegriff geht von einer Betrachtungsweise des Vermögens aus, die betont wirtschaftlich-faktisch geprägt ist.[513] Unter diesen fallen alle Positionen, denen ein wirtschaftlicher Wert beigemessen werden kann, und zwar ohne Rücksicht auf ihre Rechtsnatur.[514] Der vom BGH zunächst vertretene Vermögensbegriff wird zwar durch den BGH selbst

---

502 *Fischer*, § 263 Rn. 89.
503 LK – *Tiedemann*, § 263 Rn. 128; *Kindhäuser/Nikolaus*, JuS 2006, 193 (197).
504 Siehe dazu MK StGB – *Hefendehl*, § 263 Rn. 337.
505 MK StGB – *Hefendehl*, § 263 Rn. 337; LK – *Tiedemann*, § 263 Rn. 128.
506 *Wessels/Hillenkamp*, Rn. 531; *Krey/Hellmann/Heinrich*, § 11 Rn. 606; *Satzger*, Jura 2009, 518 (519).
507 Vgl. *Satzger*, Jura 2009, S. 518 (519).
508 LK – *Tiedemann*, § 263 Rn. 128. Dies ist für Versicherungsunternehmen aber gerade ein wertvoller und durchaus schützenswerter Posten.
509 MK StGB – *Hefendehl*, § 263 Rn. 338; *Samson*, JA 1989, 510 (512).
510 MK StGB – *Hefendehl*, § 263 Rn. 338.
511 LK – *Tiedemann*, § 263 Rn. 128; *Samson*, JA 1989, 510 (512).
512 So auch *Lindenau*, S. 213.
513 LK – *Tiedemann*, § 263 Rn. 128; zusf. auch *Satzger*, Jura 2009, 518, (520).
514 Sch/Sch – *Perron*, § 263 Rn. 80; BGHSt 2, 364 (365); 3, 99 (102); 8, 254 (256); 16, 220 (221); 26, 346 (347).

mitunter eingeschränkt, die Rechtsprechung hat sich dennoch bislang nicht von ihm ausdrücklich verabschiedet.[515]

Kritisch an diesem Vermögensbegriff ist anzuführen, dass auch Güter, die durch unsittliche, gesetzeswidrige oder selbst strafbare Handlungen erworben wurden, grundsätzlich zum Vermögen gerechnet werden.[516] Bei Forderungen kommt es nicht auf deren rechtlichen Bestand, sondern lediglich auf ihre faktische Realisierungsmöglichkeit an, weswegen auch nichtige Forderungen unter den wirtschaftlichen Vermögensbegriff fallen.[517]

So wird dem Vermögen eines Versicherers etwa auch eine nichtige Forderung aus einem Vertrag zugerechnet, der durch einen Versicherungsvermittler erschlichen wurde.[518] Es kann jedoch nicht sein, dass Rechtspositionen, welche bei einem anderen Rechtsgebiet nicht schutzwürdig sind, unter dem Deckmantel des Strafrechts auf diese Weise doch Schutz erfahren.[519]

(c) Personaler Vermögensbegriff

Die personale Vermögenstheorie definiert das Vermögen als personal strukturierte Einheit, die eine Entfaltung der Person im gegenständlichen Bereich gewährleistet und im Rahmen der Schadensfeststellung in erster Linie auf die Minderung der wirtschaftlichen Potenz des Vermögensträgers und den mit der Verfügung angestrebten Zweck abstellt.[520] Es wird dadurch die auf der Herrschaftsgewalt über Objekte beruhende, wirtschaftliche Fähigkeit eines Individuums und die Vermögensbeziehung

---

515 Park – *Zieschang*, § 263 Rn. 57 m.w.N; heute wird der Begriff im Grundsatz von der Rechtsprechung insoweit vertreten, als das Vermögen als „Summe aller geldwerten Güter unter Abzug der Verbindlichkeiten" zu definieren ist, ständige Rspr. seit RGSt 44, 230 (233 ff.); vgl. auch *Satzger*, Jura 2009, 518 (519). Dabei wird davon ausgegangen, dass es kein rechtlich ungeschütztes Vermögen geben darf, RGSt 44, 230 (232). Eine gewisse „rechtliche Billigung" als zusätzliche Wertungskomponente (wie sie der juristisch-ökonomische Vermögensbegriff als Abgrenzungskriterium zu dem rein wirtschaftlichen Vermögensbegriff fordert, vgl. S. 77 dieser Arbeit) findet allerdings auch insoweit Einzug in die Rechtsprechung, als etwa die Weigerung bis zum Inkrafttreten des Prostitutionsgesetzes (v. 20.12.2001, BGBl I S. 3983) praktiziert wurde, die geldwerte Arbeitskraft einer Prostituierten als Vermögensbestandteil anzuerkennen, LK – *Schünemann*, § 266 Rn. 166; vgl. zur alten Rspr. BGHSt 4, 373; BGH NStZ 1987, 407; BGH wistra 1989, 142.

516 *Krey/Hellmann/Heinrich*, § 11 Rn. 608.

517 *Krey/Hellmann/Heinrich*, § 11 Rn. 608; BGHSt 2, 364 (365); OLG Hamburg, NJW 1966, 1525 f.

518 *Lindenau*, S. 211.

519 So im Grundgedanken auch *Lindenau*, S. 214, die den wirtschaftlichen Vermögensbegriff als „relativ konturlos" umschreibt und richtigerweise anführt, dass etwa bei verbotenen oder unsittlichen Rechtsgeschäften ein „Widerspruch zur Rechtsordnung" gegeben ist.

520 *Satzger*, Jura 2009, 518 (519); *D. Geerds*, Jura 1994, 309 (311); *Wessels/Hillenkamp*, Rn. 533.

des Subjekts zu dem Objekt als Vermögen erfasst.[521] Nicht berücksichtigt wird hingegen der negative Wertsaldo, der sich aus Minderung und Mehrung einzelner Vermögensbestandteile ergibt.[522]

Diese Theorie ist abzulehnen, da sie die Gefahr einer weiteren Subjektivierung des Schadensbegriffs mit sich bringt.[523] Ferner kommt es bei dieser Theorie zu einer Fokussierung auf die wirtschaftliche Potenz des Vermögensträgers und somit zu einer Distanzierung von dem eigentlichen Vermögensgegenstand. Die anderen, wirtschaftlich geprägten Vermögensbegriffe messen einer Sache hingegen bezüglich verschiedener Wirtschaftszweige und Wirtschaftsstufen einen unterschiedlichen Wert bei.[524]

(d) Juristisch-ökonomischer Vermögensbegriff

Schließlich wird noch die von *Nagler*[525] genannte juristisch-ökonomische Vermögenslehre vertreten, die heute vorzugswürdig erscheint.[526] Bezugnehmend auf die Einheit der Rechtsordnung versteht man nach diesem Vermögensbegriff nur solche Wirtschaftsgüter und wirtschaftlich relevante Positionen als Vermögen, die von der Rechtsordnung gebilligt werden, unter ihrem Schutz stehen oder zumindest von ihr nicht missbilligt werden.[527] Neben einem wirtschaftlichen Wert der beeinträchtigten Position wird somit auch die rechtliche Absicherung gewährleistet.[528] Grundkonzept dabei ist eine Gesamt-Saldierung geldwerter Vermögensbestandteile, in die auch etwa Expektanzen, Arbeitskraft und außervertragliche Positionen einbezogen werden.[529]

Kritik an diesem Vermögensbegriff wird insoweit geäußert, als dadurch Wirtschaft und Recht zwei unterschiedliche Systeme darstellen, deren Bewertungskriterien zu prinzipiell gegensätzlichen Ergebnissen kommen können.[530] Danach ist es – jedenfalls gedanklich – nicht ausgeschlossen, dass jede faktisch in Geld umsetzbare Position ein Wirtschaftsgut als vermögenstaugliches Objekt darstellt.[531]

---

521 *Satzger*, Jura 2009, 518 (519); *Otto*, Vermögensschutz, S. 35.
522 MK StGB – *Hefendehl*, § 263 Rn. 357.
523 MK StGB – *Hefendehl*, § 263 Rn. 358.
524 Sch/Sch – *Perron*, § 263 Rn. 82. Dieser führt etwa an, dass sich beispielsweise Großhandels- und Kleinhandelspreise oder Erzeuger und Verbraucherpreise bei dem gleichen Warensortiment unterscheiden.
525 Siehe *Nagler*, ZAkDR 1941, 294 f.
526 LK – *Tiedemann*, § 263 Rn. 132.
527 MK StGB – *Hefendehl*, § 263 Rn. 353; *Foth*, GA 1966, 33 (42); *Gutmann*, MDR 1963, 3 (5 ff.); *Wessels/Hillenkamp*, Rn. 532.
528 *Joecks*, § 263 Rn. 104.
529 Dölling/Duttge/Rössner – *Duttge*, § 263 Rn. 40, 42 ff. mit detaillierter Aufzählung der einzelnen Fallgruppen.
530 MK StGB – *Hefendehl*, § 263 Rn. 354. Vgl. zu dem Wertungswiderspruch zwischen bürgerlichem Recht und Strafrecht auch *Kargl*, JA 2001, 714 (717 f.; 720).
531 MK StGB – *Hefendehl*, § 263 Rn. 354.

Hefendehl interpretiert das Vermögen nach dem juristisch-ökonomischen Vermögensbegriff mit dem Anspruch auf Gültigkeit für das Strafrecht grundsätzlich „rechtsfrei", also nach dem Prinzip der „Befreiung des Strafrechts von zivilistischem Denken".[532] Dabei übersieht er jedoch gerade den juristischen Kernpunkt im Rahmen des Vermögensbegriffes, wonach jedenfalls eine Billigung der Rechtsordnung stattfinden muss. Die weiter geäußerte Kritik, dass eine Akzessorietät durch die juristisch-ökonomische Begriffsbildung zwischen Wirtschaft und Recht lediglich durch an kriminalpolitische Überlegungen ausgerichtete Einzelfallentscheidungen zu erreichen wäre,[533] kann in logischer Konsequenz schon dadurch entkräftet werden, dass sich auch die rechtliche „Billigung" in einer bestimmten Form ergeben muss.

Als Beispiel dafür eignet sich etwa das am 20.12.2001 erlassene Prostitutionsgesetz[534]. Hat sich die Rechtsprechung vor Inkrafttreten dieses Gesetzes noch geweigert, die Arbeitskraft einer Prostituierten als geldwerten Vermögensvorteil anzuerkennen,[535] so ist die Entgeltforderung einer Prostituierten nach erbrachter Leistung nun rechtswirksam und kann damit grundsätzlich nicht mehr als sittenwidrig angesehen werden.[536] Es ist bezüglich der juristischen Komponente des Vermögensbegriffes folglich auf das Gewaltenteilungsprinzip zwischen Legislative und Judikative abzustellen, wenn es um die Ermittlung der rechtlichen Missbilligung etwa einer Handlung geht. Von einer Ausgestaltung des Vermögensbegriffes durch judikative Einzelfallentscheidungen kann nicht gesprochen werden.

Im Übrigen ist bei der Gestaltung des jeweiligen Vermögensbegriffes stets zu beachten, dass im Strafrecht der Grundsatz „nulla poena sine lege" gem. § 1 StGB als Ausgestaltung von Art. 103 Abs. 2 GG Anwendung findet.[537] Demnach bedarf es gerade bei der Begriffsfindung und -auslegung denknotwendig einer juristischen Komponente für die Billigung bzw. Missbilligung eines wirtschaftlichen Gutes bzw. einer wirtschaftlich relevanten Position.

Der juristisch-ökonomische Vermögensbegriff soll daher als Grundlage für die folgenden Ausführungen herangezogen werden.

(e) Sonstige Vermögensbegriffe

Der Vollständigkeit halber seien noch die sonstigen Vermögensbegriffe kurz genannt, die allerdings weder in der Literatur noch in der Rechtsprechung umfassend vertreten werden und auch bei der vorliegenden Betrachtung keine Rolle spielen sollen.

---

532 MK StGB – *Hefendehl*, § 263 Rn. 354.

533 MK StGB – *Hefendehl*, § 263 Rn. 354.

534 ProstG v. 01.01.2002, BGBl I S. 3983.

535 Vgl. etwa BGHSt 4, 373; BGH NStZ 1987, 407 m. zust. Anm. *Tenckhoff*, JR 1988, Anm. zum Beschluss des BGH vom 28.04.1987 – 5 StR 566/85, S. 126 ff.; BGH wistra 1989, 142.

536 Siehe auch Dölling/Duttge/Rössner – *Duttge*, § 263 Rn. 51.

537 Siehe zum Bestimmtheitsgebot nur *Fischer*, § 1 Rn. 2 m.w.N.

Der funktionale Vermögensbegriff von *Kindhäuser* beschreibt das Vermögen als die Verfügungsmacht einer Person über die Gesamtheit der ihr rechtlich zugeordneten, abstrakt geldwerten übertragbaren Güter, wobei besonderer Wert auf das „Schadenskriterium", das „Bereicherungskriterium" sowie das „Kohärenzkriterium" gelegt wird.[538]

Das normativ-ökonomische Vermögensmodell von *Hefendehl* (oder auch integrierter Vermögensbegriff von *Tiedemann*)[539] besagt, dass die Herrschaft und mithin das Vermögen immer dann begründet wird, wenn eine Person über mit der Rechtsordnung vereinbare Potenziale wirtschaftlicher Betätigung mit Hilfe rechtlich anerkannter Durchsetzungsmöglichkeiten frei verfügen und externen Störfaktoren effektiv begegnen kann.[540]

Zwar haben diese Definitionen im Rahmen diverser Einzelfallgestaltungen durchaus auch ihre Berechtigung. Allerdings sind sie mitunter unterschiedliche Ausprägungen der bereits oben genannten Theorien, weswegen ihnen untergeordnete Bedeutung im Rahmen der Streitigkeit um den tatbestandlichen Vermögensbegriff zukommt.

(2) Schadensbegriff

Der benötigte Schaden ist nicht schon allein in der Vermögensverfügung zu sehen. Vielmehr kann die durch die Vermögensverfügung eingetretene Vermögensminderung auf der einen Seite durch eine Vermögensmehrung auf der anderen Seite kompensiert werden.[541]

Ein Schaden liegt dann vor, wenn die Verfügung zu einer nicht durch Zuwachs ausgeglichenen Minderung des wirtschaftlichen Gesamtwerts führt.[542] Es genügt also nicht nur, dass eine Mehrung des Vermögens ausbleibt, es muss vielmehr der Wert der Aktiva verringert werden oder es muss zu einer Entstehung neuer Verbindlichkeiten kommen, ohne dass die Minderung durch einen unmittelbaren Zuwachs gänzlich zu kompensieren ist.[543] Für die Wertminderung ist dabei stets eine objektive Betrachtungsweise heranzuziehen, sodass für die Bewertung der jeweiligen Vermögensposition der einzelne Verkehrs- bzw. Marktwert entscheidend ist.[544]

Basierend auf den juristisch-ökonomischen Vermögensbegriff soll als Maßstab der objektiv-individuelle Schadensbegriff herangezogen werden, der einen Schaden

538 *Kindhäuser/Nikolaus*, JuS 2006, 193 (198); NK-StGB – *Kindhäuser*, § 263 Rn. 275.

539 Vgl. LK – *Tiedemann*, vor § 263 Rn. 31; § 263 Rn. 132.

540 *Hefendehl*, S. 117 f.; MK StGB – *Hefendehl*, § 263 Rn. 375.

541 *Joecks*, § 263 Rn. 113.

542 *Fischer*, § 263 Rn. 111. Dies ist das sog. „Prinzip der Gesamtsaldierung", vgl. BGHSt 3, 99 (103); 16, 220 (221).

543 Sch/Sch – *Perron*, § 263 Rn. 99.

544 *Satzger*, Jura 2009, 518 (521).

durch das Ausscheiden einer Vermögensposition dann bejaht, wenn dieser nicht durch den Zugang einer wirtschaftlich höherwertigen oder zumindest gleichwertigen Position ersetzt wird; es gilt demnach, das Vermögen vor und nach der Verfügung zu vergleichen.[545]

Es wird dabei jedoch nicht auf den reinen Geldwert einer Position oder Leistung abgestellt, sondern es werden die wirtschaftlichen Bedürfnisse im Einzelfall als Grundlage herangezogen, sodass der Rangordnung der Güter im „einzelwirtschaftlichen Mikrokosmos" Rechnung getragen wird.[546] Die Prüfung erfolgt in einem Zweischritt (deswegen objektiv-individueller Schadensbegriff).

Zunächst werden Leistung und Gegenleistung am objektiven Verkehrswert gemessen. Sollte sich hier keine Wertdifferenz zum Nachteil des durch die irrtumsbedingte Vermögensverfügung Betroffenen ergeben, ist in einem zweiten Schritt zu prüfen, ob trotz der Gleichwertigkeit unter individuellen Gesichtspunkten sich eine Benachteiligung feststellen lässt.[547]

(3) Zeitpunkt

Als maßgeblicher Zeitpunkt der Schadensfeststellung wird auf die Vermögensverfügung abgestellt.[548] I.d.R. vollzieht sich diese im Rahmen des erfolgten Leistungsaustausches.[549] Insoweit wird von einem Erfüllungsbetrug gesprochen.[550]

Bei vertraglichen Austauschgeschäften ist es jedoch auch möglich, dass bereits auf den Vertragsschluss abzustellen ist und die jeweiligen, vertraglich geschuldeten Leistungen verglichen werden müssen.[551] Insofern wird von einem Eingehungsbetrug gesprochen.[552]

Eine derartige Konstellation wird von der Rechtsprechung immer dann angenommen, wenn aufgrund der zivilrechtlichen Erfüllungspflicht bereits bei Vertragsschluss

---

545 SK – *Hoyer*, § 263 Rn. 193. Dem gegenüber steht der subjektive bzw. personale Schadensbegriff, der nicht den wirtschaftlichen Gesamtwert des Vermögens schützt, sondern das Vermögen in seinem jeweiligen Bestand und folglich die Dispositionsfreiheit des Vermögensinhabers, vgl. *Joecks*, § 263 Rn. 113. Da diese beiden verschiedenen Schadensbegriffe nur in wenigen Teilbereichen zu unterschiedlichen Ergebnissen führen, kann eine Differenzierung vorliegend unterbleiben.

546 Sch/Sch – *Perron*, § 263 Rn. 108.

547 Sch/Sch – *Perron*, § 263 Rn. 108.

548 Park – *Zieschang*, § 263 Rn. 60; *Fischer*, § 263 Rn. 111; BGHSt 30, 388 (389); wistra 1993, 265; NStZ 1999, 353 (354).

549 Dölling/Duttge/Rössner – *Duttge*, § 263 Rn. 57.

550 Dieser kann in den Formen des „echten" und „unechten" Erfüllungsbetrugs auftreten, vgl. *Wessels/Hillenkamp*, Rn. 542.

551 *Rengier*, BT I, § 13 Rn. 183.

552 Sch/Sch – *Perron*, § 263 Rn. 128.

das Vermögensdefizit „determiniert“ ist, dem Vermögensverlust also schon in diesem Zeitpunkt objektiv kein ernstliches Hindernis[553] mehr entgegensteht.[554]

b. Subjektiver Tatbestand

§ 263 StGB setzt neben dem Vorsatz i.S.d. § 15 StGB seinem Wortlaut nach auch die Bereicherungsabsicht voraus. Die Bereicherung muss dabei stoffgleich und rechtswidrig sein, wobei seitens des Täters diesbezüglich Vorsatz erforderlich ist.[555]

(i) Vorsatz

Auf Seiten des Täters muss zumindest dolus eventualis sowohl bezüglich aller objektiven Tatmerkmale, also der Täuschung über Tatsachen, der Irrtumsverursachung, der Vermögensverfügung sowie hinsichtlich des Vermögensschadens als auch deren verbindender Kausalbeziehung bestehen.[556]

(ii) Rechtswidrige Bereicherungsabsicht

Der Täter muss ferner die Absicht haben, sich oder einem anderen einen rechtswidrigen Vermögensvorteil zu verschaffen. Er muss dabei aus zielgerichtetem Wollen heraus, also mittels dolus directus 1. Grades handeln, sodass es ihm gerade darauf ankommt, sich oder einem Dritten den Vermögensvorteil zu verschaffen.[557]

Ein Vermögensvorteil ist jede wirtschaftliche günstigere Gestaltung der Vermögenslage im Sinne der Erhöhung des wirtschaftlichen Gesamtwertes des Vermögens unabhängig davon, ob diese in einer Vermehrung der Aktivposten, im Nichterbringen einer geschuldeten Leistung oder in der Befreiung von einer Verbindlichkeit besteht.[558] Der Vermögensvorteil stellt dabei das Gegenstück zum Vermögensschaden des Geschädigten dar.[559]

Zwischen dem Vermögensschaden und dem -vorteil muss eine Stoffgleichheit bestehen.[560] Dieses ungeschriebene Erfordernis der „stoffgleichen“ Bereicherungsabsicht ergibt sich aus dem Wesen des Betrugs als Vermögensverschiebungsdelikt und besagt, dass gerade nicht jede Bereicherungsabsicht genügt.[561] Es ist für die

---

553 Zu denken wäre grundsätzlich etwa an eine Zug-um-Zug-Einrede, Widerrufsrechte gem. §§ 312 ff., 355 ff. BGB oder aber Kündigungsrechte, vgl. *Krey/Hellmann/Heinrich*, § 11 Rn. 637 m.w.N.

554 Dölling/Duttge/Rössner – *Duttge*, § 263 Rn. 57; BGHSt 16, 220 (221); 21, 384 (385 f.); 23, 300 (302); BayObLG, NJW 1973, 633 f.; OLG Köln, NJW 1979, 1419 f.; LK – *Tiedemann*, § 263 Rn. 628.

555 Park – *Zieschang*, § 263 Rn. 70.

556 *Joecks*, § 263 Rn. 167.

557 Dölling/Duttge/Rössner – *Duttge*, § 263 Rn. 77.

558 *Wessels/Hillenkamp*, Rn. 584. *Wittig*, JA 2013, 401 (402).

559 Sch/Sch – *Perron*, § 263 Rn. 167; *Lackner/Kühl*, § 263 Rn. 59.

560 Sch/Sch – *Perron*, § 263 Rn. 168.

561 *Rengier*, BT I, § 13 Rn. 246.

Stoffgleichheit ausreichend, wenn Vorteil und Schaden auf derselben Verfügung beruhen und der Vorteil zu Lasten des geschädigten Vermögens geht.[562]

Der erstrebte Vermögensvorteil muss schließlich auch objektiv rechtswidrig sein. Dies ist dann gegeben, wenn auf ihn kein rechtlich begründeter Anspruch besteht.[563] Diesem Erfordernis ist nicht Genüge geleistet, wenn der Täter einen einredefreien und fälligen Anspruch auf den erstrebten Vorteil hat.[564] Da es sich um ein Tatbestandsmerkmal handelt, muss der Täter auch bezüglich der Rechtswidrigkeit des angestrebten Vermögensvorteils mit Vorsatz handeln, wobei Eventualvorsatz genügt.[565]

c. Rechtsfolgen

Die Rechtsfolgen des Betruges sind in § 263 Abs. 1, 3 bis 7 StGB abgestuft.[566]

(i) Grunddelikt, § 263 Abs. 1 StGB

§ 263 Abs. 1 StGB sieht für den Betrug als Regelstrafe eine Freiheitsstrafe von einem Monat bis zu fünf Jahren oder Geldstrafe vor.

(ii) Besonders schwere Fälle des Betrugs, § 263 Abs. 3 StGB

Durch das 6. Strafrechtsreformgesetz vom 26.01.1998 wurden vom Gesetzgeber die zuvor unbenannten besonders schweren Fälle durch fünf Regelbeispiele ergänzt, wobei § 263 Abs. 3 StGB dabei eine reine Strafzumessungsvorschrift ist.[567] Der Strafrahmen wird dabei nach § 263 Abs. 3 Satz 1 StGB auf eine Freiheitsstrafe von sechs Monaten bis zu zehn Jahren angehoben.

Bei den Regelbeispielen handelt es sich insoweit um „offene" Tatbestände, als der Richter im Einzelfall bei Verwirklichung eines Regelbeispiels den erhöhten Strafrahmen mit der Begründung ablehnen kann, es sei aufgrund der konkreten Umstände kein besonders schwerer Fall gegeben; andererseits steht es ihm frei, auch einen besonders schweren Fall dann anzunehmen, wenn kein Regelbeispiel seinem Wortlaut nach erfüllt ist.[568] Auf der anderen Seite ist die Regelwirkung der tatbestandsähnlich ausformulierten Merkmale auch widerlegbar, sofern eine

---

562 Sch/Sch – *Perron*, § 263 Rn. 168.
563 *Wessels/Hillenkamp*, Rn. 585; BGHSt 3, 160 (162 f.); 19, 206 (215 f.); 20, 136 (137).
564 Park – *Zieschang*, § 263 Rn. 74; BGHSt 3, 160 (162); BGH wistra 1982, 68.
565 *Joecks*, § 263 Rn. 173.
566 *Fischer*, § 263 Rn. 206.
567 Park – *Zieschang*, § 263 Rn. 76.
568 NK-StGB – *Kindhäuser*, § 263 Rn. 389. Weicht der Richter allerdings von den Regelbeispielen ab, so ist diese Abweichung vom Unrecht eines gewöhnlich vorkommenden Betrugs umfassend zu begründen.

Gesamtwürdigung der Tat herausgehobene mildere Umstände offenbart, durch die sich eine Anwendung des erhöhten Strafrahmens als unangemessen darstellt.[569]

(1) Gewerbs- und Bandenmäßigkeit

§ 263 Abs. 3 Satz 2 Nr. 1 StGB erfasst die Fälle, in denen der Täter gewerbsmäßig oder als Mitglied einer Bande handelt. Gewerbsmäßig ist eine Tatbegehung, die in der Absicht erfolgt, sich aus der wiederholten Begehung eine fortlaufende Einnahmequelle von nicht unerheblicher Dauer und einigem Umfang zu verschaffen.[570]

Die Gewerbsmäßigkeit setzt insbesondere eigennütziges Handeln voraus, wodurch fremdnütziges Handeln für das Regelbeispiel nicht ausreichen soll, sofern der Täter nicht zumindest mittelbar eigene Einnahmen anstrebt.[571] Bereits die erste der geplanten Tathandlungen ist als gewerbsmäßig einzuordnen, wenn ein solches Gewinnstreben um jeden Preis gegeben ist.[572]

Bei der bandenmäßigen Begehung hat der Große Senat des BGH entschieden, dass eine Bande aus mindestens drei Personen bestehen muss, die sich in Abgrenzung zur bloßen Mittäterschaft auf eine gewisse Dauer zu zukünftiger Deliktsbegehung verbunden haben.[573] Eine fortgesetzte Begehung ist gegeben, wenn sich die Bande zusammengeschlossen hat, um eine noch ungewisse Zahl von Betrugsstraftaten oder Urkundendelikten zu begehen, wobei Einzelheiten für zukünftige Taten noch nicht feststehen müssen.[574]

(2) Großer Vermögensverlust; große Zahl von Tatopfern

§ 263 Abs. 3 Satz 2 Nr. 2 StGB enthält die Regelbeispiele eines großen Vermögensverlusts sowie einer großen Zahl von Tatopfern. Unter der Herbeiführung eines Vermögensverlusts großen Ausmaßes nach § 263 Abs. 3 Satz 2 Nr. 2 Var. 1 StGB ist eine Schadensverursachung von besonderer Höhe zu verstehen.[575] Der Verlust muss dabei tatsächlich eingetreten sein, eine schadensgleiche Vermögensgefährdung bzw. Versuchsstrafbarkeit begründet die Regelwirkung nicht.[576] Der Vermögensverlust wird nach dem Willen des Gesetzgebers und in mehreren Urteilen des BGH auf

---

569 Döllinger/Duttge/Rössner – *Duttge*, § 263 Rn. 94.

570 MK StGB – *Hefendehl*, § 263 Rn. 841.

571 Sch/Sch – *Perron*, § 263 Rn. 188a.

572 *Zieschang*, JA 2008, 192 (194). Anders sieht es *Kindhäuser* in NK-StGB, § 263 Rn. 391, der anführt, in einem einmaligen Betrug kann noch nicht die das erhöhte Unrecht der gewerbsmäßigen Tatbegehung begründende Gefährlichkeit der Wiederholung gesehen werden, mögen auch weitere Taten beabsichtigt sein.

573 BGHSt 46, 321 (338); s. dazu ferner BGH NStZ 2002, 200 (201); 2007 (269); NJW 2004, 2840 (2842).

574 *Joecks*, § 263 Rn. 182.

575 Döllinger/Duttge/Rössner – *Duttge*, § 263 Rn. 97; BGH NStZ 2002, 548.

576 *Fischer*, § 263 Rn. 215a; BGH wistra 2007, 183 (184); NStZ-RR 2009, 206 f.

50.000 EUR festgesetzt, wobei die gesetzliche Formulierung bewusst einen hinreichenden Spielraum lässt.[577]

§ 263 Abs. 3 Satz 2 Nr. 2 Var. 2 StGB erfordert die Absicht, eine große Zahl von Menschen in die Gefahr des Verlustes von Vermögenswerten zu bringen. Die „große Zahl von Menschen" ist dabei tatspezifisch zu klären[578] und wird mit Rücksicht darauf, dass nicht persönliche Rechtsgüter, sondern Vermögenswerte geschützt werden, von der h.M. auf mindestens 20 Personen festgesetzt.[579]

(3) Wirtschaftliche Not

Im Gegensatz zu Nr. 2, bei der es genügt, dass eine Mehrzahl von Menschen geschädigt wird, erfordert die wirtschaftliche Not i.S.d. § 263 Abs. 3 Satz 2 Nr. 3 StGB eine Einzelfallbegründung.[580] Von einer wirtschaftlichen Not ist auszugehen, wenn der Geschädigte in eine Mangellage geraten ist, aufgrund derer für ihn bzw. für unterhaltspflichtige Personen der notwendige Lebensunterhalt ohne Hilfe von dritter Seite nicht länger gewährleistet werden kann.[581] Eine Stoffgleichheit bei der Verursachung von Schäden ist indes aufgrund der weiten Auslegung des Regelbeispiels nicht unbedingt nötig.[582]

(4) Missbrauch einer Amtstätigkeit

Das gesteigerte Unrecht bei § 263 Abs. 3 Satz 2 Nr. 4 StGB wird im Missbrauch der Befugnisse oder der Stellung eines Amtsträgers gesehen, wobei der Amtsträger[583] i.S.d. § 11 Abs. 1 Nr. 2 StGB sowohl Täter wie auch Teilnehmer[584] des Betruges sein kann.[585] Ein Missbrauch von Befugnissen im Sinne eines vorsätzlich rechtswidrigen Handelns ist dann gegeben, wenn der Amtsträger den Betrug durch eine Handlung begeht, die sich innerhalb seiner Kompetenzen befindet.[586] Demgegenüber wird von

---

577 *Peglau*, wistra 2004, 7 (9); BT-Drucks. 13/8587, S. 43; MK StGB – *Hefendehl*, § 263 Rn. 852; BGH NJW 2009, 528 (531); wistra 2007, 111; 2009, 236 (237).

578 BGHSt 44, 175 (177).

579 Vgl. etwa Sch/Sch – *Perron*, § 263 Rn. 188d; MK StGB – *Hefendehl*, § 263 Rn. 854; NK-StGB – *Kindhäuser*, § 263 Rn. 396. *Tiedemann* (LK, § 263 Rn. 299 m.w.N.) will eine Zahl von weniger als 10 Personen jedenfalls in aller Regel nicht genügen lassen. *Joecks* (§ 263 Rn. 186) hingegen stellt auf 50 Opfer ab.

580 *Joecks*, § 263 Rn. 189.

581 MK StGB – *Hefendehl*, § 263 Rn. 856.

582 *Fischer*, § 263 Rn. 220.

583 Unter den Personenkreis der Amtsträger fallen ferner auch Amtsträger anderer Mitgliedsstaaten der EU, Gemeinschaftsbeamte sowie Mitglieder der Kommission und des Rechnungshofes der EG, vgl. Dölling/Duttge/Rössner – *Duttge*, § 263 Rn. 100.

584 Dabei handelt es sich um ein persönliches Merkmal i.S.d. § 28 Abs. 2 StGB, vgl. Dölling/Duttge/Rössner – *Duttge*, § 263 Rn. 100.

585 NK-StGB – *Kindhäuser*, § 263 Rn. 398.

586 Sch/Sch – *Perron*, § 263 Rn. 188 f.

einem Missbrauch der Stellung gesprochen, wenn der Amtsträger die ihm durch sein Amt eröffneten Handlungsmöglichkeiten außerhalb seines Zuständigkeitsbereichs ausnutzt.[587]

(5) Vortäuschen eines Versicherungsfalles

Das Regelbeispiel des § 263 Abs. 3 Satz 2 Nr. 5 StGB, ist verwirklicht, wenn der Täter einen Versicherungsfall vortäuscht, nachdem er oder ein anderer zu diesem Zweck eine Sache von bedeutendem Wert in Brand gesetzt oder durch eine Brandlegung ganz oder teilweise zerstört oder ein Schiff zum Sinken oder Stranden gebracht hat.

Die Besonderheit hierbei ist, dass dieser besonders schwere Fall des Betrugs in zwei Strukturbereiche gegliedert ist: ein Versicherungsfall wird im Rahmen eines zweiten Handlungsaktes vorgetäuscht, wenn der Täter bewusst wahrheitswidrig die Meldung der tatsächlichen Voraussetzungen eines Versicherungsfalls an den Versicherer abgibt, welche dem Schein nach dessen Leistungspflicht begründet.[588] Damit ist allerdings nicht lediglich die Verursachung eines tatsächlichen Schadens an einer der aufgezählten Sachen gemeint, vielmehr bedarf es der Geltendmachung eines in Wahrheit nicht existenten Anspruchs auf die Versicherungsleistung gegenüber dem Versicherer.[589]

Man wird aber – entgegen dem missverständlich gefassten Wortlaut des Gesetzestextes – auch dann in Übereinstimmung mit dem gesetzgeberischen Willen[590] vom Vortäuschen eines Versicherungsfalls ausgehen, wenn der tatsächlich versicherte Gegenstand betroffen und der Versicherungsfall somit eingetreten, der Versicherungsanspruch aber nicht entstanden oder der Versicherer von seiner Leistungspflicht frei geworden ist und der Täter dies weiß.[591] Das Tatobjekt selbst muss dem Wortlaut des Gesetztes nach allerdings nicht versichert gewesen sein, sodass auch darüber getäuscht werden kann, dass es sich bei diesem um das versicherte Tatobjekt gehandelt hat.[592]

Als ersten Handlungsakt allerdings muss der Täter als Vortat eine Sache von bedeutendem Wert in Brand gesetzt oder durch eine Brandlegung ganz oder teilweise

---

587 LK – *Tiedemann,* § 263 Rn. 301.

588 MK StGB – *Hefendehl,* § 263 Rn. 859.

589 *Fischer,* § 263, Rn. 223, NK-StGB – *Kindhäuser,* § 263 Rn. 339.

590 Insoweit ist auf den wesentlichen Regelungsgehalt des § 265 StGB a.F. (01.01.1975) abzustellen, der wie folgt lautete:
„(1) Wer in betrügerischer Absicht eine gegen Feuersgefahr versicherte Sache in Brand setzt, oder ein Schiff, welches als solches oder in seiner Ladung oder in seinem Frachtlohn versichert ist, sinken oder stranden macht, wird mit Freiheitsstrafe von einem Jahr bis zu zehn Jahren bestraft.
(2) In minder schweren Fällen ist die Strafe Freiheitsstrafe von sechs Monaten bis zu fünf Jahren."

591 *Wessels/Hillenkamp,* Rn. 664; *Wolters,* JZ 1998, 397 (399); SSW – *Satzger,* § 263 Rn. 314.

592 LK – *Tiedemann,* § 263 Rn. 302.

zerstört, bzw. ein Schiff zum Sinken oder Stranden gebracht haben. Dieser erste Akt zum Zweck der Vortäuschung eines Versicherungsfalls liegt im Vorfeld des eigentlichen Betruges.[593]

Für einen bedeutenden Wert einer in § 263 Abs. 3 Satz 2 Nr. 5 Alt. 1 StGB genannten Sache wird in Anlehnung an die §§ 305a, 307 ff., 315 ff. StGB bei einer Mindestgrenze von nicht unter 1.000 EUR angesetzt.[594] Die Tathandlungen decken sich dabei mit denen der §§ 306 ff. StGB, wobei lediglich im Rahmen der Konkurrenzen Probleme im Verhältnis zwischen § 263 Abs. 3 Satz 2 Nr. 5 StGB und § 306b Abs. 2 Nr. 2 auftreten.[595]

Unter einem Inbrandsetzen versteht man das Entzünden eines Tatobjekts in der Form, dass es dergestalt vom Feuer ergriffen wird, dass es nach dem Erlöschen oder Entfernen des Zündstoffs selbstständig weiter brennen kann.[596] Dabei müssen Teile erfasst sein, die für den bestimmungsgemäßen Gebrauch des Objekts von wesentlicher Bedeutung sind.[597]Auch ein bereits brennendes Objekt kann etwa an anderer Stelle oder von einem anderen Täter nochmals in Brand gesetzt werden.[598]

Neben dem Inbrandsetzen sieht § 263 Abs. 3 Satz 2 Nr. 5 Alt. 1 StGB auch noch als Tathandlung eine durch eine Brandlegung ganz oder teilweise Zerstörung des Tatobjekts vor. Darunter sollen die Konstellationen fallen, in denen das Tatobjekt eben wegen der Feuerbeständigkeit seines Materials nicht durch Abbrennen zerstört wird, sondern durch das Einwirken von Gas, Hitze, Verrußung oder Explosion des Zündstoffes bei der Brandlegung.[599]

Das Tatobjekt ist zerstört, wenn es vernichtet wird oder seine bestimmungsgemäße Brauchbarkeit völlig verliert.[600] Von einer teilweisen Zerstörung spricht man, wenn einzelne Teile eines Objekts, die für dessen bestimmungsgemäßen Gebrauch wesentlich sind, durch die Brandlegung unbrauchbar gemacht werden oder aufgrund des Eingriffs eine von mehreren Zweckbestimmungen des Gesamtobjekts aufgehoben wird.[601]

---

593 *Krey/Hellman/Heinrich*, § 11 Rn. 701; *Rengier*, BT I, § 15 Rn. 11.

594 MK StGB – *Hefendehl*, § 263 Rn. 856; demgegenüber geht *Fischer*, § 263 Rn. 223 mit Verweis auf § 315 Rn. 16a, von 750 EUR aus.

595 So *Lindenau*, S. 383 f., wobei allerdings die Konkurrenzproblematik insoweit übersehen wird, als das Mindeststrafmaß des § 306b Abs. 2 StGB deutlich höher ausfällt. Zur Einordnung und Lösung dieses Problems siehe nur MK StGB – *Hefendehl*, § 263 Rn. 862 m.w.N.

596 *Lackner/Kühl*, § 306 Rn. 3; NK-StGB – *Herzog/Kargl*, § 306 Rn. 17; BGHSt 7, 37 (38); 16, 109 (110); 18, 363 (364); 36; 221 (222); 48, 14 (18); NStZ-RR 2012, 310; *Kraatz*, JuS 2012, 691.

597 Sch/Sch – *Heine/Bosch*, § 306 Rn. 13.

598 Dölling/Duttge/Rössner – *Weiler*, § 306 Rn. 9.

599 Dölling/Duttge/Rössner – *Weiler*, § 306 Rn. 11; BGHSt 48, 14 (19).

600 *Joecks*, § 306 Rn. 30.

601 NK-StGB – *Herzog/Kargl*, § 306 Rn. 25; *Wrage*, JR 2000, 360 (363); *Cantzler*, JA 1999, 474 (475 f.).

Für § 263 Abs. 3 Satz 2 Nr. 5 Alt. 2 StGB ist erforderlich, dass ein Schiff zum Sinken oder Stranden gebracht wird. Dabei ist zu beachten, dass sich im Strafgesetzbuch verschiedene Ansatzpunkte für die Auslegung des Schiffsbegriffs finden lassen. § 305 StGB stellt auf die anderen Schutzobjekte ab und zählt zu den Schiffen in Abgrenzung zum Boot nur größere Wasserfahrzeuge, aber nicht Paddel- bzw. Ruderboote oder ähnlich kleine Wasserfahrzeuge.[602]

In § 315a Abs. 1 Nr. 1 StGB erfolgt allerdings eine andere Interpretation des Begriffes dahingehend, dass der gesamte Schiffsverkehr zu schützen ist und mithin auch Boote die Schiffsqualifikation besitzen.[603] Vorzugswürdig erscheint die Ansicht, dass unter einem Schiff ein schwimmfähiger Hohlkörper gleich welcher Art und Größe zu verstehen sein soll, welcher auf oder unter dem Wasser fortbewegt wird und Verkehrszwecken dient.[604] In diesem Kontext ist allerdings noch zu beachten, dass es sich bei § 263 Abs. 3 Satz. 2 Nr. 5 Alt. 2 StGB um eine Strafzumessungsregel handelt, sodass im Rahmen der richterlichen Gesamtwürdigung der Wert und die Größe des Schiffes insoweit Beachtung finden sollten, als eine Verwirklichung des Tatbestandes bei einem wertlosen kleinen Boot als nicht vom Gesetzgeber beabsichtigt anzusehen wäre.[605]

Dieses Schiff ist dann als gesunken anzusehen, wenn wesentliche Teile unter die Wasserfläche geraten sind.[606] Gestrandet ist ein Schiff, wenn es auf Grund geraten und dadurch bewegungsfähig geworden ist.[607]

Durch das Erfordernis, dass die Vortat zum Zweck der Vortäuschung des Versicherungsfalles begangen sein muss, bezieht sich das Gesetz auf das Merkmal der „betrügerischen Absicht des § 265 StGB a.F.[608] Bei der Verwirklichung der beiden Alternativen des § 263 Abs. 3 Satz 2 Nr. 5 StGB kommt es auf das Bewusstsein des Täters an, einen Versicherungsfall vorzutäuschen.[609]

Es muss also bei der Erfüllung des ersten Handlungsaktes bereits Vorsatz im Hinblick auf den zweiten Handlungsakt seitens des Täters gegeben sein. Nicht ausreichend hingegen ist es etwa, wenn der Täter ein Stallgebäude in Brand setzt, um sich den sonst erforderlichen, offiziellen Abriss zu ersparen und erst danach zu

---

602 Dölling/Duttge/Rössner – *Weiler*, § 305 Rn. 2; Sch/Sch – *Stree/Hecker*, § 305 Rn.4 m.w.N.

603 *Lindenau*, S. 387 f.

604 Dölling/Duttge/Rössner – *Duttge*, § 263 Rn. 103; *Lindenau*, S. 387. Zum Schiffsbegriff ferner *Wolff*, S. 78 ff., nach dem Bojen, Bohrinseln und andere schwimmende Seezeichen nicht von der Schiffsterminologie umfasst werden sollen.

605 So auch *Schüll*, S. 43 f.

606 NK-StGB –*Kindhäuser*, § 263 Rn. 400; RGSt 35, 399 (400).

607 Dölling/Duttge/Rössner – *Duttge*, § 263 Rn. 103

608 Sch/Sch – *Perron*, § 263 Rn. 188h; LK – *Tiedemann*, § 263 Rn. 302. Für den Wortlaut des § 265 StGB a.F. siehe Fn. 590.

609 *Krets*, S. 111; Sch/Sch – *Perron*, § 263 Rn. 188h.

dem Entschluss kommt, die Versicherungsgesellschaft zu informieren und einen Versicherungsfall vorzutäuschen.[610]

Da mit der Vortäuschung des Versicherungsfalls das Regelbeispiel bereits erfüllt ist, kann ein besonders schwerer Fall schon im Betrugsversuch liegen.[611]

Bezüglich des ebenfalls denkbaren Nichtbestehens eines Anspruchs bedarf es wenigstens eines Eventualvorsatzes bei dem Täter.[612] Kein vollendeter Betrug ist gegeben, wenn dem Täter tatsächlich ein Anspruch auf die Versicherungsleistung zusteht, etwa, weil der Versicherungsfall ohne Mitwirkung des Versicherungsnehmers oder seines Repräsentanten im versicherungsrechtlichen Sinne[613] herbeigeführt worden ist.[614]

Wenn dieser Repräsentant im versicherungsrechtlichen Sinne allerdings zunächst ohne Kenntnis oder kollusives Handeln des Versicherungsnehmers gehandelt hat und der Versicherungsnehmer erst im späteren Verlauf Kenntnis der Sach- und Versicherungslage erhält und eine Schadensanzeige abgibt, ist der Versicherungsnehmer nur wegen einfachen (versuchten) Betrugs strafbar, da er in diesem Fall lediglich die Vortat in betrügerischer Weise ausnutzt.[615]

(iii) Qualifikation, § 263 Abs. 5 StGB

In § 263 Abs. 5 StGB findet sich ein Qualifikationstatbestand für banden- und gewerbsmäßige Begehung bestimmter Taten.[616] Das Gesetz sieht dafür eine Freiheitsstrafe von einem bis zu zehn Jahren, in minder schweren Fällen eine Freiheitsstrafe von sechs Monaten bis zu fünf Jahren vor. Aufgrund dieser Straferwartung handelt es sich nach § 12 Abs. 1, 3 StGB um ein Verbrechen, welches dann einschlägig ist, wenn kumulativ sowohl die gewerbsmäßige, als auch die bandenmäßige Begehung vorliegt.[617]

2. Sonstige Problemstellungen

Bei § 263 StGB gibt es noch weitere Problemstellungen. So ist – wenn auch in der gebotenen Kürze – noch auf die verschiedenen Beteiligungsformen, die Versuchsstrafbarkeit und Voll- bzw. Beendungsproblematik einzugehen.

---

610 *Lindenau*, S. 390.

611 *Wessels/Hillenkamp*, Rn. 666.

612 MK StGB – *Hefendehl*, § 263 Rn. 859.

613 Zu den Grundsätzen der sog. Repräsentantenhaftung siehe *Rengier*, BT I, § 15 Rn. 15.

614 So auch MK StGB – *Hefendehl*, § 263 Rn. 859. Vgl. § 81 VVG.

615 So auch *Krets*, S. 111; LK – *Tiedemann*, § 263 Rn. 302. Der Versicherer ist dabei gemäß § 81 Abs. 1 VVG leistungsfrei, da das Handeln des Repräsentanten dem Versicherungsnehmer zuzurechnen ist, vgl. *Schüll*, S. 45.

616 Vgl. BT-Drucks. 13/8587, S. 64; *Lackner/Kühl*, § 263 Rn. 66.

617 Sch/Sch – *Perron*, § 263 Rn. 189a.

a. Beteiligungsformen

Neben der (Allein-) Täterschaft besteht im Rahmen der Betrugsstrafbarkeit zudem die Möglichkeit, nach § 28 Abs. 2 StGB als Teilnehmer einer Tat belangt zu werden, sofern mehrere Personen an einer vorsätzlichen Straftat mitwirken.

Nach § 25 Abs. 1 StGB ist Täter, wer eine Straftat selbst oder durch einen anderen begeht. Eine täterschaftliche Beteiligung kann als Mittäterschaft oder als mittelbare Täterschaft erfolgen und ist bis zur Beendigung der Tat möglich.[618] Dabei ist Mittäterschaft dann anzunehmen, wenn mehrere die Straftat gemeinschaftlich begehen, § 25 Abs. 2 StGB. Im Einzelfall genügt für die Mittäterschaft ein auf der Grundlage gemeinsamen Wollens fördernder Beitrag, der sich lediglich auf eine Vorbereitungs- oder Unterstützungshandlung beschränkt.[619]

Eine Mittäterschaft ist nicht schon dadurch unmöglich, dass ein Beteiligter lediglich die Bereicherung eines Mittäters ausschließt, da der Tatbestand explizit auch eine Drittbereicherungsabsicht ausreichen lässt und gerade kein nur eigenes Tatinteresse gefordert wird.[620] Sofern es mehrere Beteiligte gibt, ist von einer Täterschaft bereits dann auszugehen, wenn der Täter lediglich einzelne Teilakte vollzieht.

Im Gegensatz dazu ist Teilnehmer, wer als Anstifter vorsätzlich einen anderen zu dessen vorsätzlich begangener rechtswidriger Tat bestimmt, § 26 StGB. Als Gehilfe wird ferner bestraft, wer vorsätzlich einem anderen zu dessen vorsätzlich begangener rechtswidriger Tat Hilfe geleistet hat, § 27 Abs. 1 StGB. Eine solche Gehilfenstellung kommt nach den allgemeinen Regeln dann in Betracht, wenn der Hilfeleistende weder Tatherrschaft, noch den Willen dazu hat.[621] Es genügt, dass der Gehilfe davon ausgeht, in rechtlich nicht tolerierter Weise das Risiko der Verwirklichung eines Betruges zu erhöhen.[622]

Problematisch ist an dieser Stelle die Abgrenzung zwischen Täterschaft und Teilnahme. Dabei werden verschiedene Theorien vertreten, nach denen entweder anhand von objektiven oder von subjektiven Kriterien abgegrenzt wird.

In der Strafrechtslehre wird überwiegend auf die materiell-objektive Theorie abgestellt, welche die Tatherrschaft als Täterkriterium betrachtet.[623] Danach ist derjenige als Täter anzusehen, der als Zentralgestalt des tatbestandsmäßigen Geschehens eine planvoll-lenkende bzw. mitgestaltende Tatherrschaft inne hat und folglich die Tatbestandsverwirklichung in seinen Händen hält.[624]

---

618 *Fischer*, § 263 Rn. 202 f.

619 *Fischer*, § 263 Rn. 202 f.; BGHSt 40, 299 (301).

620 LK – *Tiedemann*, § 263 Rn. 283.

621 *Wessels/Hillenkamp*, Rn. 590.

622 BGHSt 42, 135 (138); *Roxin*, JZ 1997, Anm. zum Urteil des BGH vom 21.04.1986 – 2 StR 661/85, S. 210 (211 f.).

623 *Kühl*, JA 2014, 668 (669).

624 MK StGB – *Joecks*, § 25 Rn. 13.

Die Rechtsprechung bezieht sich grundsätzlich auf die subjektive Theorie.[625] Wenn sämtliche Bedingungen für den Eintritt des Erfolges ebenbürtig sind und Täter, Anstifter und Gehilfe zu gleichen Teilen kausal für den Erfolgseintritt werden, soll eine Abgrenzung nicht mittels objektiver Kriterien erfolgen, sondern durch die subjektive Vorstellung der Beteiligten.[626] Es wird dahingehend auf die Willensrichtung und die innere Einstellung der Beteiligten abgestellt, dass Täter ist, wer die Tat als eigene will (animus auctoris); Teilnehmer ist hingegen, wer die Tat als fremde will (animus socii).[627] Allerdings versagt die subjektiv Theorie von vornherein bei allen Delikten, bei denen (auch) ein fremdnütziges Handeln unter Strafe gestellt ist – wie etwa bei § 263 StGB.[628]

Bei Berücksichtigung der Rechtsprechung für den Täter- / Teilnehmerwillen zur Abgrenzung sind Tendenzen zu erkennen, die den Grad des eigenen Interesses am Taterfolg, den Umfang der Tatbeteiligung, die Tatherrschaft oder doch den Wille zur Tatherrschaft als wesentliche Anhaltspunkte heranziehen.[629] Danach ist es nicht verwunderlich, dass die Ergebnisse beider Theorien selten voneinander abweichen.[630]

Ferner gilt bei § 263 Abs. 1 StGB, dass die Bereicherungsabsicht des subjektiven Tatbestands ein tatbezogenes, subjektives Unrechtselement darstellt und mithin nicht als besonderes persönliches Merkmal i.S.v. § 28 StGB zu behandeln ist.[631]

b. Versuchsstrafbarkeit

Die Strafbarkeit des Versuches ist beim Betrugsdelikt in § 263 Abs. 2 StGB geregelt. Er setzt die Vornahme einer auf Verwirklichung aller Tatbestandsmerkmale abzielende, jedoch nicht zum Erfolg gelangende Handlung voraus.[632] Im Rahmen der Versuchsprüfung ist zunächst bei der Tatbestandsmäßigkeit der subjektive Tatbestand im Rahmen des Tatentschlusses zu prüfen, bevor anschließend im objektiven Tatbestand die Voraussetzungen des § 22 StGB und mithin das unmittelbare Ansetzen geprüft wird.[633] Der Versuch beginnt mit dem unmittelbaren Ansetzen zur Täuschung bzw. beim Eingehungsbetrug mit einer mit der Täuschungshandlung einhergehenden, ernst gemeinten Vertragsofferte und erstreckt sich bis zum Eintritt der Vermögensschädigung und mithin bis zur Vollendung des Delikts.[634]

625 So bereits in der grundlegenden Entscheidung des Reichsgerichts vom 07.01.1881, RGSt 3, 181 (182), festgelegt, vgl. Sch/Sch – *Heine/Weißer*, Vor § 25 Rn. 52.

626 *Joecks*, § 25 Rn. 4.

627 Dölling/Duttge/Rössner – *Ingelfinger*, § 25 Rn. 6; RGSt 2, 160 (163).

628 *Kindhäuser*, § 38 Rn. 40.

629 *Kühl*, JA 2014, 668 (669); BGHSt 28, 346 (348); 34, 124 (125); 37, 287 (291); 53, 145 (154); BGH NJW 1999, 2449.

630 *Kühl*, JA 2014, 668 (669).

631 NK-StGB – *Kindhäuser*, § 263 Rn. 387.

632 *Fischer*, § 263 Rn. 195.

633 *Rengier*, BT 1, § 13 Rn. 255.

634 *Lackner/Kühl*, § 263 Rn. 65; BGH wistra 1996, 343 (344).

c. *Vollendung und Beendigung*

Vollendet ist der Betrug, mit Verwirklichung des gesetzlichen Tatbestandes und somit, wenn der Vermögensschaden zumindest teilweise eintritt.[635] Der angestrebte Vermögensvorteil muss dabei nicht erlangt sein.[636]

Die Beendigung ist gegeben, wenn der Vermögensvorteil endgültig eingetreten ist; damit beginnt die Verjährungsfrist zu laufen.[637]

3. Versicherungsspezifische Besonderheiten

Nach den allgemeinen Voraussetzungen der Norm soll in diesem Abschnitt auf die spezifischen Problemfelder der Betrugsstrafbarkeit eines Versicherungsvermittlers bei Personenversicherungen eingegangen werden. Dabei kommt eine Tatbestandsverwirklichung des Vermittlers in täterschaftlicher wie teilnehmender Begehungsweise in Betracht.

a. *Täterschaft*

Wirft man einen Blick auf die täterschaftliche Deliktsbegehung des Versicherungsvermittlers, so ist vorstellbar, dass dieser bei eigenen Fällen selbst die Rolle eines Versicherungsnehmers inne hat und bei der Antragstellung oder Schadensabwicklung durch gezielte Manipulationen betrügerisch handelt. Bei der Personengruppe der Versicherungsvermittler ist dabei zu beachten, dass diese aufgrund ihrer Ausbildung über besonderes Fach- und Branchenwissen verfügen, weswegen es ihnen insbesondere möglich ist, einen möglichen Versicherungsbetrug bei eigener Betroffenheit diskret und mitunter erfolgreich zu begehen.[638]

Ein vollendeter Eingehungsbetrug liegt bereits dann vor, wenn der Abschluss der Versicherung erfolgreich war. Soweit es nicht zum Abschluss kommt, ist von einem versuchten Eingehungsbetrug auszugehen.[639]

---

635 Dölling/Duttge/Rössner – *Duttge*, § 263 Rn. 85; RGSt 33, 78 (79); BGH NJW 1984, 987 (988).

636 Sch/Sch – *Perron*, § 263 Rn. 178; BGH MDR 1984, 508 (509); BGHSt 19, 342 (344); 32, 236 (243).

637 *Fischer*, § 263 Rn. 201; BGHSt 19, 342 (344).

638 Soweit der Vermittler allerdings selbst Versicherungsnehmer ist, wird die strafrechtliche Behandlung insoweit nicht von dieser Arbeit umfasst. Vertiefend zu dieser Problematik siehe *Schüll*, S. 46 ff., 171.

639 So der BGH in seinem Urteil vom 14.08.2009, 3 StR 552/08, in welchem er klarstellt, dass der Schaden bei der betrügerischen Eingehung von Lebensversicherungsverträgen bei den getäuschten Versicherungsunternehmen nicht erst mit Auszahlung der jeweiligen Versicherungsleistung eintritt, sondern bereits mit dem Abschluss der Versicherungsverträge (vgl. dazu auch NJW 2009, 3448 (3463)). Dieser Punkt wurde ferner vom BVerfG mit Beschluss vom 07.12.2011, 2 BvR 2500/09 bestätigt, vgl. NJW 2012, 907 (915).

Handelt der Versicherungsvermittler als Bindeglied zwischen dem Antragsteller als künftigem Versicherungsnehmer und dem Versicherer, so sind bereits im Zeitpunkt der Antragstellung Konstellationen denkbar, die eine Strafbarkeit dadurch begründen können, dass der Antragsteller durch falsche Auskünfte bzw. Ausführungen des Vermittlers einen Versicherungsantrag unrichtig ausfüllt und unterzeichnet. Nachdem sich die vorliegende Arbeit mit dem Vermittler im Versicherungsbereich „Leben" (etwa Kranken-, Lebens- und Unfallversicherung) beschäftigt, sollen die Problemfelder des Betrugstatbestands am Beispiel einer privaten Unfallversicherung aufgezeigt werden.[640]

Eine Strafbarkeit des Versicherungsvermittlers kommt dann in Frage, wenn dieser darauf hinwirkt, dass bei den Angaben für die Ermittlung der Gefahrengruppe des Anfrage- bzw. Antragstellers etwa Risikosportarten[641] verschwiegen werden, obwohl darüber vollständig und wahrheitsgemäß Auskunft zu erteilen ist. Dies kann dazu führen, dass der Versicherungsnehmer zwar über Jahre hinweg die Prämien für eine private Unfallversicherung einzahlt, im Versicherungsfall dann allerdings keine Leistungen erhält.

Dabei sind die Konstellationen denkbar, in denen ein Betrug des Versicherungsvermittlers zu seinem eigenen Vorteil, gegenüber und zum Nachteil der Versicherung sowie Zulasten des Antragstellers bzw. Versicherungsnehmers und zum Vorteil der Versicherung begangen wird.

(i) Betrug des Vermittlers (zum eigenen Vorteil)

Um den Versicherungsantrag des Antragstellers für eine private Unfallversicherung durch den Versicherer annehmen und policieren zu können, müssen auf dem Antragsformular Auskünfte zu Freizeit- und Sportaktivitäten gemacht werden. Sollte sich in Folge dieser Angaben ergeben, dass etwa eine Risikosportart oder sonstige Risikoparameter eine besondere Kategorisierung des Anfragenstellers erfordern, kann dies zu erhöhten Versicherungsbeiträgen, zum Ausschluss bestimmter Risikofaktoren oder zur Ablehnung des Antrags führen. Für den Vermittler bedeutet dies, dass er unter Umständen keine Provision für seine Vermittlungsbemühungen erhält, da die geänderten Bedingungen für den Anfragensteller uninteressant sind oder

---

640 Ein anderes Beispiel im Bereich der Personenversicherungen stellen Angaben bei Gesundheitsfragen dar, die nicht wahrheitsgemäß oder vollumfänglich beantwortet wurden. Dabei wird riskiert, dass der Versicherer im Versicherungsfall Leistungen verweigert, weil ihm grob fahrlässig Tatsachen verschwiegen wurden, die für den Vertragsschluss ausschlaggebend gewesen wären. Dieses Beispiel wird von *Schüll* auf den S. 172 ff. ausgeführt.

641 Die genaue Einordnung einer Sportart als „Risikosportart" bleibt dem jeweiligen Versicherer überlassen. Generell zu Risikosportarten gehören etwa solche, die mit der Teilnahme an Rennen mit Motorfahrzeugen (s. Ziff. 5.1.5. AUB 2014) oder in Zusammenhang mit Luftfahrzeugen stehen (s. Ziff. 5.1.4. AUB 2014), vgl. Allgemeine Unfallversicherungsbedingungen (AUB 2014) des Gesamtverbandes der Deutschen Versicherungswirtschaft e.V. – GDV – Stand 25.03.2014.

kein Vertragsschluss als Grundlage der Provisionierung möglich ist. In dieser Konstellation ist problematisch, ob der Betrugstatbestand dadurch verwirklicht werden kann, dass der Vermittler den Antragsteller dazu veranlasst, eine Betätigung von Risikosportarten dem Versicherer nicht mitzuteilen.

Eine Täuschung über Tatsachen liegt vor, wenn der Vermittler dem Antragsteller darlegt, dass eine betätigte Risikosportart vom Schutz der Unfallversicherung umfasst ist, obwohl ihm bekannt ist, dass es deswegen zu einem Ausfall des Versicherungsschutzes kommen kann. Ferner ist eine Täuschung durch Unterlassen dann gegeben, wenn der Vermittler zwar erkennt, dass der Antragsteller eine Risikosportart betreibt, er diesen aber nicht auf eine Pflicht zur Angabe derartiger Tätigkeiten auf dem Versicherungsantrag und die Folgen derartiger Angaben hinweist.

Durch die Täuschungshandlung wird bei dem Antragsteller ein Irrtum erweckt, denn i.d.R. dürfte ein Kunde einem Berater in Folge des grundsätzlich vorhandenen, überlegenen Fachwissens vertrauen und dessen Ausführungen für wahr erachten.

Die Vermögensverfügung ist in dem Abschluss der Unfallversicherung und somit in der Eingehung eines beiderseitig verpflichtenden Vertrags zu sehen.[642] Als Folge dieser Vermögensverfügung kommt es insoweit zu einem Vermögensschaden, als Risikosportarten grundsätzlich gerade nicht von einer privaten Unfallversicherung umfasst sind und bei dem Versicherungsnehmer trotz Prämienzahlung der gewünschte Versicherungsschutz ausbleibt.

Im Rahmen des subjektiven Tatbestands handelt der Versicherungsvermittler vorsätzlich, wenn er es absichtlich unterlässt, den Antragsteller über die Pflicht zur Mitteilung aufzuklären, dass dieser eine Risikosportart betreibt. Alternativ ist vorsätzliches Handeln darin zu sehen, dass er dem Antragsteller aktiv versichert, derartige Sportarten seien mitversichert und müssten nicht gesondert dem Versicherer mitgeteilt werden. Durch die Äußerung beabsichtigt er, bei dem Anfragesteller einen Irrtum zu erregen, der zu der Vermögensverfügung und dem Vermögensschaden führt.

Ferner muss er sich durch sein Handeln einen rechtswidrigen Vermögensvorteil verschaffen wollen, welcher das Gegenstück des Vermögensschadens seitens des Geschädigten bildet.[643] Wie oben dargestellt ist darin jede wirtschaftliche Verbesserung der Vermögenslage zu sehen, die eine Vermehrung der Aktivposten mit sich

---

642 *Fischer*, § 263 Rn. 71; LK – *Tiedemann*, § 263 Rn. 173. Dabei kann argumentiert werden, dass die Vermögensverfügung bereits zu dem Zeitpunkt getroffen wird, in dem der Antragsteller den Versicherungsantrag unterzeichnet und aus den Händen gibt. Ab diesem Zeitpunkt kann er rein physisch nicht mehr auf den Antrag einwirken, sodass er keinen Einfluss auf das Zustandekommen des Versicherungsvertrages durch die Annahme des Versicherers hat. Es ist allerdings zu beachten, dass dem Versicherungsnehmer bezüglich seiner Vertragserklärung innerhalb von 14 Tagen ein Widerrufsrecht nach § 8 Abs. 1 S. 1 VVG zusteht. Jedenfalls aber ist eine Vermögensverfügung in der Überweisung der Versicherungsprämie zu sehen (so auch *Schüll*, S. 173 Fn. 969).

643 Siehe bereits S. 74 ff. dieser Arbeit.

bringt. Durch den Abschluss der privaten Unfallversicherung entsteht ein Provisionsanspruch des Vermittlers gegen den Versicherer nach § 87 Abs. 1 S. 1 HGB.[644]

Problematisch ist allerdings, dass zwischen dem Vermögensschaden und dem –vorteil die notwendige Stoffgleichheit nicht besteht. Der Vermittler muss den Vorteil für diese Stoffgleichheit unmittelbar aus dem Vermögen des Geschädigten in der Weise erlangen wollen, dass der Vorteil die Kehrseite des Schadens darstellt.[645] Dabei geht die Rechtsprechung davon aus, dass eine Stoffgleichheit dann gegeben ist, wenn Vorteil und Schaden auf derselben Verfügung beruhen und der Vorteil zu Lasten des geschädigten Vermögens geht.[646]

In der vorliegenden Konstellation strebt der Vermittler allerdings eine Vermögensverfügung in Form der Provisionsauszahlung durch den Versicherer und nicht durch den Antragsteller an. Der Schaden des Antragstellers besteht auch nicht darin, dass seine Beiträge etwa dazu genutzt werden, den Provisionsanspruch des Vermittlers zu erfüllen.

Vielmehr ist sein Schaden in dem mangelnden Versicherungsschutz in Bezug auf die Risikosportarten zu sehen. Dieser Schaden hat denselben Entstehungsgrund wie der Vorteil des Vertreters in Form des Provisionsanspruchs gegen den Versicherer, vgl. § 87 Abs. 1 S. 1 HGB. Allerdings scheitert die Stoffgleichheit für einen eigennützigen Betrug letztendlich daran, dass der Vorteil des Vermittlers, Provisionen zu erhalten, nicht unmittelbar aus dem Schaden des Antragstellers entsteht, sondern aus dem Vermögen des Versicherers stammt.[647]

(ii) Betrug gegenüber und zum Nachteil des Versicherers

In der gleichen Konstellation macht sich der Vermittler allerdings eines eigennützigen Betrugs gegenüber und zum Nachteil des Versicherers strafbar. Dadurch, dass der Antrag des Antragstellers unter Angabe der Vermittlernummer des Täters beim Versicherer eingereicht wird, wird diesem konkludent erklärt, dass sämtliche Angaben durch den Versicherungsvermittler überprüft wurden und korrekt sind.

---

644 Dieser Anspruch kann bei einem Vermittler als „Makler" auch gegenüber dem beauftragenden Versicherungsnehmer entstehen, da er in dessen Lager steht. Bei einem Berater finden diese Ausführungen keine Anwendung, da dieser für sein Tätigwerden entlohnt wird und keine Provisionsansprüche Anwendung finden. Der Vermögensvorteil ist bei diesem darin zu sehen, dass er durch die Beratung sein Honorar rechtfertigt. Aufgrund der Übersichtlichkeit soll bei den vorliegenden Ausführungen im Folgenden von einem im Lager der Versicherung stehenden Versicherungsvertreter nach § 59 Abs. 2 VVG ausgegangen werden, wenn von dem „Vermittler" die Rede ist.

645 Sch/Sch – *Perron*, § 263 Rn. 168; *Jäger*, Jus 2010, 761 (765); *Wittig*, JA 2013, 401 (404); RGSt 67, 200 (201); BGHSt 6, 115 (116).

646 Sch/Sch – *Perron*, § 263 Rn. 168; BGHSt 34, 379 (391).

647 Sch/Sch – *Perron*, § 263 Rn. 169; BGH NJW 1961, 684 f.; OLG Celle NJW 1959, 399 (400); OLG Hamm NJW 1958, 513.

Das führt dazu, dass der Versicherer die Anfechtbarkeit des Versicherungsvertrages wegen arglistiger Täuschung verkennt.[648] Der zu Unrecht in dieser Form erfolgte Abschluss der privaten Unfallversicherung führt nach § 87 Abs. 1 S. 1 HGB zu der Auszahlung einer Provision an den Vermittler. Darin ist eine unmittelbar das Vermögen des Versicherers mindernde Verfügung zu sehen, aus welcher diesem durch die Anfechtbarkeit des Vertrages auch ein Schaden entsteht. In subjektiver Hinsicht ist durch die Kenntnis der fehlenden Angaben in Bezug auf eine Risikosportart eine vorsätzliche Handlungsweise gegeben. Zudem ist der eigene Vermögensvorteil durch die Provisionsauszahlung mit der vermögensmindernden Verfügung des Versicherers stoffgleich. Folglich ist eine Betrugsstrafbarkeit zum Nachteil des Versicherers gegeben.[649]

(iii) Betrug zu Lasten des Antragstellers und zum Vorteil des Versicherers

Es ist zudem eine Strafbarkeit des Versicherungsvermittlers in Form eines fremdnützigen Betruges zulasten des Antragstellers und zum Vorteil des Versicherers nach § 263 Abs. 1 StGB gegeben.[650] Auch hier liegt eine durch Täuschung und Irrtum hervorgerufene Vermögensverfügung samt Vermögensschaden auf Seiten des Antragstellers vor, wenn der Vermittler diesen – entweder durch aktives Einwirken oder durch unterlassene Aufklärung – dazu veranlasst hat, eine erforderliche Angabe bezüglich der ausgeübten Risikosportart im Rahmen des Antrags für die private Unfallversicherung verschwiegen zu haben.

Problematisch ist hier einzig, ob zugunsten des Versicherers eine Drittbereicherungsabsicht angenommen werden kann, die stoffgleich ist. Der Vertreter handelt dabei regelmäßig nur aus dem Bestreben heraus, einen eigenen Provisionsanspruch zu begründen. In derartigen Konstellationen, in denen der Vermittler eine Provisionszahlung des Versicherers nur dadurch erlangen kann, dass er den Antragsteller zugunsten des Versicherers schädigt, ist eine Aufspaltung in zwei Betrugsfälle erforderlich. Als erstes ist von einem Betrug mit Drittbereicherungsabsicht mit Hinblick auf den Antragsteller auszugehen. In einem zweiten Schritt wird der Betrug gegenüber dem Versicherer bejaht, wobei die Drittbereicherung lediglich als notwendiges Zwischenziel der letztlich beabsichtigten Selbstbereicherung anzusehen ist.[651] Der übrige Tatbestand ist ebenfalls unproblematisch erfüllt.

---

648 *Schüll*, S. 175.

649 So auch Sch/Sch – *Perron*, § 263 Rn. 169; OLG Celle NJW 1959, 399; vgl. dazu *Berz*, NJW 1973, Anm. zum Beschluss des BayObLG vom 23.11.1972 –7 St 219/72, S. 1337 f.

650 Siehe *Schüll*, S. 174, in Bezug auf das Verschweigen von Vorerkrankungen.

651 Vgl. NK-StGB – *Kindhäuser*, § 263 Rn. 365 m.w.N., der in einer derartigen Konstellation generell von „Provisionsvertreterfällen“ spricht.

(iv) Konkurrenzen

Da durch einen gemeinsamen Tatablauf und einem räumlich wie zeitlich engem Zusammenhang der beiden Betrugstaten auszugehen ist, liegt eine natürliche Handlungseinheit vor. Auch wenn unterschiedliche Geschädigte durch eine Betrugstat betroffen wurden, ist demnach von einem Betrug nach §§ 263 Abs. 1, 52 Abs. 1 StGB auszugehen.[652]

b. Teilnahme

Neben einer täterschaftlichen Handlungsweise kann sich der Versicherungsvermittler auch einer Beteiligung an einem Betrug strafbar machen. So ist etwa ein kollusives Handeln dahingehend denkbar, dass der Versicherungsvertreter ein gewisses Provisionsinteresse (nach Abschluss- und Bestands- bzw. Folgeprovision) verfolgt. Der Versicherungsnehmer seinerseits kann ein mit den Vorstellungen des Vermittlers kongruierendes Interesse an Versicherungsschutz sowie Schadensregulierung verfolgen.[653]

Um derartige Konstellationen aufzuzeigen, soll das oben angeführte Beispiel der privaten Unfallversicherung insoweit abgeändert werden, als eine unrechtmäßige Unfallmeldung einer ordnungsgemäß abgeschlossenen, privaten Unfallversicherung erfolgt.[654] Dabei ist zu unterscheiden, ob der Versicherungsvermittler die Unfallmeldung selbst erstellt oder Hilfestellungen für diese an den Versicherungsnehmer gibt.

(i) Eigene Erstellung einer Unfallmeldung

Zunächst soll eine mögliche Betrugsstrafbarkeit des Versicherungsvermittlers für den Fall erörtert werden, dass er eine fingierte Unfallmeldung eines Versicherungsnehmers erstellt und diese bei dem Versicherer einreicht. Festzuhalten ist zunächst, dass der Vermittler bei dem Vorgang selbst als Zentralgestalt des tatbestandsmäßigen Geschehens eine planvoll-lenkende Tatherrschaft innehat und die Tatbestandsverwirklichung jedenfalls soweit in seinen Händen hält, als er darüber entscheidet, ob und in welcher Form die Meldung eingereicht wird.[655]

Allerdings greift hier die oben (vgl. S. 89 f. dieser Arbeit) angeführte Schwäche der (älteren) Animus-Rechtsprechung dahingehend, dass der Vermittler die Unfallmitteilung und damit die Betrugshandlung für einen anderen, nämlich für den

---

652 Siehe auch NK-StGB – *Kindhäuser*, § 263 Rn. 407; LK – *Lackner*, § 263 Rn. 331; Dölling/Duttge/Rössner – *Duttge*, § 263 Rn. 105; BGHSt 47, 1 (2); anders jedoch *Schüll, S. 175*, der bei ähnlicher Konstellation von einer Strafbarkeit wegen Betrugs in zwei Fällen gleichartiger Tatmehrheit ausgeht.

653 So auch *Lindenau*, S. 334.

654 Ein anderes Beispiel stellt eine manipulierte Schadensanzeige im Rahmen einer Sachversicherung (etwa einer Haftpflichtversicherung) dar. Siehe dazu *Schüll*, S. 179.

655 Damit ist der materiell-objektiven Theorie genüge getan, vgl. Fn. 623 dieser Arbeit.

Versicherungsnehmer, und nicht für sich selbst will. Danach handelt der Vermittler nicht mit dem animus auctoris, sondern dem animus socii, was ihn lediglich zu einem Teilnehmer machen würde. Hieran kann man erkennen, dass die von der neueren Rechtsprechung angewendeten Grundsätze der normativen Kombinationstheorie einem Versagen der subjektiven Theorie in der vorliegenden Konstellation vorgreifen. Nach dieser Theorie ist noch der Wille zur Tatherrschaft, das Interesse am Taterfolg, der Umfang der Tatbeteiligung und die Tatherrschaft zu berücksichtigen. Nachdem der Vermittler ein eigenes Interesse am Taterfolg hat (etwa Kundenbindung bzw. Empfehlungen oder Folgegeschäft) und daher sämtliche notwendigen Handlungsschritte selbst ergreift, kommt man danach ebenfalls zu einer Betrugsstrafbarkeit.

Hier stellt sich jedoch noch eine weitere Problematik im Rahmen der Irrtumsprüfung des Versicherers bei § 263 Abs. 1 StGB. Handelt es sich bei dem Vermittler nicht um einen Makler, der ohnehin „im Lager" des Versicherungsnehmers steht, sondern um einen Versicherungsvertreter nach § 59 Abs. 2 VVG, so ist denkbar, dass sein Wissen dem Versicherer, in dessen „Lager" er steht, mit der Folge zuzurechnen ist, dass ein Irrtum ausgeschlossen werden kann.

Zivilrechtlich kann eine derartige Wissenszurechnung an §§ 166, 278 und 831 BGB anknüpfen und darüber hinaus von dem Gedanken abgeleitet werden, dass derjenige (der Versicherer), der einen anderen (den Versicherungsvertreter) mit Entscheidungsgewalt betraut, um sich so einfacher am Rechtsverkehr beteiligen zu können, auch dessen Willensmängel und Kenntnisse gegen sich gelten lassen muss.[656] Zivilrechtlich besteht dabei die anerkannte Möglichkeit, fremdes Wissen sogar ohne Einräumung rechtsgeschäftlicher Vertretungsmacht zuzurechnen.

Diese Argumentation könnte insoweit auf das Strafrecht Anwendung finden, als bei dem ähnlichen Problem des Dreiecksbetruges explizit dargestellt wird, dass derjenige, der eine originäre Entscheidung an andere abwälzt, das Risiko der Fehlentscheidung tragen und sich den Irrtum des Entscheidenden zurechnen lassen muss.[657]

Im Rahmen des Dreiecksbetruges kommt eine Strafbarkeit nicht nur bei rechtsgeschäftlich eingeräumten Befugnissen des irrenden Verfügenden, sondern ferner auch dann in Betracht, wenn dieser „im Lager" des Geschädigten steht und aufgrund seines bereits im Vorfeld der Verfügung vorhandenen, faktischen Näheverhältnisses zum Vermögen des Geschädigten in der Lage war, die Verfügung vorzunehmen.[658]

---

656 LK – *Tiedemann*, § 263 Rn. 82.

657 *Backmann*, S. 152 f.

658 LK – *Tiedemann*, § 263 Rn. 82. Diese Ansicht setzt sich im Übrigen auch bei dem wirtschaftlich-juristischen Vermögensbegriff im Rahmen des Dreiecksbetrugs insoweit fort, als ein „Näheverhältnis" in Form einer engeren Beziehung zu dem betroffenen Vermögen in Relation zu Außenstehenden für eine Zurechnungseinheit zwischen Geschädigtem und Verfügendem erforderlich ist, LK – *Tiedemann*, § 263 Rn. 115, *Küper*/Zopfs, S. 407. Gegen das Erfordernis eines Näheverhältnisses siehe *Ebel*, Jura 2008, 256 ff.

Vorsichtig formuliert könnte somit auch im Strafrecht die Zurechnung des Wissens eines Repräsentanten als allgemeines Prinzip bezeichnet werden, sofern es nicht um höchstpersönliche Tätermerkmale wie Vorsatz und Schuld geht.[659] Als Wissensvertreter des Geschädigten kann dabei jedoch nur agieren, wer nach der Arbeitsorganisation des Geschäftsherren dazu bestimmt ist, im Rechtsverkehr als dessen Repräsentant bestimmte Aufgaben in eigener Verantwortung zu erledigen und die im Rahmen dieser Tätigkeit anfallenden Informationen zur Kenntnis zu nehmen und weiterzugeben.[660] Unerheblich ist dabei, ob er Vertretungsmacht hat, zum Wissensvertreter bestellt wurde oder ob der Geschäftsherr die Wissenszurechnung überhaupt wollte.[661]

Je nach Einzelfall bedarf es dabei jedoch einer Differenzierung. Sofern kollusives Zusammenwirken zwischen Täuschendem (hier der Versicherungsnehmer) und einem die Täuschung durchschauenden, aber pflichtwidrig den Verfügenden (in unserem Fall die Versicherung) nicht aufklärenden Repräsentanten (der Vermittler) gegeben ist, wird die an sich mögliche Wissenszurechnung durch die Handlungszurechnung nach § 25 Abs. 2 StGB überlagert.[662] Dies ist umso mehr anzunehmen, als der Vermittler den Unfallbericht selbst anfertigt. Es ist – wie in unserem Fall – von einem mittäterschaftlich begangenen Betrug nach §§ 263 Abs. 1, 25 Abs. 2 StGB auszugehen.

Eine andere Betrachtungsweise ist erforderlich, wenn der Repräsentant eine aktive (ausdrückliche oder konkludente) Täuschung durchschaut, jedoch den Verfügenden (hier: den Versicherer) pflichtwidrig bewusst nicht aufklärt, ohne mit dem Täuschenden zu kolludieren; dabei fehlt es an dem Zurechnungszusammenhang zwischen Täuschung und Irrtum des Verfügenden, da der Irrtumserfolg dem fremden Verantwortungsbereich des wissenden Repräsentanten zugeordnet werden muss. Insoweit liegt lediglich ein Betrugsversuch des Täuschenden vor, wenn er nicht erkennt, dass der Repräsentant die Täuschung durchschaut.[663]

(ii) Hilfestellung bei der Erstellung einer Unfallmeldung

Unter Heranziehung dieser Ausführungen kann auch gleich der zweite Fall einer täterschaftlichen Begehungsweise betrachtet werden, bei der der Versicherungsnehmer lediglich Hilfestellungen für eine unauffällige Ausgestaltung der Unfallmeldung erhält, der Vermittler aber darüber hinaus keine aktive Tätigkeit unternimmt. Dabei ist fraglich, welche Form der Beteiligung für den Vermittler in Betracht kommt.

Zunächst ist an ein mittäterschaftliches Handeln des Vermittlers i.S.d. § 25 Abs. 2 StGB zu denken, wodurch ihm die Täuschungshandlung des Versicherungsnehmers zuzurechnen wäre. Nach der materiell-objektiven Theorie der Strafrechtslehre bedarf

---

659 LK – *Tiedemann*, § 263 Rn. 82. Vgl. dazu ferner *Otto*, Jura 2002, 606 (661).
660 LK – *Tiedemann*, § 263 Rn. 82.
661 LK – *Tiedemann*, § 263 Rn. 82; *Tiedemann*, FS Klug, S. 405 (414).
662 So auch das BayObLG NStZ 2009, 91 (92); *Fischer*, § 25 Rn. 68.
663 LK – *Tiedemann*, § 263 Rn. 82.

es für die Stellung als Mittäter für den Vermittler einer planvoll-lenkenden bzw. mitgestaltenden Tatherrschaft; der Vermittler muss also die Tatbestandsverwirklichung in seinen eigenen Händen halten. Vorliegend leistet der Versicherungsvermittler lediglich Hilfestellung für die Angaben der Unfallmeldung. Die letztendliche Ausführung der Meldung sowie die Einreichung obliegt gänzlich dem Versicherungsnehmer, weswegen nach dieser Ansicht von keiner Mittäterschaft auszugehen ist.

Die normative Kombinationstheorie der Rechtsprechung setzt demgegenüber bei der Abgrenzung des Täter- vom Teilnehmerwillen voraus, dass ein eigenes Interesse am Taterfolg, ein gewisser Umfang der Tatbeteiligung, eine Tatherrschaft oder jedenfalls der Wille zur Tatherrschaft gegeben ist. Auch danach ist der Vermittler nicht als Mittäter gemäß § 25 Abs. 2 StGB zu qualifizieren.

Selbst, wenn die Kundenzufriedenheit des Versicherungsnehmers als eigenes Interesse des Vermittlers gesehen werden kann, so ist diese jedoch nicht ausgeprägt genug, um eine aktiv intendierte Täuschungshandlung des Versicherungsvermittlers zu begründen. Dafür hätte der Vermittler nicht nur fremdes Tun fördern dürfen, sondern seinen Beitrag als Teil der Tätigkeit des anderen und umgekehrt dessen Tun als Ergänzung seines eigenen Tatanteils beabsichtigen müssen.[664] Dafür ist es nicht ausreichend, einzig Hilfestellungen für eine unauffällige Ausgestaltung der Unfallmeldung zu geben.

Allerdings ist in der Handlung des Vermittlers eine Beihilfe zum Betrug nach § 27 StGB zu sehen, da seitens des Versicherungsnehmers eine vorsätzliche und rechtswidrige Haupttat i.S.d. § 263 Abs. 1 StGB gegeben ist und die Unterstützungshandlung für eine falsche Erstellung der Unfallmeldung eine objektive Hilfeleistung für den Versicherungsbetrug des Versicherungsnehmers darstellt.[665]

VII. Versicherungsmissbrauch, § 265 StGB

Neben § 263 StGB ist § 265 StGB eine weitere Strafvorschrift, die für den Versicherungsvermittler relevant sein kann. Sie soll vor ungerechtfertigter Inanspruchnahme von Versicherungsleistungen des Versicherers schützen und sieht Freiheitsstrafe bis zu drei Jahren oder Geldstrafe vor. Allerdings ist der genaue Schutzzweck der Norm schwer zu bestimmen.[666] Rechtsgut der Norm ist jedenfalls das Vermögen der Versicherung; die h.M. will ferner noch das Allgemeingut der sozialen Leistungs- sowie der Funktionsfähigkeit der Versicherungswirtschaft schützen.[667]

664 BGH NStZ-RR 2010, 236.

665 So auch *Schüll*, S. 180.

666 Sch/Sch – *Perron*, § 265 Rn. 2.

667 *Fischer*, § 265 Rn. 2; *Geppert*, Jura 1998, 382 (383); *Rengier*, BT I, § 15 Rn.2; *Mitsch*, ZStW 111, 64 (116); *Rönnau*, JR 1998, 441 (442).

Zweck der Vorschrift ist allerdings nicht der Schutz der Personenversicherungen, sondern in erster Linie der Schutz der Sachversicherer vor in betrügerischer Absicht vorgenommenen Vortäuschungen von Versicherungsfällen.[668]

Der Ausschluss dieses Versicherungszweiges erscheint allerdings wenig einleuchtend, da insbesondere im Vergleich der Lebensversicherung Versicherungssummen in Relation zu den anderen Versicherungsbereichen hoch ausfallen, weswegen selbst bei wenigen Missbrauchsfällen die Gefahr eines hohen wirtschaftlichen Schadens besteht.[669]

Nachdem in der Lebensversicherung der vorgetäuschte Tod bzw. der Versicherungsmord eher seltene Tattechniken sind[670], soll die hohe Missbrauchsgefahr im Rahmen der Lebensversicherung zunächst anhand des Beispiels eines verdeckten Selbstmordes dargestellt werden. Gemäß § 161 Abs. 1 S. 1 VVG gilt, dass der Versicherer bei einer Versicherung für den Todesfall nicht zur Leistung verpflichtet ist, wenn die versicherte Person sich vor Ablauf von drei Jahren nach Abschluss des Versicherungsvertrags vorsätzlich selbst getötet hat.

Diese Vorschrift soll gewährleisten, dass der gezielte, arglistige Abschluss einer Lebensversicherung im Kontext einer geplanten Selbsttötung ausgeschlossen ist und seine überlebenden Erben innerhalb dieser drei Jahre keine Auszahlung seitens des Versicherers erhalten.[671] Als Folge der Vorschrift wird Selbstmord des Öfteren als Unfall bzw. natürlicher Tod dargestellt und ein Versicherungsfall so betrügerisch vorgetäuscht.[672]

Ein anderer Bereich bei den Personenversicherungen, in dem es immer wieder zu Täuschungen des Versicherers mit großem wirtschaftlichem Ausmaß kommt, ist das Unfall- und Krankenversicherungswesens. Zum einen werden versicherungspflichtige Krankheiten vorgetäuscht, die so tatsächlich gar nicht eingetreten sind.[673] Zum anderen ist auch die Konstellation gegeben, in der eine Krankheit zwar eingetreten ist, diese jedoch auf Tatsachen beruht, die eine Versicherungspflicht tatsächlich nicht auslösen würden.[674] Ferner können noch betrügerische Angaben

---

668 *Fischer*, § 265 Rn. 2; *Geppert*, Jura 1998, 382 (383). Die Vorschrift soll insbesondere der Entwicklung entgegentreten, dass das Vortäuschen von Versicherungsfällen bei Kfz-Kasko-Versicherungen sowie bei Gebäude- (Brand) und Hausratversicherungen mitunter stark zugenommen hat, vgl. *Fischer*, § 265 Rn. 2.

669 *Krets*, S. 32.

670 *Krets*, S. 32.

671 *Wendt*, S. 36.

672 *Krets*, S. 32.

673 So *Krets*, S. 33, der weiter ausführt, dass man insoweit von „Simulation" spricht. *Geerds* führt in diesem Zusammenhang an, dass dazu oft von Ärzten Atteste leichtfertig, arglistig oder aus Gefälligkeit ausgestellt werden, vgl. *Geerds*, S. 83.

674 Dabei spricht man von „Dissimulation", vgl. *Krets*, S. 33; *Geerds*, S. 85. Als Beispiel dafür ist etwa eine Verletzung anzuführen, die bei dem Versicherer als Arbeitsunfall angegeben wird, sich tatsächlich aber im Rahmen einer sportlichen Freizeitbeschäftigung ereignet hat.

in der Form erfolgen, dass Schäden schlimmer dargestellt werden, als sie in Wirklichkeit gegeben waren[675] oder aber Krankheiten arglistig verlängert werden.[676] Es gibt sogar Erscheinungsformen, in denen das betrügerische Herbeiführen eines Personenschadens durch vorübergehende Selbstschädigung oder sogar bleibende Selbstverstümmelung betrieben wurde.[677]

Unabhängig davon, dass es wenig nachvollziehbar erscheint, Personenversicherungen generell von der Missbrauchsstrafbarkeit des § 265 StGB auszuschließen, so ist eine weitergehende Erörterung vorliegend nicht erforderlich, da die Vorschrift in der Praxis für Versicherungsvermittler ohnehin nur eine untergeordnete Rolle spielt.[678] Dafür sind mehrere Gründe ersichtlich.

Zunächst ist § 265 StGB subsidiär zum Versicherungsbetrug. § 263 StGB ist – jedenfalls im Versuchsstadium – bereits dann gegeben, wenn der Versicherungsnehmer die Hilfe des Vermittlers in Anspruch nimmt. Ferner schützt – wie aufgezeigt – § 265 StGB nur gewisse Bereiche der Sachversicherung und gerade nicht die Personenversicherungen. Aus praktischer Sicht wird die Manipulation auch nur in Ausnahmefällen vom Versicherer im Vorfeld aufgedeckt, wenn sich dieser erst nach Eingang der Schadensanzeige mit der Aufklärung des Schadenssachverhalts beschäftigt. Schließlich wird der Vermittler auch nur in den seltensten Fällen vom Versicherungsnehmer bei dem Versicherer oder der Staatsanwaltschaft angezeigt.[679]

VIII. Untreue, § 266 StGB

Als Straftatbestand im Versicherungskontext kommt ferner die Untreue nach § 266 StGB in Betracht. Zusammen mit dem Betrug bildet die Untreue den Kernbereich des Vermögensstrafrechts.[680] Zunächst soll dabei auf die tatbestandlichen Voraussetzungen eingegangen werden, bevor spezifische Problemstellungen bei der Vermittlung von Versicherungen durch die verschiedenen Vermittlertypen erörtert werden.

1. Tatbestandliche Voraussetzungen

Untreue nach § 266 StGB ist die Schädigung fremden Vermögens durch vorsätzliche Verletzung einer Vermögensbetreuungspflicht. Geschützes Rechtsgut der Untreue nach § 266 StGB, bei der es sich um ein reines Fremdschädigungsdelikt ohne

---

675 In diesem Fall spricht man von einer „Aggravation".

676 Diesbezüglich wird der Terminus „Prolongation" verwendet, vgl. *Krets*, S. 33, *Gerds*, S. 86.

677 *Krets*, S. 33. So gab es beispielsweise eine auffällige Häufung von Fällen, in denen sich Ärzte einen Finger amputierten, da bereits im Falle des Verlustes eines einzigen Fingers eine 100%-ige Invalidität von Versicherern festgestellt wurde, vgl. *Zopfs*, VersR 1999, 265 (273).

678 So auch *Schüll*, S. 184.

679 *Schüll*, S. 184.

680 *Joecks*, § 266 Rn. 7.

Bereicherungstendenzen handelt, ist allein das Vermögen.[681] Im Gegensatz zum Betrug, der täuschende Zugriffe von außen sanktioniert, schützt § 266 StGB fremdes Vermögen vor schädigenden Pflichtverletzungen von innen.[682]

Die Vorschrift enthält zwei Alternativen, den Missbrauchstatbestand und den Treubruchstatbestand. Während der Missbrauchstatbestand das Vermögen vor den Gefahren schützt, welche sich aus der Gewährung der Dispositionsbefugnis im Außenverhältnis ergibt, betrifft der Treubruchstatbestand die Risiken, die aus der Einräumung der Dispositionsbefugnis im Innenverhältnis resultieren.[683]

Das Verhältnis zwischen den beiden Tatbestandalternativen ist umstritten.[684] Nach der Mindermeinung sind beide selbstständig und begrifflich verschieden.[685] Demgegenüber führt die h.M. aus, dass der Missbrauchstatbestand nur einen enger und präziser gefassten, speziell geregelten Anwendungsfall des Treubruchstatbestands darstellt, weswegen dem Ersten gegenüber dem Letzteren der Vorrang als lex specialis einzuräumen ist.[686]

a. Missbrauchstatbestand

Der Missbrauchstatbestand verlangt den Missbrauch einer durch Gesetz, behördlichen Auftrag oder Rechtsgeschäft eingeräumten Befugnis, über fremdes Vermögen zu verfügen oder einen anderen zu verpflichten, § 266 Abs. 1 1. Alt. StGB. Der Missbrauch der Befugnis ist dann gegeben, wenn der Vermögensbetreuungspflichtige sich im Rahmen des ihm im Außenverhältnis zu Dritten eingeräumten rechtlichen Könnens hält, aber die ihm im Innenverhältnis zum Vertretenen gezogenen Grenzen seines rechtlichen Dürfens überschreitet.[687]

Als Befugnis ist die Rechtsmacht zu sehen, in wirksamer Weise über Vermögensrechte eines anderen durch Übertragung, Aufhebung, Belastung oder Änderung zu verfügen.[688] Zu beachten ist dabei, dass der Missbrauch – abgesehen von Fällen der hoheitlichen Verfügung – stets ein rechtsgeschäftliches Handeln insoweit voraussetzt, als der Täter den Dritten im Außenverhältnis rechtlich wirksam bindet; eine Schädigung rein tatsächlicher Art genügt nicht.[689] Von keinem Missbrauch ist

---

681 *Rengier*, BT I, § 18 Rn. 1. Dabei geschützt ist das Vermögen des Treugebers als Ganzes, nicht jedoch die Dispositionsbefugnis, vgl. Dölling/Duttge/Rössner – *Beukelmann*, § 266 Rn. 5.

682 *Salinger*, JA 2007, 326 (327).

683 Sch/Sch – *Perron*, § 266 Rn. 2.

684 Zum historischen Kontext des Streits siehe NK-StGB – *Kindhäuser*, § 266 Rn. 11 ff.

685 BGH NJW 1954, 1616; Sch/Sch – *Perron*, § 266 Rn. 2.

686 *Keller*, JR 1983, Anm. zum Urteil des BGH vom 11.11.1982 – 4 StR 406/82, S. 515 (516); *Wessels/Hillenkamp*, Rn. 749; *Mitsch*, JuS 2011, 97 (98).

687 BGHSt 5, 61 (63); MK StGB – *Dierlamm*, § 266 Rn. 32. Siehe dazu ferner *Seier/ Martin*, JuS 2001, 874 ff.

688 *Fischer*, § 266 Rn. 10.

689 *Rengier*, BT I, § 18 Rn.8.

auszugehen, wenn der Täter schon nicht im Rahmen seines rechtlichen Könnens handelt, indem er seine Befugnis auch im Außenverhältnis überschreitet.[690]

Fremdes Vermögen ist die Summe aller geldwerten Güter nach Abzug der Verbindlichkeiten, welche nach materiellem, insbesondere Bürgerlichem Recht, nicht dem Täter allein zuzurechnen ist.[691]

Ferner bedarf es einer Vermögensbetreuungspflicht. Diesbezüglich wird mittlerweile in der neueren Rechtsprechung und der h.M. die Auffassung vertreten, eine Verletzung der Vermögensbetreuungspflicht als Tatbestandsmerkmal wird nicht nur im Treubruchstatbestand, sondern auch im Missbrauchstatbestand vorausgesetzt.[692] Für diese Ansicht spricht, dass der Wortlaut des § 266 Abs. 1 StGB „[...] und dadurch dem, dessen Vermögen er zu betreuen hat" sich auf beide Tatbestandsalternativen bezieht und dass an die speziellere Form der Untreue die gleichen Anforderungen wie an die allgemeinere zu stellen sind.[693]

Eine Vermögensbetreuungspflicht ist dann gegeben, wenn der Betreuende die Geschäftsbesorgung für einen anderen in einer nicht ganz unbedeutenden Angelegenheit mit einem Aufgabenkreis von einigem Gewicht und einem gewissen Grad von Verantwortlichkeit ausführen muss.[694]

Als Folge der Überschreitung des eingeräumten rechtlichen Dürfens muss der Täter dem Geschädigten ferner einen Nachteil in Form eines Vermögensschadens zufügen, wobei dieser auf die Pflichtwidrigkeit zurückführbar sein und mit ihr in einem Zurechnungszusammenhang stehen muss.[695]

b. Treubruchstatbestand

Für den Treubruchstatbestand i.S.d. § 266 Abs.1 2. Alt. StGB ist erforderlich, dass der Täter die ihm kraft Gesetzes, behördlichen Auftrags, Rechtsgeschäfts oder aufgrund eines faktischen Treueverhältnisses obliegende Pflicht, fremde Vermögensinteressen wahrzunehmen, verletzt und dadurch der Person, dessen Vermögensinteressen er zu betreuen hat, Nachteile zufügt.[696]

Das Treueverhältnis kann somit zum einen auf den gleichen außerstrafrechtlichen Grundlagen wie beim Missbrauchstatbestand beruhen, sich aber darüber

---

690 Dölling/Duttge/Rössner – *Beukelmann*, § 266 Rn. 22. Kein Missbrauch ist ferner in der Konstellation des kollusiven Zusammenwirkens mit einem Dritten gegeben, auch wenn der Täter sich formell innerhalb der Befugnis hält, vgl. Park – *Zieschang*, § 266 Rn. 13.

691 *Lackner/Kühl*, § 266 Rn. 1, 3.

692 BGHSt 24, 386 (387); 33, 244 (250); BGH wistra 1991, 305 (307); *Wessels/Hillenkamp*, Rn. 749.

693 *Wessels/Hillenkamp*, Rn. 749.

694 BGHSt 13, 315 (317); 24, 386 (387); *Wessels/Hillenkamp*, Rn. 752.

695 BGHSt 46, 30 (34); *Wessels/Hillenkamp*, Rn. 752.

696 MK StGB – *Dierlamm*, § 266 Rn. 161.

hinaus auch auf ein rein tatsächliches Verhältnis beziehen, welches jedoch zunächst rechtlich begründbar sein muss.[697]

Eine Pflichtverletzung im Rahmen der Treuepflicht kann sowohl durch rechtsgeschäftliches Handeln wie auch durch tatsächliches Verhalten begangen werden und in einem positiven Tun ebenso wie einem Unterlassen bestehen.[698]

Da der Tatbestand so weit gefasst ist, dass nahezu jede Vertragsverletzung pönalisiert werden kann[699], sind sowohl von Seiten der Lehre wie auch der Rechtsprechung strenge Anforderungen an die Vermögensbetreuungspflicht zu setzten.[700] So wird im Rahmen der Vermögensbetreuungspflicht gefordert, dass die Pflicht zur Wahrnehmung fremder Vermögensinteressen den wesentlichen und typischen Inhalt des rechtlich begründenden oder faktisch bestehenden Treueverhältnisses bildet und mithin dessen Hauptgegenstand und nicht lediglich eine Nebenpflicht ist.[701]

Als Konsequenz der Pflichtverletzung bedarf es der Zufügung eines Nachteils in Form eines Vermögensschadens, wobei auch hier auf die Ausführungen des Vermögensschadens im Rahmen der Betrugsstrafbarkeit verwiesen werden kann.[702]

Im Rahmen des subjektiven Tatbestands ist bedingter Vorsatz nötig, der sich auf alle objektiven Tatbestandsmerkmale bezieht.[703] Die Rechtsprechung stellt – insbesondere bei nicht eigennützigem Handeln – an den Nachweis des Vorsatzes zur Einengung des Tatbestands strenge Anforderungen.[704] Dafür muss sich der Täter

---

697 *Lackner/Kühl*, § 266 Rn. 10. Dies ist etwa dann der Fall, wenn das zugrundeliegende Geschäft aus rechtlichen Gründen nichtig ist.

698 Sch/Sch – *Perron*, § 266 Rn. 35.

699 Es herrschte mitunter Uneinigkeit darüber, ob der Tatbestand überhaupt mit Hinblick auf das Bestimmtheitsgebot gem. Art. 103 Abs. 2 GG verfassungsmäßig sei, da er sowohl die unbestimmten Merkmale des „Treueverhältnisses“ und der „Pflicht, fremde Vermögensinteressen wahrzunehmen“ beinhaltet, als auch kein Tätigkeitswort enthält, welches die „Tat“ beschreibt, vgl. für eine Verfassungswidrigkeit MK StGB – *Dierlamm*, § 266 Rn. 3 sowie *Kargl*, ZStW 113, 565 (589 f.); für die Verfassungsmäßigkeit *Ransiek*, ZStW 116, 640 ff. m.w.N. Der Streit wurde jedoch durch einen Beschluss des BVerfG vom 23.06.2010 – 2 BvR 2559/08; 2 BvR 105/09; 2 BvR 491/09 insoweit entschieden, als der Untreuetatbestand mit dem Bestimmtheitsgebot des Art. 103 Abs. 2 GG zu vereinbaren sei, wobei insbesondere auf die Figur des Gefährdungsschadens abgestellt wurde, siehe dazu auch *Böse*, Jura 2011, Besprechung des Beschlusses des BVerfG vom 23.06.2010 – 2 BvR 2559/08; 2 BvR 105/09; 2 BvR 491/09, S. 617 ff.; *Salinger*, NJW 2010, 3195 ff.

700 *Wessels/Hillenkamp*, Rn. 770.

701 BGHSt 1, 186 (188 f.); 22, 190 (191); *Rengier*, BT I § 18 Rn. 15 ff. Für Beispiele, bei denen eine Treuepflicht angenommen bzw. abgelehnt wurde, siehe *Fischer*, § 266 Rn. 48 f.

702 vgl. *Joecks*, § 266 Rn. 39. Der Vermögensschaden bei § 266 Abs. 1 StGB entspricht dem des § 263 Abs. 1 StGB, siehe S. 74 ff. dieser Arbeit.

703 *Wessels/Hillenkamp*, Rn. 781.

704 Siehe etwa BGHSt 3, 23 (25); BGH NJW 1975, 1234 (1236); 1983, 461; 1984, 800 (801); NK-StGB – *Kindhäuser*, § 266 Rn. 123.

bewusst sein, gegen die im Innenverhältnis gesetzten Grenzen der Verpflichtungs- oder Verfügungsbefugnis bzw. die sich sonst aus dem Innenverhältnis ergebenden Pflichten zu verstoßen, wobei eine entsprechende Parallelwertung in der Laiensphäre genügt.[705]

Als Täter kann nach § 266 StGB nur strafbar sein, wer selbst eine Vermögensbetreuungspflicht hat, da es sich um ein Sonderdelikt handelt.[706] Außenstehende ohne Vermögensbetreuungspflicht können hingegen lediglich Teilnehmer sein.[707] Auf sie ist § 28 Abs. 1 StGB zwingend anzuwenden, da es sich bei der Betreuungspflicht um ein besonderes strafbegründendes Merkmal handelt.[708] Der Strafrahmen der Norm beträgt Freiheitsstrafe bis zu fünf Jahren oder Geldstrafe.

2. Besonderheiten bei Vermittlern

Die Strafbarkeit des Versicherungsvermittlers nach § 266 StGB hängt im Wesentlichen zunächst davon ab, ob es sich um einen Versicherungsvertreter oder Versicherungsmakler handelt.

a. Versicherungsvertreter

Bei dem Versicherungsvertreter ist im Hinblick auf § 266 StGB nochmals zwischen einer Strafbarkeit gegenüber dem Versicherungsnehmer sowie gegenüber dem Versicherer zu unterscheiden.

(i) Strafbarkeit gegenüber dem Versicherungsnehmer

Es stellt sich hierbei zunächst die Frage, ob eine Strafbarkeit eines Versicherungsvertreters i.S.d. § 59 Abs. 2 VVG gegenüber einem Versicherungsnehmer gem. § 266 Abs. 1 StGB möglich ist. Diesbezüglich ist eine Entscheidung des BGH ergangen, die eine Strafbarkeit nach § 266 Abs. 1 StGB in solchen Fällen ausschließt.[709]

Folgender Sachverhalt lag dieser Entscheidung zugrunde: Ein Versicherungsvertreter vermittelte auf Provisionsbasis für einen Versicherer Versicherungen, Bausparverträge und weitere Vermögensanlagen und kümmerte sich um die Kundenbetreuung. Dem Vertreter wurden in mehreren Fällen Orderschecks über fällige Lebensversicherungen mit dem Auftrag übermittelt, bei den Kunden einen Vertrag über die Wiederanlage dieses Geldes zu generieren. Sofern der

---

705 Sch/Sch – *Perron*, § 266 Rn. 49. Ausreichend ist danach allerdings nicht bereits die bloße Kenntnis der Tatsachen, aus denen sich die Pflichtwidrigkeit des Handelns ergibt, da diese kein gesamttatbewertendes Merkmal darstellt. Den gesamttatbewertenden Merkmalen ablehnend gegenüber hingegen *Jakobs*, NStZ 2005, Anm. zum Urteil des LG Düsseldorf vom 22.07.2004 – XIV 5/03, S. 276 (277).

706 BGHSt 13, 330 (331); MK StGB – *Dierlamm*, § 266 Rn. 286.

707 *Fischer*, § 266 Rn. 186.

708 Dölling/Duttge/Rössner – *Beukelmann*, § 266 Rn. 48.

709 BGH NStZ-RR 2002, 107 f.

Versicherungsvertreter einen derartigen Vertrag abschließen konnte, wurden die Schecks allerdings entgegen der Abrede mit dem Versicherer nicht zu dessen Finanzierung verwendet, der Vertreter löste sie vielmehr auf sein eigenes Konto ein.

Dies führte sogar soweit, dass er einige Schecks mit einem Indossament in Phantasieschrift auf der Rückseite versah und direkt auf sein eigenes Konto einlöste. Dieses Geld verwendete er dazu, eigene Schulden – mintunter bei durch ihn zuvor geschädigten Kunden – abzuzahlen oder er legte es mit der Hoffnung auf hohe Gewinne in erheblich risikobehaftete Optionsscheine an.

Dabei verfolgte er das Ziel, die erhofften Gewinne überwiegend den Kunden zugute kommen zu lassen, um den Schein als „guter Anlageberater" zu erwecken und so neue Kunden zu akquirieren. Tatsächlich trat jedoch größtenteils Totalverlust ein, was von dem Vertreter zumindest auch für möglich gehalten wurde. In Folge dessen zahlte der Versicherer letztlich erneut die Versicherungsgelder aus oder leistete sonst Schadensersatz. Insgesamt wurde von dem Versicherungsvertreter in dieser Weise etwa 1,5 Millionen DM genutzt.

Die in erster Instanz mit der Strafsache befasste Strafkammer ist in sämtlichen Fällen von Untreue gemäß § 266 StGB in der Form des Treubruchs ausgegangen. Der Versicherungsvertreter habe die Pflicht gehabt, Kundengelder aufgrund der Verträge mit den Kunden bzw. der Anweisung des Versicherers zur Weitergabe der Schecks an die Kunden ohne Wiederanlageinteresse anzulegen bzw. zu verwalten. Bei der Kundenbetreuung habe er ferner ein gewisses Maß an Selbstständigkeit gehabt.

Diese Wertung hielt der rechtlichen Überprüfung des BGH nicht stand. Ein Treueverhältnis gem. § 266 StGB erfordert, dass der Täter innerhalb eines nicht unbedeutenden Pflichtenkreises bei Einräumung von Ermessensspielraum, Selbstständigkeit und Bewegungsfreiheit zur fremdnützigen Vermögensfürsorge verpflichtet ist.[710]

Eine Treuepflicht i.S.d. § 266 StGB gegenüber dem Kunden ergibt sich nicht aus dem Auftrag des Versicherers, Berechtigte aus einer Lebensversicherung über Wiederanlagemöglichkeiten frei gewordener Gelder zu beraten und ihnen Gelder im Falle ausbleibender Folgeverträge auszuhändigen bzw. neue Kunden für den Versicherer zu gewinnen. Dem Versicherungsvertreter stand es nicht offen, selbst Gestaltungsmöglichkeiten zu ergreifen oder auszuschöpfen, da seine Pflichten genau umschrieben waren.

Insbesondere stellt die Möglichkeit des Hinweises auf verschiedene Geldanlagemöglichkeiten keinen entsprechenden Entscheidungsspielraum dar, da es allein Entscheidung des Versicherungsnehmers war, Folgeverträge zu schließen.[711] Folglich ist in dieser Konstellation keine Strafbarkeit des Versicherers i.S.d. § 266 StGB gegeben.

710 *Fischer*, § 266 Rn. 34 ff.

711 BGH NStZ-RR 2002, 107 f.

(ii) Strafbarkeit gegenüber dem Versicherer

Auch wenn der Versicherungsvertreter als Handelsvertreter i.S.d. § 84 Abs. 1 HGB ständig damit betraut ist, für das Versicherungsunternehmen Geschäfte zu vermitteln, so ist er in seltenen Fällen zudem befugt, Geschäfte im Namen des Versicherers selbst abzuschließen und diesen damit unmittelbar zu verpflichten.[712] Er hat sich vielmehr nach § 86 Abs. 1 HGB um die Vermittlung bzw. den Abschluss von Geschäften zu bemühen und hierbei das Interesse des Unternehmers wahrzunehmen.[713] Dabei ist insoweit an den Missbrauchstatbestand des § 266 Abs. 1 1. Alt StGB zu denken, als der Versicherungsvertreter risikobehaftete Vorgänge vornimmt, da bereits eine Verpflichtung des Versicherers ohne gesonderte Risikoprüfung eintritt. Eine solche Risikoprüfung erfolgt im Rahmen eines Risikogeschäfts, bei dem die mit erhöhtem Maß an Ungewissheit belastete Prognose zu treffen ist, ob ein Geschäft zu einem Gewinn oder einem Verlust führt.[714]

Bei der Prüfung eines Befugnismissbrauchs bzw. einer Treuepflichtverletzung bei solchen Risikogeschäften ist auf das Innenverhältnis zwischen dem Versicherer und dem Vertreter abzustellen.[715] Grundlage einer Versicherung ist gerade die Absicherung eines gewissen Risikos gegen Zahlung einer Versicherungsprämie, welche der Versicherungsvermittler dem potentiellen Versicherungsnehmer im Rahmen eines Beratungsgespräches erklären und veranschaulichen soll.

Grundsätzlich stellt dies keinen Verstoß gegen § 266 Abs. 1 StGB dar, da es ja gerade Aufgabe des Vermittlers ist, Anträge für mitunter riskante Versicherungsverträge bei Kunden für den Versicherer zu erhalten. Eine Gefährdung des Vermögens des Versicherers liegt erst nach Annahme und Policierung des Antrags vor.[716]

Eine andere Beurteilung kann sich jedoch dann ergeben, wenn der Versicherer die Zeichnungsvollmacht etwa durch maximale Versicherungssummen im Innenverhältnis beschränkt und der Vermittler bewusst diese Beschränkungen überschreitet. Hierin ist ein Befugnismissbrauch zu sehen, der den Tatbestand des § 266 Abs. 1 1. Alt StGB erfüllt.[717]

Für den Fall, dass etwa Versicherungsprämien ausstehen, statten viele Versicherer ihre Vertreter mit Inkassovollmachten aus, um die Beiträge direkt von den Versicherungsnehmern entgegennehmen zu können und rasche Deckung für die

---

712 So auch *Schüll*, S. 201. Tatsächlich ist es i.d.R. der Fall, dass der Versicherungsvertreter den Versicherungsantrag bei der zu beratenden Person aufnimmt und ihn dann an die Versicherungsgesellschaft übermittelt. Diese entscheidet dann nach nochmaliger Prüfung, ob der Antrag angenommen und policiert, oder abgelehnt wird.

713 MK StGB – *Dierlamm*, § 266 Rn. 98.

714 MK StGB – *Dierlamm*, § 266 Rn. 228; *Schreiber/Beulke*, JuS 1977, Anm. zum Urteil des BGH vom 27.02.1975 – 4 StR 571/74, S. 656 (658ff.). Zum Risikogeschäft generell siehe *Hillenkamp* NStZ 1981, 161 ff.

715 Sch/Sch – *Perron*, § 266 Rn. 20.

716 *Schüll*, S. 202.

717 Siehe *Schüll*, S. 202.

versicherten Risiken zu gewähren. Wird das in dieser Form erhaltene Geld nicht unmittelbar an den Versicherer weitergeleitet, verletzt der Versicherungsvertreter dadurch seine Pflicht, die Vermögensinteressen der Versicherungsgesellschaft wahrzunehmen, was zu einem Vermögensschaden bei dieser führt. Die notwendige Vermögensbetreuungspflicht ist in der Inkassovereinbarung zu sehen, weswegen bei vorsätzlicher, rechtswidriger und schuldhafter Begehungsweise von einer Strafbarkeit nach § 266 Abs. 1 2. Alt StGB auszugehen ist.[718]

b. Versicherungsmakler

Auch bei den Versicherungsmaklern ist im Rahmen der Untreueprüfung zwischen einer Strafbarkeit gegenüber dem Versicherungsnehmer und gegenüber der Versicherungsgesellschaft zu unterscheiden.

(i) Strafbarkeit gegenüber dem Versicherungsnehmer

Fraglich ist, ob bei einem Makler gegenüber dem Versicherungsnehmer eine Strafbarkeit nach § 266 StGB in Betracht kommt. Aus dem Maklervertrag lässt sich grundsätzlich keine Vermögensbetreuungspflicht gegenüber seinem Auftraggeber herleiten.[719] Der Versicherungsnehmer kann diesbezüglich sein eigenes Interesse über das des Maklers stellen und er muss selbst noch so intensive Bemühungen des Maklers nicht durch einen Vertragsschluss anerkennen.[720]

Anders stellt sich die Situation jedoch beim Alleinauftrag des Maklers gegenüber dem Auftraggeber dar. Ein Alleinauftrag – auch Festauftrag genannt – liegt dann vor, wenn der Auftraggeber auf das Recht verzichtet, weitere Makler zum gleichen Zweck einzuschalten und den Auftrag jederzeit zu widerrufen.[721]

Der BGH ist von einer Treuepflicht für den Makler mit Alleinauftrag ausgegangen.[722] Der Alleinauftrag stellt einen dienstvertragsähnlichen, gegenseitigen Vertrag dar und verpflichtet den Makler, dem Auftraggeber gegenüber alles in seinen Kräften stehende zu tun, um einen vorteilhaften Vertragsschluss zu erreichen und insbesondere einen möglichst günstigen Preis zu erzielen.[723] Durch die Verpflichtung des Auftraggebers, sich über einen längeren Zeitraum ausschließlich der Hilfe des beauftragten Maklers beim Abschluss eines Vertrages zu bedienen, wird durch den Makler damit die eigene Initiative des Auftraggebers ausgeschaltet. Damit erklärt

---

718 Vgl. *Fischer*, § 266 Rn. 48; LK – *Schünemann*, § 266 Rn. 141 f. Eine ähnliche Konstellation – wenn auch überwiegend im Sachversicherungssektor – stellen die Fälle der vom Versicherer eingeräumten Regulierungsvollmacht dar, bei denen der Versicherungsvertreter Schäden in bestimmter Höhe selbst regulieren kann. Insoweit ist eine Strafbarkeit nach § 266 Abs. 1 1. Alt StGB denkbar, siehe *Schüll*, S. 203.

719 MK StGB – *Dierlamm*, § 266 Rn. 106.

720 LK – *Schünemann*, § 266 Rn. 146.

721 Baumbach/Hopt – *Roth*, § 93 Rn. 59.

722 BGH GA 1971, 209 (210).

723 BGH NJW 1964, 1467 (1468).

er gegenüber dem Auftraggeber, dass er als sein Vertrauensmann ausschließlich dessen Vermögensinteressen wahrnehmen werde.[724]

Für den Auftraggeber ergibt sich daraus, dass er selbst keine Tätigkeit mehr zu entfalten braucht, um seinen Vorteil bei den Verhandlungen zu erzielen. Im Rahmen dieser Vertragsbeziehung bildet folglich die Wahrnehmung der Vermögensinteressen des Auftraggebers einen wesentlichen Inhalt des dienstvertragsähnlichen Rechtsgeschäfts, woraus sich eine Treuepflicht ergibt, bei deren Verletzung daher eine Strafbarkeit nach § 266 Abs. 1 2. Alt. StGB in Betracht kommt.[725]

Demgegenüber besagt eine andere Ansicht, dass der Auftraggeber auch bei einem Alleinauftrag passende Vertragsangebote grundsätzlich selbst suchen und diese ohne Hinzuziehung des Maklers abschließen darf.[726] Ferner verpflichtet ein Alleinauftrag den Makler zwar, alles in seinen Kräften Stehende zu tun, um einen für seinen Auftraggeber vorteilhaften Vertragsabschluss zu erreichen. Dies ändert allerdings nichts am synallagmatischen Charakter des Schuldverhältnisses. Der Makler erbringt eine Leistung, für die eine Gegenleistung auf Seiten des Auftraggebers steht. Der ausschlaggebende Inhalt des Maklervertrags ist der Nachweis der Gelegenheit zum Abschluss eines Vertrages, wonach die Wahrnehmung der Vermögensinteressen des Auftraggebers nur Nebenpflicht des Schuldverhältnisses ist und daher für eine Vermögensbetreuungspflicht nicht in Betracht kommt.[727]

Diese zweite Ansicht erscheint insoweit überzeugender, als eine Nebenpflicht kaum den für eine Vermögensbetreuungspflicht erforderlichen, restriktiven Gesichtspunkten standhalten kann. Wie bereits dargestellt, wird für die Pflicht zur Wahrnehmung fremder Vermögensinteressen vorausgesetzt, dass diese den typischen und wesentlichen Inhalt des rechtlich begründeten oder faktisch bestehenden Treueverhältnisses bildet und mitunter dessen Hauptgegenstand, nicht lediglich eine Nebenpflicht ist.[728] Eine Strafbarkeit des Maklers bei Fehlleistungen nach § 266 Abs. 1 2. Alt. StGB kommt somit grundsätzlich nicht in Betracht.

Anders gestaltet sich die Situation jedoch für den Fall, dass der Versicherungsmakler sich nicht nur um die Vermittlung eines entsprechenden Vertragspartners kümmert, sondern darüber hinaus noch tätig wird.[729] In dieser Konstellation ist von einem Treueverhältnis auszugehen, weswegen eine Strafbarkeit nach § 266 Abs. 1 2. Alt. StGB doch in Betracht kommt.[730]

---

724 Insoweit spricht man auch von einem „Vertrauensmakler“, vgl. BGH NJW 1964, 1467.

725 So argumentiert der BGH in GA 1971, 209 (210).

726 So bereits BGH NJW 1961, 307.

727 MK StGB – *Dierlamm*, § 266 Rn. 93.

728 Siehe Fn. 701.

729 Im Hinblick auf Personenversicherungen etwa, indem er wahrheitswidrig verspricht, dass Beiträge „gewinnbringend ohne Risiko“ angelegt werden, obwohl die Gelder in eine fondsgebundene Lebensversicherung mit hohem Aktienanteil geleistet werden, vgl. *Schüll*, S. 205.

730 So auch BGH VersR 2002, 232 f.

(ii) Strafbarkeit gegenüber dem Versicherer

Eine Strafbarkeit des Versicherungsmaklers gegenüber der Versicherungsgesellschaft gemäß § 266 StGB kommt indes nicht in Betracht, da der Makler gerade an keinen Versicherer gebunden ist und als Kehrseite dazu keine umfassenden Inkassovollmachten oder ähnliche Handelsbefugnisse erhält.

IX. Urkundenfälschung, § 267 StGB

Neben der Betrugsstrafbarkeit nimmt auch die Urkundenfälschung eine gewichtige Rolle bei einer möglichen Strafbarkeit eines Versicherungsvermittlers ein.[731] Um Provisionen für abgeschlossene Versicherungsverträge zu generieren, besteht seitens des Versicherungsvermittlers die Möglichkeit, Urkunden – insb. Anträge – etwa durch eigenes Unterzeichnen unrechtmäßig zu generieren und sich somit einer Urkundenfälschung nach § 267 StGB strafbar zu machen. Im Folgenden soll zunächst ein allgemeiner Überblick über den Tatbestand dargestellt werden, bevor auf vermittlerspezifische Fallgestaltungen eingegangen wird.

1. Tatbestandliche Voraussetzungen

Geschütztes Rechtsgut der Urkundenfälschung gem. § 267 StGB als abstraktes Gefährdungsdelikt ist insbesondere die Sicherheit und Zuverlässigkeit des Rechtsverkehrs mit Urkunden, Daten sowie technischen Aufzeichnungen als Beweismittel.[732]

Hinter der Deliktsbezeichnung der „Urkundenfälschung" verbergen sich insgesamt drei Tatbestände: das Herstellen einer unechten Urkunde (§ 267 Abs. 1 1. Var), das Verfälschen einer echten Urkunde (§ 267 Abs. 1 2. Var) sowie das Gebrauchen einer unechten bzw. verfälschten Urkunde (§ 267 Abs. 1 3. Var.).

Das „Herstellen" und das „Verfälschen" einer Urkunde unterscheiden sich dabei allein dadurch, dass im Rahmen der Herstellungshandlung eine weitere (scheinbare) Urkunde kreiert wird, wohingegen bei der Verfälschung eine zuvor bereits vorhandene Urkunde verändert wird.[733] Dies ändert jedoch am Endresultat nichts; es ist als Ergebnis in beiden Fällen eine unechte Urkunde gegeben.[734]

---

731 Handelt der Versicherungsvermittler als Täter einer Urkundenfälschung, ist eine Betrugsstrafbarkeit oftmals in Tateinheit zu § 267 StGB gegeben, sofern die Verwendung der gefälschten Urkunde der Täuschung dient, vgl. *Fischer*, § 267 Rn. 59. Für eine derartige, typische Fallgestaltung siehe BGH, Beschluss vom 22. August 2012, 4 StR 234/12, in dieser Arbeit vertieft ausgeführt auf S. 115 f.

732 BGHZ 2, 50 (52); *Fischer*, § 267 Rn. 1; *Freund*, JuS 1993, 731.

733 *Joecks*, § 267 Rn. 2.

734 *Joecks*, § 267 Rn. 2.

a. Urkundsbegriff

Als Urkunde i.S.d. materiellen Strafrechts gilt jede verkörperte Gedankenerklärung, die zum Beweis im Rechtsverkehr geeignet und bestimmt ist und die ihren Aussteller erkennen lässt.[735]

Aus diesem dreigliedrigen Urkundenbegriff ergibt sich, dass folgende Funktionen bei einer Urkunde Beachtung finden müssen: die Perpetuierungsfunktion, die Beweisfunktion sowie die Garantiefunktion.[736]

Zunächst bedarf es für die Urkundeneigenschaft einer mit einer körperlichen Sache fest verbundenen Gedankenerklärung, die sich durch ihren Inhalt vom Augenscheinsobjekt unterscheidet.[737] Unter einer Verkörperung einer Erklärung ist deren Abgabe in einer Form zu verstehen, die eine Kundgabe eines Gedankeninhalts wie etwa eines Schriftstücks, als Objekt gegenständlich vorhanden und optisch wahrnehmbar erscheinen lässt.[738]

Von wesentlicher Bedeutung[739] für den Urkundenbegriff ist ferner, dass die verkörperte Gedankenerklärung zum Beweis im Rechtsverkehr geeignet und bestimmt ist.

Zum Beweis geeignet ist eine verkörperte Gedankenerklärung, wenn sie für sich alleine betrachtet oder in Verbindung mit anderen Umständen bei der Überzeugungsbildung als mitunter ausschlaggebend ins Gewicht fallen kann, wobei nicht erforderlich ist, dass sie vollen Beweis liefert.[740] Die Beweisbestimmung kann entweder schon von vornherein, also bei Ausstellung gegeben sein, wenn aus der Erklärung der Wille des Erklärenden einer rechtserheblichen Äußerung erkennbar ist (sog. Absichtsurkunde).[741] Der erforderliche subjektive Willensakt der Beweisbestimmung kann aber auch erst später durch den Aussteller oder durch einen Dritten geäußert werden (sog. Zufallsurkunde bzw. nachträgliche Urkunde).[742]

Schließlich ist im Rahmen der Garantiefunktion noch erforderlich, dass die verkörperte Gedankenerklärung ihren Aussteller bezeichnet oder in anderer Form

---

735 BGHSt 3, 82 (84 f.); 4, 284 (285); 13, 235 (239); 24, 140 (141); *Wessels/Hettinger*, Rn. 790.

736 *Eisele*, BT I Rn. 786.

737 Sch/Sch – *Heine/Schuster*, § 267 Rn. 3 f.

738 LK – *Zieschang*, § 267 Rn. 10. Dies schließt folglich elektronische Daten und Tonträger wie CDs als Urkunden aus, vgl. dazu *Radtke* ZStW 115, 26 (27 ff.). Auch eine mündliche Gedankenäußerung kann schon deswegen keine stoffliche Verkörperung darstellen.

739 Siehe nur NK-StGB – *Puppe*, § 267 Rn. 19.

740 *Wessels/Hettinger*, Rn. 796.

741 *Fischer*, § 267 Rn. 13.

742 *Rengier*, BT II, § 32 Rn. 5. An der Beweisbestimmung fehlt es hingegen bei Entwürfen, nicht (vollständig) ausgefüllten Formularen, Kopiervorlagen oder Vordrucken sowie bei Blanketten, vgl. *Radtke*, JuS 1995, 236.

erkennbar macht, d.h. auf eine bestimmte Person oder Behörden hinweisen muss, die als Urheber und Garant hinter der urkundlichen Aussage steht.[743]

Im Anschluss sollen nun die drei Handlungsmodalitäten des § 267 StGB, das Herstellen unechter Urkunden, das Verfälschen echter Urkunden sowie das Gebrauchen unechter bzw. verfälschter Urkunden näher betrachtet werden.

b. Herstellen unechter Urkunden

Der objektive Tatbestand des § 267 Abs. 1 1. Var. StGB verlangt das Herstellen einer unechten Urkunde.

Eine Urkunde ist unecht, wenn sie nicht von demjenigen herrührt, der als Aussteller bzw. Erklärender in der Urkunde bezeichnet ist; echt ist die Urkunde demgegenüber dann, wenn sie von demjenigen stammt, der aus ihr als Urheber der verkörperten Gedankenerklärung hervorgeht.[744]

Das entscheidende Kriterium für die Unechtheit einer Urkunde ist somit eine Identitätstäuschung, durch die über die Person des wirklichen Ausstellers ein falscher Eindruck erweckt wird, sodass der rechtsgeschäftliche Verkehr auf einen Aussteller hingewiesen wird, der in Wirklichkeit nicht hinter der in der unechten Urkunde verkörperten Urkunde steht.[745] Die Bestimmung, wer materieller Urheber der Erklärung ist, erfolgt anhand der Geistigkeitstheorie: Aussteller der Urkunde ist nicht derjenige, welcher sie körperlich hergestellt hat, sondern vielmehr die natürliche bzw. juristische Person, die geistig hinter der Erklärung steht, sie als seine Erklärung gelten lässt, sich zu ihr bekennt und sich an sie gebunden fühlt.[746]

Nicht ausschlaggebend für das Herstellen einer unechten Urkunde nach § 267 Abs. 1 1. Var. StGB ist indes, ob ihr sachlicher Inhalt wahr ist oder wem die Urkunde rechtlich gehört, da es sich um sog. schriftliche Lügen handelt, § 267 StGB jedoch lediglich das Auseinanderfallen von scheinbarem und tatsächlichem Aussteller sanktioniert.[747]

c. Verfälschen echter Urkunden

Ein Verfälschen echter Urkunden gem. § 267 Abs. 1 2. Var. StGB ist gegeben, wenn sich der Täter zunächst einer echten Urkunde als Ausgangsmaterial bedient und an dieser unbefugt eine nachträgliche Änderung ihres gedanklichen Inhalts vornimmt, wobei dadurch der Anschein erweckt wird, der neue Erklärungsgehalt habe von Anfang an in dieser Form vorgelegen.[748]

---

743 *Joecks*, § 267 Rn. 32.
744 *Wessels/Hettinger*, Rn. 821.
745 BGHSt 33, 159 (160); *Rengier*, BT II, § 33 Rn. 5.
746 RGSt 75, 46 (47); LK – *Zieschang*, § 267 Rn. 28 sowie Rn. 160.
747 RGSt 8, 187 (189); 48, 406 (408); *Lackner/Kühl*, § 267 Rn. 17.
748 BGHSt 9, 235 (238 f.); MK StGB – *Erb*, § 267 Rn. 180.

Auch hier ist die inhaltliche Wahrheit der Urkunde nicht ausschlaggebend, sodass der objektive Tatbestand auch dann verwirklicht ist, wenn durch die Veränderung der Urkundeninhalt wahr wird[749] oder aber das Handeln des Täters auf einem mutmaßlichen Einverständnis beruht und die Ergänzung wahr ist.[750]

Wenn die Tatbegehung durch eine andere Person als den Aussteller erfolgt, so stellt das Verfälschen einen Unterfall der ersten Begehungsform i.S.d. § 267 Abs. 1 1. Var. StGB dar, da das Endprodukt eine unechte Urkunde darstellt, die den Eindruck erweckt, die urkundliche Erklärung in ihrer jetzigen Form stamme vom ursprünglichen Aussteller.[751]

Ein besonderes Augenmerk auf das Verfälschen einer echten Urkunde ist dann zu legen, wenn jemand eine von ihm selbst ausgestellte Urkunde nach dem Erlöschen seines Abänderungsrechts bzw. nach Beendigung der alleinigen Verfügungsgewalt verändert, um eine Täuschung im Rechtsverkehr zu begehen.[752]

d. Gebrauchen unechter oder verfälschter Urkunden

Eine unechte oder verfälschte Urkunde ist i.S.d. § 267 Abs. 1 3. Var. StGB gebraucht, wenn sie dem zu Täuschenden zugänglich gemacht und diesem mithin die Möglichkeit der Kenntnisnahme gegeben ist, ohne dass es dafür weiterer Handlungen des Täters oder eines Dritten bedarf.[753] Auf eine tatsächliche Kenntnisnahme des zu Täuschenden kommt es indes nicht an.[754]

In subjektiver Hinsicht bedarf es einer vorsätzlichen Handlung zur Täuschung im Rechtsverkehr. Bezüglich der objektiven Tatbestandsmerkmale ist dolus eventualis ausreichend.[755] Aufgrund der überwiegend normativen Tatbestandsmerkmale genügt es dabei, dass die Kenntnis der Tatumstände in Verbindung mit einer Parallelwertung in der Laiensphäre erfolgt.[756]

Allerdings tritt nicht schon allein durch die vorsätzliche Verwirklichung einer der Tatvarianten des § 267 StGB das spezifische Unrecht der Urkundenfälschung ein, da die Schaffung bzw. Verwendung eines Imitats einer unmittelbar rechtserheblich verkörperten Erklärung nicht automatisch dazu führen muss, jemanden aufgrund einer entsprechenden Täuschung zu (wiederum rechtserheblichen) Folgedispositionen zu veranlassen.[757] Insoweit wird noch das zusätzliche Merkmal der Absicht

---

749 *Fischer*, § 267 Rn. 33.

750 NK-StGB – *Puppe*, § 263 Rn. 88.

751 *Wessels/Hettinger*, Rn. 847. Insoweit tritt das Herstellen einer unechten Urkunde hinter den spezielleren Verfälschungstatbestand zurück.

752 BGHSt 13, 382 (387); *Kargl*, JA 2003, 604 (607 f.); *Lackner/Kühl*, § 267 Rn. 21 m.w.N.

753 Sch/Sch – *Heine/Schuster*, § 267 Rn. 73.

754 LK – *Zieschang*, § 267 Rn. 220.

755 *Eisele*, BT I, Rn. 841 m.w.N.

756 *Joecks*, § 267 Rn. 97. Zum Verhältnis der einzelnen Verwirklichungsformen zueinander siehe *Freund*, S. 92 Rn. 228 ff.

757 MK StGB – *Erb*, § 267 Rn. 202.

zur Täuschung im Rechtsverkehr angeführt.[758] Eine derartige Absicht ist allerdings lediglich ein – wenn auch wohl wichtigster – Unterfall der Fallgestaltungen, in denen der für das Unrecht der Urkundenfälschung erforderliche funktionale Bezug des Verhaltens (in einer vom Vorsatz umfassten Weise) gegeben ist.[759]

Es sind Fallgestaltungen denkbar, in denen aber dennoch das Unrecht der Urkundenfälschung zu bejahen ist, obwohl weder von Absicht im engeren Sinne noch von sicherem Wissen um den entsprechenden Bezug gesprochen werden kann.[760] Demnach ist es im Hinblick auf die „Täuschungsabsicht" ausreichend, wenn etwa bei demjenigen, der die Verwendung des Falsifikats zur Täuschung im Rechtsverkehr lediglich als mögliche Konsequenz billigend in Kauf nimmt, auch dolus eventualis für eine Täuschung im Rechtsverkehr genügt.[761]

e. *Strafschärfungen*

Durch das 6. StrRG 1998 wurden sowohl die Regelbeispielsmethode mit vier Regelbeispielen für besonders schwere Fälle in § 267 Abs. 3 Nr. 1 – 4 StGB abgeändert, sowie eine echte Qualifikation in § 267 Abs. 4 StGB eingefügt.[762] Während die Regelbeispiele eine Freiheitsstrafe von sechs Monaten bis zu zehn Jahren vorsehen, wird der Qualifikationstatbestand mit Freiheitsstrafe von einem Jahr bis zu zehn Jahren bzw. in minder schweren Fällen mit Freiheitsstrafe von sechs Monaten bis zu fünf Jahren bestraft. Die inhaltliche Ausgestaltung der Regelbeispiele sowie des Qualifikationstatbestands ist an die Begrifflichkeiten des § 263 StGB angelehnt.[763]

Nach § 267 Abs. 3 Satz 2 Nr. 1 StGB ist strafbar, wer gewerbsmäßig oder als Mitglied einer Bande handelt, die sich zur fortgesetzten Begehung von Betrug und Urkundenfälschung verbunden hat. Gewerbsmäßig handelt, wer sich aus der wiederholten Begehung von Urkundenfälschungen eine regelmäßige Einnahmequelle von einiger Dauer und einigem Umfang verschafft, wobei die Voraussetzungen bereits bei der ersten Tat vorliegen können.[764] Die Gewerbsmäßigkeit stellt ein besonderes persönliches Merkmal i.S.d. § 28 Abs. 2 StGB dar.[765] Unter einer Bande

---

758 Etwa *Fischer*, § 267 Rn. 42.

759 So auch *Freund*, S. 86 Rn. 216.

760 *Freund* führt insoweit etwa das Beispiel eines berufsmäßigen Fälschers an, dem es nicht darauf ankommt, dass seine „Produkte" zur Täuschung im Rechtsverkehr verwendet werden und er deren Einsatz durch seine Kunden lediglich vermutet bzw. in Kauf nimmt, vgl. *Freund*, S. 87 Rn. 217.

761 So auch MK StGB – *Erb*, § 267 Rn. 209; *Neuhaus*, GA 1994, 224 (233). Dies entspricht im Übrigen auch dem Wortlaut des § 267 Abs. 1 StGB, der lediglich die Wendung „zur Täuschung im Rechtsverkehr" angibt und folglich keinesfalls von absichtlichem Handeln ausgeht.

762 *Freund*, S. 94, Rn. 234a; *Rengier*, BT II, § 33 Rn. 43.

763 *Lackner/Kühl*, § 267 Rn. 26.

764 Sch/Sch – *Heine/Schuster*, § 267 Rn. 104.

765 Vgl. LK – *Zieschang*, § 267 Rn. 241.

versteht man eine Vereinigung von mindestens drei Personen, die sich zur fortgesetzten Begehung von Urkundenfälschungen verbunden hat.[766]

Für das Regelbeispiel des § 267 Abs. 3 Satz 2 Nr. 2 StGB ist das Herbeiführen eines Vermögensverlusts von großem Ausmaß erforderlich. Ein solcher beginnt in Anlehnung an § 263 StGB bei ca. 50.000 EUR, wobei der Verlust auch tatsächlich eintreten muss; ein Gefährdungsschaden ist nicht ausreichend.[767] Da es sich um eine Erfolgsqualifikation handelt, muss der Vermögensverlust vom Vorsatz des Täters umfasst sein.[768]

§ 267 Abs. 3 Satz 2 Nr. 3 StGB ist erfüllt, wenn die Sicherheit des Rechtsverkehrs durch eine große Zahl von unechten oder verfälschten Urkunden erheblich gefährdet wird. Die Gefährdung muss konkret und erheblich sein, wobei die genauen Anforderungen noch nicht geklärt sind und es insb. unklar ist, was unter einer großen Zahl zu verstehen ist.[769]

Wer seine Befugnisse oder seine Stellung als Amtsträger missbraucht, erfüllt schließlich das Regelbeispiel des § 267 Abs. 3 Satz 2 Nr. 4 StGB. Für den Begriff des Amtsträgers ist auf die Legaldefinitionen in § 11 Abs. 1 Nr. 2 a bis c StGB abzustellen. Der Missbrauch erfordert ein Handeln innerhalb gegebener Zuständigkeit unter Verletzung der Dienstpflichten, der Missbrauch der Stellung setzt die Ausnutzung der tatsächlichen Möglichkeit, die sich aus dem Amt ergeben, voraus.[770]

Entsprechend der Qualifikation des § 267 Abs. 4 StGB ist strafbar, wer die Urkundenfälschung als Mitglied einer Bande, die sich zur fortgesetzten Begehung von Straftaten nach den §§ 263 bis 264 oder 267 bis 269 StGB verbunden hat, gewerbsmäßig begeht.

2. Besonderheiten bei Vermittlern

Nach den allgemeinen Ausführungen zum Tatbestand soll in diesem Abschnitt auf spezifische Umstände der Urkundenfälschung im Hinblick auf den Vermittler von Versicherungen eingegangen werden.

---

766 NK-StGB – *Puppe*, § 267 Rn. 116.

767 BGHSt 48, 354 (359); BT-Drucks. 13/8587, S. 43; *Fischer*, § 267 Rn. 51

768 MK StGB – *Erb*, § 267 Rn. 226.

769 Dölling/Duttge/Rössner – *Beukelmann*, § 267 Rn. 29. So geht *Fischer*, § 267 Rn. 54 von 20 Verfälschungen aus, ebenso wie *Wittig* in SSW, § 267 Rn. 100 sowie *Erb* in MK StGB, § 267 Rn. 227 (der richtigerweise ferner anführt, dass es auf den jeweiligen Einzelfall ankommt und etwa eine Fälschung von 50 Straßenbahnfahrkarten anders zu bewerten ist wie die Fälschung einer entsprechenden Zahl von Waffenbesitzkarten). *Puppe* in NK-StGB, § 267 Rn. 119 stellt hingegen darauf ab, dass es sich um einen unübersehbaren Personenkreis nicht näher individualisierter Erklärungsempfänger handeln muss, der zu einem rechtserheblichen Verhalten veranlasst zu werden droht.

770 *Eisele*, BT I, Rn. 851.

Eine typische Konstellation stellt insoweit die Unterzeichnung von Antragsformularen mit unechten Unterschriften durch den Versicherungsvermittler dar, die der Versicherungsgesellschaft ein Abschlussinteresse eines potentiellen Versicherungsnehmers suggerieren sollen.

Dies soll anhand einer BGH-Entscheidung[771] veranschaulicht werden, der folgender Sachverhalt zugrunde lag:

Der Angeklagte, der für eine Versicherungsagentur tätig war, setzte Anfang 2008 gemäß einem vorgefassten Tatplan zunächst in sechs Versicherungsverträge die ihm aus anderen Zusammenhängen bekannt gewordenen Daten verschiedener Personen ein und unterzeichnete diese jeweils mit einer nachgeahmten Unterschrift. Sodann leitete er diese Anträge über die Versicherungsagentur an den Versicherer weiter. Im Vertrauen auf die Richtigkeit und Echtheit der in den Anträgen beurkundeten Angaben wurden jeweils drei Versicherungsverträge abgeschlossen und als Resultat daraus Abschlussprovisionen in einer Gesamthöhe von 9.400,50 EUR an den Angeklagten über die Agentur weitergeleitet.

Mitte 2009 war der Angeklagte als Versicherungsvermittler für eine andere Finanzagentur tätig und erstellte auf gleiche Weise diesmal 17 Versicherungsanträge, die er abermals mit unechten Unterschriften versah. In der Folgezeit wurden 16 dieser Anträge verschiedenen Versicherungsgesellschaften vorgelegt, deren Sachbearbeiter irrig von rechtsverbindlichen Erklärungen der in den Anträgen genannten Personen ausgingen und daher Provisionen in einer Gesamthöhe von 32.543,78 EUR zur Auszahlung brachten.

Diese Handlungsweisen stellen eine typische Fallgestaltung der Urkundenfälschung eines Versicherungsvermittlers dar, die jeweils in Tateinheit mit einer Betrugsstrafbarkeit einhergeht.

Im Hinblick auf die verschiedenen Alternativen des § 267 Abs. 1 StGB umfasst das genannte Beispiel die Tatvariante des Herstellens einer unechten Urkunde. Dies geschieht bei Schriftstücken in der Regel durch Zeichnen mit falschem Namen.[772]

Eine Besonderheit kann sich allerdings bei der Prüfung dieser Problematik ergeben, wenn es sich bei dem Versicherungsvermittler um einen Versicherungsmakler i.S.d. § 59 Abs. 3 VVG handelt. Insoweit ist stets zusätzlich zu prüfen, ob für den Makler im Vorfeld eine Maklerlizenz ausgestellt wurde, die ihn dazu ermächtigt, Dokumente für den Versicherungsnehmer zu erstellen bzw. zu unterzeichnen. Insoweit ist von einer echten Urkunde auszugehen, da der Makler zwar eine urkundliche Erklärung für einen anderen abgibt und auch mit dessen Namen zeichnet bzw. in dessen Namen handelt, der Versicherungsmakler allerdings den Versicherungsnehmer vertreten will, der Versicherungsnehmer sich seinerseits vertreten lassen will und weder Makler zudem rechtliche Vertretungsbefugnis besitzt.[773]

---

771 BGH, Beschluss vom 22. August 2012, 4 StR 234/12.

772 *Wessels/Hettinger*, Rn. 827.

773 vgl. RGSt 75, 46 (47); *Samson*, JuS 1970, 369 (375).

Ein weiterer Fall des Herstellens einer unechten Urkunde bildet im Rahmen der Vermittlerstrafbarkeit die sog. Blankettfälschung. Sie ist gegeben, wenn der Vermittler einem unvollständigen Erklärungstext, auf dem maßgebliche Angaben wie etwa die Höhe des zu entrichtenden Versicherungsbeitrags fehlen (= Blankett), ohne die Erlaubnis oder gegen die Anordnung des als Aussteller Erscheinenden einen urkundlichen Inhalt gibt.[774]

Dies kann etwa dann vorkommen, wenn der Vermittler dem Antragsteller vorschlägt, einen mehrseitigen Versicherungsantrag nicht in der Gegenwart des Antragstellers bei diesem zuhause, sondern zu einem späteren Zeitpunkt in seinem Büro nach den Angaben des Antragstellers auszufüllen und sodann von den Vorgaben abweicht.

Für eine Urkundenfälschung ist es allerdings nicht zwingend nötig, dass der Vermittler den Versicherungsantrag aus den Räumlichkeiten des Antragstellers entfernt. Vielmehr ist es auch möglich, dass der Vermittler einen Augenblick der Unachtsamkeit des Antragstellers nach dessen Zeichnung nutzt – zu denken wäre etwa, dass der Vermittler um ein Glas Wasser bittet und sein Gegenüber deswegen kurzzeitig den Raum verlässt – und bereits vor Ort Modifikationen an dem Antrag vornimmt.[775] In diesem Fall handelt es sich um eine Urkundenfälschung durch das Verfälschen einer echten Urkunde i.S.d. § 267 Abs. 1 2. Var. StGB.

X. Bestechlichkeit und Bestechung im geschäftlichen Verkehr, § 299 StGB

Schließlich kommt für den Versicherungsvermittler – insbesondere den Versicherungsmakler – noch eine Strafbarkeit der Bestechlichkeit und Bestechung im geschäftlichen Verkehr nach § 299 Abs. 1 Nr. 1 StGB in Betracht, sofern er eine Zusatzvergütung in Form von Staffelbonifikationen oder Einladungen zu Essen bzw. Veranstaltungen, Geschenken bzw. sonstigen Incentives erhält.[776] Bei § 299 StGB handelt es sich um eine ziemlich offen gefasste und schwer greifbare gesetzliche Regelung, weswegen der Umgang mit der Bestechlichkeit und Bestechung im geschäftlichen Verkehr einer enormen Unsicherheit bei Compliance-geprägten Unternehmen begegnet.[777]

Die Korruptionsbekämpfung bietet schon seit Jahren Anlass für nationale wie internationale Gesetzesvorhaben.[778]

---

774 BGHSt 5, 295 (296); MK StGB – *Erb*, § 267 Rn. 121; *Weiß*, Jura 1993, 288.

775 So auch OLG Celle NJW 1975, 2218 (2219).

776 *Steiner*, CCZ 2014, 50 (59); *GDV*, Unverbindliche Orientierungshilfe zur strafrechtlichen Beurteilung von Einladungen und Geschenken gegenüber Geschäftspartnern und Amtsträgern, 2013, S. 7.

777 *Acker/Ehling*, BB 2012, 2517 (2518).

778 Siehe nur *Eckstein/Püschel*, Newsdienst Compliance 2015, 71001 m.w.N.

Vor der Übernahme in das Kernstrafrecht im Jahre 1997 war der Tatbestand annähernd inhaltsgleich in § 12 UWG geregelt.[779] Durch die Verlagerung in das Strafgesetzbuch sollte ein Bewusstsein dafür geschaffen werden, dass Korruption allgemein in der Privatwirtschaft sozialethisch zu missbilligen ist und nicht nur ein die Wirtschaft betreffendes Unrecht darstellt.[780]

Am 26.11.2015 wurde die Vorschrift zuletzt im Rahmen des Gesetztes zur Bekämpfung der Korruption geändert.[781] Intention dieser Gesetzesänderung war es, eine Harmonisierung der bestehenden nationalen Regelungen zur Bekämpfung der Korruption zu erreichen, durch die eine Stärkung des Vertrauens der Bürger in die staatlichen und internationalen Institutionen, der Schutz des freien und fairen internationalen Wettbewerbs sowie die Eindämmung korrupten Verhaltens verfolgt wurde.[782] Ferner zielte die Änderung des Gesetztes darauf ab, das deutsche Strafrecht an die verbindlichen Vorgaben aus dem EU-Rahmenbeschluss zur Bekämpfung der Bestechung im privaten Sektor des Rates vom 22. Juli 2003[783] anzupassen[784].

Im Rahmen der Neufassung wurde Abs. 3 der Vorschrift aufgehoben und in Abs. 1 und Abs. 2 jeweils in Variante Nr. 2 eingearbeitet.[785]

1. Tatbestandliche Voraussetzungen

Eine Bestechlichkeit und Bestechung im geschäftlichen Verkehr nach § 299 Abs. 1 StGB begeht, wer als Angestellter oder Beauftragter eines Unternehmens im geschäftlichen Verkehr

- einen Vorteil für sich oder einen Dritten als Gegenleistung dafür fordert, sich versprechen lässt oder annimmt, dass er bei dem Bezug von Waren oder Dienstleistungen einen anderen im inländischen oder ausländischen Wettbewerb in unlauterer Weise bevorzuge (Ziffer 1 der Vorschrift), oder
- ohne Einwilligung des Unternehmens einen Vorteil für sich oder einen Dritten als Gegenleistung dafür fordert, sich versprechen lässt oder annimmt, dass er bei dem Bezug von Waren oder Dienstleistungen eine Handlung vornehme oder unterlasse und dadurch seine Pflichten gegenüber dem Unternehmen verletze (Ziffer 2 der Vorschrift).

Demgegenüber wird spiegelbildlich auch bestraft, wer im geschäftlichen Verkehr zu Zwecken des Wettbewerbs einem Angestellten oder Beauftragten eines Unternehmens

779 Gebert/Erdmann/Beenken – *Müller-Sartori*, S. 421.
780 Sch/Sch – *Heine/Eisele*, § 299 Rn. 1; BT-Drucks. 13/5584, S. 15.
781 BGBl. I 2015, 2025 (2026).
782 SSW – *Rosenau* (3. Auflage 2016), § 299 Rn. 3.
783 Beschluss 2003/568/JI, siehe ABl. EU L 192, S. 54.
784 NK-WSS – *Gaede*, § 299 Rn. 4.
785 *Fischer*, 64. Aufl., § 299 Rn. 1.

- einen Vorteil für diesen oder einen Dritten als Gegenleistung dafür anbietet, verspricht oder gewährt, dass er bei dem Bezug von Waren oder Dienstleistungen ihn oder einen anderen im inländischen oder ausländischen Wettbewerb in unlauterer Weise bevorzuge, § 299 Abs. 2 Nr. 1 StGB, oder
- ohne Einwilligung des Unternehmens einen Vorteil für diesen oder einen Dritten als Gegenleistung dafür anbietet, verspricht oder gewährt, dass er bei dem Bezug von Waren oder Dienstleistungen eine Handlung vornehme oder unterlasse und dadurch seine Pflichten gegenüber dem Unternehmen verletze, § 299 Abs. 2 Nr. 2 StGB.

Als Rechtsgut soll in der jeweiligen Ziffer 1 der Abs. 1 und 2 der freie Wettbewerb vor wirtschaftlichen Entscheidungen geschützt werden, die nicht auf objektiven Kriterien, sondern auf persönlichen Vorteilen basieren.[786] Durch das Gesetz zur Bekämpfung der Korruption wurde daneben in § 299 Abs. 1 und Abs. 2 StGB jeweils die Ziffer 2 eingefügt, die auch die (Vermögens-) Interessen des Dienstherrn schützt.[787]

a. *Täterkreis*

§ 299 Abs. 1 StGB normiert die Bestechlichkeit und § 299 Abs. 2 StGB spiegelbildlich die Bestechung. Dabei kann Abs. 1 von Angestellten oder Beauftragten eines Unternehmens begangen werden.[788] Demgegenüber ist Abs. 2 kein Sonderdelikt, sodass jede natürliche Person Täter der Bestechung sein kann.[789]

Von einem Angestellten i.S.d. § 299 StGB spricht man, wenn ein vertragliches oder zumindest faktisches Dienstverhältnis zum Geschäftsherren besteht.[790] Als entscheidendes Kriterium bei der Abgrenzung des Angestellten zu einem Beauftragten ist seine Weisungsgebundenheit zu sehen.[791]

Der Begriff des Angestellten ist weit auszulegen und es kommt nicht auf eine dauerhafte Anstellung an.[792] Der Geschäftsinhaber selbst bleibt indes stets straflos und kann folglich Vorteile annehmen und sich bei dem Abschluss von Verträgen von unsachlichen Motiven leiten lassen.[793]

---

786 BT-Drucks. 13/5584; S. 9, 12. Dies wird bereits durch die systematische Stellung der Norm im 26. Abschnitt des Besonderen Teils deutlich, vgl. MK StGB – *Krick*, § 299 Rn. 2. So soll das Bewusstsein in der Bevölkerung dafür geschärft werden, dass ein kriminelles Handeln auch im Rahmen der Korruption im geschäftlichen Bereich vorliegt, welche nicht nur die Wirtschaft selbst betrifft, sondern ferner Ausdruck eines generellen sozialethisch missbilligten Verhaltens ist, vgl. BT-Drucks. 13/5584, S. 15.

787 *Fischer*, 64. Aufl., § 299 Rn. 2, BT-Drucks. 18/4350, S. 21.

788 Dölling/Duttge/Rössner – *Bannenberg*, § 299 Rn. 6.

789 *Kienle/Kappel*, NJW 2007, 2530 (3531).

790 *Fischer*, § 299 Rn. 9.

791 NK-WSS – *Gaede*, § 299 Rn. 28.

792 *Joecks*, § 299 Rn. 5.

793 Dölling/Duttge/Rössner – *Bannenberg*, § 299 Rn. 8.

Beauftragter ist, wer nicht als Betriebsinhaber oder Angestellter fungiert und auf Grund seiner Position im Unternehmen berechtigt und verpflichtet ist, für den Betrieb zu handeln und auf die betrieblichen Entscheidungen Einfluss nehmen kann.[794] Ein Vertragsverhältnis muss nicht vorliegen.[795] Für außenstehende Personen hat der Begriff in erster Linie Auffangfunktion, weswegen er faktisch zu bestimmen ist.[796] Insbesondere Handelsvertreter sind auch als Beauftragte i.S.d. § 299 StGB anzusehen, sofern sie bei der Vermittlung des konkreten Geschäfts an die Interessen einer Vertragsseite gebunden und dadurch gehindert sind, auch von der anderen Vertragspartei eine Vergütung anzunehmen.[797]

Ferner muss der Angestellte bzw. Beauftragte im Unternehmen handeln. Der Begriff des Unternehmens ersetzt die bis zur letzten Gesetzesänderung bestehende Formulierung des „geschäftlichen Betriebs".[798] Dabei handelt es sich lediglich um eine redaktionelle Änderung, die inhaltlich keine Auswirkungen entfaltet, weswegen auf die Ausführungen zum Geschäftlichen Betrieb rekurriert werden kann.[799]

Der Begriff des Unternehmens ist enger auszulegen wie der des ebenfalls in der Norm aufgeführten geschäftlichen Verkehrs.[800] Unter einem Unternehmen wird jeder auf Dauer angelegte Betrieb gefasst, welcher außerhalb des rein privaten Bereichs seine wesensgemäße Aufgabe insoweit vollzieht, als er durch Austausch von Leistung und Gegenleistung am Wirtschaftsverkehr teilnimmt.[801] Eine Gewinnerzielungsabsicht ist allerdings nicht erforderlich.[802]

b. Geschäftlicher Verkehr

Der geschäftliche Verkehr ist Bezugspunkt für die Tathandlung und erfasst alle Maßnahmen, die der Förderung eines beliebigen Geschäftszwecks dienen und beinhaltet mithin jede selbstständige, wirtschaftliche Zwecke verfolgende Tätigkeit, in der eine Teilnahme am Wettbewerb zum Ausdruck kommt.[803] Darunter fallen sämtliche auf einen geschäftlichen Betrieb bezogenen Tätigkeiten, die mit dem Unternehmen im

---

794 *Lackner/Kühl*, § 299 Rn. 2; *Wittig*, wistra 1998, 7 (9).
795 SSW – *Rosenau* (3. Auflage 2016), § 299 Rn. 9.
796 Vgl. Sch/Sch – *Heine/Eisele*, § 299 Rn. 8. Daher kann etwa auch der faktische Geschäftsführer als Beauftragter zum Täterkreis gezählt werden.
797 BGH NJW 1968, 1572 (1573); NK-StGB – *Dannecker*, § 299 Rn. 23, NK-WSS – *Gaede*, § 299 Rn. 23.
798 SSW – *Rosenau* (3. Auflage 2016), § 299 Rn. 13.
799 BT-Drucks. 18/4350, S. 22.
800 *Fischer*, § 299 Rn. 4.
801 MK StGB – *Krick*, § 299 Rn. 16; BGHSt 10, 358 (365 f.).
802 *Joecks*, § 299 Rn. 7.
803 Sch/Sch – *Heine/Eisele*, § 299 Rn. 9.

Zusammenhang stehen.[804] Nicht von dem geschäftlichen Verkehr erfasst werden private Handlungen und hoheitliche Tätigkeiten.[805]

c. Tathandlung – Ziffer 1

Tathandlung des § 299 Abs. 1 Nr. 1, Abs. 2 Nr. 1 StGB ist das Fordern, Sichversprechenlassen oder Annehmen eines Vorteils für einen Dritten oder sich selbst (Abs. 1) bzw. dessen Anbieten, Versprechen oder Gewähren (Abs. 2) als Gegenleistung für einen Bezug von Waren oder gewerblichen Leistungen im Wettbewerb in unlauterer Weise.

(i) Vorteil

Der Vorteil muss in Abs. 1 der Vorschrift gefordert bzw. angenommen und bei Abs. 2 angeboten oder gewährt werden. Als Vorteil wird jede unentgeltliche Leistung materieller oder immaterieller Art gesehen, welche die wirtschaftliche, rechtliche oder auch nur persönliche Lage des Vorteilsempfängers objektiv besser stellt und auf die er keinen Anspruch hat.[806] Dabei wird nicht nur der Vorteil für den Täter selbst erfasst, sondern es werden auch die für einen Dritten geforderten Vorteile in den Straftatbestand einbezogen.[807] So sind etwa Provisionszahlungen, Urlaubsreisen oder sonstige Incentives als entsprechender Vorteil anzusehen.[808] Nicht ausreichend für die Annahme eines Vorteils i.S.d. § 299 StGB ist indes eine „sozialadäquate Aufmerksamkeit" im Geschäftsverkehr, die sich im Rahmen einer bisher durch den Gesetzgeber noch nicht konkretisierten Geringwertigkeits- bzw. Bagatellgrenze bestimmen lässt.[809]

Neben finanziellen Vorteilen genügen für eine Tatbestandsmäßigkeit nach h.M. auch immaterielle Zuwendungen wie etwa Auszeichnungen oder das Fördern des beruflichen Fortkommens.[810]

Bei § 299 StGB wird – anders als bei den Straftaten im Amt nach §§ 331 ff StGB – nur eine zukünftige Beeinflussung erfasst, wohingegen Belohnungen für die Vergangenheit grundsätzlich straflos sind.[811]

---

804 NK-WSS – *Gaede*, § 299 Rn. 39; SSW – *Rosenau* (3. Auflage 2016), § 299 Rn. 14.

805 *Fischer*, § 299 Rn. 12.

806 BGH NJW 2003, 2996 (2997 f.); Sch/Sch – *Heine/Eisele*, § 299 Rn. 11; *Usinger/Jung*, wistra 2011, 452 (454). Zum Vorteilsbegriff siehe ferner *Kienle/Kappel*, NJW 2007, 3530 (3532).

807 *Lackner/Kühl*, § 299 Rn. 4.

808 *Röske/Böhme*, wistra 2011, 445 (446).

809 NK-WSS – *Gaede*, § 299 Rn. 39; SSW – *Rosenau* (3. Auflage 2016), § 299 Rn. 45.

810 NK-StGB – *Dannecker*,§ 299 Rn. 38; für eine genaue Aufzählung der materiellen wie immateriellen Vorteile siehe *Jaques*, S. 131 ff.

811 Dölling/Duttge/Rössner – *Bannenberg*, § 299 Rn. 13. Eine Ausnahme von der Zukunftsbezogenheit liegt nur dann vor, wenn es sich um den Vollzug eines früheren Forderns bzw. Sichversprechenlassens handelt oder im Rahmen einer

§ 299 StGB erfordert ferner eine Unrechtsvereinbarung.[812] Die Unrechtsvereinbarung als Tathandlung muss auf eine unlautere Bevorzugung eines anderen im Wettbewerb gerichtet sein.[813] Eine Bevorzugungshandlung ist jede anvisierte Besserstellung des Täters bzw. eines von ihm begünstigten Dritten, auf die er oder der Dritte keinen Anspruch hat.[814] Unlauter ist eine Bevorzugung, wenn mit ihr gegen die Grundsätze eines redlichen Geschäftsverkehrs verstoßen wird.[815] Ein derartiger Verstoß ist gegeben, wenn die beabsichtigte Besserstellung in Relation zu den Grundsätzen eines fairen Wettbewerbs nicht einzig aus sachlichen Erwägen, sondern zumindest auch auf einer Vorteilsgewährung beruht.[816]

Es ist zum Vereinbarungszeitpunkt oder bei der darauf abzielenden Erklärung des Täters nicht erforderlich, dass die in Aussicht gestellte Bevorzugung bereits im Einzelnen feststeht. Ausreichend ist vielmehr, dass sie in groben Umrissen erkennbar ist.[817]

Die Bevorzugung muss in Zusammenhang mit dem Bezug von Waren oder gewerblichen Leistungen stehen. Darunter ist das gesamte, auf die Erlangung oder den Absatz von Waren oder Leistungen gerichtete Erwerbs- sowie Abwicklungsgeschäft zu sehen.[818]

Beurteilungsstandpunkt für den Bezug von Waren oder gewerbliche Leistungen ist jeweils die Sichtweise des Vorteilsgebers oder des von ihm begünstigten Dritten.[819] Als Ware ist jedes wirtschaftliche Gut zu sehen, dass Gegenstand des Handels- und Geschäftsverkehrs sein kann.[820] Das Tatbestandsmerkmal ist weit zu verstehen, sodass gewerbliche Leistungen sämtliche geldwerten Leistungen des gewerblichen oder geschäftlichen Lebens umfassen.[821]

Schließlich bedarf es bei der in Aussicht gestellten Bevorzugung noch einer Wettbewerbssituation des Vorteilsgebers oder eines für diesen handelnden Dritten mit seinem Konkurrenten. Demnach bezieht sich die Bevorzugung auf sachfremde Entscheidungen zwischen zwei Bewerbern, womit eine Wettbewerbssituation und

---

„Kettenbeziehung“ vermehrter Auftragserlangung auch künftige unlautere Beeinflussungen erfolgen.

812 Dölling/Duttge/Rössner – *Bannenberg*, § 299 Rn. 12.

813 Siehe dazu *Walther*, Jura 2010, 511 (517).

814 NK-StGB – *Dannecker*, § 299 Rn. 43. Der Dritte braucht zum Zeitpunkt der Tathandlung allerdings noch nicht namentlich feststehen, vgl. BGH GRUR 1958, 27 (28).

815 RGSt 58, 428 (429 f.).

816 *Bach*, wistra 2008, 47 (49). Unerheblich dabei ist, ob in einzelnen Branchen Bestechungshandlungen üblich sind oder nicht, vgl. *Walter*, wistra 2001, 321 (327).

817 MK StGB – *Krick*, Rn. 25.

818 *Dann*, wistra 2011, 127 (129).

819 MK StGB – *Krick*, § 299 Rn. 26.

820 Sch/Sch – *Heine/Eisele*, § 299 Rn. 22. Der handelsrechtliche Warenbegriff, der enger ist, findet keine Anwendung, vgl. bereits *Hoth*, WRP 1956, 261 (266).

821 SSW – *Rosenau*, § 299 Rn. 26.

die Benachteiligung des Geschäftsbetriebes eines Konkurrenten Voraussetzung ist.[822] Auch das Akquirieren des bisherigen eigenen oder fremden Kundenkreises kann Bestandteil der geforderten Wettbewerbssituation sein.[823]

(ii) Fordern, Sich-Versprechen-Lassen, Annehmen (§ 299 Abs. 1 StGB)

Während die 2. (Sich-Versprechen-Lassen) und 3. Var. (Annehmen) in § 299 Abs. 1 StGB eine Übereinkunft von Geber und Nehmer erfordern, dehnt die 1. Var des Forderns die Strafbarkeit deutlich in den Vorfeldbereich aus, indem sie bereits von Beginn an untaugliche Anbahnungsbemühungen unter Strafe stellt und ein Forderungserfolg somit nicht zum Tatbestand gehört.[824] Unter einem Fordern ist die ausdrückliche oder konkludente einseitige Erklärung des Täters zu verstehen, dass er einen Vorteil als Gegenleistung für eine unlautere Bevorzugung im Rahmen des Wettbewerbs begehrt, weswegen Ziel der Erklärung der Abschluss einer Unrechtsvereinbarung sein muss.[825]

Ein Sich-Versprechen-Lassen erfordert die Annahme eines konkludenten oder ausdrücklichen Angebots, dem Täter bzw. einem Dritten in der Zukunft einen Vorteil als Gegenleistung für eine unlautere Bevorzugung im Wettbewerb zukommen zu lassen.[826] Anders als bei der Forderungsvariante muss der Vorteilsgeber hierbei aktiv mitwirken, indem er eine künftige Zuwendung in Aussicht stellt.[827]

Die 3. Tatbestandsvariante des Annehmens ist erfüllt, wenn ein Vorteil durch den Täter oder durch einen Dritten, an den die Zuwendung mit Kenntnis und Einverständnis des Täters erfolgt, entgegengenommen wird.

Sofern allerdings der Entzug rechtmäßig bestehender Ansprüche oder Positionen angedroht wird, ist eine Nötigung i.S.d. § 240 StGB oder Erpressung nach §§ 253, 255 StGB gegeben.[828]

(iii) Anbieten, Versprechen, Gewähren (§ 299 Abs. 2 StGB)

Die zu § 299 Abs. 1 StGB spiegelbildliche Tathandlung des Abs. 2 der Vorschrift erfordert eine aktive Bestechung, die nicht auf Angestellte oder Beauftrage beschränkt ist.[829] Diese Bestechungshandlung erfolgt durch das Anbieten, Versprechen oder Gewähren eines Vorteils.

---

822 MK StGB – *Krick*, § 299 Rn. 27; Eine derartige Schädigung kann durch Schmälerung des Absatzes oder Entziehung von Kunden forciert werden, MK StGB – *Krick*, § 299 Rn. 33.

823 *Sprafke*, S. 198.

824 *Fischer*, § 299 Rn. 17. Die Forderung muss dem Gegenüber allerdings zugehen.

825 *Helmrich*, wistra 2009, 10 (12).

826 *Usinger/Jung*, wistra 2011, 452 (455).

827 SSW – *Rosenau*, § 299 Rn. 17.

828 NK-StGB – *Dannecker*, § 299 Rn. 35.

829 *Fischer*, § 299 Rn. 19.

Unter einem Anbieten versteht man das In-Aussicht-stellen, als Versprechen die Zusage eines zukünftigen Vorteils, wobei es dabei unerheblich ist, ob dieser Vorteil auch wirklich eintritt.[830] Ein Vorteil wird dann gewährt, wenn dieser mit dem tatsächlichen Willen verschafft wird, dass die Verfügungsgewalt auf den Vorteilsnehmer übergehen soll.[831]

d. Tathandlung – Ziffer 2

In der jeweiligen Nr. 2 der beiden Absätze des § 299 StGB finden die Pflichtverletzungstatbestände i.R.d. sog. „Geschäftsherrenmodells" Einzug, das nun neben dem zuvor bereits bestehenden „Wettbewerbsmodell" (jetzt in der jeweiligen Nr. 1 der beiden Absätze des § 299 StGB) Anwendung findet.[832] Danach bedarf es für die Tatbestandsmäßigkeit einer Verletzung der Pflichten des Arbeitnehmers gegenüber seinem Arbeitgeber.[833] Der Bestechung macht sich entsprechend strafbar, wer ohne Einwilligung des Unternehmens einen Vorteil für sich oder einen Dritten dafür fordert, sich anbieten lässt oder annimmt (§ 299 Abs. 1 Nr. 2 StGB) bzw. anbietet, verspricht oder gewährt (§ 299 Abs. 2 Nr. 2 StGB), dass er bei dem Bezug von Waren oder Dienstleistungen eine Handlung vornehme oder unterlasse, und dadurch die ihm obliegenden Pflichten gegenüber dem Unternehmen verletzt.

(i) Pflichtverletzung

Als Pflichtverletzung wird jede Handlung oder Unterlassung gesehen, die geeignet ist, Vermögensinteressen des Geschäftsherrn im Hinblick auf einen konkreten Vorgang des Bezugs von Waren und Dienstleistungen zu schädigen.[834] Die Pflichten, die dem Angestellten oder Beauftragten gegenüber dem Inhaber des Betriebes obliegen, können sich insbesondere aus Gesetz oder Vertrag ergeben.[835]

(ii) Unrechtsvereinbarung

Im Rahmen der Pflichtverletzungsvarianten des Tatbestands ist ebenfalls eine Unrechtsvereinbarkeit erforderlich, die einem strengen, nicht gelockerten Maßstab unterliegt.[836] Bei der Unrechtsvereinbarung ist es nicht erforderlich, dass diese auf ein bereits bestehendes Bezugsgeschäft gerichtet ist. Es ist vielmehr ausreichend, wenn sie für die Beteiligten verständlich gewisse in der Zukunft anfallende Arten

830 MK StGB – *Krick*, § 299 Rn. 34.
831 SSW – *Rosenau*, § 299 Rn. 27; *Fuhrmann*, GA 1959, 97 (99); *Wittig*, wistra 1998, 7 (9).
832 *Fischer*, 64. Aufl., § 299 Rn. 1.
833 *Dann* NJW 2016, 203 (204).
834 *Fischer*, 64. Aufl., § 299 Rn. 36.
835 BT-Drucks. 18/4350, S. 21.
836 NK-WSS – *Gaede*, § 299 Rn. 78.

von Bezug und Lieferung anvisiert.[837] Im Übrigen finden die Ausführungen zur Unrechtsvereinbarung, die zu der jeweiligen Ziffer 1 der Norm i.R.d. Ausführungen zum „Vorteil" bereits getroffen wurden, auch bei den Pflichtverletzungsvarianten Anwendung.[838]

(iii) Einwilligung in die Pflichtverletzung

Das als Einschränkung des grundsätzlich weit gefassten Tatbestands der Bestechlichkeit und Bestechung im geschäftlichen Verkehr gedachte Merkmal „ohne Einwilligung des Unternehmens" wurde erst auf Empfehlung des Rechtsausschusses in der jeweiligen Nr. 2 der beiden Absätze des § 299 StGB eingefügt.[839] Diese ergänzten Vorschriften sollen die Interessen des Geschäftsherren an der loyalen und unbeeinflussten Erfüllung der Pflichten durch seine Beauftragten und Angestellten im Bereich des Austausches von Waren und Dienstleistungen gewährleisten.[840] Ein dahin gerichteter Schutz ist nicht erforderlich, wenn das Unternehmen positive Kenntnis im Hinblick auf die Unrechtsvereinbarung die Annahme bzw. Gewährung des Vorteils vorab gestattet und mithin in die Tat einwilligt.[841]

Das tatbestandsausschließende Einverständnis führt dazu, dass eine Strafbarkeit dann ausscheidet, wenn eine Einwilligung des Unternehmens im Hinblick auf die Tathandlung vorliegt.[842] Ferner muss die Einwilligung bereits vor der Tat erteil werden und darf keine Willensmängel beinhalten.[843]

Hinsichtlich der übrigen Tatbestandsmerkmale der jeweiligen Nr. 2 des § 299 Abs. 1, 2 StGB kann auf die bereits oben angeführten Ausführungen verwiesen werden.[844]

e. Subjektiver Tatbestand

Die angestrebte Unrechtsvereinbarung gehört im Rahmen des „Forderns" eines Vorteils nach § 299 Abs. 1 StGB sowie bei allen Tatformen der Bestechung gem. § 299 Abs. 2 StGB zum subjektiven Tatbestand.[845]

---

837 *Fischer*, 64. Aufl., § 299 Rn. 36.
838 SSW – *Rosenau* (3. Auflage 2016), § 299 Rn. 30.
839 *Dann* NJW 2016, 203 (205).
840 BT-Drucks. 18/4350, S. 21.
841 BT-Drucks. 18/6389, S. 15.
842 So bereits BT-Drucks. 18/6389, S. 15. Es wird aber auch klargestellt, dass das Unternehmen sowohl die Annahme bzw. das Gewähren des Vorteils, als auch die Verbindung des Vorteils mit der pflichtwidrigen Handlung oder Unterlassung des Angestellten oder Beauftragten gestattet.
843 SSW – *Rosenau* (3. Auflage 2016), § 299 Rn. 31 m.w.N.
844 Vgl. auch SSW – *Rosenau* (3. Auflage 2016), § 299 Rn. 35.
845 MK StGB – *Krick*, § 299 Rn. 30.

(i) Subjektiver Tatbestand des § 299 Abs. 1 StGB

Bezüglich der Eigenschaften als Angestellter oder Beauftragter eines Unternehmens, des Bestehens einer Wettbewerbslage, der Bevorzugungshandlung sowie hinsichtlich der Tathandlungen der Nr. 1 und 2 des Abs. 1 und der tatsächlichen Umstände, aus denen sich die Bevorzugung als unlauter und die Zuwendung als Vorteil ergibt, genügt im Rahmen des subjektiven Tatbestands des § 299 Abs. 1 StGB bedingter Vorsatz.[846]

Bei der Tatbestandsvariante des Forderns eines Vorteils ist seitens des Täters absichtliches Handeln für das Zustandekommen der Unrechtsvereinbarung erforderlich, sodass es ihm gerade darauf ankommen muss, dass der Vorteilsgeber den Vorteil als Gegenleistung für eine Bevorzugung wahrnimmt und darauf eingeht.[847]

Bei den Tatvarianten des Sich-Versprechen-Lassens sowie bei der Annahme des Vorteils ist indes bedingter Vorsatz ausreichend, wobei der Täter dabei zumindest für möglich halten und billigend in Kauf nehmen muss, dass der Vorteilsgeber den versprochenen oder vereinbarten Vorteil als Gegenleistung für die Bevorzugung versteht.[848]

(ii) Subjektiver Tatbestand des § 299 Abs. 2 StGB

Auch § 299 Abs. 2 StGB fordert bedingten Vorsatz bzgl. der objektiven Tatbestandsmerkmale.[849]

Dem Täter müssen insbesondere die Umstände bekannt sein, die die Unlauterkeit der angestrebten Bevorzugung bzw. die Pflichtverletzung gegenüber dem Geschäftsherrn begründen.[850] Im Fall des § 299 Abs. 2 Nr. 1 StGB muss der Täter in Wettbewerbsabsicht dahingehend handeln, dass sein eigener oder der Absatz eines Dritten gefördert wird.[851]

Eine Besonderheit ist hier insoweit zu beachten, als die frühere Tatbestandsfassung in Abs. 2 der Norm das Merkmal „zu Zwecken des Wettbewerbs“ vorsah. Im Rahmen der Gesetzesüberarbeitung durch das Gesetz zur Bekämpfung der Korruption wurde dieses Merkmal gestrichen, um einen Gleichklang zwischen Bestechlichkeit und Bestechung zu erreichen.[852] Ferner muss seitens des Täters noch dolus directus 1. Grades vorliegen, um zu der angestrebten Unrechtsvereinbarung zu gelangen.[853]

---

846 SSW – *Rosenau* (3. Auflage 2016), § 299 Rn. 36.
847 *Lackner/Kühl*, § 299 Rn. 8; *Fischer*, 64. Aufl., § 299 Rn. 40.
848 MK StGB – *Krick*, § 299 Rn. 31.
849 NK-StGB – *Dannecker*, § 299 Rn. 68.
850 SSW – *Rosenau* (3. Auflage 2016), § 299 Rn. 36.
851 *Fischer*, 64. Aufl., § 299 Rn. 40.
852 NK-WSS – *Gaede*, § 299 Rn. 105.
853 MK StGB – *Krick*, § 299 Rn. 36.

f. Übrige Voraussetzungen

Bei der Bestechlichkeit und Bestechung im geschäftlichen Verkehr handelt es sich um ein Antragsdelikt, weswegen grundsätzlich ein Strafantrag erforderlich ist, sofern nicht das besondere öffentliche Interesse an der Strafverfolgung seitens der Strafverfolgungsbehörde nach § 301 Abs. 1 StGB bejaht wird.

§ 299 StGB wird mit Geldstrafe oder Freiheitsstrafe bis zu drei Jahren sanktioniert.

2. Besonderheit bei Versicherungsvertretern

Versicherungsvertreter kommen theoretisch als taugliche Täter in Betracht; denn sofern man sie zu der Obergruppe der Handelsvertreter nach § 92 HGB zählt, sind sie Beauftragte i.S.d. § 299 StGB, die „befugtermaßen für einen Geschäftsbetrieb tätig sind, ohne Angestellte oder Geschäftsinhaber zu sein".[854] Der Versicherungsvertreter ist allerdings grundsätzlich an den Versicherer gebunden, weswegen Incentives als betriebsinterne Handlung nicht im geschäftlichen Verkehr erfolgen.[855]

3. Besonderheit bei Maklern

Zusatzvergütungen des Versicherungsunternehmens, welche über die vertragsgemäße Courtagevereinbarung des Versicherungsmaklers hinausgehen, können die unabhängige Beratung des Kunden durch den Makler in einer unlauteren Weise beeinflussen, indem rein vergütungsorientiert und nicht länger kundenbasiert beraten wird.[856] So steht bei der Gewährung eine Staffelbonifikation oder einer zusätzlichen Incentivierung durch ein Versicherungsunternehmen eine Strafbarkeit nach § 299 StGB im Raum.[857]

Wird eine solche zusätzliche Vergütung an Fremdgeschäftsführer bzw. Angestellte einer Maklergesellschaft gezahlt, ist stets an eine Bestechlichkeit bzw. Bestechung im geschäftlichen Verkehr zu denken.

Problematisch ist allerdings, wie es sich bezüglich einer Strafbarkeit verhält, wenn keine Fremdgeschäftsführer bzw. Angestellte, sondern Gesellschaftergeschäftsführer bzw. selbstständige Makler Empfänger von Incentives sind.

Dabei ist zunächst bei der Maklerstellung des Vermittlers auf die wirtschaftswissenschaftlich sog. „Prinzipal-Agent-Beziehung" abzustellen, die zwischen dem Versicherungsmakler und dem Kunden besteht und nach der auch außenstehende Personen Beauftragte sein können, sofern sie in Folge der ihnen eingeräumten

---

854 BGH NJW 1968, 1572 (1573).

855 Gebert/Erdmann/Beenken – *Müller-Sartori*, S. 426.

856 *GDV*, Verhaltenskodex für den Vertrieb von Versicherungsprodukten, 2012, Ziff. 9.

857 *Steiner*, CCZ 2014, 50 (59).

Position in der Lage sind, Entscheidungen für den Betrieb zu veranlassen bzw. zu treffen.[858]

Sieht man den Makler als „im Lager des Kunden stehend“, so kann man ihn auch als „Beauftragten“ i.S.d. § 299 StGB einordnen, sofern er berechtigterweise die vertragsrelevanten Handlungen des Kunden beeinflussen kann. In einer derartigen, „Prinzipal-Agent-Konstellation“ ist der „Agent“ entweder bevollmächtigt, für den Kunden als Prinzipal Entscheidungen zu treffen, oder er hat jedenfalls im Rahmen seiner vertraglich festgelegten Tätigkeit großen Einfluss auf dessen Entscheidungen.[859] Der Versicherungsmakler ist hierfür ein Musterbeispiel, da er nach Sichtung des Marktes die für den Kunden passendsten Angebote mehrerer Versicherer heraussucht, dem Prinzipal präsentiert und diesen sodann über einen Abschluss einer Versicherung entscheiden lässt.[860]

Wenn man der Ansicht folgt, die den selbstständigen Makler bzw. Gesellschaftergeschäftsführer nicht als „Beauftragten“ sieht, so kommt es zu einer Ungleichbehandlung der verschiedenen Personengruppen. Diese stellt zwar eine „schwer nachvollziehbare Strafbarkeitslücke“ dar, jedoch ist auch hier das Analogieverbot nach § 1 StGB i.V.m. Art. 103 Abs. 2 GG zu berücksichtigen, weswegen die unterschiedliche Betrachtungsweise zwischen Angestellten bzw. Fremdgeschäftsführern und selbstständigen Maklern bzw. Gesellschaftergeschäftsführern insoweit gerechtfertigt erscheint.[861]

Allerdings ist diese Ungleichbehandlung in der Praxis unerheblich, da eine Strafbarkeit ohnehin aus einem anderen Grund entfällt.

Der selbstständige Makler oder Gesellschaftergeschäftsführer ist trotz seiner Stellung als Beauftragter des Kunden kein potentieller Täter einer Bestechlichkeit bzw. Bestechung im geschäftlichen Verkehr, da dieser Personenkreis grundsätzlich nicht im Rahmen eines Unternehmens i.S.d. § 299 Abs. 1 StGB handelt.[862] Privatpersonen, die in eigener Sache handeln, unterhalten keinen geschäftlichen Betrieb. Dabei ist alles privat, was im Bereich des Einzelnen außerhalb von Erwerb und Berufsausübung stattfindet.[863] Folglich fehlt es an einem für eine Strafbarkeit nach § 299 StGB bei der durch einen professionellen Vertrieb vermittelten Versicherung an eine Privatperson jedenfalls an dem erforderlichen geschäftlichen Betrieb.[864]

---

858 *Fischer*, § 299 Rn. 10a. Für einen Überblick über die Prinzipal-Agent-Theorie als Unterform der Agency-Theorie siehe *Schmid*, S. 23 f.

859 *Pragal*, S. 194.

860 Gebert/Erdmann/Beenken – *Müller-Sartori*, S. 427 f.

861 So für den vor dem Gesetz zur Bekämpfung der Korruption (2015) verwendeten Begriff des „geschäftlichen Betriebs“ auch *Steiner*, CCZ 2014, 50 (59).

862 *Steiner*, CCZ 2014, 50 (59).

863 zum Begriff der rein privaten Tätigkeit siehe *Wollschläger*, S. 57 m.w.N.

864 Vgl. GDV, Unverbindliche Orientierungshilfe zur strafrechtlichen Beurteilung von Einladungen und Geschenken gegenüber Geschäftspartnern und Amtsträgern, 2013, S. 11; Gebert/Erdmann/Beenken – *Müller-Sartori*, S. 424. Auch ein „geschäftlich-privater“ Betrieb dürfte sich nur sehr schwer konstruieren lassen,

XI. Zusammenfassung

Der Versicherungsvermittler im Personenversicherungssektor steht wie aufgezeigt grundsätzlich zwischen dem produktgebenden Versicherungsunternehmen und dem Versicherungssuchenden bzw. Versicherungsnehmer. Dabei obliegt es ihm, sowohl die Interessen der jeweiligen Vertragsparteien, als auch seine eigene Position zu vertreten und zu achten.

Bei etwa 554.700 Erwerbstätigen in der Versicherungsbranche kommt es immer wieder vor, dass Reglementierungen und Vorgaben missachtet werden, um eigene Vorteile zu erlangen oder anderen Schaden zuzufügen. Insoweit kann es zu strafrechtlich relevanten Handlungen des Personenversicherungsvermittlers kommen.

Der Intermediär macht sich eines Hausfriedensbruchs nach § 123 StGB strafbar, indem er in den Wohn- oder Hausbereich erkennbar ohne das Einverständnis des Hausherrn eindringt. Befindet sich der Vermittler in der von § 123 StGB geschützten räumlichen Sphäre des Kunden und will diese trotz deutlicher Aufforderung des Hausrechtsinhabers nicht verlassen, so kommt ebenfalls grundsätzlich eine Verwirklichung des Tatbestands in Betracht.

Nach § 203 Abs. 1 Nr. 6 StGB macht sich der Personenversicherungsvermittler als Intermediär für private Kranken-, Unfall- bzw. Lebensversicherungen strafbar, wenn er fremde Geheimnisse des persönlichen oder geschäftlichen Bereichs trotz einer Schweigeverpflichtung offenbart. Bei der Beurteilung einer Strafbarkeit ist insb. auf den Begriff des „Angehörigen eines Unternehmens" in § 203 StGB abzustellen, weswegen zwischen dem Versicherungsmakler und dem Versicherungsvertreter als unterschiedliche Vermittlertypen zu differenzieren ist. Während bei dem Versicherungsmakler eine Strafbarkeit grundsätzlich aufgrund seiner Stellung im Lager des Versicherungsnehmers ausscheidet, ist der selbstständige wie auch der angestellte Versicherungsvertreter vom potentiellen Täterkreis für eine Verletzung von Privatgeheimnissen umfasst.

Ein Sonderproblem bildet in diesem Kontext das Outsourcen von Versicherungsdaten an ein datenverarbeitendes und –betreuendes Unternehmen. Dabei gilt, dass eine potentielle Strafbarkeit nach § 203 StGB nicht generell bejaht oder verneint werden kann, sondern es immer auf den jeweiligen Einzelfall ankommt. Ausschlaggebend ist für die strafrechtliche Beurteilung in erster Linie, wie die sensiblen Daten gegen unbefugten Zugriff geschützt und abgeschottet werden.

Auch eine Strafbarkeit nach § 240 StGB kommt für den Personenversicherungsvermittler in Betracht, wenn er „zu aufdringlich" wird und auf einen Abschluss gegenüber dem zu beratenden Kunden besteht oder diesen nicht aus seinem Büro gehen lassen will. Vor allem dem Tatbestandsmerkmal der Drohung ist dabei Aufmerksamkeit zu schenken.

---

da sich die beiden Begrifflichkeiten schon der Bedeutung nach widersprechen. *Steiner*, CCZ 2014, 50 (60).

Neben der Nötigungsstrafbarkeit kann sich der Vermittler auch einer Erpressung nach § 253 Abs. 1 StGB strafbar machen, sofern er einen Vertragsabschluss mit allen Mitteln erreichen will.

Immer, wenn Fremdgelder im Raum stehen, ist an eine Geldwäschehandlung nach § 261 StGB zu denken. Aufgrund hoher Prämien- und Einmalzahlungen und den damit verbundenen Abschlussprovisionen von Personenversicherungen kann der Versicherungsvermittler dazu verleitet werden, die Herkunft der Prämien des Versicherungsnehmers nur oberflächlich zu prüfen. Problematisch für den Intermediär ist dabei, dass nach § 261 Abs. 5 StGB auch leichtfertiges Handeln strafbar ist.

Die bedeutendste Norm für Personenversicherungsvermittler ist § 263 StGB. Bei der Feststellung einer Betrugsstrafbarkeit eines Vermittlers geht es im Wesentlichen darum, die erlaubte von der verbotenen Geschicklichkeit im Hinblick auf die Erlangung und Einverleibung materieller Vorteile abzugrenzen.[865] Dabei ist zunächst zwischen der täterschaftlichen Begehungsweise und der Teilnahme an einer Betrugshandlung zu differenzieren.

Tatbestandlich handelt der Vermittler dabei selbst, wenn er etwa falsche Auskünfte über einen Antragsteller in einem Versicherungsantrag an den Versicherer übermittelt. Dies kann zum eigenen Vorteil geschehen, um eine (höhere) Provision zu erhalten.

Ein Fall einer mittäterschaftlichen Begehungsweise des § 263 StGB durch kollusives Zusammenwirken mit dem Versicherungssuchenden ist dann möglich, wenn der Vermittler den Antrag selbst bearbeitet und beispielsweise Risikosportarten bewusst nicht aufführt, um auf diese Weise eine Policierung für den Antragsteller zu erreichen. Gibt der Versicherungsvermittler dem Antragsteller lediglich „Tipps" beim Ausfüllen des Versicherungsantrags, um durch wahrheitswidrige Äußerungen Versicherungsschutz zu erhalten, so ist hierin eine Beihilfe zum Betrug zu sehen.

Der Versicherungsmissbrauch nach § 265 StGB soll in erster Linie den Sachversicherer und nicht den Personenversicherer schützen. Zwar erscheint diese Schwerpunktsetzung außerhalb der Personenversicherung aufgrund der hohen Versicherungssummen insb. in der Lebensversicherungssparte kaum einleuchtend, kann allerdings hingenommen werden, da die Vorschrift für Versicherungsvermittler ohnehin nur nachrangige Bedeutung hat.

Für die Beurteilung einer Untreuestrafbarkeit nach § 266 StGB ist es wie auch schon bei § 203 StGB erforderlich, zwischen dem Vermittlertypus des Versicherungsvertreters nach § 59 Abs. 2 VVG und des Versicherungsmaklers i.S.d. § 59 Abs. 3 S. 1 VVG zu differenzieren. Ein Versicherungsvertreter kann sich grundsätzlich nicht gegenüber dem Versicherungsnehmer, sondern lediglich gegenüber dem Versicherer einer Untreue strafbar machen, wenn er das ihm zur Weitergabe ausgehändigte Geld etwa aus einer fälligen Lebensversicherung nicht an den Versicherungsnehmer weiterleitet.

865 *Fischer*, § 263 Rn. 2.

Bei Versicherungsmaklern besteht insoweit bereits kein Strafbarkeitsrisiko, als der Intermediär im Lager des Versicherungsnehmers steht und folglich keinerlei Betreuungspflicht gegenüber dem Versicherer inne hat. Gegenüber „seinem" Kunden kann sich der Versicherungsmakler allerdings sehr wohl der Untreue nach § 266 StGB strafbar machen, sofern er Handlungen ausführt, die über seinen Maklervertrag hinausgehen.

Nachdem die Versicherungsantragsformulare bis heute teilweise in Papierform ausgefüllt und bei dem Versicherungskonzern eingereicht werden, besteht die Möglichkeit des manipulativen Einwirkens auf diese Dokumente. Zur Erzielung höherer Provisionen bzw. für die Erreichung einer bonusauslösenden Zielvorgabe schrecken einzelne Vermittler auch vor einer Urkundenfälschung nicht zurück.

Im Hinblick auf Bestechlichkeit und Bestechung im geschäftlichen Verkehr nach § 299 StGB muss sich schließlich der Versicherungsmakler bewusst sein, dass er zwar als im Lager des Versicherungsnehmers als Privatperson stehender Intermediär keine zusätzlichen Vergütungen des Versicherers neben der Courtage seines Kunden entgegennehmen sollte – eine strafbare Handlung stellt dies allerdings nicht dar. Daran ändert sich auch nichts durch das im Rahmen des Korruptionsbekämpfungsgesetzes neben dem bisherigen „Wettbewerbsmodell" eingeführte sog. „Geschäftsherrenmodell", durch das sich der Anwendungsbereich des § 299 StGB auf eine Pflichtverletzung gegenüber dem Geschäftsherren erweitert.

D. Strukturvertrieb

In diesem Kapitel soll die Vertriebsart des Strukturvertriebs dargestellt und auf ihre strafrechtliche Relevanz hin untersucht werden. In Deutschland benutzen die unterschiedlichsten Branchen in den Bereichen Lebensmittel, Schmuck, Reinigungsartikel, Haushaltswaren oder auch Kosmetik diese Vertriebsart.[866]

Aber auch Finanzdienstleister bedienen sich der Vertriebsform, um unter anderem Personenversicherungsprodukte an Neukunden zu vertreiben und neue Versicherungsvermittler zu gewinnen.

Der Strukturvertrieb stellt eine Unterform des Direktvertriebs[867] dar. Er gilt auch heute noch als relativ junge Form des über den Außendienst gestützten Absatzes von Dienstleistungen wie Gütern.[868] Für den Begriff des Strukturvertriebs werden oftmals Synonyme wie Network-Marketing, Personal Marketing, mehrschichtiges Verkaufssystem, Netzwerk-Marketing oder insb. auch Multi-Level-Marketing verwendet.[869]

Vorwiegend im deutschen Vertriebswesen wird dabei der Begriff des Strukturvertriebs eher für Finanzdienstleistungsvertriebe verwendet, wohingegen die Warenveräußerung im Konsumgüterbereich über eine entsprechend gegliederte Vertriebsform als Multi-Level-Marketing tituliert wird.[870]

I. Begriffsbestimmung und Wesensmerkmale

In juristischen Publikationen hat die Thematik des Strukturvertriebs in der Vergangenheit vergleichsweise wenig Beachtung gefunden und ist trotz langjähriger Präsenz auf dem deutschen Waren- und Dienstleistungsmarkt „juristisches Neuland“.[871] So hat sich auch noch keine allgemein anerkannte Definition des Begriffs Strukturvertrieb durchgesetzt.[872] Der Begriff des Strukturvertriebs umfasst allerdings eine progressive Vertriebsform, die sich von herkömmlichen Vertriebsmethoden insb. dadurch unterscheidet, dass sie Endabnehmer, Verbraucher und andere verkaufswillige Dritte aktiv in die Absatzstrategie des Produktgebers einbindet.[873]

---

866 *Küstner/Thume*, S. 462 Rn. 4.

867 Siehe auch S. 135 f.

868 *Frehrking/Schöffski*, ZfB 1994, 572.

869 *Althoff*, S. 44; *Preuß*, S. 1; *Schmahl*, S. XII; *Wehling*, Anreizssysteme, S. 5 m.w.N.

870 *Otto/Brammsen*, WiB 1996, S. 281 (283); *Küstner/Thume*, S. 461 Rn. 3.

871 *Preuß*, S. 1; *Küstner/Thume*, S. 462 Rn. 6. Doch trotz positiver wie negativer Schlagzeilen in der Vergangenheit änderte sich daran bis auf wenige Ausnahmen auch in den folgenden Jahrzehnten nichts, vgl. *Frehrking/Schöffski*, ZfB 1994, 572.

872 *Preuß*, S. 5; *Wehling*, Anreizsysteme, S. 16.

873 *Küstner/Thume*, S. 462 Rn. 5.

Frehrking und *Schöffski* unterscheiden zwischen einer engeren und einer weiteren Begriffsauffassung. Danach ist unter einem Strukturvertrieb im engeren und präziseren Sinne eine Organisationsform zu verstehen, die durch bestimmte Merkmale gekennzeichnet und auf den Verkauf ausgerichtet ist. Dem gegenüber sollen unter Strukturvertriebe im institutionellen Sinne bestimmte Vertriebsgesellschaften zu sehen sein, die im Rahmen der Hierarchie- und Anreizsysteme entsprechende Merkmale beinhalten.[874]

Der plausibelste Definitionsversuch stammt von *Wehling*. Sie erstellt eine Synthese verschiedener Definitionsansätze, deren Begriffsabgrenzung die Besonderheiten des Strukturvertriebs darstellt:

> „Multi-Level-Marketing bzw. Network-Marketing, Netzwerk-Marketing oder Strukturvertrieb ist eine Organisationsform für den laiengestützten Direktvertrieb von Waren oder Dienstleistungen an private Endabnehmer. Die der Direktvertriebsorganisation angehörenden Vertriebsrepräsentanten betreiben ihr Engagement neben- oder hauptberuflich als selbstständige Gewerbetreibende, ohne Lagerbestände führen oder Abnahmeverpflichtungen eingehen zu müssen. Zusätzlich zum Direktvertrieb von Produkten bzw. Dienstleistungen bietet diese Organisationsform jedem Vertriebsrepräsentanten die Möglichkeit, nach Vorgaben des Unternehmens, das die betreffende Organisation unterhält, neue Vertriebsrepräsentanten (Frontlines bzw. Downlines) zu gewinnen, einzuarbeiten, zu schulen und weiterhin laufend zu betreuen (sponsorn[875]). Dadurch entstehen im Zeitablauf vielstufige Vertriebslinien. Zur Kompensation für die im Verkauf von Produkten bzw. Dienstleistungen selbst erzielten Leistungen erhält jeder Vertriebsrepräsentant Verkaufsprovisionen. Als Gegenleistung für die Rekrutierung, Betreuung, Ausbildung und Führung von Vertriebsrepräsentanten werden jedem Vertriebsrepräsentanten (Upline) Leitungsprovisionen gezahlt. Die Provisionshöhen ergeben sich ebenso wie die gegebenenfalls zu erreichenden Beförderungsstufen aus dem jeweils geltenden transparenten Karriereplan, den jeder Vertriebsrepräsentant durchläuft und der als Anreizsystem gleichermaßen für alle Vertriebsrepräsentanten gilt."[876]

Diese Definition lässt die wesentlichen Bestandteile des Strukturvertriebs erkennen. Er ist eine Form des Direktvertriebs, welcher sich selbstständiger Gewerbetreibender meist in der Form von Laienwerbern bedient.

Das Ziel der Laienwerber ist es, sich als Sponsoren zu etablieren, indem Sie nach und nach hierarchische Vertriebsketten durch die Anwerbung neuer Geschäftspartner generieren, die selbstständig und vom Sponsor unabhängig agieren und

---

874 *Frehrking/Schöffski*, ZfB 1994, 571 (573).

875 Unter „sponsorn" wird das Anwerben und Betreuen von Vertriebsrepräsentanten beschrieben, sodass der anwerbende Vertriebspartner im Strukturvertrieb als Sponsor bezeichnet wird. Nicht zu verwechseln ist dieser Ausdruck jedoch mit dem im Marketing verwendeten Begriff des „Sponsoring", vgl. *Wehling*, Anreizsysteme, S. 17. Die Betreuung wird mitunter auch als „sponsern" bezeichnet, vgl. *Preuß*, S. 5.

876 *Wehling*, Anreizsysteme, S. 16.

ihrerseits neue Geschäftspartner anwerben. Neben der Akquise von Geschäftspartnern steht in erster Linie allerdings der Vertrieb eines Produktes bzw. einer Dienstleistung.

1. Direktvertrieb

Der Strukturvertrieb lässt sich nicht unmittelbar dem Direktvertrieb im klassischen Sinn zuordnen.[877] Er stellt allerdings eine Sonderform des Direktvertriebs dar, für den ebenfalls keine einheitliche Definition existiert.[878]

Nach Ansicht des Bundesverbands Direktvertrieb Deutschland e.V. ist unter dem Direktvertrieb ein „Verkauf von Waren und Leistungen an den Verbraucher vornehmlich im Bereich einer Privatwohnung oder am Arbeitsplatz oder an anderen Orten außerhalb ständiger Geschäftsräume nach persönlicher Beratung und Vorführung durch einen Außendienstmitarbeiter“ zu verstehen.[879] Umgangssprachlich stellt der Direktvertrieb also den Absatz des Herstellers unmittelbar an Letztverbraucher dar.[880]

Kommt die Vertriebsart ursprünglich aus dem ortsungebundenen Warenhandel und umfasste Hausierer-, Straßen- und Wanderladenhandel, so findet der Verkauf im Direktvertrieb heute überwiegend bei dem Kunden in dessen Haushalt statt.[881] Unter den Oberbegriff des Direktvertriebs fällt insb. auch die Vertriebsform des Strukturvertriebs.[882] So arbeiten in Österreich etwa 85 Prozent der im Direktvertrieb tätigen Menschen in einem Strukturvertrieb.[883]

2. Laienwerber

Laiengestützt ist diese Form des Direktvertriebs insoweit, als überwiegend in der unteren Stufe der Organisation Laienwerber als (nebenberufliche) Geschäftspartner angeworben und sodann als Vertriebsvermittler eingesetzt werden.[884]

Unter der Laienwerbung versteht man die Nutzbarmachung privater oder persönlicher Beziehungen eines nicht professionell tätigen Absatzvermittlers durch den Unternehmer bzw. Sponsor.[885] I.d.R. spricht der Laienwerber Personen aus seinem eigenen beruflichen bzw. privaten Bekanntenkreis wie Verwandte, Freunde, Berufskollegen, Vereinskameraden etc. an, um sie als Kunden für den Absatz von Waren

---

877 *Küstner/Thume*, S. 463 Rn. 8.
878 *Ebbing*, GRUR Int. 1998, 15 (16); *Preuß*, S. 7.
879 *Bundesverband Direktvertrieb Deutschland e.V.*, Verhaltensstandards des Direktvertriebs, S. 9.
880 *Tietz*, S. 18.
881 *Schmahl*, S. 39.
882 *Tietz*, WiSt 1994, 629.
883 *Zacharias*, S. 57.
884 *Küstner/Thume*, S. 464 Rn. 12.
885 *Ohly/Sosnitza*, § 4.1 Rn. 1/154.

oder Dienstleistungen des Unternehmers gegen ein Entgelt zu gewinnen.[886] Die Gruppe der Laienwerber stellt den überwiegenden Anteil der im Strukturvertrieb tätigen Vertriebsmitarbeiter.[887]

Für den Versicherer ist der Einsatz von Laienwerbern deswegen so interessant, weil er sich nicht nur die Kosten eines andernfalls notwendigen Außendienstes spart, sondern ferner potentielle Kunden direkter, schneller und intensiver als mit sonstigen Werbearten erreicht. Daher ist diese Vertriebsform vor allem im Versicherungsbereich anzutreffen.[888]

Der neu akquirierte Geschäftspartner beginnt grundsätzlich in nebenberuflicher Tätigkeit und wechselt erst nach einer gewissen Zeitspanne in die Hauptberuflichkeit, wenn sich kontinuierliche Erfolge entweder in der selbst durchgeführten Vertriebsleistung oder im Aufbau einer eigenen Downline ergeben.[889] So beginnen Anzeigen für Laienwerber oftmals mit den Worten „nebenberufliche Tätigkeit".[890] Eine Studie aus dem Jahr 2004 aus Österreich ergab, dass etwa 72 Prozent der Direktberater nebenberuflich tätig sind.[891]

Dabei wird er überwiegend als freier Berater oder Vermittler ohne soziale Absicherung durch das Unternehmen und selten auch als freier Handelsvertreter mit rechtlichen und gegebenenfalls sozialen Sicherheiten tätig.[892]

3. Akquirierung neuer Mitarbeiter

In Strukturvertrieben besteht permanent Bedarf an neuen Mitarbeitern, da es durch das „Laienelement" und der nebenberuflichen Tätigkeit des überwiegenden Teils der Geschäftspartner zu einer erhöhten Fluktuation auf der Ebene der Endvermittler kommt und die Zentrale kaum gezielte Personalpolitik betreibt.[893] Im Anfangsstadium akquiriert die Zentrale des Strukutrvertriebs zunächst selbst einige Vertriebsmittler, welche dann für das weitere Wachstum des Vertriebes zuständig sind und das Geschäftsmodell eigenständig weiterführen und -geben.[894]

Das Grundmodell des Strukturvertriebs besteht folglich nicht nur darin, etwa Versicherungsprodukte zu vermitteln, sondern ein ganzes Geschäftsmodell an neue Geschäftspartner weiterzugeben.[895] Oftmals sind es Kunden des Vermittlers, die sich

886 *Köhler/Bornkamm*, § 4 Rn. 1.192.
887 *Preuß*, S. 9.
888 *Ohly/Sosnitza*, § 4.1 Rn. 1/154.
889 *Thust*, S. 89.
890 Bereits *Bühring*, WRP 1958, 321.
891 *Zacharias*, S. 57.
892 *Schmahl*, S. XI.
893 *Brammsen/Leible*, BB 1997, Beilage 10, 1 (4).
894 *Preuß*, S. 8. Nach der Anfangsphase beschränkt sich die Zentrale auf die Betreuung und Unterstützung der Vertriebsmittler, damit starke Vertriebslinien entstehen.
895 *Schmahl*, S. 37.

dazu entscheiden, als Geschäftspartner des Vermittlers ebenfalls im Strukturvertrieb tätig zu werden.[896]

Die Zentrale bietet für die Akquise neuer Geschäftspartner grundsätzlich zwei Anreize: dem Vermittler wird eine umsatzabhängige Provision in Aussicht gestellt und auch den potentiellen Geschäftspartnern des werbenden Vermittlers kann dieser zusichern, dass sie ebenfalls entsprechende Vergütungen für die Anwerbung neuer Geschäftspartner erhalten.[897] Im Laufe der Zeit können sich so tiefgestufte Vertriebsstrukturen herausbilden, die zu einem Anstieg des Produktionsabsatzes einzig über den dauerhaften Anreiz der Geschäftspartner führt, entweder selbst durch die eigene Vertriebstätigkeit oder durch Betreuung, Motivation und Anwerbung neuer Mitarbeiter Einkünfte zu erzielen.[898]

Folglich umfasst die Tätigkeit des im Versicherungsbereich vertraglich an das Versicherungsunternehmen gebundenen Vertriebspartners sowohl die Aufgabe eines Versicherungsvermittlers zur Neukundengewinnung als auch die eines Anwerbers neuer Vermittler für den Versicherer.

4. Mehrstufige Organisationsstruktur

Wie in den meisten Wirtschaftsunternehmen ist auch der Strukturvertrieb einer Versicherungsgesellschaft hierarchisch geprägt und besitzt einen pyramidenartigen Aufbau.[899] Daneben ist die Organisationsform allerdings auch durch selbstständige Vertriebsmittler multiplikativ gestaltet.[900] Alleinige bzw. wichtigste Aufgabe der untersten Ebene des Organisationssystems ist der Vertrieb an den Endabnehmer.[901] Wird ein bestimmtes Produktionsziel überschritten und ein gewisser Unterbau von Geschäftspartnern erreicht, so folgt der Eintritt in die nächste Hierarchiestufe.[902]

Die in der übergeordneten Ebene befindlichen Vermittler betreuen die Geschäftspartner der unteren Stufen, unterstützen sie bei Werbemaßnahmen und Organisationsaufgaben, führen Schulungen durch, geben Erfahrungen und Ratschläge weiter, koordinieren auf regionaler, nationaler wie internationaler Ebene und beteiligen sich als Führungskräfte an der Erarbeitung oder Verbesserung der Vertriebsstrategien.[903]

---

896 *Althoff*, S. 47.

897 *Brammsen/Leible*, BB 1997, Beilage 10, 1 (4). Durch diese Vorgehensweise wird der Werber stärker in das Vertriebssystem eingebunden, ohne dass für die Zentrale ein zusätzlicher Aufwand entsteht, da durch die alleinige Anwerbung noch keine Kosten entstehen.

898 *Küstner/Thume*, S. 465 Rn. 14.

899 *Frehrking/Schöffski*, ZfB 1994, 571 (574).

900 *Küstner/Thume*, S. 463 Rn. 10.

901 *Thume*, WRP 1999, 280 (282).

902 *Baumann*, S. 17 m.w.N.

903 *Brammsen/Leible*, BB 1997, Beilage 10, 1 (3). Dies führt dazu, dass die Schwerpunktverlagerung in höheren Hierarchieebenen von dem Schwerpunkt des Verkaufs

Der Versicherer als sog. „Zentrale“ fungiert als Kopf einer stufenmäßig gegliederten, stetig expandierenden Organisationsform von selbstständigen Vertriebsketten.[904] Die nachfolgenden, untergeordneten Stufen innerhalb der Struktur entstehen durch Rekrutierung neuer Geschäftspartner, wodurch sich für jede Person in jeder Ebene eine Downline ergeben kann.

Als „Downline“ werden die hierarchischen Ebenen der Vertriebspartner bzw. Geschäftspartner (= GP) bezeichnet, die von einem Vermittler, dem Sponsor, angeworben wurden und unter ihm pyramidenförmig in dem Versicherungsunternehmen eingeschrieben sind.[905] Die Downline kann grundsätzlich beliebig viele Ebenen umfassen, sie ist jedoch in der Regel auf 6 – 8 Stufen beschränkt.[906]

Abb. 1: Darstellung der Downline einer typischen Vertriebsstruktur

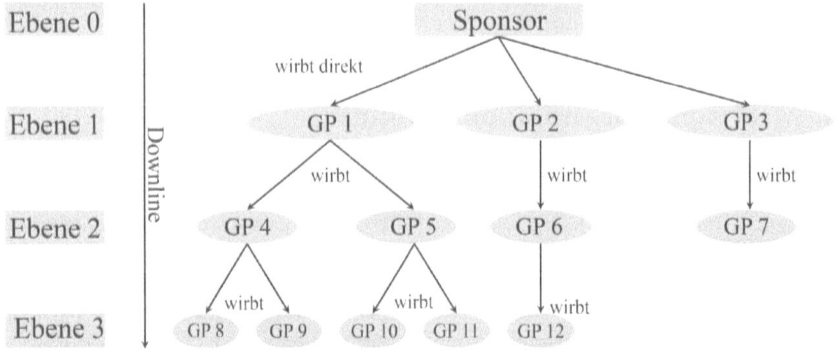

Das Gegenteil einer „Downline“ ist die sog. „Upline“. Sie regelt, welche Vertriebspartner zwischen dem Vermittler und dem Versicherungsunternehmen als Zentrale stehen und von seinen Abschlüssen finanziell und karrieretechnisch ebenfalls profitieren. Diese Personen werden oftmals „Strukturhöhere“ oder kurz „Strukis“ genannt.

immer stärker zu funktionsspezifischen Verwaltungsstrukturen erfolgt und die Führungskräfte an der Erarbeitung und Verbesserung der Vertriebsstrategien direkt mitwirken können, vgl. *Küstner/Thume*, S. 463 Rn. 10 m.w.N.

904 Siehe zum Aufbau auch *Otto/Brammsen*, WiB 1996, 281 (283).

905 *Althoff*, S. 43.

906 *Ebbing*, GRUR Int. 1998, 15 (17).

Abb. 2: Darstellung der Upline einer typischen Vertriebsstruktur

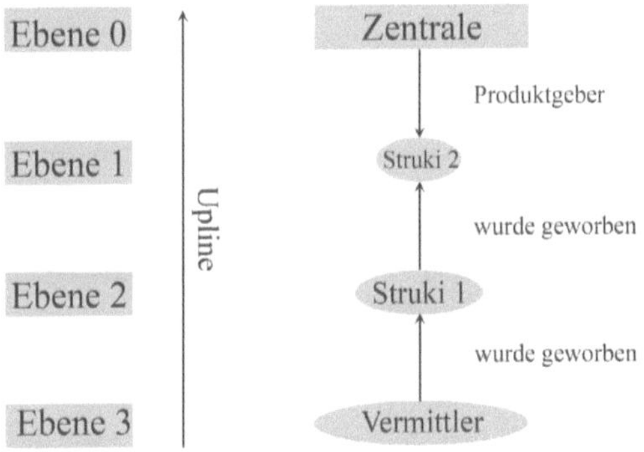

Der Aufstieg bzw. die Beförderung in eine hierarchisch höhere Ebene richtet sich nach den Karriereplänen der Zentrale. Eine bestimmte schulische bzw. berufliche Qualifikation ist i.d.R. für den Aufstieg bis in die obersten Karriereebenen nicht erforderlich.[907] In diesen Plänen werden die von einem Unternehmen bei allen Vermittlern einheitlich anzuwendenden Beförderungs- und Vergütungskriterien transparent fixiert und können nicht etwa von einem „Vorgesetzten" beeinflusst werden.[908] So ist es auch möglich, dass ein Sponsor von seinem Geschäftspartner in dem hierarchischen Ebenenaufbau des Karriereplans überholt wird, wenn seine Kriterien für einen Aufstieg anders als bei seinem Geschäftspartner nicht vorliegen.

Es gibt Vertriebe, bei denen eine einmal erreichte Ebene nicht mehr nach unten korrigiert werden kann und auch Karrierepläne von Vertrieben, die ein Absteigen eines Vermittlers in eine niedrigere Karriereebene in Aussicht stellen, sofern nicht bestimmte, an den Umsatz, Aktivität etc. gekoppelte Kriterien erfüllt werden.[909]

5. Erfolgsbezogene Vergütung

Die Geschäftspartner im Strukturvertrieb erhalten regelmäßig ihre Vergütung in Form von produktbezogenen Provisionen, die auf allen Stufen an die getätigten Geschäfte gebunden und mithin erfolgs- und umsatzbezogen sind.[910] Im Bereich der Finanzdienstleistungen orientiert sich die Höhe der Vergütung an der

907 *Wehling*, Anreizsysteme, S. 92. Darin unterscheidet sich der Strukturvertrieb von den „klassischen Unternehmen", in denen die oberen Karrierestufen meist den Führungskräften vorbehalten sind, die entsprechend höhere Bildungs- und Berufsabschlüsse besitzen.

908 *Wehling*, Anreizsysteme, S. 44.

909 *Preuß*, S. 10.

910 *Thume*, WRP 1999, 280 (282).

Jahresprämiensumme des Kunden, der Versicherungssumme sowie der Laufzeit des Versicherungsvertrages.[911]

Diese leistungsbezogene Provisionsvergütung führt dazu, dass bei einem hohen Umsatz der Struktur für den Sponsor ein hoher Erlös erzielt werden kann.[912] Die auf einer höheren Ebene befindlichen Sponsoren erhalten für Schulungs-, Überwachungs- und Fortbildungsmaßnahmen ihrer Geschäftspartner Umsatzprovisionen, Prämien, Rabatte oder Bonuszahlungen.[913]

Bemessen wird die Provisionssumme im Versicherungssektor an Einheiten- oder Punktesystemen, anhand derer die Relation zwischen den anteiligen Provisionsansprüchen der einzelnen Stufen festgelegt werden.[914]

6. Problem: Produktbindung

Problematisch ist allerdings im Bezug auf den Vertrieb von Personenversicherungsprodukten das Merkmal der Produktbindung. Die überwiegende Ansicht geht dahin, als Wesensmerkmal für den Strukturvertrieb die Produktbindung des Vertriebs an die Versicherungsprodukte eines Versicherers zu deklarieren.[915]

Dies mag für Strukturvertriebe zutreffen, die an den Versicherer direkt gebunden sind wie etwa die Vertriebsorganisation der Ergo Versicherungsgruppe, die „Ergo Pro". Anders ist jedoch die Wertung bei Allfinanzanbietern wie etwa dem AWD, der als größte unabhängige Vertriebsgesellschaft Deutschlands gilt und an keinen Produktanbieter gebunden ist, sondern Kooperationen zu verschiedenen Versicherern unterhält.[916]

Folglich kann das Merkmal der Produktbindung lediglich im Bereich des Multi-Level-Marketing im Konsumgüterbereich Anwendung finden. Im Personenversicherungssektor ist eine Produktbindung eines Strukturvertriebs an das Versicherungsunternehmen nur im Einzelfall einschlägig und ist als generelles Wesensmerkmal abzulehnen.

---

911 *Brammsen/Leible*, BB 1997, Beilage 10, 1 (4).

912 *Schmahl*, S. 37.

913 *Brammsen/Leible*, BB 1997, Beilage 10, 1 (3).

914 Vgl. *Frehrking/Schöffski*, ZfB 1994, 571 (578). Dort erfolgt auch eine exemplarische Darstellung, wie sich die Einheitenberechnung an der Versicherungssumme orientiert und wie die Provision zwischen den verschiedenen Hierarchieebenen eines Strukturvertriebs aufgeteilt werden.

915 Siehe etwa *Brammsen/Leible*, BB 1997, Beilage 10, 1 (3); *Küstner/Thume*, S. 463 Rn. 9; *Otto/Brammsen*, WiB 1996, 281 (282); *Thume*, WRP 1999, 280 (282).

916 *Frehrking/Schöffski*, ZfB 1994, 571 (572).

II. Entstehungsgeschichte

Es existiert im Hinblick auf die Entstehungsgeschichte des Strukturvertriebs keine einheitlichen Darstellungen.[917] Allgemein besteht jedoch die Vermutung, dass zunächst im Konsumgüterbereich das Multi-Level-Marketing ungefähr zu Beginn der 1940er Jahre eingeführt wurde, während sich der Strukturvertrieb im Finanzdienstleistungssektor wohl in den 1960er Jahren entwickelte.[918]

1. Entstehung im Konsumgüterbereich

Seinen Ursprung fand der Strukturvertrieb wohl im Konsumgüterbereich im „Mutterland des Verkaufens"[919]. Der Amerikaner *Carl F. Rehnborg* richtete 1927 auf Bilbao Island in Südkalifornien ein Versuchslabor ein, in dem er verschiedene Pflanzen und Kräuter extrahierte, konzentrierte und pulverisierte.[920] Daraus entstanden die Vorläufer der heutigen Nahrungsergänzungsmittel, welche *Rehnborg* an Freunde zum Probieren weitergab, welche die Produkte wiederum an ihre Bekannten weiterempfahlen.[921]

1934 gründete *Rehnborg*, der sich lieber mit Experimenten als mit dem Verkauf und Vertrieb beschäftigte, das US-Unternehmen „California Vitamins"[922], welches die ersten Multivitamin- und Mineralstoffprodukte als Nahrungsergänzungsmittel auf den Markt brachte. Er erlaubte seinen Mitarbeitern die Rekrutierung neuer Mitarbeiter für den Vertrieb der Produkte. Das Unternehmen gewährte der anwerbenden Person 2 % des Umsatzes der durch sie angeworbenen, neuen Vertriebsmitarbeiter als Honorar.[923] Von ehemaligen Mitarbeitern von „California Vitamins" wurden in der Folge weitere Multi-Level-Marketing- Unternehmen wie „Amway", „Mary Kay" usw. gegründet.[924]

Eines der ersten und bekanntesten Unternehmen in Deutschland im Bereich des Direktvertriebs und insbesondere des Strukturvertriebs waren wahrscheinlich im Haushaltssektor Vorwerk (1883 gegründet; seit 1930 im traditionellen Direktvertrieb) sowie Tupperware (seit 1951).[925]

---

917 *Wehling*, Anreizsysteme, S. 1.

918 *Wehling*, Anreizsysteme, S. 1.

919 So *Tust* bei seinen Ausführungen über die Entstehungsgeschichte des Strukturvertriebes, vgl. *Thust*, S. 61.

920 *Zacharias*, S. 27.

921 *Zacharias*, S. 27.

922 Das Unternehmen änderte 1939 seinen Namen in „Nutrilite".

923 *Schmahl*, S. 28.

924 *Wehling*, Anreizsysteme, S. 2.

925 *Schmahl*, S. 28.

2. Entwicklung im Finanzdienstleistungssektor

Im Finanzdienstleistungssektor war der Ausgangspunkt eine Veränderung des Vertriebswegs für Investmentprodukte. Der Strukturvertrieb findet sich erstmals bei dem in Panama firmierenden Unternehmen „IOS Limited“[926] des Amerikaners *Bernard Cornfeld* wieder.[927] Damit hatte in den 1960er Jahren der Strukturvertrieb auch in Deutschland seinen Ursprung.[928] Am 05. Februar 1960 wurde am Amtsgericht Düsseldorf die „Investors Overseas Services in Deutschland – DIOS KG“ eingetragen.[929]

Die IOS Limited baute in Deutschland zwischen 1963 und 1970 einen straff organisierten und durchaus erfolgreichen Vertrieb auf, welcher bereits über die wesentlichen Merkmale eines Strukturvertriebs verfügte.[930] So war die pyramidenförmige, hierarchisch aufgebaute Vertriebsstruktur in verschiedene Stufen untergliedert, begann beim Trainee und endete beim General Manager, welchem 400 bis 500 Vertreter unterstanden und der diese überwachte, fortbildete und von jedem Auftrag der hierarchisch unter ihm stehenden Vermittler automatisch eine „Superprovision“ verdiente.[931]

In diesem System hatte es somit jeder Vertreter in der eigenen Hand, sich „selbst zu befördern“, indem er eigene Abschlüsse tätigte und gleichzeitig neue Mitarbeiter aussuchte.[932] Das System der IOS-Vertriebsstruktur brachte es mit sich, dass immer mehr Start-Verkäufer in die Position eines General Managers kamen. Sollte es in dieser Gruppe bereits einen General Manager gegeben haben, so wurde er weiter „befördert“ und erhielt den Titel des „Super General Managers“.[933]

Im Ergebnis gab es in Deutschland schließlich auch den Rang bis hin zum „Super Super Super General Manager“, wodurch die Zusatzprovisionen der Manager immer kleiner wurden.[934] In der Folgezeit gab es aufsichtsrechtliche Komplikationen bei der Etablierung eines konzerneigenen Versicherungsangebots, sodass IOS 1968

---

926 Die Abkürzung steht für „Investors Overseas Services“.

927 *Frehrking/Schöffski*, ZfB 1994, 571 (572).

928 *Frehrking/Schöffski*, ZfB 1994, S. 571 (572); *Preuß*, S. 1.

929 *Thust*, S. 62.

930 *Frehrking/Schöffski*, S. 571 (572).

931 *Jansen*, S. 16.

932 *Jansen*, S. 16.

933 Für einen ausführlichen Überblick über die hierarchische Organisation der IOS siehe *Birkholz/Saller*, S. 98 ff.

934 *Jansen*, S. 17. Neben den geldwerten Anreizen setzte die Vertriebsorganisation auch auf andere materielle Anreize. So erhielt jeder Vermittler, der den persönlichen Umsatz von einer Million Dollar geschafft hatte, eine goldene Uhr (Wert: ca. 1000 Dollar) mit der Begründung, jeder Träger solle in einem Notfall von jedem Punkt der Erde für den Gegenwert der Uhr nach Hause reisen können. Dies stimulierte und stärkte das „Wertgefühl“ der „IOS – Familienmitglieder“, sodass die Besitzer die goldene Uhr „mit dem gleichen Stolz wie etwa ein englischer Lord den Hosenbandorden“ trug, vgl. *Jansen*, S. 17.

damit begann, neben dem Investmentgeschäft auch Produkte einer deutschen Versicherungsgruppe zu vertreiben.[935] Dadurch schuf sie die Voraussetzungen für die Verbreitung des Strukturvertriebsweges im gesamten Finanzdienstleistungssektor.[936]

1970 zeichnete sich dann der Niedergang des Unternehmens ab.[937] Viele der ehemaligen Mitarbeiter des Unternehmens setzten ihre Karrieren in anderen Unternehmen und für andere Versicherungsgesellschaften fort und übernahmen Komponenten aus dem Strukturvertrieb. An diesen Vertriebsweg anknüpfend entstanden in der Folge Strukturvertriebe wie OVB[938], HMI[939] oder auch Bonnfinanz.[940] Aus der Bonnfinanz schied 1975 *Reinfried Pohl* aus und gründete den heute wohl größten Finanzvertrieb, die DVAG.[941]

1987 ging aus der zum Deutschen Ring gehörenden OVB der Allgemeine Wirtschaftsdienst hervor. *Carsten Maschmeyer*, ein ehemaliger Landesdirektor der OVB, ging dabei insoweit einen bis dato neuen Weg im Bereich des Strukturvertriebes,

---

935 Zwischen der IOS und dem Deutschen Herold wurde am 01. April 1968 eine exklusive Betriebsvereinbarung getroffen, die später zur Grundlage des heutigen Strukturvertriebs bei Finanzdienstleistungen wurden, vgl. *Frehrking/Schöffski*, ZfB 1994, 571 (586).

936 *Jansen*, S. 17.

937 *Jansen*, S. 21; *Frehrking/Schöffski*, ZfB 1994, 571 (572).

938 Die OVB wurde 1970 von Otto Wittschier, dem ehemaligen Regionaldirektor der IOS, in Köln gegründet, vgl. *Birkholz/Saller*, S. 303. Zunächst stand die Abkürzung für „Organisation für die Vermittlung von Bausparverträgen". Da das Unternehmen jedoch das Prinzip des „Allfinanzdienstleisters" verfolgte, änderte es bald darauf seine Benennung in „OVB Organisation für Vermögensberatung und Finanzierung". Heute wird das Kürzel im Firmennamen für „Organisation für Vermögensberatung" verwendet.

939 Die „ Hamburg – Mannheimer Inter-Organisation" wurde 1973 als Strukturvertriebszweig der Hamburg Mannheimer Versicherung AG gegründet. Erster Direktor der HMI wurde am 22. März 1973 Werner Kunkler, welcher ebenfalls aus den Reihen der IOS stammte, wo er bis zu 2.000 Verkäufer unter sich hatte und für ein gutes Drittel des gesamten deutschen IOS-Geschäfts verantwortlich war, siehe *Birkholz/Saller*, S. 94. Seit 1975 wird die Abkürzung HMI in der Öffentlichkeit als „Hamburg Mannheimer Invest(ment)" oder als „Hamburg-Mannheimer International" umschrieben. Am 27. Januar 2012 benannte sich die ehemalige „HMI" in „Ergo Pro" um, vgl. *Thust*, S. 65 f.

940 *Wehling*, Anreizsysteme, S. 2.

941 *Beenken/Sandkühler*, S. 11. Reinfried Pohl war zunächst von 1967 bis 1969 bei IOS und von 1970 bis 1974 bei Bonnfinanz tätig, vgl. *Müller-Vogg*, S. 110 ff., 124 ff. 1975 übernahm er das Unternehmen unter dem Namen „Kompass – Gesellschaft für Vermögensanlagen GmbH" von der AachenMünchener Versicherung, *Müller-Vogg*, S. 143 ff. 1976 baute er schließlich die „Allgemeine Vermögensberatung AG" (AVAG) auf, welche 1983 zur „Deutschen Vermögensberatung AG" (DVAG) umfirmierte. *Müller-Vogg*, S. 149 ff.

als er mit dem AWD eine unabhängige Vertriebsgesellschaft gründete, die nicht an bestimmte Produktanbieter gebunden ist.[942]

Mit der Wiedervereinigung Deutschlands erhielten die verschiedenen Finanzvertriebe einen starken Auftrieb. Mit einem Schlag eröffnete sich ein neuer Markt mit 16 Millionen neuen Kunden, welche zuvor kaum mit Finanzprodukten ausgestattet waren und diesen ziemlich unbedarft gegenüberstanden.[943]

Für eine rasche und effiziente Erschließung eines derart großen Marktes erwies sich das Strukturvertriebskonzept aufgrund seines ständigen Wachstums gemessen an der jeweiligen Umsatzentwicklung für die Unternehmen als ideale Vertriebsform.[944] So erhielten Gesellschaften, welche mit Strukturvertrieben zusammenarbeiteten, in den neuen Bundesländern erheblich höhere Marktanteile als in den alten Bundesländern.

Strukturvertriebe im Finanzdienstleistungs- und insb. im Versicherungssektor sind i.d.R. in der Rechtsform eines Mehrfachagenten tätig, auch wenn sie mit ihrem Auftreten nach außen einen anderen Eindruck erwecken.[945] Nur in den seltensten Fällen treten Strukturvertriebe in der Rechtsform eines Maklers auf, weil damit strenge Haftungskriterien verbunden sind.[946]

Kehrseite dieser Entwicklung war jedoch, dass neben der raschen Expansion auch zahlreiche Negativschlagzeilen bezüglich zweifelhafter Vertriebspraktiken geschrieben wurden, durch welche nicht nur das teilweise negative Ansehen der Strukturvertriebe, sondern auch der Ruf der Produktpartner und Produktgeber sowie der gesamten Finanzdienstleistungsbranche litt.[947]

Auch unter Verbraucherschutzaspekten ist der Strukturvertrieb seit Jahren heftiger Kritik ausgesetzt, da ihm vorgeworfen wird, durch seine verkaufsorientierte Ausrichtung vernachlässige er die sorgfältige Risikoberatung sowie die langfristige Betreuung des Kunden.[948]

---

942 *Frehrking/Schöffski*, ZfB 1994, 571 (572). Der AWD wurde 2007 von der Schweizer Versicherungsgesellschaft Swiss-Life übernommen und im April 2013 in „Swiss Life Select" umbenannt. Siehe dazu *Thust*, S. 67.

943 *Frehrking/Schöffski*, ZfB 1994, 571 (572).

944 *Frehrking/Schöffski*, ZfB 1994, 571 (572).

945 *Beenken/Sandkühler*, S. 11. Andere Versicherer wie etwa die DVAG oder Ergo Pro sind an eine Versicherungsgesellschaft gebunden und vermitteln ausschließlich deren Produkte.

946 *Beenken/Sandkühler*, S. 12.

947 *Frehrking/Schöffski*, ZfB 1994, 571 (572); Gebert/Erdmann/Beenken – *Müller-Sartori*, S. 420.

948 *Küstner/Thume*, S. 461 Rn. 3.

III. Abgrenzung zu anderen (legalen) Vertriebssystemen

Der Strukturvertrieb wird oftmals mit dem Franchising-System[949] sowie dem Single-Level-Marketing als Form des Direktvertriebs[950] gleichgestellt. Dies kommt daher, dass die jeweiligen Vertriebssysteme das Vorhandensein verschiedener Verkaufsebenen enthalten und somit eine Gemeinsamkeit besteht.[951] Es handelt sich dabei allerdings um jeweils eigene Vertriebsarten mit unterschiedlichen Voraussetzungen und betriebswissenschaftlichen bzw. juristischen Grundlagen.

Im Folgenden sollen die Merkmale der Vertriebssysteme dargestellt werden und von dem Strukturvertrieb abgegrenzt werden.

1. Strukturvertrieb und Franchise

Als Franchising wird ein auf Partnerschaft basierendes Absatzsystem verstanden, welches das Ziel verfolgt, den Verkauf zu fördern.[952] Es gibt derzeit etwa 850 Franchise-Systeme in Deutschland, die jährlich einen Umsatz von rund 38 Milliarden Euro erwirtschaften.[953]

Fraglich ist allerdings, wie der Strukturvertrieb in Relation zum Franchising steht. Eine Ähnlichkeit lässt sich bereits auf den ersten Blick feststellen, da der Strukturvertrieb als Absatzsystem durch Geschäftspartner gesehen werden kann. Daher gibt es eine Ansicht, die davon ausgeht, dass der Strukturvertrieb ein vom Systemträger kontrolliertes Franchiseprogramm darstellt und beide Vertriebswege ineinander übergreifen.[954] Warum dies allerdings nicht zutreffend ist, soll nachfolgend dargestellt werden.

Es ist zunächst zu klären, was unter Franchising im Detail zu verstehen ist. Historisch gesehen geht der Begriff „Franchise“ auf das französische „affranchir“[955] zurück und wurde in den „chartes de franchise“ erstmals offiziell verwendet.[956] Kirchliche wie weltliche Herrscher gaben darin Rechte an Dritte weiter, durch Entrichtung eines bestimmten Entgelts, Wälder zu nutzen sowie Messen und Märkte zu veranstalten.[957]

Im 17. und 18. Jahrhundert wurden „Franchisen“ von Lehensherren an Gefolgsmänner als Belohnung für ihre Dienste oder aber zur Sicherung ihrer Loyalität

---

949 Vgl. *Tietz*, WiSt 1994, 629.

950 *Groß*, S. 24.

951 *Olesch*, WRP 2007, 908; *Thume*, WRP 1999, 280 (283).

952 *Ditges*, S. 11.

953 *Zacharias*, S. 31.

954 So *Tietz* etwa in WiSt 1994, 629, der dazu allerdings keine weiteren Ausführungen macht.

955 „affranchir“ bedeutet so viel wie „befreien“ oder auch „loswerden“ im Sinne von der Befreiung etwa von Steuern oder Abgaben.

956 *Garmaier*, S. 4.

957 Siehe auch *Kaub*, S. 7 ff.

und Treue verteilt, indem Privilegien gewährt wurden.[958] Im neueren Sinne wurde Franchising erstmals in den USA in den Jahren 1860 – 1865 durch die Singer Sewing Machine Company eingeführt, die im Anschluss an den Bürgerkrieg in dem damals mitunter noch unerschlossenen nordamerikanischen Raum durch selbstständige Partner ihre Nähmaschinen vertrieben haben.[959]

Als Erfinder des „modernen" Franchising ist der Amerikaner *Ray Kroc* zu sehen, der die Fast-Food-Kette McDonald's gründete.[960] Heute wird „Franchise" in verschiedensten Bedeutungen und in unterschiedlichem Kontext verwendet.[961]

Anhand dieser Vielschichtigkeit der Terminologie sowie des historischen Kontextes lässt sich erahnen, dass es für die Definition und Ausgestaltung des „Franchising" in der Literatur eine Fülle unterschiedlicher Ansatzpunkten gibt.[962] Es hat sich allerdings die Definition von *Kaub* durchgesetzt, welche zwar aufgrund ihres Umfangs und ihrer schweren Greifbarkeit nicht unumstritten ist[963], die jedoch auch vom Deutschen Franchiseverband vertreten wird und als Grundlage für die weiteren Ausführungen gelten soll:[964]

> „Franchising ist ein vertikal-kooperativ organisiertes Absatzsystem rechtlich selbstständiger Unternehmen auf der Basis eines vertraglichen Dauerschuldverhältnisses. Das System tritt am Markt einheitlich auf und wird geprägt durch das arbeitsteilige Leistungsprogramm der Systempartner sowie durch ein Weisungs- und Kontrollsystem zur Sicherung eines systemkonformen Verhaltens.
> Das Leistungsprogramm des Franchise-Gebers ist das Franchise-Paket; es besteht aus einem Beschaffungs-, Absatz- und Organisationskonzept, der Gewährung von Schutzrechten, der Ausbildung des Franchise-Nehmers und der Verpflichtung des Franchise-Gebers, den Franchise-Nehmer aktiv und laufend zu unterstützen und das Konzept ständig weiterzuentwickeln.

---

958 *Ditges*, S. 13. Diese Privilegien bestanden etwa darin, Produktions- sowie Handelsmonopole zu verteilen, welche im besonderen Interesse des Regierenden lagen, siehe *Garmaier*, S. 4.

959 *Skaupy*, S. 2; *Ditges*, S. 13.

960 *Zacharias*, S. 32. *Kroc* war damals als Vertreter für Milchmixgeräte in einem Restaurant in San Bernardino im Westen der USA unterwegs. Dabei fiel ihm auf, dass dieses Restaurant über einen sehr großen Kundenstamm verfügte. Er erwarb von den Besitzern eine Lizenz zur Vermarktung dieses Restauranttyps und gründete am 02. März 1955 die McDonald's System, Inc., siehe *Ditges*, S. 14.

961 So wird „Franchise" in der Handelsbetriebslehre in der Regel als ein System der vertikalen Betriebsbindung aufgefasst, wohingegen im Versicherungswesen unter dem Begriff „Franchise" die Selbstbeteiligung bei Transportversicherungen als Grenze für den Haftungseintritt der Versicherung im Falle des Überschreitens einer bestimmten Schadenshöhe zu verstehen ist, vgl. *Garmaier*, S. 4.

962 Siehe etwa *Hannemann*, S. 87 f.

963 Vgl. nur *Beyer*, S. 13 sowie *Hannemann*, S. 88.

964 *Kaub*, S. 29; diese Definition wurde vom Deutschen Franchise-Verband wortgleich übernommen. Siehe ferner *Ditges*, S. 11 f.; *Hannemann*, S. 87 f.; *Garmaier*, S. 5.

> Der Franchise-Nehmer ist im eigenen Namen und für eigene Rechnung tätig; er hat das Recht und die Pflicht, das Franchise-Paket gegen Entgelt zu nutzen. Als Leistungsbeitrag liefert er Arbeit, Kapital und Informationen."

Aus dieser Definition lassen sich vier Elemente erkennen, anhand derer die Charakterisierung des Franchising sowie die Abgrenzung gegenüber anderen Vertriebsformen vorgenommen werden kann: der Systemträger, der rechtliche Status der Systemträger, die Bindung der Systemträger sowie die Leistungsbeziehung zwischen den Systemträgern.[965]

Als Systemträger fungiert i.d.R. ein Unternehmen sowohl im Rahmen des Strukturvertriebs, als auch beim Franchising als Franchise-Geber. Demgegenüber stehen die Franchise-Nehmer sowie Vertriebsrepräsentanten. Im Gegensatz zu Franchise-Nehmern sind die Vertriebsrepräsentanten jedoch nicht auf eine regionale Tätigkeit beschränkt, sondern können darüber hinaus eigene Marktsegmente und Marktregionen erschließen, ohne dazu grundsätzlich eine Erlaubnis des produktgebenden Unternehmens einholen zu müssen.[966]

Bezüglich der rechtlichen Ausgestaltung der Systemträger sind Franchise-Geber und Franchise-Nehmer rechtlich selbstständig, was die Wahl der Rechtsform betrifft.[967] Eine reine Vermittlertätigkeit ist hingegen als Grundlage eines Franchise-Systems ausgeschlossen, da der Tatbestand des Handelns auf eigene Rechnung nicht gegeben wäre.[968]

Demgegenüber meldet ein Vertriebsrepräsentant zwar beim zuständigen Gewerbeamt ein eigenes, selbstständiges Gewerbe an, er tritt jedoch je nach Art der vertraglichen Bindung gegenüber dem produktgebenden Unternehmen als Eigenhändler auf eigenen Namen und eigene Rechnung, als Kommissionshändler auf eigenen Namen und Rechnung des produktgebenden Unternehmens oder aber als Handelsvertreter im Namen und auf Rechnung des jeweiligen Unternehmens auf.[969]

Insbesondere im Finanzdienstleistungssektor üben Strukturvertriebshändler eine Vermittlertätigkeit aus und handeln somit nicht auf eigene Rechnung, weswegen die Einordnung des Strukturvertriebssystems als Franchisesystem in dieser Konstellation nicht denkbar ist.[970]

Die Bindung der Systemträger im Franchising ist relativ straff. So stellen die Franchising-Verträge zumeist Dauerschuldverhältnisse dar, die eine relativ enge Form der vertikalen Kooperation unter genauer Festlegung von Verhaltensregeln, Schulungen, Einfluss- und Kontrollmöglichkeiten vorgeben.[971] Dadurch will der

---

965 Vgl. zu den Merkmalen auch *Hannemann*, S. 59; *Wehling*, Anreizsysteme, S. 60.
966 *Wehling*, Anreizsysteme, S. 60.
967 Die Entscheidungsfreiheit des Franchise-Nehmers wird lediglich dadurch eigenschränkt, dass er dem Franchise-Geber vertraglich Rechte einräumt.
968 *Hannemann*, S. 90.
969 *Wehling*, Anreizsysteme, S. 62.
970 *Wehling*, zfo 1994, 203 (205).
971 *Wehling*, Anreizsysteme, S. 62.

Franchise-Geber sicherstellen, dass die Geschäftspraktiken des Franchise-Nehmers den Vorgaben des Franchise-Gebers entsprechen und es zu keinem negativen Imageeffekt für das gesamte Franchisesystem kommt.[972]

Im Strukturvertrieb dagegen ist die vertragliche Bindung zwischen Unternehmen und Vertriebsrepräsentant oftmals etwas lockerer. So werden im Rahmen der strukturvertrieblichen Praxis Schulungen und Kontrollen oft weniger streng gehandhabt, als dies bei Franchise-Verträgen der Fall ist. Bei der Bindung der Systemträger verhält es sich zudem dergestalt, dass der Vertriebsrepräsentant – anders als der Franchise-Nehmer – i.d.R. das Recht, aber nicht die Pflicht zur Nutzung der durch das Unternehmen zu Verfügung gestellten Ressourcen hat und auch mangels vertraglicher Verpflichtung ein weites Spektrum an unternehmerischen Entscheidungen selbst inne hat.[973]

Die Leistungsbeziehung zwischen den Systemträgern zeichnen sich im Franchising in der Form ab, dass der Franchise-Nehmer an den Franchise-Geber sowohl eine einmalige Lizenzgebühr (entry fee), als auch laufende Gebühren (franchise fee) in Höhe eines bestimmten Prozentsatzes vom Umsatz entrichten muss.[974]

Dafür erhält er vom Franchise-Geber das „Franchise-Paket", welches aus spezifischen Rechten und Dienstleistungen wie etwa der Bereitstellung von Schutzrechten zur Nutzung, der Vermittlung von Beschaffungs-, Absatz- und Organisationskonzepten samt laufender Beratung, Werbekooperation oder aber aus Hilfen beim Betriebsaufbau und Bereitstellung von Schulungsangeboten besteht.[975]

Durch den Vertriebsrepräsentantenvertrag sind die Leistungsbeziehungen zwischen dem Unternehmen und den Vertriebsrepräsentanten ebenfalls geregelt, insbesondere, was die Markenrechte bzw. die Verwendung des Firmennamens betrifft.[976] So bietet das produktgebende Unternehmen ebenso wie der Franchise-Geber eine fertige Existenz. Der Unterschied besteht allerdings darin, dass seitens des Vertriebsrepräsentanten im Finanzdienstleistung i.d.R. keine Lizenzgebühren anfallen.[977]

Ein weiterer Unterschied besteht darin, dass der Vertriebsrepräsentant neben dem Vertrieb der Produkte auch seine Down-Line vergrößern kann, um damit auch selbst Wachstum zu generieren. Diese Aufgabe verbleibt beim Franchising einzig beim Franchise-Geber.[978]

Die beiden Vertriebssysteme unterscheiden sich ferner darin, dass Vertriebsrepräsentanten zunächst nebenberuflich den Strukturvertrieb kennen lernen können und sich im Gegensatz zum Franchising nicht von Beginn an für eine Hauptberuflichkeit entscheiden müssen. Auch besteht im Finanzdienstleistungssektor die Möglichkeit,

---

972 *Wehling*, zfo 1994, 203 (205).
973 *Wehling*, Anreizsysteme, S. 63 f.
974 *Posselt*, ZfB 1999, 348 (349); *Wehling*, Anreizsysteme, S. 63.
975 *Posselt*, ZfB 1999, 347 (349).
976 *Wehling*, zfo 1994, 203 (205).
977 *Zacharias*, S. 35.
978 *Wehling*, Anreizsysteme, S. 65.

von Zuhause aus oder direkt bei dem zu Beratenden zu handeln, sodass nicht erst ein stationäres Ladenlokal angemietet bzw. ausgestattet werden muss.[979]

Daraus ergibt sich, dass es zwar mehrere Gemeinsamkeiten zwischen dem System des Franchising und dem Strukturvertrieb gibt, es sich im Grunde allerdings um zwei verschiedene Vertriebssysteme handelt, die sich anhand der Definition des Deutschen Franchising-Verbandes punktuell darstellen und belegen lassen.

2. Strukturvertrieb und Single-Level-Marketing

Schließlich sei noch das Single-Level-Marketing genannt, welches neben dem Strukturvertrieb (der – wie zu Beginn der Arbeit bereits dargestellt – auch als Multi-Level-Marketing bezeichnet wird) eine der beiden Komponenten des Direktvertriebs darstellt.[980] Unter Single-Level-Marketing versteht man eine Vertriebsform, bei der die Mitglieder ihren Verdienst durch den direkten Verkauf an Einzelpersonen oder in Form von Verkaufspartys erzielen.[981]

Die Abgrenzung der beiden Arten des Direktvertriebs soll am Beispiel der Firma Tupperware dargestellt werden.[982] Das Geschäftsmodell des Unternehmens besteht darin, ihre Produkte in der Regel auf sogenannten „Tupperpartys“[983] durch eine Verkäuferin bei den Kunden zuhause zu präsentieren und zu vertreiben. Auf der einen Seite wird bei Tupperware im Rahmen dieser „Partyveranstaltungen“ das Hauptaugenmerk auf den Verkauf der Produkte gelegt, sodass es sich nach der oben angeführten Darstellung um einen Single-Level-Marketing Vertrieb handeln müsste.

Auf der anderen Seite ist jedoch auch das Anwerben weiterer neuer Verkäufer – beispielsweise aus dem bestehenden Kundenkreis – für jeden bereits für Tupperware tätigen Verkäufer möglich. Dies spricht wiederum für die Einordnung des sog. „Partyvertriebs“ als Unterform des Strukturvertriebs.[984]

Die Abgrenzung ist unproblematisch, da es sich um einen Strukturvertrieb handelt, sobald das Mitglied anders als im Single-Level-Marketing seinen Verdienst nicht nur durch den direkten Verkauf, sondern auch zumindest durch die Akquirierung neuer Vertriebsrepräsentanten die Möglichkeit der Provision einer Downline erzielen kann.[985]

---

979 *Wehling*, Anreizsysteme, S. 67.

980 Zum Thema Direktvertrieb vgl. S. 135.

981 *Groß*, S. 24.

982 Zur Entstehungsgeschichte von Tupperware siehe *Biggart*, S. 146 f.

983 Siehe www.tupperware.de/party, (zuletzt aufgerufen am 03. September 2015).

984 Siehe dazu *Biggart*, S. 42 ff.

985 *Brodie/Stanworth/Wortuba*, Journal of Personal Selling & Sales Management, 67 (68). *Groß* hingegen sieht die Abgrenzung dennoch als problematisch an, siehe *Groß*, S. 24 ff. m.w.N.

E. Strafbarkeit des Versicherungsvermittlers im Strukturvertrieb

Bereits im vorigen Kapitel wurde auf den historischen Kontext, die grundsätzliche Funktionsweise sowie die Besonderheiten des Strukturvertriebs und seiner Abgrenzung zu anderen Vertriebssystemen eingegangen. Im Folgenden sollen an diese Ergebnisse anknüpfend die strafrechtlichen Risiken im Bereich der progressiven Kundenwerbung mit besonderer Ausrichtung auf die Vermittlung von Finanzprodukten dargestellt werden.

Auch in anderen Sparten wurde der Strukturvertrieb als Vertriebsinstrument für „Massenschäden in Milliardenhöhe" ausgemacht.[986] Bei der Veräußerung von Immobilien etwa fand die Thematik des Strukturvertriebes als Vertriebsart für „Schrottimmobilien" Anwendung. Dabei wurde allerdings i.d.R. nur festgestellt, dass ein Vertrieb derartiger Immobilien mittels eines Strukturvertriebes stattgefunden hat.[987] Bei der juristischen Aufarbeitung stand allerdings stets die Frage der Haftung von Banken im Vordergrund, welche die Finanzierung der Immobilien durch die Einräumung von Krediten möglich machten.[988]

I. Abgrenzung zu illegalen Schneeballsystemen

Der Strukturvertrieb wird oftmals und mitunter vorschnell mit einem unzulässigen Schneeball- bzw. Pyramidensystem auf eine Stufe gestellt und folglich als betrügerisch und rechtswidrig eingeordnet.[989] Die Ursache für diese Annäherung bzw. Gleichstellung des Strukturvertriebs zu dem sittenwidrigen Pyramiden- und Schneeballsystem seitens der Rechtsprechung und Lehre ist in erster Linie darin zu sehen, dass in allen Systemen progressive Werbung betrieben und die Mitarbeit von Laien veranlasst bzw. gefördert wird.[990] Bevor diese Vertriebsarten im Hinblick auf ihre strafrechtliche Relevanz der progressiven Kundenwerbung nach § 16 Abs. 2 UWG auf S. 171 ff. dieser Arbeit dargestellt werden, soll an dieser Stelle zunächst eine allgemeine Beschreibung der vertriebstechnischen Merkmale gegeben werden und eine Abgrenzung zwischen dem Strukturvertrieb und den jeweiligen unzulässigen Vertriebssystemen erfolgen.

---

986 Vgl. *Fuellmich/Rieger*, ZIP 1999, 427.

987 *Preuß*, S. 2.

988 Vgl. insoweit etwa OLG Nürnberg, MDR 1999, 1452 f.; OLG Stuttgart, WM 2000, 292 ff.; OLG Zweibrücken, WM 2000, 2150 ff.; OLG Köln, WM 2002, 118 ff.; *Preuß*, S. 2.

989 *Schade*, S. 68; *Ebbing*, GRUR Int. 1998, 15 (16).

990 *Küstner/Thume*, S. 462 f. Rn 6 m.w.N.

Schneeballsysteme bzw. Pyramidensysteme stellen die Grundform der progressiven Kundenwerbung nach § 16 Abs. 2 UWG dar.[991] Um eine Unterscheidung bzw. Abgrenzung des Strukturvertriebs zu einem Schneeballsystem vornehmen zu können, ist es zunächst erforderlich, überhaupt zu klären, was unter dem Begriff des Schneeballsystems zu verstehen ist und worin seine Merkmale liegen.

Ein Schneeballsystem ist grundsätzlich eine Vertriebsart, welche dem Käufer einen besonders verbilligten oder sogar kostenlosen Bezug der Ware zusagt, wenn er dem Hersteller bzw. Veranstalter neue Abnehmer zuführt, die unter gleichen Bedingungen beliefert werden.[992] Der Veranstalter schließt dabei auch die Verträge mit den von dem Ursprungskunden bzw. Erstkunden geworbenen Zweitkunden ab.[993] Als wichtigster Anreiz bei einem Schneeball- bzw. Pyramidensystem gilt nicht der Verkauf der vertriebenen Waren, sondern in erster Linie die Anwerbung weiterer Käufer als neue Mitglieder der Vertriebsorganisation.[994]

Der Vorteil für den Kunden entsteht bzw. erfüllt sich erst dann, wenn noch weitere Personen die gleichen Abschlüsse mit dem Veranstalter oder dem Anwerber tätigen.[995] In § 3 Abs. 3 i.V.m. Anh. zu § 3 Abs. 3 Nr. 14 UWG wird angeführt, dass unter einem Schneeball- oder Pyramidensystem die Einführung, der Betrieb oder die Förderung eines Systems zur Verkaufsförderung zu verstehen ist, das den Eindruck vermittelt, allein oder hauptsächlich durch die Einführung weiterer Teilnehmer in das System könne eine Vergütung verlangt werden.

Es gibt allerdings nicht „das eine Schneeballsystem“, sodass der Begriff auch auf andere Lebenssachverhalte etwa auf dem Gebiet des Kreditwesens, des Immobiliensektors oder sonstiger Verkaufs-, Absatz-, Anlage-, Gewinnspiel- oder Glücksspielsysteme aus dem geschäftlichen oder auch dem allgemein gesellschaftlichen Bereich zutrifft, sofern sie alle gemeinsam haben, dass sie insoweit auf einem „Schneeballprinzip“ beruhen, als sie sich schneeball- bzw. lawinenartig ausbreiten.[996] Dies lässt sich durch die dem Modell theoretisch zugrundeliegende mathematische Gesetzmäßigkeit der geometrischen Reihe[997] denklogisch nachvollziehen.[998]

1. Klassisches Schneeballsystem

Beim klassischen Schneeballsystem, welches früher auch als Hydra-, Gella-, Multiplex- oder Lawinensystem bezeichnet wurde[999], ist für den Unternehmer der Absatz von Waren von hauptsächlicher Bedeutung.

---

991 Vgl. *Otto*, Jura 1999, 97 (98).
992 OLG München wistra 1986, 34 (35).
993 *Köhler/Bornkamm*, § 16 UWG Rn. 32; *Preuß*, S. 25.
994 *Küstner/Thume*, S. 466 Rn. 18.
995 *Otto*, Jura 1999, 97 (98); *Kilian*, HRRS 2009, 285.
996 *Bläse*, S. 4 m.w.N.
997 $a + a \times q + a \times q^2 + a \times q^3 \ldots$
998 *Raube*, S. 7.
999 siehe *Bläse*, S. 13.

Das initiierende Unternehmen schließt zunächst (Kauf-)Verträge mit den von ihm direkt geworbenen Erstkunden und im Anschluss mit von diesen geworbenen weiteren Kunden ab.[1000] Diese Kunden auf zweiter Ebene wiederum erhalten den Vorteil des Geschäfts erst dann, wenn sie ihrerseits wieder neue Kunden auf dritter Ebene anwerben, die ebenfalls Abschlüsse mit dem Unternehmen tätigen.[1001]

Abb. 3: Darstellung eines klassischen Schneeballsystems

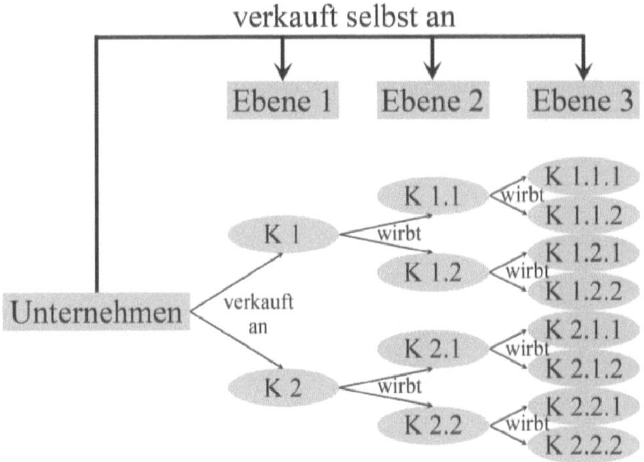

Die Strafwürdigkeit eines solchen Systems wird seitens des Bundesgerichtshofs darin gesehen, dass es zu einer untragbaren allgemeinen Beunruhigung des wirtschaftlichen sowie des privaten Lebens kommt.[1002] Es geht somit eine soziale Gefährlichkeit und Schädlichkeit von diesen Systemen aus, da viele Neukunden daran glauben, die Bedingungen für den vorteilhaften Kauf schnell erfüllen zu können.[1003]

Als hypothetisches Beispiel eines klassischen Schneeballsystems im Finanzdienstleistungssektor[1004] soll der Vertrieb eines fiktiven Fondszertifikats dienen. Das Finanzunternehmen (F) vertreibt ein Fondszertifikat mit dem Ausgabepreis von EUR 500,00. Den Erwerbern (E) bietet F an, den Ausgabepreis durch Zahlung der EUR 500,00 oder aber durch Werbung neuer Käufer (NK) des Zertifikats zu tilgen. Für jeden NK bekommt jeder E von F eine Provisionsanrechnung von EUR 50,00.

1000 *Raube*, S.7.

1001 *Bläse*, S. 13.

1002 BGHZ 15, 356 (369).

1003 *Kilian*, S. 95 f., der ferner ausführt, dass dies zwar auf die ersten Laienwerber am Anfang der Systemkette zutreffen mag, Neuanwerbungen und somit Gewinnaussichten allerdings umso geringer werden, je weiter die Progression des Systems voranschreitet und eine Marktsättigung eintritt.

1004 Für ein ähnliches Beispiel aus dem Konsumgüterbereich siehe *Preuß*, S. 25.

Folglich bekommt er das Fondszertifikat ohne eine Zahlung, sobald er 10 NK an F vermittelt hat. Die gleichen Konditionen bestehen auch für jeden NK.

2. Pyramidensystem

Eine andere Form eines Schneeballsystems stellt das Pyramidensystem dar. Dabei werden Kunden zur Abnahme von Waren oder anderen wirtschaftlichen Leistungen veranlasst, die für sie selbst subjektiv nicht zu gebrauchen sind oder aber von der Menge her die eigenen Bedürfnisse deutlich übersteigen.[1005] Diese Kunden fungieren als „Zwischenhändler" und müssen die erworbenen Waren an weitere von ihnen angeworbene Kunden veräußern, denen wiederum das gleiche Schicksal droht.[1006]

Bildlich gesprochen besteht die „Pyramide" daraus, dass sie sich an der Basis dauerhaft vergrößert und nach oben hin bis zu einem einzigen Punkt immer schmaler wird.[1007]

Abb. 4: Darstellung eines Pyramidensystems

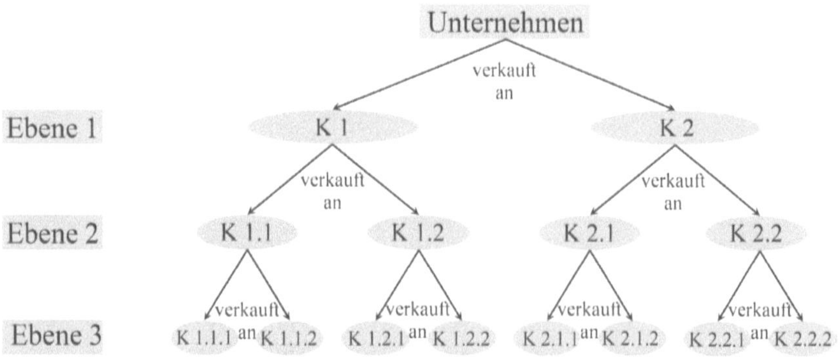

Wie bei dem Schneeballsystem liegt auch bei einem solchen Pyramidensystem die Strafwürdigkeit in der Sozialschädlichkeit des Vertriebskonzepts, insb. der Vorspiegelung überdurchschnittlicher Verdienstmöglichkeiten durch unzutreffende und rhetorisch wie psychologisch ausgefeilte Ausführungen des Anwerbers, der gleichzeitig als Verkäufer fungiert.[1008]

Exemplarisch für ein solches illegales Pyramidensystem soll vorliegend die Holiday Magic (Deutschland) GmbH fungieren, die 1969 gegründet wurde.[1009] Durch diese GmbH wurden Kosmetika über ein vierstufiges, von ihr organisiertes

---

1005 *Bläse*, S. 14.
1006 *Küstner/Thume*, S. 466 Rn. 17.
1007 *Olesch*, WRP 2007, 908.
1008 Siehe *Kilian*, S. 96; Wabnitz/Janovsky – *Solf*, S. 971.
1009 Siehe auch bei *Lampe*, Referat, S. 35 ff.

Vertriebsnetz an Endverbraucher vertrieben, wobei die Warenabgabe nur an Großhändler erfolgte.[1010] Auf der untersten Ebene standen in diesem Vertriebssystem Holiday-Beraterinnen, die als selbstständige Gewerbetreibende gegen eine Investition von etwa EUR 50,- eine Beratungstasche mit Kosmetika sowie das Recht zur Teilnahme an einem Kosmetik- und Verkaufskurs erhielten.[1011]

Ihre Anwerbung erfolgte auf kostenpflichtigen Wochenendseminaren, auf denen ihnen hohe Provisionen und Verkaufsumsätze insb. dann in Aussicht gestellt wurden, wenn sie an die Spitze des Systems vorstoßen würden. Wenn die Beraterin durch den Verkauf der Produkte eine festgesetzte Umsatzgröße erreicht, so kann sie zum Organisator aufsteigen und an den Umsätzen der Beraterinnen partizipieren, die sie anwirbt und die wiederum ebenfalls selbst Kosmetika verkaufen.[1012] Wenn man in die Karrierestufe des „Master-Großhändlers" kommen wollte, musste eine Beraterin einen einmaligen Monatsumsatz von etwa EUR 10.000,- (nach damaliger Kaufkraft) erzielt haben.[1013]

3. Ponzi-Schemes

Es gibt vereinzelte Ansichten, die den sogenannten „Ponzi-Trick" als Urform aller Schneeball- und Pyramidensysteme titulieren, auch wenn dieses progressive System bisher kaum Erwähnung in der juristischen Literatur findet.[1014]

Der Begriff des Ponzi-Schemes geht auf den italienischen Einwanderer Charles Ponzi zurück, der in den zwanziger Jahren des vergangenen Jahrhunderts in Amerika mit internationalen Antwortscheinen eine weitläufig unbekannte Form der Vermögensverwaltung betrieb.[1015] Da der Geldwert des Antwortscheins damals noch an die jeweilige Landeswährung gekoppelt war und europäische Währungen Anfang des 20. Jahrhunderts drastisch an Wert verloren, entstand ein Gefälle zwischen den Werten auf den einzelnen Kontinenten.

So entstanden gute Gewinnmargen, wenn die Scheine in Europa erworben und in den USA wieder verkauft wurden. *Ponzi* warb bei seinen Kunden damit, eine Rendite von 50 % innerhalb von wenigen Wochen auf diese Weise erwirtschaften zu können. Da die Begleitkosten für Transport und Personal jedoch sehr hoch waren, mussten hohe Investitionssummen akquiriert werden, um das System profitabel zu gestalten. Sofern die ersten Kunden ihre Gewinne einforderten, zahlte *Ponzi*

1010 *Bläse*, S. 14.
1011 Vgl. auch *Schmahl*, S. 41.
1012 *Bläse*, S. 14.
1013 Zu den genauen Zahlen des Systems siehe *Lampe*, Referat, S. 36.
1014 vgl. *Kilian*, S. 96.
1015 Siehe *Kilian*, HRRS 2009, 285 f. Als internationaler Antwortschein wurde damals ein Wertkupon umschrieben, der in Ländern innerhalb des Weltpostvereins gegen den Wert des Portos eines bis zu 20 Gramm schweren Luftpostbriefs ins Ausland eingetauscht werden konnte. Damit konnte der Empfänger eines Briefes die Gebühren für eine Rückantwort erstattet bekommen, vgl. *Kilian*, S. 98.

das Geld umgehend aus. Dadurch förderte er das Vertrauen der Investoren in sein System und konnte sich auf diese Weise rasches Wachstum sichern. So forderten die meisten Kunden keine Auszahlung der bereits erwirtschafteten Rendite, sondern reinvestierten die Summen gleich wieder in das System.

Nach einiger Zeit überstiegen allerdings die Summen der Gewinnauszahlungsforderungen von ausscheidenden Teilnehmern die finanziellen Möglichkeiten der speziell gegründeten Firma „Securities Exchange Company", sodass Ponzi gezwungen war, das zu investierende Geld der neuen Teilnehmer des Systems auszubezahlen. Somit kam es nicht mehr dazu, Gewinne aus den internationalen Antwortschreiben zu erwirtschaften.

Als schließlich einzelne Ungereimtheiten innerhalb des Systems bekannt wurden, forderten immer mehr Menschen ihren Gewinn, welcher nicht ausbezahlt werden konnte, da für eine Aufrechterhaltung des Systems immer neue Teilnehmer hätten partizipieren und einzahlen müssen. Aufgrund der negativen Presse konnten keine neuen Teilnehmer gefunden werden. Als Folge daraus kollabierte das System. Insgesamt kam es zu einem Geldfluss von 15 Millionen Dollar von 40.000 Kunden. *Ponzi* wurde zu einer mehrjährigen Haftstrafe im Bundesstaat New York verurteilt.[1016]

In Deutschland wurde das Ponzi-Scheme bereits Ende des 19. Jahrhunderts praktiziert. *Adele Spitzeder* warb in ihrer „Dachauer Bank" damit, dass jeder, der bei ihr gegen einen Papierwechsel Geld für eine bestimmte Zeit anlegte, zunächst 10 % und später 8 % Zins im Monat bekommen sollte, was 96 bis 120 % Ertrag im Jahr bedeutete.[1017] Sie legte das Kundengeld allerdings nicht gewinnbringend an, sondern verwendete das Geld dazu, die Provisionen für Vermittler zu zahlen, Einlagen der Altkunden zurückzuerstatten sowie selbst einen luxuriösen Lebensstil zu führen. Als das System 1872 kollabierte und *Adele Spitzeder* verhaftet wurde, brachte das Konkursverfahren gegen die „Dachauer Bank" eine Überschuldung von mehr als 8 Mio. Gulden an den Tag.

Auch heute ist dieser Mechanismus insb. im Finanzsektor in den verschiedensten Ausprägungen vorzufinden.[1018] So bediente sich etwa der US-amerikanischen Börsenmakler *Bernhard Madoff*, welcher im Juni 2009 zu einer Haftstrafe von 150 Jahren verurteilt wurde, der Wirkungsweise des Ponzi-Schemes, indem er über viele Jahre eine Anlagesumme von mindestens 65 Milliarden Dollar vorgegaukelt hat, wodurch etwa 3 Millionen Anleger geschädigt wurden.[1019] Zunächst hatte er noch eine Anlagestrategie für seine Kundengelder mit dem Wertpapierhandel, später zahlte *Madoff* versprochene Gewinne allerdings aus neuen Kundeneinlagen aus.[1020]

1016 Siehe zu den genauen Hintergründen und der Historie auch *Zuckoff*, S. 1 ff.

1017 Zu den Ausführungen um Adele Spitzeder siehe *Puchta/Hofmann/Bachmann*, S. 1 ff.

1018 *Kilian*, HRRS 2009, 285 (286).

1019 *Riesenkampff/Schuba*, NJW 2010, 571.

1020 *Michaelis*, S. 57.

Der wohl schillerndste, bereits abgeurteilte Fall eines Ponzi-Schemes in Deutschland ist der Fall Phoenix. Am 01. Juli 2005 ist das Insolvenzverfahren über das Vermögen der Phoenix Kapitaldienst GmbH – Gesellschaft für die Durchführung und Vermittlung von Vermögensanlagen (= Phoenix) eröffnet worden.[1021]

Das Geschäftsmodell dieser Firma bestand darin, dass Kundengelder in das sog. Phoenix Managed Account (= PMA) eingezahlt wurden, wobei Phoenix diese Gelder entgegen § 34a Abs. 1 S. 1 WpHG auf keine separaten Konten einzelner der über 30.000 Anleger einzahlte, sondern die eingezahlten Beträge auf einem sog. „Omnibuskonto" verwahrte.[1022] Als Provisionen für den Vertrieb des PMA wurden EUR 200,3 Mio. und für weitere marginale Handelstätigkeiten 54,6 Mio. Euro der insgesamt eingezahlten EUR 600,7 Mio. verwendet. Die Gelder der Anleger wurden nur zu einem geringen Teil und später überhaupt nicht mehr angelegt und die Einlagen von Neukunden als Rück- und Auszahlung an Altkunden verwendet.[1023] Zwischen 1992 und 2005 kam es bei diesem Geschäftsmodell zu einem Gesamtschaden von EUR 327,742 Mio.

4. Kettenbrief- bzw. Selbstläufersystem

Die einfachste und gleichzeitig bekannteste Erscheinungsform des illegalen Schneeballsystems ist der (zentral verwaltete) Kettenbrief.[1024] Dabei geht es nicht um den Verkauf eines Produkts, sondern schlicht darum, Geld einzusammeln.[1025] Entsprechend des jeweiligen Systems muss der eintretende Teilnehmer weitere neue Teilnehmer für das System akquirieren, um ein Abreißen der Kette zu vermeiden.

Das In-Aussicht-Stellen von Gewinnen oder sonstigen Vorteilen soll dazu führen, dass eine solche Unterbrechung der Kette nicht eintritt.[1026] Kettenbriefsysteme zeichnen sich dadurch aus, dass der Empfänger eines Kettenbriefs einen bestimmten Betrag an den Absender zahlt und den Brief anschließend an zwei weitere Personen weiterleitet, die nach dem gleichen Muster verfahren (sollen).[1027] Organisiert und zentral gesteuert wird das System durch die Initiatoren, weswegen Manipulationen durch Mitspieler größtenteils ausgeschlossen sind.[1028]

Bei einem Selbstläufersystem hingegen beschränkt sich der Initiator darauf, das System zu starten und scheidet nach Erhalt der Prämie aus. Eine Überwachung oder Organisation des Ablaufs wie bei dem zentral gesteuerten Kettenbriefsystem

---

1021 Vgl. BGH NJW 2009, 363 f.

1022 Die Darstellung des Falles sind größtenteils *Riesenkampff/Schuba*, NJW 2010, 571 entnommen.

1023 BGH NJW 2009, 363.

1024 *Schmahl*, S. 41.

1025 Wabnitz/Janovsky – *Solf*, S. 968.

1026 *Bläse*, S. 15.

1027 *Ohly/Sosnitza*, § 16 Rn. 34.

1028 Fezer – *Rengier*, § 16 Rn. 128 f.

ist gerade nicht vorgesehen.[1029] Nachdem der Initiator eines solchen Kettenbriefsystems keine unmittelbaren Vorteile für sich selbst bezweckt, der Verlauf und die weitere Entwicklung allein in der Verantwortung der geworbenen Mitglieder steht und die Veranstaltung nicht vorrangig einem wirtschaftlichen Zweck dient, sind Selbstläufersysteme dem privaten Bereich zuzuordnen.[1030]

5. Gewinnspiel

Bei dem Gewinnspiel bzw. „Marketingspiel", welches unter Fantasienamen wie „Life", „Jump" oder „Titan" läuft und bei dem ein neu beigetretenes Mitglied einen Einsatz in Form eines bestimmten Geldbetrages an den Organisator erbringen muss und dadurch das Recht erwirbt, als „Einzelhändler" oder „Großhändler" eine gewisse Zahl von Neumitgliedern zu werben und von diesen einen Anteil deren „Spieleinsatzes" als Provision zu erhalten.[1031]

Mitte der neunziger Jahre fanden allein in Deutschland ca. 600 dieser Geldgewinnspiele statt, die europaweit angeboten und durchgeführt wurden und deren Umsatz noch in DM die Milliardengrenze überschritten haben dürfte.[1032] Eine weitere Unterform des Gewinnspiels war das „Schenkkreissystem", bei dem eine Person einen weiteren Mitspieler wirbt, der einen Einstiegsbetrag entrichten muss. Dieses Geld wird dann im Rahmen einer „Bescherung" – etwa als „Blumenstrauß" aus Geldnoten zusammengefügt – an einem bestimmten Tag einem hierarchisch höher eingestuften Mitspieler als Geldgeschenk übergeben.[1033]

6. Zusammenfassung: Abgrenzung zum Strukturvertrieb

Sowohl der Strukturvertrieb als auch die Pyramidensysteme haben ähnliche Komponenten, weswegen es einer genauen Abgrenzung bedarf. Das wesentliche Abgrenzungsmerkmal ist in dem Zweck zu sehen, das von dem jeweiligen System verfolgt wird.

Hauptzweck des Strukturvertriebs ist der Verkauf von Produkten an Verbraucher, sodass grundsätzlich keiner der im Vertriebssystem eingesetzten Geschäftspartner vorab verpflichtet ist, Kaufpreise oder andere Vergütungen zu entrichten.[1034] Als Anreiz für den Geschäftspartner dient der Provisions- bzw. Vergütungsanspruch für den erfolgreichen Vertrieb des Produktes auf unterster Stufe der Struktur. Auf höherer Stufe besteht der Anreiz zur Einweisung und Schulung neuer Geschäftspartner darin, dass durch eine Anwerbung neuer Vertriebspartner eine Vervielfachung des

---

1029 *Kilian*, S. 97.

1030 Siehe *Kilian*, S. 100.

1031 *Achenbach*, NStZ 1997, 536 (539).

1032 *Otto*, GS Meurer, S. 264.

1033 *Kilian*, S. 97; *Dornis*, WRP 2007, 1303 (1304).

1034 Vgl. zu den Ausführungen auch *Küstner/Thume*, S. 466 Rn. 19.

Produktabsatzes und dadurch eine Erhöhung des eigenen Provisionsanspruchs des werbenden Mitarbeiters erfolgt.

Demgegenüber ist bei einem Schneeball- bzw. Pyramidensystem der Hauptzweck nicht der Verkauf von Waren an Endabnehmer, sondern vielmehr der Vertrieb der Waren an die eigenen Geschäftspartner und damit der Aufbau einer Käuferpyramide. Wesentliches Merkmal ist damit das sog. „pipe-filling“, bei dem die eigene Struktur durch das produktgebende Unternehmen mit den eigenen Waren verprovisioniert aufgefüllt wird, sodass die nahe am Unternehmer stehenden Organisationsangehörigen hohe Provisionen erzielen können. Diese allerdings lassen sich bei der Ausbreitung der Schneeballlawine und der Pyramide nach unten nicht mehr realisieren.[1035]

II. Progressive Kundenwerbung, § 16 Abs. 2 UWG

Eines der wesentlichen Elemente des Strukturvertriebs neben der eigenen Vertriebstätigkeit ist die Akquirierung neuer Mitarbeiter für die Downline. Dieses Direktvertriebsmodell ist darauf ausgerichtet, dass der Unternehmer Laien anwirbt und mit ihnen so genannte Partnerschaftsverträge abschließt, wodurch diese zu selbstständigen Vertragshändlern und Partnern des Unternehmens werden, an denen der Unternehmer bei Abschlüssen ebenfalls eine Vergütung generiert.

Auch wenn diese Vorgehensweise grundsätzlich zulässig ist, so gibt es jedoch Ausgestaltungen[1036] dieses Systems, welche als unzulässige progressive Kundenwerbung i.S.d. § 16 Abs. 2 UWG anzusehen sind und folglich neben der Wettbewerbswidrigkeit[1037] eine Strafbarkeit nach sich ziehen. Im Folgenden soll dargestellt werden, wann und unter welchen Prämissen nicht länger von einem zulässigen Strukturvertriebsmodell, sondern von einer strafbaren progressiven Kundenwerbung gesprochen werden kann.

Die progressive Kundenwerbung ist in vielen Fallkonstellationen denkbar. Nach dem Willen des Gesetzgebers soll die Vorschrift der Bekämpfung besonders gefährlicher Formen unlauteren Wettbewerbs dienen.[1038] Die Konzeption der progressiven Kundenwerbung sieht vor, dass ein Unternehmen für seine Werbung und seine Vertriebswege Laien einsetzt, die durch das In-Aussicht-stellen besonderer Vorteile weitere Abnehmer akquirieren, welche durch dieselben Vorteile abermals neue Kunden gewinnen sollen.[1039] Zwar bestehen zwischen dem Strukturvertrieb und den Schneeball- und Pyramidensystemen i.d.R. keine offensichtlichen Überschneidungen, welche den strafbaren Bereich der progressiven Kundenwerbung

1035 *Küstner/Thume*, S. 466 f. Rn. 20.

1036 Dazu zählt etwa das Schneeballsystem mit seinen verschiedenen Ausgestaltungen, vgl. S. 151 ff.

1037 Die Wettbewerbswidrigkeit ergibt sich direkt aus der Vorschrift des § 3 Abs. 3 i.V.m. Anh. zu § 3 Abs. 3 Nr. 14 UWG.

1038 Vgl. BT-Drucks. 9/1707, S. 15 sowie BT-Drucks. 10/5058, S. 38 f.

1039 *Kilian*, S. 95.

berühren.[1040] Allerdings ist es aufgrund des Variantenreichtums der Erscheinungsformen sowie den fließenden Übergängen zwischen den Systemen erforderlich, jeweils eine Einzelfallprüfung vorzunehmen, um über die Anwendung des § 16 Abs. 2 UWG auf ein Strukturvertriebssystem entscheiden zu können.[1041]

1. Entstehungsgeschichte

Bereits Anfang des 20. Jahrhunderts musste sich die Rechtsprechung mit „Hydra- oder Schneeballgeschäften" auseinandersetzen. Damals verfolgte man den Ansatz, progressive Kundenwerbung insoweit strafrechtlich zu sanktionieren, als derartige Vertriebssysteme als unerlaubte Ausspielung gemäß § 287 a.F. StGB[1042] behandelt wurden.[1043] Dies geht aus einer Entscheidung des I. Strafsenats des Reichsgerichts aus dem Jahr 1901 hervor.[1044]

In diesem Fall eines sogenannten „Hydrasystems" ging es darum, dass der Angeklagte in der Öffentlichkeit Prospekte verteilte, mit denen er damit warb, dass für 35 Pf „eine Kollektion solider Ware, Wert mindestens 4 M" erworben werden konnte. Dafür musste das Opfer zunächst für 25 Pf einen „Originalcoupon" des Angeklagten erwerben, in dem sich ein Postanweisungsformular über 1 M mit der Adresse des Angeklagten befand. Sobald der Gelbetrag portofrei an den Täter geschickt wurde, erhielt das Opfer vier weitere „Originalcoupon" – Postanweisungen à 25 Pf. Durch deren Verkauf an Freunde und Bekannte würde das Opfer sodann nach Maßgabe des Prospekts eine der dort bezeichneten 40 Kollektionen erhalten. Das System war somit darauf ausgelegt, dass die Käufer und wiederum deren Käufer die Coupons absetzen mussten, um „zu gewinnen". Diese Verbreitung der Coupons ginge nach Einschätzung des Reichsgerichts theoretisch betrachtet ins Unermessliche, sofern nicht die Möglichkeit des permanenten Verkaufs aus tatsächlichen Gründen, insbesondere aufgrund einer rasch eintretenden Übersättigung des Verbreitungsbezirkes und Abneigung gegen den Erwerb solcher Coupons, zeitnah aufhören würde.

Auf der anderen Seite konnte der Käufer die Kollektion auch gegen Zahlung von 3 M 25 Pf für den Fall erwerben, dass er seine „Originalcoupons" nicht verkaufen konnte oder sein Gegenüber nicht in die Einzahlung von je 1 M einwilligte. Die ausgelegten 1 M 35 Pf wären dann allerdings verloren. Nach Ansicht des Reichsgerichts ist in dieser Konstellation von einer unerlaubten Ausspielung nach § 286 a.F. StGB zu sehen. Der strafrechtliche Begriff der Ausspielung umfasst dabei

---

1040 Fezer – *Rengier*, § 16 Rn. 131.; *Otto/Brammsen*, WiB 1996, 281 f.

1041 *Brammsen/Apel*, WRP 2011, 400 (407); *Ohly/Sosnitza*, § 16 Rn. 35.

1042 § 286 StGB in der Fassung vom 20. März 1876 – 01. September 1969: *„(1) Wer ohne obrigkeitliche Erlaubnis öffentliche Lotterien veranstaltet, wird mit Gefängnis bis zu zwei Jahren oder mit Geldstrafe bis zu dreitausend Mark bestraft. (2) Den Lotterien sind öffentlich veranstaltete Ausspielungen beweglicher oder unbeweglicher Sachen gleich zu achten."*

1043 *Preuß*, S. 140.

1044 RGSt 34, 140 ff.

„jede Veranstaltung, durch welche dem Publikum gegen Entrichtung eines Einsatzes die Hoffnung in Aussicht gestellt wird, je nach dem Ergebnis einer durch den Zufall bedingten Beziehung oder eines ähnlichen zur Herbeiführung des Ergebnisses benutzten Mittels einen mehr oder weniger bestimmt bezeichneten Gegenstand zu gewinnen".[1045]

Diese Annahme der unerlaubten Ausspielung wurde im weiteren Verlauf zur ständigen Rechtsprechung für die verschiedensten Arten der progressiven Kundenwerbung.[1046] Demgegenüber führte die Literatur an, dass der Erfolg eines progressiven Vertriebssystems im Wesentlichen durch Beteiligung in Form einer wirtschaftlichen Tätigkeit kommt.[1047] Zufällige Umstände sollen bei der Beurteilung zwar auch eine zusätzliche Rolle spielen, an der notwendigen Abhängigkeit vom Zufall für die Ausspielung fehle es allerdings.[1048]

Erste Tendenzen gegen die Annahme einer verbotenen Ausspielung gem. § 286 a.F. StGB zeigten sich 1954 in einem Urteil des OLG Hamburg.[1049] Der BGH führt mit Urteil vom 03. Dezember 1954 – I ZR 262/52 folgendes aus:

„Wenn [...] darauf hingewiesen wird, daß das Verkaufssystem der progressiven Kundenwerbung in den USA gang und gäbe sei, so ist dem entgegenzuhalten, dass bei der andersartigen wirtschaftlichen Struktur, vor allem auch der Weite des nordamerikanischen Marktes die schädlichen Auswirkungen des Systems dort weniger hervortreten werden. Bezeichnend ist, daß das System in Ländern mit beschränktem Wirtschaftsraum, wie der Schweiz und Österreich, durch Gesetz verboten worden ist. Daß das System für Deutschland volkswirtschaftlich unerwünscht ist und weder dem deutschen Kaufmann zusagt, noch der Mentalität des überwiegenden Teils der deutschen Bevölkerung entspricht, kann nach Auffassung des erkennenden Senats nicht zweifelhaft sein."[1050]

Das Vorliegen einer verbotenen Ausspielung wurde erstmals im Jahre 1976 durch den BGH bei einem System der progressiven Kundenwerbung abgelehnt.[1051] In diesem Verfahren ging es um eine GmbH, die zur Erfüllung ihres Gesellschaftszwecks Lehrmaterial verkaufte, welches in drei Phasen eingeteilt war.[1052] Nachdem eine Kursgebühr in Höhe von DM 1.500,- entrichtet wurde, konnte ein Lehrgang

---

1045 vgl. RGSt 34, 140 (142).

1046 Siehe nur RGSt 34, 321 ff., 390 ff., 403 ff.; 60, 250 ff.; 61, 281 ff.; 65, 194 ff.; BGHSt 2, 79 ff., 139 ff.; BGH NJW 1952, 34 f.; 392 ff.

1047 *Preuß*, S. 141,

1048 Vgl. *Lampe*, GA 1977, 33 ff.

1049 Siehe OLG Hamburg NJW 1954, 393 ff. Dieses Urteil wurde allerdings vom BGH aufgehoben, wobei ein Verstoß gegen §§ 1, 3 UWG angenommen wurde und die Frage nach § 286 a.F. StGB offen blieb, vgl. BGHZ 15, 356 ff.

1050 BGHZ 15, 357 (370 f.).

1051 BGH GA 1978, 332 ff.

1052 Eine genaue Beschreibung der zugrunde liegenden Konstellation findet sich bei *Lampe*, GA 1977, 33 (45 ff.).

der Phase I erworben werden. Zudem wurde an den Käufer ein Diplomatenkoffer, ein Kassettenrecorder, Kurs-Kassettentonbänder und gedrucktes Kurs-Material ausgehändigt, und es erging die Berechtigung für die Teilnahme an zweitägigen Seminaren.

Gegen eine Kursgebühr von DM 6.000,- und anschließend DM 11.000.- konnte auf Phase I aufbauend an den Kursphasen II und danach III teilgenommen werden. Ferner erhielten die Kursteilnehmer der Phasen II und III bereits im Aufnahmeantrag den Hinweis, dass sie sich als Werber für die Kurse engagieren und dadurch erhebliche Provisionen erhalten könnten. Dafür mussten sie in diesem Antrag bei entsprechendem Interesse die Werbeoption ankreuzen.

Wenn die Kursteilnehmer als unabhängige Verkaufsteilnehmer oder als unabhängige Verkaufsagenten am Kurs teilnehmen wollten, wurden ihnen bis zu 50 % der Kursgebühren von selbst geworbenen Neukunden der jeweiligen Phase als Provision gezahlt. Für Verkäufe, die von ihren Angeworbenen getätigt wurden, wurde den ursprünglichen Kursteilnehmern nochmals eine 15 – 20 %-ige Superprovision ausgezahlt. Neben der Persönlichkeitsentfaltung war es das Hauptziel der Kurse, darauf hinzuweisen, dass man als Werber hohe Provisionen verdienen könne.

Die Besonderheit bei der juristischen Beurteilung des Falles lag darin, dass der BGH erstmals die beherrschende Wirkung des Zufalls als Kriterium bei der Bewertung zurückgedrängt und in erster Linie auf die persönliche Tüchtigkeit und Eignung des Werbers abgestellt hat.[1053]

Erstmals wurde die Strafbarkeit der progressiven Kundenwerbung durch das Zweite Gesetz zur Bekämpfung der Wirtschaftskriminalität (2. WiKG) vom 15. Mai 1986[1054] in § 6c a.F. UWG[1055] spezialgesetzlich normiert.[1056] Die Normierung der progressiven Kundenwerbung in § 16 Abs. 2 UWG basiert im Wesentlichen auf dieser alten Regelung.[1057] Eine gesetzliche Normierung wurde notwendig, da sich die Beurteilung der progressiven Kundenwerbung anhand der §§ 263, 284 ff. StGB, § 4 UWG a.F. in der praktischen Anwendung nicht als effizient genug erwiesen hat.[1058]

1053 BGH GA 1978, 332 (334).

1054 BGBl I, S. 721.

1055 § 6 c UWG a.F.: „*Wer es im geschäftlichen Verkehr selbst oder durch andere unternimmt, Nichtkaufleute zur Abnahme von Waren, gewerblichen Leistungen oder Rechten durch das Versprechen zu veranlassen, sie würden entweder von dem Veranlasser selbst oder von einem Dritten besondere Vorteile erlangen, wenn sie andere zum Abschluss gleichartiger Geschäfte veranlassen, die ihrerseits nach der Art dieser Werbung derartige Vorteile für eine entsprechende Werbung weiterer Abnehmer erlangen sollen, wird mit Freiheitsstrafe bis zu zwei Jahren oder mit Geldstrafe bestraft.*"

1056 *Mäsch/Hesse*, GRUR 2010, 10 (11).

1057 Der Aufnahme der Vorschrift in das UWG ist eine längere Diskussion vorausgegangen, vgl. *Albrecht* WRP 1974, 653 ff.; MK StGB – *Janssen/Maluga*, § 16 Rn. 78.

1058 Vgl. *Ohly/Sosnitza*, § 16 Rn. 31.

Die Vertriebsmethoden haben sich in Anpassung an die jeweilige Rechtsprechung immer weiter verfeinert, weswegen es schwierig und mitunter sogar unmöglich wurde, effektiv mit den Mitteln des Strafrechts gegen sie vorzugehen.[1059]

Eine Änderung erfuhr § 6 c UWG a.F. mit dem Gesetz zur vergleichenden Werbung und zur Änderung wettbewerbsrechtlicher Vorschriften vom 01. September 2000[1060], welches die Streitfrage nach der Vorteilsgewährung auch von dritter Seite durch eine entsprechende Ergänzung klärte.[1061] Auch diente die Modifikation einer Klarstellung dahingehend, dass der Tatbestand der progressiven Kundenwerbung auch dann erfüllt ist, wenn bei Kettenbriefsystemen die Vorteilsgewährung durch den neu geworbenen Teilnehmer erfolgt.[1062]

§ 16 UWG besteht aus zwei Absätzen mit jeweils eigenständigen Delikten. Seit der UWG-Reform aus dem Jahr 2004 wurden die einst eigenständigen Paragraphen der irreführenden Werbung (§ 4 UWG a.F.) sowie der progressiven Kundenwerbung (§ 6 c UWG a.F.) zusammengefügt.[1063] Diese Zusammenfügung wurde notwendig, da trotz der mitunter unterschiedlichen Normzwecke durch die Herausnahme des § 16 UWG a.F. eine Gesetzeslücke entstand, die es mit den aufgrund ihrer Nähe zu den übrigen Straftatbeständen des UWG systematisch prädestinierten Absätzen des § 16 I und II UWG zu füllen galt.[1064]

Durch das Gesetz gegen den unlauteren Wettbewerb vom 03. Juli 2004[1065] wurde schließlich der geschützte Personenkreis, welcher früher alle Nichtkaufleute umfasste, auf Verbraucher beschränkt, da lediglich insoweit ein erhebliches Gefährdungspotential gegeben ist.[1066]

2. Normzweck

Das System der progressiven Kundenwerbung wird in sämtlichen Ausprägungen zum Schutz der Verbraucher und der Wettbewerber verboten.[1067] Dabei resultiert die Gefährlichkeit der progressiven Kundenwerbung nicht schon aus dem Einsatz von Laienwerbern. Vielmehr wird auf den glücksspielartigen Charakter derartiger Systeme und die sich daraus ergebenden Vermögenseinbußen der sich im System befindlichen Kunden abgestellt.[1068] So hat der Gesetzgeber eine Gefährlichkeit insb.

1059 Erbs/Kohlhaas – *Diemer*, § 16 Rn. 3. Siehe dazu etwa *Möhrenschlager* wistra 1984, Beschluss zum Urteil des LG Fulda vom 15.12.1983 – 27 Js 7608/81, S. 191 f.; OLG Frankfurt wistra 1986, 31 ff.

1060 BGBl I S. 1374.

1061 Fezer – *Rengier*, § 16 Rn. 116.

1062 *Ohly/Sosnitza*, § 16 Rn. 31.

1063 Vgl. BGBl I S. 1414.

1064 Siehe *Kilian*, S. 15 m.w.N.

1065 BGBl I S. 1414.

1066 BT-Drucks. 15/1487, S. 26; Erbs/Kohlhaas – *Diemer*, § 16 Rn. 3.

1067 *Köhler/Bornkamm*, § 16 Rn. 3.

1068 *Köhler/Bornkamm*, § 16 Rn. 3.

in den Bereichen der Täuschung, der Vermögensgefährdung sowie gerade auch der glücksspielartigen Willensbeeinflussung gesehen.[1069]

Ferner ist eine weitere Gefährlichkeit und Strafwürdigkeit der Werbemethode darin zu sehen, dass, wenn alle Abnehmer von diesen Möglichkeiten Gebrauch machen, sich das System in progressiv geometrischer Reihe in logischer Konsequenz ausweitet, wodurch es zu einer fortschreitenden Marktverengung bzw. -verstopfung kommt.[1070]

Grundsätzlich sind progressive Kundenwerbung und sonstige gestuften Vertriebssysteme im marktwirtschaftlichen Absatzmechanismus üblich, notwendig und strafrechtlich völlig unbedenklich, weswegen die Bedeutung des Gefährdungspotentials für die in § 1 UWG normierte Schutzzwecktrias[1071] weniger in dem gefährlichen und schadensträchtigen Risiko der Vertriebsmethode besteht.[1072]

Daher ist bei der Schutzzweckbestimmung auf geschäftlich unerfahrene Personen ebenso wie Mitbewerber und die Allgemeinheit abzustellen, um sie vor der Beteiligung an Vertriebsmethoden zu bewahren, welche schon ihrer Anlage nach für sie ein gefährliches, schadensträchtiges Risiko beinhalten.[1073] Ob alle vom Tatbestand des § 16 Abs. 2 UWG erfassten Formen der progressiven Kundenwerbung als sozialschädlich und strafwürdig bzw. strafbedürftig anzusehen sind, ist allerdings fragwürdig.[1074]

Die Deliktsentwicklung der Verstöße nach § 16 Abs. 2 UWG (bzw. § 6c a.F. UWG) lässt sich anhand des Bundeslagebildes zur Wirtschaftskriminalität erschließen, die jährlich vom Bundeskriminalamt herausgegeben wird. In dieser Auflistung wird auch die Rubrik der „Straftaten nach dem UWG ohne § 17 UWG" aufgeführt.[1075] Darunter fallen Straftaten nach dem UWG, welche der Wirtschaftskriminalität zuzuordnen sind und überwiegend Verstöße gegen § 16 Abs. 2 UWG darstellen.[1076]

1069 BT-Drucks. 10/5058 S. 38 f.

1070 BT-Drucks. 8/2145, S. 12; BT-Drucks. 9/1707, S. 14; BT-Drucks. 10/5058, S. 38.

1071 § 1 UWG besagt, dass das Gesetz dem Schutz der Mitbewerber, der Verbraucherinnen und Verbraucher sowie der sonstigen Marktteilnehmer vor unlauteren geschäftlichen Handlungen dient und zugleich das Interesse der Allgemeinheit an einem unverfälschten Wettbewerb schützt.

1072 MK StGB – *Jassen/Maluga*, § 16 Rn. 80.

1073 Fezer – *Rengier*, § 16 Rn. 118.

1074 Siehe hierzu die ausführlichen Ausführungen von *Raube*, S. 15 ff.

1075 Eine deliktspezifische Auswertung der Zahlen nur anhand von § 16 Abs. 2 UWG ist nicht möglich. Es wurden lediglich die Anzahl der Straftaten nach dem UWG ohne die §§ 12 und 17 UWG wiedergegeben, vgl. *Bundeskriminalamt*, WiKri 2000, S. 137. Schwerpunktmäßig wird allerdings bei allen Angaben auf die progressive Kundenwerbung abgestellt, siehe *Bundeskriminalamt*, WiKri 2002, S. 142; MK StGB – *Janssen/Maluga*, § 16 Rn. 89.

1076 Siehe nur *Bundeskriminalamt*, WiKri 2005, S. 19.

In den vergangenen Jahren ist die Anzahl der Straftaten zwar vereinzelten Schwankungen ausgesetzt gewesen. Im Rahmen einer Gesamtbetrachtung lässt sich allerdings erkennen, dass die Deliktzahl kontinuierlich zurückgegangen ist:

(Quelle: Bundeslagebilder Wirtschaftskriminalität des Bundeskriminalamts aus den Jahren 2000–2013)

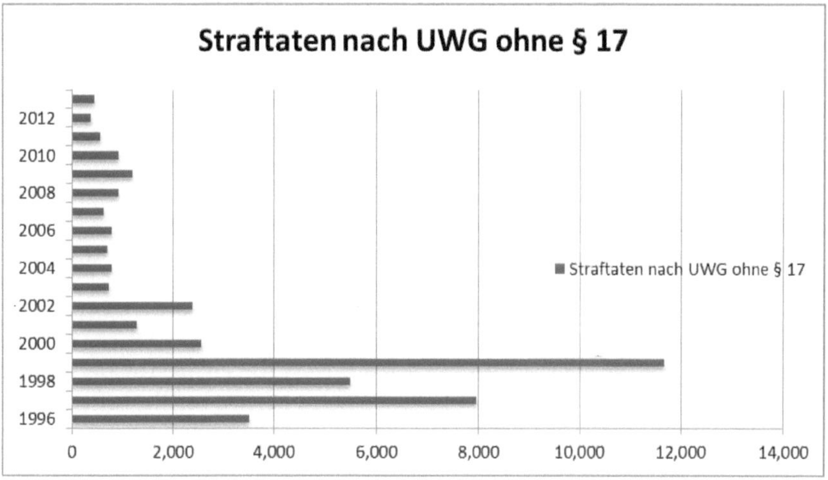

Die hohe Fallzahl aus dem Jahr 1999 wurde dadurch bedingt, dass insb. 9.094 Delikte aus Nordrhein-Westfalen in die Bemessung einbezogen wurden.[1077]

Anteil der weiblichen Verdächtigten im Rahmen des § 16 Abs. 2 UWG liegt bei ca. 20 %.[1078]

3. Rechtsnatur

Der Rechtsnatur nach ist § 16 Abs. 2 UWG als abstraktes Gefährdungsdelikt einzuordnen, welches unabhängig davon eingreift, ob der Betroffene faktisch getäuscht, durch das aleatorische Moment verlockt und in Folge der systembedingten Marktverengung geschädigt wurde.[1079] Der Gesetzgeber hat dabei bewusst auf die Anforderung des Eintritts konkreter Schäden oder einer konkreten Gefährdung von Vermögenswerten verzichtet.[1080]

1077 *Bundeskriminalamt*, WiKri 2000, S. 137.

1078 Dieser Anteil entspricht dem Anteil der weiblichen Verdächtigen bei der gesamten Wirtschaftskriminalität, siehe MK StGB – *Janssen/Maluga*, § 16 Rn. 85.

1079 *Köhler/Bornkamm*, § 16 Rn. 3; BGH GRUR 2011, 941 (942).

1080 MK StGB – *Janssen/Maluga*, § 16 Rn. 83.

Eine Marktverengung bzw. Marktverstopfung tritt dadurch ein, dass das System seine Umsätze durch den eigenen Ausbau erwirtschaftet und nicht produktiv tätig ist, was die rapide Verengung des Absatzkanals nach sich zieht.[1081] Ob Abnehmer tatsächlich geschädigt werden oder auf das System „hereinfallen", ist dabei unerheblich.[1082]

4. Allgemeine Voraussetzungen des Tatbestands

§ 16 Abs. 2 UWG besagt, dass derjenige, der es im geschäftlichen Verkehr unternimmt, Verbraucher zur Abnahme von Waren, Dienstleistungen oder Rechten durch das Versprechen zu veranlassen, sie würden entweder vom Veranstalter selbst oder von einem Dritten besondere Vorteile erlangen, wenn sie andere zum Abschluss gleichartiger Geschäfte veranlassen, die ihrerseits nach der Art dieser Werbung derartige Vorteile für eine entsprechende Werbung weiterer Abnehmer erlangen sollen, mit Freiheitsstrafe bis zu zwei Jahren oder mit Geldstrafe bestraft wird.

Der Begriff der Waren umfasst alle Gegenstände des Handels- und Geschäftsverkehrs, einschließlich landwirtschaftlicher, forstwirtschaftlicher und bergbaulicher Erzeugnisse und damit jedes Erzeugnis, das Gegenstand des Handelns sein kann.[1083] Unter Dienstleistungen fallen alle geldwerten Leistungen des gewerblichen Lebens, auch wenn sie von Nichtgewerbetreibenden wie etwa Ärzten und Heilpraktikern, Rechtsanwälten oder Bilanz- und Lohnbuchhaltern herrühren.[1084] Als Rechte im Sinne der Vorschrift werden neben geistigen Eigentumsrechten auch sämtliche Arten von Forderungen einschließlich der Mitgliedschaft und des Rechts auf eine Gewinnchance angesehen.[1085] Im Folgenden sollen die Voraussetzungen dieser Norm näher betrachtet werden.

a. Veranstalter als Täter

Objektiv tatbestandlich handelt als Täter, wer Veranstalter des Vertriebssystems ist; andere an der Veranstaltung Beteiligte können Mittäter, Gehilfen oder Anstifter sein.[1086] So können sich insbesondere Täter, die lediglich organisatorische

---

1081 Harte-Bavendamm/Henning-Bodewig – *Dreyer*, § 16 Rn. 46.

1082 BGH GRUR 2011, 941 (942); Harte-Bavendamm/Henning-Bodewig – *Dreyer*, § 16 Rn. 46.

1083 Siehe auch Erbs/Kohlhaas – *Diemer*, § 16 Rn. 45, der ferner ausführt, dass der Begriff funktional zu verstehen und deshalb weit auszulegen ist.

1084 Erbs/Kohlhaas – *Diemer*, § 16 Rn. 46; *Többens*, WRP 2005, 552 (554).

1085 Harte-Bavendamm/Henning-Bodewig – *Dreyer*, § 16 Rn. 62.

1086 *Ohly/Sosnitza*, § 16 Rn. 40. In § 6 c UWG war noch die Formulierung „durch einen anderen" enthalten. Dieser Passus wurde durch das 2. WiKG 1986 reduziert, sodass die Grundsätze von Täterschaft und Teilnahme i.S.d. §§ 25 ff. StGB auf § 16 Abs. 2 UWG Anwendung finden konnten, vgl. *Preuß*, S. 53.

Funktionen als Veranstalter übernehmen und sich im Übrigen im Hintergrund halten, durch die Anstiftungsvorschriften erfasst werden.[1087]

Die Erklärung des angeworbenen Teilnehmers, sich lediglich zur Abnahme der Leistung unter den Voraussetzungen einer progressiven Kundenwerbung bereit zu erklären, ist nicht ausreichend für eine Täterschaft, da diese Leistungsabnehmer als notwendige Teilnehmer gerade von § 16 Abs. 2 UWG geschützt werden sollen.[1088] Das Tatopfer, welches im Anschluss an den eigenen Warenerwerb seinerseits wiederum neue Kunden anwirbt oder dies im strafrechtlichen Sinne versucht, kommt allerdings als Täter oder Beteiligter in Betracht.[1089] Sein Beitrag ist es, sicherzustellen, dass der Schneeball oder die Pyramide weiter wächst, in dem er das System durch eigene Werbetätigkeit fortsetzt.[1090]

Lieferanten der Spielmittel, die weder das mit diesen betriebene Gewinnspiel initiiert noch Einfluss auf dessen Ablauf haben, sind indes nicht als Veranstalter des Spiels anzusehen.[1091]

Bezogen auf Strukturvertriebe ist der Produktgeber als Verteiler auf der ersten Stufe und Kontrolleur des Systems Veranstalter und demnach potentieller Täter der progressiven Kundenwerbung.[1092] Insbesondere bei Finanzdienstleistungsstrukturvertrieben fehlt es oftmals bereits an dem Tatbestandsmerkmal der Täterschaft des Veranstalters.[1093]

§ 16 Abs. 2 UWG setzt voraus, dass der Bezug von Waren, Dienstleistungen oder Rechten erfolgt. Folglich fehlt es an der Täterschaft, wenn Vertriebspartner selbst keine solchen Waren, Dienstleistungen oder Rechte beziehen, sondern lediglich Verträge mit dem produktgebenden Unternehmen wie etwa dem Versicherungsgeber vermitteln.[1094] Ein Beispiel für einen Finanzdienstleistungsstrukturvertrieb, dessen Methoden als progressive Kundenwerbung eingestuft wurden, stellt das sog. „Teamsystem" einer Gesellschaft dar, die sich hauptsächlich mit der treuhänderischen Verwaltung von Wertpapierdepots beschäftigte.[1095]

Die Vertriebsmittler dieser Gesellschaft erhielten zwar eine Vergütung dafür, Wertpapierdepotverwaltungsaufträge abzuschließen und neue Vertriebsmittler anzuwerben. Sie mussten dem produktgebenden Unternehmen im Gegenzug allerdings einen Beitrag für das Recht zahlen, als Vertriebsmittler tätig zu sein.

1087 MK StGB – *Janssen/Maluga*, § 16 Rn 121.

1088 BT-Drucks. 10/5057 S. 39; *Wünsche* BB 2012, 273 (274).

1089 *Brammsen/Apel*, WRP 2011, S. 401 (405); *Richter*, wistra 1987, Anm. zum Beschluss des BGH vom 29.09.1986, S. 276 (278).

1090 MK StGB – *Janssen/Maluga*, § 16 Rn 121.

1091 *Köhler/Bornkamm*, § 16 Rn. 34.

1092 *Preuß*, S. 53.

1093 Siehe dazu *Preuß*, S. 53 f.

1094 *Brammsen/Leible*, BB 1997, Beilage 10, 1 (6); *Preuß*, S. 53.

1095 OLG Köln, BB 1971, S. 1209 f.

b. Handeln im geschäftlichen Verkehr

Im Rahmen der Prüfung des objektiven Tatbestands verlangt § 16 Abs. 2 UWG, dass ein Tätigwerden im geschäftlichen Verkehr gegeben ist. Unter diesem tatbestandsmäßigen Handeln, welches außer in dieser Vorschrift auch noch in § 6 Abs. 2 S. 3 und § 18 Abs. 1 UWG ausdrücklich benannt und darüber hinaus in sämtlichen einschlägigen Bestimmungen des UWG als ungeschriebenes Tatbestandsmerkmal vorgesehen ist, ist jede selbstständige, der Verfolgung eines wirtschaftlichen Geschäftszwecks dienende Maßnahme zu verstehen, mit der ein marktgerichtetes Tätigwerden und die Teilnahme am Erwerbsleben in irgendeiner Form zum Ausdruck kommt.[1096] Demnach gehört zum rechtsgeschäftlichen Verkehr die geschäftliche Betätigung im weitesten Sinne, wobei unerheblich ist, ob ein Gewinn erzielt werden soll bzw. wird.[1097]

Rein privates oder betriebs- bzw. dienstinternes (amtlich-hoheitliches) Handeln fällt nicht darunter.[1098] Kein Handeln im geschäftlichen Verkehr liegt auch bei einem dezentral funktionierenden Kettenbriefsystem vor, wenn der Initiator seine Tätigkeit darauf beschränkt, das System in Gang zu setzten.[1099]

Exemplarisch sei hierfür die Veräußerung einer Namensliste gegen Geldbeträge für einen Kettenbrief angeführt, wobei der Initiator einzig die Kette in Gang setzt, den weiteren Verlauf und den Fortbestand aber weder leitet, noch kontrolliert.[1100] Kennzeichnend und ausschlaggebend für ein rein privates Handeln eines solchen Selbstläufersystems[1101] ist, dass der Erwerb und die Weiterveräußerung der Namenslisten oder sonstigen Briefelemente allein in der Verantwortung der Teilnehmer liegt und eine von außen auf den Spielfluss einwirkende Kontrolle etwa des Zahlungsflusses nicht erfolgt.[1102] Diese Selbstläufersysteme sind nicht nach § 16 Abs. 2 UWG

1096 BGH wistra 1994, 24 f.; *Ohly/Sosnitza*, § 16 Rn. 37.

1097 BGHSt 43, 271 (274); OLG Karlsruhe GRUR 1989, 615; Fezer – *Rengier*, § 16 Rn. 132.

1098 *Ohly/Sosnitza*, § 16 Rn. 37. Privat ist ein Handeln dann, wenn es dem privaten Konsum oder der sonstigen individuellen Bedarfsdeckung und der persönlichen Daseinsvorsorge dient, s. *Preuß*, S. 56.

1099 *Köhler/Bornkamm*, § 16 Rn. 35.

1100 Vgl. die sog. Goldkreisentscheidung in BGH NJW 1987, 851 ff.

1101 Vgl. zu der Unterscheidung zwischen zentral gesteuerten Kettenbriefen und Selbstläufersystemen auch S. 157.

1102 Siehe dazu *Granderath*, wistra 1988, 173 (175). Demgegenüber attestiert eine auf das wettbewerbsrechtliche Verständnis abstellende Ansicht dem Kettenbrief, der für den Erhalt einer Namensliste einen erheblichen Geldbetrag vorsieht, ein Handeln mit wirtschaftlicher Bedeutung, da die Möglichkeit, ein entsprechendes Entgelt zu erhalten und somit wirtschaftliche Zwecke zu verfolgen, gerade vorliegt. Diese Ansicht kommt allerdings zu dem Ergebnis, dass die Tatbestandsmäßigkeit des Selbstläufersystems am Erfordernis der Veranstaltereigenschaft scheitert. Siehe dazu MK StGB – *Janssen/Maluga*, § 16 Rn 95 m.w.N.

strafbar, da kein „Handeln im geschäftlichen Verkehr", sondern lediglich rein privates Handeln erfolgt.[1103]

Anders verhält es sich jedoch bei den zentral verwalteten Kettenbriefsystemen, bei denen sich der Initiator gerade nicht auf das Ingangsetzen des Systems durch einmaliges Werben neuer Teilnehmer beschränkt, sondern den Ablauf und die weitergehende Organisation des Spiels fortlaufend selbst kontrolliert und in den Händen hält und somit ein Handeln im geschäftlichen Verkehr gegeben ist.[1104]

Ferner ist auch kein Handeln im geschäftlichen Verkehr bei rein privatem, nicht wirtschaftlich motiviertem Vorgehen gegeben.[1105]

c. Geschützter Personenkreis: Verbraucher als Tatopfer

Bei dieser Voraussetzung könnte es sich um das „Nadelöhr" des Tatbestands handeln. Für eine Strafbarkeit ist es erforderlich, dass der Teilnehmer eines progressiven Systems in seiner Funktion als Verbraucher einbezogen wird.[1106] Diese Änderung gegenüber der Tatopferkonstellation im § 6c a.F., nach der alle Nichtkaufleute Opfer der progressiven Kundenwerbung sein konnten, beruht entsprechend den Ausführungen des Regierungsentwurfs darauf, dass nur den Verbrauchern gegenüber ein erhebliches Gefährdungspotential vorliegt.[1107]

(i) Verbrauchereigenschaft

§ 2 Abs. 2 UWG erklärt den Verbraucherbegriff des § 13 BGB ausdrücklich als entsprechend geltend, weswegen eine bindende, dem strafrechtlichen Bestimmtheitsgebot genügende Verweisung gegeben ist.[1108] Nach § 13 BGB ist unter einem Verbraucher jede natürliche Person zu verstehen, die ein Rechtsgeschäft zu Zwecken abschließt, welche überwiegend weder ihrer gewerblichen noch ihrer selbstständigen beruflichen Tätigkeit zugerechnet werden können.

Durch die oben angeführte, verbraucherschutzorientierte Änderung der tatbestandlichen Formulierung hat die Bundesregierung dem zum Zeitpunkt der Verabschiedung der Normneufassung bereits vorliegenden Vorschlag für eine Richtlinie über unlautere Geschäftspraktiken vom 18.06.2003 Rechnung getragen.[1109] In der Richtlinie 2005/29/EG vom 11.05.2005 (nachfolgend: UGP-Richtlinie)[1110] ist unter einer unlauteren Geschäftspraktik nach Ziff. 14 folgendes zu verstehen:

1103 *Finger,* ZRP 2006, 159 (160 f.).
1104 Vgl. dazu *Kilian,* S. 100.
1105 *Beckemper,* wistra 1999, 169 (170). Zu denken ist dabei etwa an altruistisch motivierte Informationsweitergabe. Vertiefend dazu siehe auch MK StGB – *Janssen/Maluga,* § 16 Rn 94.
1106 *Brammsen/Apel,* WRP 2011, 401 (403).
1107 BT-Drucks. 15/1487, S. 26.
1108 BGHSt 56, 174 (177 ff.); MK StGB – *Janssen/Maluga,* § 16 Rn. 112.
1109 *Olesch,* WRP 2007, 908 (909).
1110 ABl. EU Nr. L 149, S. 22.

> „Einführung, Betrieb oder Förderung eines Schneeballsystems zur Verkaufsförderung, bei dem der Verbraucher die Möglichkeit vor Augen hat, eine Vergütung zu erzielen, die hauptsächlich durch die Einführung neuer Verbraucher in ein solches System und weniger durch den Verkauf oder Verbrauch von Produkten zu erzielen ist."

Zwar stellt der europäische Gesetzgeber nicht auf den Begriff der „progressiven Kundenwerbung", sondern vielmehr lediglich auf ein Pyramiden- und Schneeballsystem ab, allerdings stimmt die auf den Verbraucher als Opfer eines Schneeballsystems abstellende Fassung der Richtlinie und das deutsche UWG im Schutzzweck der Norm überein.

Somit soll einzig der Verbraucher geschützt sein, wobei selbst der europäische Gesetzgeber voraussetzt, dass der neu angeworbene Teilnehmer eines Schneeball- bzw. Pyramidensystems jedenfalls eine Vergütung erhalten will, weswegen sich die Richtlinie genau genommen selbst widerspricht.[1111]

Der europäische Gesetzgeber löst dieses Problem allerdings selbst durch seine Definition des Verbraucherbegriffs in seinen EG-Verbraucherschutzrichtlinien[1112] sowie der UGP-Richtlinie.[1113] Verbraucher ist danach:

> „jede natürliche Person, die im Geschäftsverkehr (...) zu Zwecken handelt, die nicht ihrer gewerblichen, handwerklichen oder beruflichen Tätigkeit zugerechnet werden können."[1114]

Diese Definition ist zudem bereits oftmals vom EuGH ausgelegt worden.[1115] Dabei wurde deutlich, dass stets auf eine enge Auslegung des Verbraucherbegriffs abgestellt wurde, wonach die als Verbraucher zu qualifizierende Person lediglich zu ausschließlich privaten Zwecken tätig werden durfte.[1116]

Auch der deutsche Verbraucherbegriff wird in dieser Konstellation herangezogen. Dieser bleibt, wie bereits dargestellt, gem. § 2 Abs. 2 UWG i.V.m. § 13 BGB auch nach der Umsetzung der Richtlinie unlauterer Geschäftspraktiken durch das UWG 2008 ausschlaggebend.[1117] Hierbei ist auf die Formulierung „... zu einem Zweck abschließt ..." in § 13 BGB abzustellen. In einem progressiven Kundensystem wird ein Vertrag grundsätzlich aufgrund der Gewinnungsmöglichkeit neuer Kunden abgeschlossen, was dem Angeworbenen i.d.R. auch bekannt ist.[1118]

1111 Siehe dazu auch *Kilian*, S. 108 f.

1112 Vgl. etwa Art. 1 II lit. A Richtlinie 87/102EWG (sog. Verbraucherkreditrichtlinie), ABl. EU Nr. L 42 v. 12.2.1987, S. 48; Art. 2 Nr. 2 Richtlinie 97/7/EG (sog. Fernabsatzrichtlinie), ABl. EU Nr. L 144 v. 4.6.1997, S. 19; Art. 1 II lit. A Richtlinie 99/44/EG (sog. Verbrauchsgüterkaufrichtlinie), ABl. EU Nr. L 171 v. 7.7.1999, S. 12.

1113 *Mäsch/Hesse*, GRUR 2010, 10 (15).

1114 Vgl. Richtlinie 2005/29/EG, ABl. EU Nr. L 149 v. 11.05.2005.

1115 Rs. C-269/95.

1116 Vgl. etwa *Mäsch/Hesse*, GRUR 2010, 10 (15) m.w.N.

1117 So auch BGH GRUR 2011, 941 (942).

1118 Die Ausnahme dazu bildet die oben angeführte Situation, dass der Angeworbene lediglich an der Ware bzw. Dienstleistung selbst interessiert ist und im Übrigen nicht in das System einsteigen will.

Keine Verbraucher sind hingegen durch die Neuregelung des § 14 BGB alle Unternehmer, mithin alle Freiberufler, Landwirte, Betreuer, Handwerker und Kleingewerbetreibende, die nicht im Handelsregister eingetragen sind. Dabei ist im Hinblick auf progressiv ausgerichtete Systeme auch unerheblich, ob die in Frage stehende Tätigkeit nebenberuflich neben einer anderen Haupttätigkeit ausgeübt wird oder selbst Haupttätigkeit ist.[1119]

Im Rahmen des Lauterbarkeitsrechts ist bei der Bestimmung des Unternehmerbegriffes ferner auf § 2 Abs. 1 Nr. 6 UWG abzustellen, der über den von § 14 BGB erfassten Personenkreis hinausreicht.[1120] Nach dieser durch die UWG-Novelle 2008 neu gefasste Vorschrift ist Unternehmer i.S.d. Lauterbarkeitsrechts „jede natürliche oder juristische Person, die geschäftliche Handlungen im Rahmen ihrer gewerblichen, handwerklichen oder beruflichen Tätigkeit vornimmt, und jede Person, die im Namen oder Auftrag einer solchen Person handelt".

Dabei verdeutlicht das Erfordernis eines Vertreters oder Beauftragten in der zweiten Variante des § 2 Abs. 1 Nr. 6 UWG, dass ein Unternehmer einer selbstständigen beruflichen Tätigkeit nachgehen muss, weil ansonsten keine gesonderte Erwähnung der abhängigen Beschäftigung notwendig gewesen wäre.[1121]

Die Abgrenzung zwischen Verbrauchern und Unternehmern ist überaus problematisch, da es dem Neuangeworbenen oftmals im Rahmen seines Tätigwerdens gerade darauf ankommt, die ihm in Aussicht gestellten Vorteile zu erhalten, weswegen sein Handeln aus Gewinnerzielungsabsicht heraus erfolgt und somit die Qualifizierung als Verbraucher durchaus zweifelhaft erscheint.[1122] Im Folgenden soll daher genauer auf den Anwendungsbereich der Norm und die entsprechenden Ansichten zur Abgrenzung eingegangen werden.

(ii) Verbraucherrechtlicher Anwendungsbereich

Zunächst unproblematisch ist die Anwendung des § 16 Abs. 2 UWG dann, wenn es dem neu angeworbenen Interessenten nicht darum geht, selbst Teilnehmer des progressiven Systems zu werden oder seinerseits neue Teilnehmer zu werben, sondern sein Interesse lediglich darin besteht, etwa das umworbene Produkt bzw. das Startpaket etc. für den Eigenbedarf zu erwerben.[1123]

Insoweit ist der Tatbestand der progressiven Kundenwerbung anwendbar, und es kommt eine Vollendungsstrafbarkeit in Betracht, da es sich bei der Vorschrift um

---

1119 Palandt – *Ellenberg*, § 14 Rn. 2; *Mäsch/Hesse*, GRUR 2010, 10 (13).

1120 *Mäsch/Hesse*, GRUR 2010, 10 (13).

1121 *Mäsch/Hesse*, GRUR 2010, 10 (13).

1122 So auch *Kilian*, S. 107.

1123 So führt das OLG Hamm aus: „... wenn die Erstinteressenten den Partnervertrag nur deshalb abschlössen, um die im Starterpaket enthaltene Jeanshosen für den Eigendarf zu erwerben." Vgl. OLG Hamm BeckRS, 2009, 01982.

ein abstraktes Gefährdungsdelikt handelt, bei dem die Vollendungsstrafbarkeit auf den Zeitpunkt des Versuchs vorverlagert wird.[1124]

Fraglich ist allerdings, ob es darüber hinaus noch einen weiteren Anwendungsbereich der Norm im Hinblick auf den geschützten Personenkreis gibt bzw. ob es durch die Festlegung der Verbrauchereigenschaft des Tatopfers zu einer generellen Einengung des Tatbestandes kommt, der automatisch einen Großteil des Anwendungsbereiches im Hinblick auf die progressive Kundenwerbung von vornherein ausschließt.

Wenn der Angeworbene durch die Anwerbungshandlung dazu veranlasst wird, jedenfalls dem inneren Willen nach für die Anwerbung weiterer Personen eigene Vorteile zu erhalten, entwickelt sich der grundsätzlich schützenswerte Verbraucher zu einer mit Gewinnerzielungsabsicht handelnden Person.[1125] Danach fällt diese Person dem strengen Wortlaut der Vorschrift entsprechend aus dem Anwendungsbereich der Norm heraus.

Nachdem es bei den verschiedenen Systemausgestaltungen, welche im Rahmen der progressiven Kundenwerbung in Betracht kommen, grundsätzlich um die Anwerbung immer neuer Mitglieder geht, dürfte der Anwendungsbereich des § 16 Abs. 2 UWG somit auf einen sehr engen Tatopferkreis beschränkt sein.

Der Entschluss zur Teilnahme an dem jeweiligen progressiven System muss allerdings nicht sofort im Rahmen der Anwerbungshandlung auf Seiten des Anzuwerbenden auftreten. Da die im Rahmen der progressiven Kundenwerbung zu prüfenden Systeme oftmals komplex ausgestaltet sind und folglich nicht gleich nach einmaliger Erklärung während des Anwerbungsgespräches vermittelt werden können, kann der Entschluss zur letztendlichen Teilnahme des Anzuwerbenden auch erst nach der Anwerbung gefasst werden. Dass die verbraucherrechtliche Problematik allerdings auch in dieser Konstellation besteht, ist der bereits oben dargestellten europarechtlichen Einengung des Verbraucherbegriffes zu verdanken.[1126]

In der Literatur und Rechtsprechung lassen sich zu dieser Problematik verschiedene Lösungsansätze finden.[1127]

(1) Literatur

Eine Ansicht kommt zu dem Ergebnis, dass in Folge der Modifizierung des Tatopferbereiches von seinem ursprünglichen Umfang[1128] hin zu dem Erfordernis der Verbrauchereigenschaft § 16 Abs. 2 UWG überwiegend ohne Anwendungsbereich verbleibt.[1129]

1124 Erbs/Kohlhaas – *Diemer*, § 16 Rn. 124; Fezer – *Rengier*, § 16 Rn. 118; *Schlüchter*, S. 124 ff. m.w.N.

1125 *Kilian*, S. 108.

1126 So auch *Kilian*, S. 108.

1127 *Karstens* hat erstmals auf diese Problematik hingewiesen, vgl. Bulletin des Direktvertriebs, Juni 2-2005, S. 19 ff.

1128 § 6c UWG a.F. schloss alle „Nichtkaufleute“ in den geschützten Personenkreis ein.

1129 So auch *Olesch*, WRP 2007, 908 ff., dessen Aufsatz daher auch den Titel „§ 16 II UWG – Ein Schiff ohne Wasser?“ trägt; ferner *Mäsch/Hesse*, GRUR 2010, 10 (15).

Andere Lösungsansätze verfolgt *Kilian* in seiner Dissertation.[1130] Er gibt sich mit dem Ergebnis der extremen Einschränkung des Tatbestands nicht zufrieden und führt an, dass die dadurch aufkommenden Strafbarkeitslücken aus kriminalpolitischer Sicht nicht befriedigend sind, weswegen spätestens mit der Reform des UWG Ende 2008 notwendigen Änderungen im Hinblick auf das Tatopfer und den Schutzzweck der Norm erforderlich gewesen wären. Er untersucht ferner, ob die progressive Kundenwerbung nicht auch ohne Änderung zu einer Strafbarkeit der jeweiligen Systeme unter Berücksichtigung des Verbraucherbegriffs führen kann, wobei er auf eine Anknüpfung an den Rechtsgedanken des § 512 BGB und die private Vermögensverwaltung rekurriert, diese im Ergebnis aber zu Recht ablehnt.[1131]

Zwar sind Existenzgründer generell keine Verbraucher gemäß § 13 BGB.[1132] Eine entsprechende Anwendung des § 512 BGB[1133] stellt unabhängig von der rechtspolitischen Bewertung und der Frage nach einer entsprechenden planwidrigen Regelungslücke eine Einschränkung des Verbraucherbegriffs dar und ist mithin als Verbot gegen das Analogieverbot des Art. 103 Abs. 2 GG unzulässig.[1134]

Die private Vermögensverwaltung ist zwar nicht als gewerbliche Tätigkeit anzusehen.[1135] Handelt es sich allerdings – wie bei progressiven Systemen – um eine geschäftsmäßige Organisation bzw. um einen planmäßigen Geschäftsbetrieb, so geht die Vermögensverwaltung in die Gewerbemäßigkeit über.[1136]

Des Weiteren stellt *Kilian* noch auf den Zeitpunkt des Vertragsschlusses als „Schlüssel zu einer extensiven Auslegung" des Verbraucherbegriffs ab.[1137] Aus objektiver Sicht und mithin unabhängig von seiner eigenen inneren Willenseinstellung ist der neue Teilnehmer zum Zeitpunkt des Abkommens mit dem Initiator noch nicht Teilnehmer des progressiven Systems, weshalb der Schutz des Verbraucherrechts noch greifen könnte.[1138]

1130 Siehe zu der weiteren Begründung dieser Forderung sowie den Ausführungen dazu *Kilian*, S. 110 ff.

1131 So auch das OLG Hamm, NStZ-RR 2009, 155.

1132 Vgl. nur *Preuß*, S. 56 ff. m.w.N.

1133 *Kilian* stellt in seiner Arbeit auf den § 507 BGB a.F. ab, vgl. S. 112. Die Vorschrift, die die verbraucherschützenden Normen der §§ 491 ff. BGB auch auf Existenzgründer anwenden will, ging damals noch von einem anfänglichen Darlehen des Existenzgründers von nicht mehr als 50.000 € aus. Mittlerweile hat der Gesetzgeber in § 512 BGB diese Grenze auf 75.000 € angehoben, was aber für die vorliegende Argumentation zu keiner unterschiedlichen Bewertung führen kann.

1134 *Fischer*, § 1 Rn. 21; *Joecks*, § 1 Rn. 9; *Kindhäuser*, § 3 Rn. 6; *Mäsch/Hesse*, GRUR 2010, 10 (14). Siehe dazu auch *Karstens*, Bulletin des Direktvertriebes, Juni 2-2005, 19 (22), der Ausführungen zu der generellen Analogieproblematik des § 16 Abs. 2 UWG macht.

1135 BGHZ 74, 273 (276 f.); MK BGB – *Micklitz*, § 13 Rn. 45.

1136 BGHZ 104, 205 (208 f.); 119, 252 (256 f.).

1137 *Kilian*, S. 110 f.

1138 *Olesch*, WRP 2007, 208 (210 f.); *Karstens*, Bulletin des Direktvertriebs, Juni 2-2005; 19 (21). Siehe dazu auch Rs. C-269/95 sowie Rs. C-464/01.

Dabei wird darauf abgestellt, dass die Qualifizierung als Verbraucher nicht durch die subjektive Stellung des Teilnehmers zu bestimmen ist, sondern durch die Stellung des Rechtssubjekts innerhalb des jeweiligen Vertrages. Dabei ist der Verbraucherbegriff eng auszulegen, weswegen es nicht auf die Gegenwärtigkeit der Teilhabe an Verträgen mit eindeutig kommerzieller Natur ankommt und ein Ausschluss von der Verbrauchereigenschaft auch dann erfolgt, wenn sowohl ein gewerblicher als auch ein nichtgewerblicher Zweck durch das Handeln verfolgt wird.[1139]

Bei progressiven Kundensystemen steht die Erzielung eines eigenen Gewinns durch ein zusätzliches geschäftliches Handeln des neu akquirierten Teilnehmers im Vordergrund, weswegen die Berücksichtigung einer Verbraucherkomponente auch danach ausgeschlossen ist.[1140]

Unerheblich ist schließlich, dass der Angesprochene durch den Abschluss des Vertrags mit dem Veranstalter seine Verbrauchereigenschaft verliert.[1141] Auf diesen „nachgelagerten" Zeitpunkt wird ohnehin nicht abgestellt.

(2) Rechtsprechung

Der BGH stellt ebenfalls klar, dass für die Abgrenzung in Bezug auf die Verbrauchereigenschaft nicht der innere Wille des Handelnden ausschlaggebend ist, sondern auf einen objektiven Maßstab abgestellt werden muss.[1142] Dabei ist durch Auslegung des Inhalts des Rechtsgeschäfts unter Einbeziehung der Begleitumstände zu erörtern, ob eine Tätigkeit als selbstständige zu qualifizieren ist.[1143] Ein Unternehmer- und nicht Verbraucherhandeln ist dann gegeben, wenn das maßgebliche Geschäft während der Aufnahme einer gewerblichen oder selbstständigen beruflichen Tätigkeit in Form einer Existenzgründung geschlossen wird.[1144]

Eine spätere Entscheidung, als „Existenzgründer" unternehmerisch tätig zu werden, ist indes unerheblich.[1145] Sofern sich das rechtsgeschäftliche Handeln im Vorfeld einer Existenzgründung bewegt, über die noch nicht definitiv entschieden ist, ist das Handeln noch nicht dem unternehmerischen Bereich zuzuordnen.[1146] Aktivitäten in einer derartigen Sondierungsphase betreffen folglich Verbraucherhandeln.[1147]

1139 *Olesch*, WRP 2007, 908 (911).

1140 *Karstens* führt dazu im Bulletin des Direktvertriebs, Juni 2-2005, 19 (21) aus: *„Wer auf die Gewinnversprechen eines Schneeballsystems hereinfällt, dem ist der privilegierte Schutz des Verbraucherrechts verweigert. Und in neudeutschen Worten: Ein Schneeballsystem ist eine B2micro2 (business-to-microbusiness) und keine B2C (business-to-consumer, verbraucherrechtlich) Angelegenheit."*.

1141 NK-UWG – *Trepper*, § 16 Rn. 26; BGH GRUR 2011, 941 (942).

1142 BGH NStZ 2011, 411 (412).

1143 BGH NJW 2008, 435 (436); Palandt – *Ellenberger*, § 13 Rn. 3 f.

1144 BGH NJW 2005, 1273 (1274).

1145 *Ohly/Sosnitza*, § 16 Rn. 43; *Wünsche* BB 2012, 273 (274 f.); *Brammsen/Apel* WRP 2011, 400 (403 f.).

1146 BGH NStZ 2011, 411 (412).

1147 BGH NJW 2008, 435 (436); *Preuß*, S. 59.

Der BGH führt weiter aus, dass maßgebender Zeitpunkt der Beurteilung der Verbrauchereigenschaft im Rahmen des § 16 Abs. 2 UWG nicht der Zeitpunkt des Vertragsschlusses ist, sondern man vielmehr auf den Zeitpunkt abstellen muss, in welchem der Geworbene durch das Vertriebskonzept des Veranstalters erstmals in der Form angesprochen wird, dass die Werbung unmittelbar zu einer Abnahme des Produktes führen soll.[1148]

Dieser Zeitpunkt ergibt sich ferner aus dem Schutzzweck der Norm des § 16 Abs. 2 UWG und dessen Deliktscharakter als abstraktes Gefährdungsdelikt.[1149] Geschäftlich unerfahrene Personen sollen vor der Verstrickung in Vertriebsmethoden geschützt werden, die schon ihrer Grundidee nach für die Anzuwerbenden ein gefährliches, schadensträchtiges Risiko zum Inhalt haben.[1150]

Im Ergebnis löst die Rechtsprechung die Problematik, indem sie den oben genannten Zeitpunkt der erstmaligen „Ansprache“ des zu Werbenden in der Durchführung des ersten Kontaktgesprächs bzw. spätestens bei der Fahrt zu einer Präsentations- und Informationsveranstaltung sieht.[1151]

Das Unternehmensdelikt des § 16 Abs. 2 UWG ist so spätestens im Zeitpunkt einer Präsentations- bzw. Informationsveranstaltung vollendet, noch bevor sich der Interessent für ein Tätigwerden entschließen konnte. Folglich ist er auch in dem maßgeblichen Zeitpunkt als Verbraucher i.S.d. § 2 Abs. 2 UWG i.V.m. § 13 BGB einzustufen, da die Phase der Anwerbung bereits tatbestandsmäßig ist. Dieser durch den BGH vertretene, sehr weite Verbraucherbegriff dürfte umfassender sein als der des Gemeinschaftsrechts in der UGP-Richtlinie. Dennoch ist die den Verbraucherbegriff stärkende Auslegung mit dem Gemeinschaftsrecht vereinbar, da das Unionsrecht lediglich einen Mindeststandard des Verbraucherschutzes und gerade keine „Deckelung“ vorgibt.[1152]

Seitens des EuGH gibt es bis dato noch keine Entscheidung zu der Vorgehensweise der Rechtsprechung, die jede Person, welche im Moment der ersten Aufforderung zum Systemeintritt nicht (überwiegend) zu Zwecken gewerblicher oder selbstständiger freiberuflicher Natur handelt, gemäß Anhang I NR. 14 der UGP-Richtlinie als Verbraucher ansieht.[1153]

(3) Ergebnis

Die anfangs angeführte These, bei der Voraussetzung der Verbrauchereigenschaft des § 16 Abs. 2 UWG in der aktuellen Fassung könnte es sich um das „Nadelöhr“

1148 BGH NStZ 2011, 411 (412 f.).

1149 BGH NStZ 2011, 411 (413) m.w.N.

1150 Erbs/Kohlhaas – *Diemer*, § 16 Rn. 123. Zum Schutzzweck der Norm siehe bereits S. 163 f.

1151 BGH NStZ 2011, 411 (413).

1152 So auch NJW-Spezial 2011, 250 zu dem Beschluss des BGH vom 24.02.2011 – 5 StR 514/09.

1153 *Brammsen/Apel*, GRUR Int. 2014, 1119 (1122) m.w.N.

des Paragraphen handeln, ist entgegen der überwiegenden Ansicht der Literatur nicht einschlägig. Es trifft zwar zu, dass die wörtliche Auslegung der Verbrauchereigenschaft gem. § 2 Abs. 2 UWG i.V.m. § 13 BGB zunächst eine Einschränkung des Tatbestands auf eine sehr begrenzte Kasuistik erwarten lässt. Allerdings fehlt es bei vielen theoretischen Ausführungen zu dieser Thematik an dem praktischen Bezug zu der jeweiligen Ausgestaltung bzw. Vorgehensweise eines progressiven Systems.

Unter Berücksichtigung der aktuellen Rechtsprechung ist dieses Problem richtlinienkonform zu lösen. Es ist aufgrund der Prägung des Tatbestands als Unternehmensdelikt bezüglich der Vollendungsstrafbarkeit auf den Moment abzustellen, in dem der Täter das Werbe- und Vertriebssystem jedenfalls in Gang zu setzten versucht.

Ein potentieller Teilnehmer eines progressiven Systems wird als „Quereinsteiger" i.d.R. erstmals mit der Materie und dem neuen Geschäftszweig – beispielsweise im Finanzdienstleistungssektor – während der ersten Kontaktaufnahme konfrontiert. Dies geschieht etwa durch direkte Ansprache in der Öffentlichkeit (sog. „Fremdkontakt") oder mittels einer Zeitungsannonce.

Sodann muss er sich zunächst selbst einen Überblick verschaffen und mit den neu gewonnenen Eindrücken und Erkenntnissen einen eigenen Willen bilden, ob das System für ihn in überhaupt in Betracht kommt und wie es subjektiv einzuschätzen ist. Während dieser Phase ist das Opfer des § 16 Abs. 2 UWG noch als Verbraucher einzuordnen. Insbesondere eine Existenzgründung, welche den Verbraucher zu einem Unternehmer macht, steht zu diesem Zeitpunkt noch nicht im Raum.

Das Delikt ist aber bei Erfüllung der übrigen Tatbestandsvoraussetzungen bereits vollendet, da die erste Kontaktaufnahme zu dem potentiellen Teilnehmer – der zu diesem Zeitpunkt in jedem Fall noch Verbraucher ist – unter der Prämisse erfolgte, diesen als zukünftigen Teilnehmer zu gewinnen und in das progressive System einzubinden.

Es ist folglich nicht nötig, eine Verbraucherstellung etwa über eine Modifikation des Existenzgründerstatus oder eine Verlagerung des ausschlaggebenden Zeitpunktes nach hinten (etwa auf den Zeitpunkt der Vertragsunterzeichnung) zu verschieben.

d. Veranlassung zur Abnahme

Unter der weit gefassten Tathandlung des „Veranlassen" ist ein Tätigwerden des Täters in der Form der psychischen Beeinflussung des Angesprochenen zur Abnahme der Waren, Rechte bzw. Dienstleistungen zu verstehen, das spätestens mit dem Eintreffen auf der Werbe- Seminar- oder Verkaufsveranstaltung beginnt.[1154] Zudem fallen sämtliche Handlungen darunter, durch die die unmittelbare Gefahr eines Geschäftsabschlusses durch den Täter begründet wird.[1155]

1154 MK StGB – *Janssen/Maluga*, § 16 Rn. 97; *Brammsen/Apel*, WRP 2011, 401 (404 f.).
1155 *Alexander*, WRP 2004, 407 (415).

Als Abnahme (im geschäftlichen Verkehr) ist ein Abkaufen der von dem Veranstalter angebotenen Gegenstände zu verstehen, wobei jeder Erwerb gegen Entgelt einschlägig ist, ohne dass es darauf ankommt, wie dieser tituliert wird.[1156]

Auch hier gilt, dass bereits der Versuch des Veranlassens in Form eines Verhaltens, welches gem. § 22 StGB unmittelbar in die Abnahme einmünden soll, strafbar ist, da es sich um ein Unternehmensdelikt i.S.d. § 11 Abs. 1 Nr. 6 StGB handelt.[1157]

e. *Versprechen besonderer Vorteile*

Der eigentliche Grund für die Strafwürdigkeit der Werbung sind die Art und der Inhalt des Versprechens seitens des Täters.[1158] Ohne ein derartiges Versprechen würde es sich bei dem Tatbestand lediglich um einen Vertrieb über Laien bzw. über die Werbung mit Vorteilen handeln, was nicht nur marktkonform, sondern gerade auch üblich ist.[1159]

Ein Versprechen von Vorteilen ist gegeben, wenn ihre zukünftige Gewährung zugesagt wird.[1160] Als besondere Vorteile werden alle Vorteile angesehen, die nach ihrer Beeinflussungswirkung geeignet sind, die typische Dynamik eines Systems der progressiven Kundenwerbung in Gang zu setzen.[1161] Darunter fallen alle vermögenswerten Vergünstigungen, auf die der Empfänger keinen Anspruch hat und die ihn materiell besser stellen.[1162] Allerdings dürfen die vermögenswerten Zuwendungen nicht belanglos oder lediglich geringwertig sein, um dem Anspruch der Besonderheit des Vorteils genüge zu leisten.[1163]

Die Grenze und der Maßstab für die Belanglosigkeit ist bis dato weitgehend ungeklärt.[1164] Eine Ansicht besagt, dass sich die Wertbemessung nach der Relation zu dem vom Abnehmer zu zahlenden Entgelt richtet.[1165] Dies erscheint jedoch sehr

---

1156 So fallen etwa die Bezeichnungen „Kaufpreis“, „Gebühr“ oder „Unkostenbeteiligung“ darunter, vgl. Erbs/Kohlhaas – *Diemer*, § 16 Rn. 129.

1157 *Otto*, wistra 1997, 81 (85); *Beckemper* wistra 1999, 169 (171); Fezer – *Rengier*, § 16 Rn. 137. Im Bezug auf die unterschiedlichen Erscheinungsformen der Versuchsstrafbarkeit dürfte praktisch bedeutsam nur der beendete Versuch sein, vgl. NK-UWG – *Trepper*, § 16 Rn. 27.

1158 MK StGB – *Janssen/Maluga*, § 16 Rn. 121.

1159 MK StGB – *Janssen/Maluga*, § 16 Rn. 121.

1160 Fezer – *Rengier*, § 16 Rn. 143.

1161 vgl. BT-Drucks. 10/5058, S. 39; BGHSt 43, 270 (275).

1162 Erbs/Kohlhase – *Diemer*, § 16 Rn. 134. Derartige Vorteile können in Form von Prämien, Provisionen oder anderen vermögenswerten Leistungen übermittelt werden.

1163 BT-Drucks. 10/5058, S. 39.

1164 Fezer – *Rengier*, § 16 Rn. 143. Es gibt auch Stimmen in der Literatur, die auf diese Problematik überhaupt nicht eingehen, vgl. etwa Erbs/Kohlhase – *Diemer*, § 16 Rn. 134 oder *Köhler/Bornkamm*, § 16 Rn. 39.

1165 Fezer – *Rengier*, § 16 Rn. 145.

schwammig und unbestimmt. Nach einer anderen Ansicht ist bezüglich der Geringwertigkeitsgrenze auf §§ 243 Abs. 2, 248a StGB abzustellen.[1166]

Die zweite Ansicht ist insoweit vorzugswürdig, als danach eine feste Größe greifbar ist, an der sich die Literatur, die Rechtsprechung sowie auch Veranstalter orientieren können. Der Argumentation von *Kilian* ist indes nicht zu folgen.[1167] Dieser vertritt die Ansicht, dass auf das Verhältnis zum jeweiligen Einsatz abzustellen sei, da das System der progressiven Kundenwerbung große Variabilität aufweist und der potentielle Geldrückfluss eines jeden Teilnehmers maßgeblich von dem Systemaufbau und der Mitspieleranzahl abhängt. Eine variable Festsetzung unter Berücksichtigung des Einzelfalls sei dabei in der Lage, angemessen auf den jeweiligen Aufbau und die Größe des Systems einzugehen. Diese Gesichtspunkte dürfen allerdings lediglich im Rahmen der Strafzumessung eine Rolle spielen und können nicht schon auf Tatbestandsebene Berücksichtigung finden.

Bereits Systematik und Aufbau anderer Strafvorschriften implizieren, dass eine variable Festsetzung gegen das Bestimmtheitsgebot verstößt, da eine willkürliche Bestrafung gegeben wäre.[1168] So wird bei der strafrechtlichen Beurteilung des Diebstahl geringwertiger Sachen nach §§ 242, 248a StGB ebenfalls auf eine durch die Rechtsprechung definierte und anhand von Einzelfallentscheidungen ausgearbeitete Geringwertigkeitsgrenze angeknüpft.[1169] Eine variable Festsetzung bei der Tatbestandsmäßigkeit würde nur zu einer Besserstellung derjenigen Täter führen, die sich bezüglich höherer Summen strafbar machen.

Die Ware sowie die Leistung direkt scheidet als „besonderer Vorteil" aus.[1170] Eine Ermäßigung des Kaufpreises oder der unentgeltliche oder verbilligte Bezug weiterer Waren ist jedoch als Vorteil i.S.d. Vorschrift anzusehen.[1171] Ebenso auszuschließen ist die Einbeziehung immaterieller Vorteile sowie die unentgeltlichen Leistungen, welche keinen materiellen Gehalt haben.[1172]

1166 *Bläse*, S. 168. Diese Grenze wird mittlerweile vom BGH zu Recht bei ca. EUR 25,- gezogen, vgl. *Fischer*, § 248a Rn. 3a m.w.N.; andere Ansichten, die eine Geringwertigkeit bei EUR 50,- ansetzen (siehe etwa PfzOLG Zweibrücken, NStZ 2000, 536; tendenziell auch *Lackner/Kühl*, § 248a Rn. 3 m.w.N.) sind dagegen insoweit abzulehnen, als diese Grenze selbst unter Berücksichtigung der gegenwärtigen Währungsentwicklung nicht als belanglose Bagatelle in Relation zu dem eingetretenen Rechtsverlust der jeweiligen Delikte stehen würde.

1167 *Kilian*, S. 102.

1168 Zu den Einzelheiten des Bestimmtheitsgebots siehe MK StGB – *Schmitz*, § 1 Rn. 39 ff.

1169 Siehe dazu nur Sch/Sch – *Eser/Bosch*, § 248a Rn. 8 ff.

1170 Vielmehr muss es sich um ein aliud zu der angebotenen Ware handeln, wie schon der Wortlaut und der Aufbau des Tatbestands fordern, vgl. etwa Harte-Bavendamm/Henning-Bodewig – *Dreyer*, § 16 Rn. 57; OLG Bamberg wistra 1997, 114 (115).

1171 So auch Erbs/Kohlhase – *Diemer*, § 16 Rn. 134.

1172 Erbs/Kohlhase – *Diemer*, § 16 Rn. 135.

Ferner ist eine Tatbestandsmäßigkeit des besonderen Vorteils dann gegeben, wenn dieser unter der aufschiebenden Bedingung gewährt wird, dass der Empfänger jedenfalls einen weiteren Kunden erfolgreich zum Abschluss eines gleichwertigen Geschäfts veranlasst.[1173]

Die verkaufsabhängigen Vorteile werden vom Veranstalter des jeweiligen Systems versprochen und dienen als Lockmittel, um den Kunden in das Werbe- und Vertriebssystem einzubinden.[1174]

Im Folgenden sollen einzelnen Ausgestaltungen der progressiven Kundenwerbung bei der Prüfung des besonderen Vorteils dargestellt werden:

(i) Ponzi-Scheme

Eine Sondersituation bezüglich der Strafbarkeit nach § 16 Abs. 2 UWG stellt zunächst das Ponzi-Scheme[1175] dar. In diesem unechten Schneeballsystem ist ein besonderer Vorteil nicht gegeben, sodass eine Strafbarkeit in Folge einer progressiven Kundenwerbung aus diesem Grund ausscheidet.[1176]

(ii) Kettenbriefe

Im Hinblick auf die Beurteilung einer Strafbarkeit durch das Versprechen besonderer Vorteile kommt eine Strafbarkeit lediglich bei zentral verwalteten Kettenbriefsystemen[1177] in Betracht, da es bei „reinen (Selbstläufer-) Kettenbriefsystemen" bereits an einem „Handeln im geschäftlichen Verkehr" fehlt.[1178]

Es war lange Zeit umstritten, ob es einen besonderen Vorteil i.S.d. § 16 Abs. 2 UWG bei Kettenbriefsystemen mit zentraler Verwaltung überhaupt gibt. Dabei wurde auf die gewährte Gewinnchance durch den Veranstalter als Ausgangspunkt abgestellt.[1179]

Nach der Ansicht des BayObLG sollte § 6c a.F. UWG auf einen zentral verwalteten Kettenbrief mit der Begründung keine Anwendung finden, dass der Tatbestand nicht passe, wenn das progressive System ohne Koppelung mit dem Vertrieb echter Waren und mitunter „pur" – letztendlich als Gewinnspiel – selbst Gegenstand des Verkaufs und der Abnahme sei.[1180] Es bestehe kein Unterschied zwischen der erworbenen Ware und dem Vorteil, da die Ware ohne die Gewinnchance keinen

---

1173 Erbs/Kohlhase – *Diemer*, § 16 Rn. 134; ähnlich *Schlüchter*, S. 128, die von einem „normativen Merkmal" spricht, welches abhängig von einer aufschiebenden Bedingung sein soll.

1174 *Köhler/Bornkamm*, § 16 Rn. 39.

1175 Vgl. zum Ponzi-Scheme S. 155 ff.

1176 Siehe *Köhler/Bornkamm*, 16 Rn. 39a m.w.N. Es kommt allerdings eine Strafbarkeit nach §§ 263, 264 a und 266 StGB sowie nach § 16 Abs. 1 UWG in Betracht.

1177 Zu den Einzelheiten von Kettenbriefsystemen siehe S. 157 f.

1178 Siehe S. 168 f.

1179 Vgl. *Kilian*, S. 103 ff.

1180 BayObLG GRUR 1991, 245 (246 f.).

eigenen Wert hätte.[1181] Aufgrund dieser identischen Leistung sei deswegen nicht von einem besonderen Vorteil auszugehen.[1182]

Dem gegenüber führt eine andere Ansicht an, dass der entgeltliche Eintritt in das Kettenbriefsystem mit den damit verbundenen Vorteilen (Adressenmaterial, Druckerzeugnisse, Kontroll- und Überwachungstätigkeiten, Durchführung von Werbeveranstaltungen) zu differenzieren sei von der mit dem Eintritt in das System versprochenen Möglichkeit, Gewinnrückflüsse durch das Anwerben neuer Mitglieder zu erhalten.[1183]

Für die Lösung dieses Streits von Bedeutung war nicht zuletzt das Gesetz zur vergleichenden Werbung und zur Abänderung wettbewerbsrechtlicher Vorschriften vom 01.09.2000[1184]. Nach der Intention des Gesetzgebers, der diese Problematik ebenfalls erkannt hat, soll der Tatbestand der progressiven Kundenwerbung auch dann erfüllt sein, wenn bei Kettenbriefsystemen die Vorteilsgewährung nicht durch den Veranstalter, sondern durch den neu geworbenen Teilnehmer erfolgt.[1185]

Auch zu differenzieren ist, ob der Veranstalter bei zentral gesteuerten Kettenbriefsystemen lediglich den Brief herausgibt, oder ob er auch weiterführende Informationen, Broschüren oder Vordrucke aushändigt. Bei der zusätzlichen Aushändigung von Materialien neben dem Brief in Reinform oder aber der Verteilung von Mitgliedschaftsrechten ist das Merkmal des besonderen Vorteils zu bejahen; die bloße Gewährung einer Gewinnchance oder die Aushändigung eines Vermerks mit der Information über die Existenz und die Funktionsweise des Systems ist allerdings nicht ausreichend, um einen besonderen Vorteil i.S.d. § 16 Abs. 2 UWG anzunehmen.[1186]

(iii) Geldgewinnspiele

Schließlich ist fraglich, ob auch bei Geldgewinnspielsystemen ein zu versprechender besonderer Vorteil angenommen werden kann. Der BGH ist von dem Versprechen eines besonderen Vorteils im Rahmen eines Geldgewinnspiels ausgegangen.[1187] Das Mitgliedschaftsrecht und die damit einhergehenden Ansprüche auf bestimmte Leistungen stellen die Gegenstände der Abnahme dar, wohingegen in dem versprochenen Vorteil einer Provision oder Werbeprämie der ausschlaggebende Anreiz für den Erwerb des angebotenen Mitgliedschaftsrechts liegt.[1188]

1181 Fezer – *Rengier*, § 16 Rn. 147.

1182 *Ohly/Sosnitza*, § 16 Rn. 48.

1183 *Richter*, wistra 1990, 216 (217); *Bläse*, S. 166 f.

1184 Vgl. BGBl I S. 1374.

1185 BT-Drucks. 14/2959 S. 12 f; BT-Drucks. 14/3433 S. 2; Fezer – *Rengier*, § 16 Rn. 147.

1186 *Kilian*, S. 104 f. mit weitergehenden Ausführungen.

1187 BGHSt 43, 270 (275).

1188 BGHSt 43, 270 (275); OLG Bamberg NStZ-RR 1997, 217 (218); *Beckemper*, wistra 1999, 169 (171 f.).

Dieser Ansicht wird entgegengehalten, dass das Mitgliedschaftsrecht ohne die versprochene Gewinnmöglichkeit wertlos sei.[1189] Demnach wäre die versprochene Leistung identisch mit dem versprochenen Vorteil, sodass das Merkmal zu verneinen sei.

Bei der Differenzierung zwischen der Gewinnchance und dem Erwerb einer Mitgliedschaft ist allerdings auf die Aktivität des Teilnehmers abzustellen, da sich die Chance erst aus dem weiteren aktiven Handeln des Mitspielers nach der Mitgliedschaft in dem jeweiligen System ergibt. Allein aus der Mitgliedschaft wird dem Teilnehmer keine Gewinnaussicht zuteil. Somit beinhaltet auch die Mitgliedschaft einen besonderen Vorteil, der dem neuen Mitspieler im Falle der Teilnahme „gewährt" wird, sodass die progressive Kundenwerbung nach § 16 Abs. 2 UWG auch auf Geldgewinnspiele anwendbar ist.[1190]

Ein weiterer Ansatzpunkt, den Oberlandesgerichte gegen die Ansicht des BGH anführen, wird darin gesehen, dass bei den Geldgewinnspielen kein wettbewerbsrechtlicher Bezugspunkt gegeben ist.[1191] Eine Wettbewerbshandlung nach § 2 Abs. 1 Nr. 1 UWG setzt allerdings nicht unbedingt ein konkretes Wettbewerbsverhältnis voraus.[1192] Bereits in der unlauteren Kaufkraftabschöpfung kann bereits ein allgemeiner Marktbezug gesehen werden.[1193]

f. Kettenelement

Für die Annahme einer progressiven Kundenwerbung i.S.d. § 16 Abs. 2 UWG muss das Versprechen besonderer Vorteile noch mit der aufschiebenden Bedingung verknüpft sein, dass der Verbraucher andere zum Abschluss gleichartiger Geschäfte veranlasst, die wiederum ihrerseits durch das Versprechen in das System gelockt werden, sie könnten ebenfalls durch den Abschluss gleichartiger Geschäfte Vorteile erlangen.[1194] Somit muss es sich um ein einheitliches Absatzkonzept handeln.[1195]

In einer solchen Verbindung zwischen Warenbezug und Vorteilsgewährung ist gerade die erforderliche Progressivität des Systems zu sehen, die strafbare Handlung von Vertriebsmethoden wie etwa dem Strukturvertrieb abgrenzt.[1196] So ist

---

1189 „Kein vernünftiger Mensch, der nicht selbst die „Gewinnchance" nutzen will, würde auch nur einen Pfennig für diese Leistungen zahlen", *Otto,* wistra 1998, Anm. zum Beschluss des BGH vom 22.10.1997 – 5 Str 223/97, S. 227. So auch OLG Brandenburg wistra 2003, 74 (75).

1190 So auch *Kilian,* S. 106.

1191 Fezer – *Rengier,* § 16 Rn. 150.

1192 Vgl. BT-Drucks. 15/1487 S. 16.

1193 *Alexander,* WRP 2004, 407 (414).

1194 Fezer – *Rengier,* § 16 Rn. 152, der gerade diesen Wiederholungscharakter des Geschäfts von Abnehmer zu Abnehmer als für den Tatbestand prägend erachtet.

1195 Siehe dazu auch BGH GRUR 2011, 941 (943).

1196 *Kilian,* S. 106; *Wünsche* BB 2012, 273 (276 ff.). Ferner zur Abgrenzung *Köhler/Bornkamm,* § 16 Rn. 43.

es zulässig, Kunden für die Werbung von weiteren Kunden besondere Vorteile in Aussicht zu stellen, solange die Vermittlung nicht typischerweise („nach der Art dieser Werbung“) darauf beruht, dass der neue Teilnehmer am System durch das Versprechen besonderer Vorteile für die Werbung weiterer Kunden motiviert wird, es dem neuen Teilnehmer also hauptsächlich darum geht, die Ware, Dienstleistung etc. zu erhalten.[1197] Dieser übliche Einsatz von Laien in der Werbung (etwa für Buchclubs, Zeitungs- und Mediendienstleistungsabonnements, Versicherungen und Bausparkassen etc.), durch den einem auf normalem Weg geworbenen Kunden die Möglichkeit geboten wird, sich durch die Werbung bzw. Empfehlung eines weiteren Kunden eine Anerkennung in Form einer Prämie oder sonstigen Vergütung zu verdienen, beinhaltet kein progressives Element und ist somit zulässig.[1198]

Wird der Laienwerber also in dieser Form des Empfehlungskreislaufs eingesetzt, so fehlt die typische Dynamik eines Kettengeschäfts, da er zwar eine Anerkennung und somit einen besonderen Vorteil erhält, allerdings ist bei derartigen Werbemaßnahmen gerade nicht vordergründige Intention des Laien, durch die Werbung neuer Mitglieder Prämien zu verdienen.[1199]

Es lässt sich für Strukturvertriebe unter Berücksichtigung der genannten, unterschiedlichen Ausprägungen progressiver Systeme daher anführen, dass in erster Linie bei der Betrachtung der „besonderen Vorteile“ danach zu differenzieren ist, ob das Vertriebssystem typischerweise darauf angelegt ist, Produkte an Endverbraucher abzusetzen. Dies spricht grundsätzlich für ein zulässiges Vertriebssystem.[1200]

Ist allerdings ein möglichst hoher Vorteil für das Unternehmen und deren Vertriebsmittler oder die Reduzierung oder gänzliche Tilgung des Kaufpreises durch Anwerbung weiterer Kunden als primäres Ziel des Veranstalters zu erkennen, so spricht dies im Rahmen der Vorteilsbetrachtung für eine wettbewerbswidrige Form.[1201]

Im Rahmen des Einstiegs als Vertriebsmittler in einen Strukturvertrieb ist bei der rechtlichen Einordnung des Systems darauf abzustellen, ob für die Produktabnahme als Motiv in erster Linie die Anwerbung weiterer, eigener Vertriebsmittler oder ein Verdienst in Form von Einkaufsrabatten stand.[1202] Für eine Wettbewerbswidrigkeit und Strafbarkeit des Systems ist es erforderlich, dass der neu angeworbene Vertriebsmittler das Produkt aus der Hauptmotivation heraus erwarb, neue Vertriebsmittler zu werben und dadurch weiterführende Provisionen zu erhalten; es durfte ihm also nicht in erster Linie um einen Verdienst in Form des Einkaufsrabatts gehen.[1203] Ein Beispiel dafür wäre der Erwerb einer so großen Menge an Produkten, dass bereits im Zeitpunkt der Abnahme derselben ersichtlich ein weiterführender

1197 NK-UWG – *Trepper*, § 16 Rn. 31; OLG Frankfurt GRUR-RR, 2012, 77 (78).
1198 Vgl. BT-Drucks. 10/5058, S. 39.
1199 *Köhler/Bornkamm*, § 16 Rn. 42.
1200 *Preuß*, S. 66.
1201 *Ohly/Sosnitza*, § 16 Rn. 35.
1202 Dazu ausführlich *Preuß*, S. 66 ff.
1203 *Köhler/Bornkamm*, § 16 Rn. 42.

Vertrieb durch neu anzuwerbende Vertriebsmittler erforderlich ist und mithin die Ausgestaltung als Pyramidensystem ersichtlich ist.[1204]

Auch ist die Hauptmotivation für eine Vorteilserzielung durch die Werbung neuer Vermittler darin zu sehen, dass für den Werber bereits ein finanzieller Vorteil allein durch die Anwerbung eines neuen Vertriebsmittlers in Form eines Kopfgeldes durch das produktgebende Unternehmen gezahlt wird, was wiederum typisches Charakteristikum für ein Schneeballsystem ist.[1205] Werden beide Faktoren kombiniert, so ist dies ein herausragendes Indiz für eine Wettbewerbswidrigkeit.[1206]

g. Eintrittsgeld als konstitutive Voraussetzung

Als weitere Tatbestandsvoraussetzung des § 16 Abs. 2 UWG kommt das Erfordernis der Erhebung eines Eintrittsgeldes für die Teilnahme an einem progressiven System in Betracht. Nach dem bisherigen deutschen Verständnis der strafbaren progressiven Kundenwerbung war ein Eintrittsgeld lediglich ein Indikator für ein rechtswidriges Schneeballsystem.[1207]

Für eine aktuelle Beurteilung ist zunächst auf den Anhang I Nr. 14 der UGP-Richtlinie[1208] bzw. § 3 Abs. 3 Anhang Nr. 14 UWG abzustellen. In einem zweiten Schritt sollen die gefundenen Ergebnisse sodann in Relation zu § 16 Abs. 2 UWG gesetzt werden.

(i) Europarechtlicher Standpunkt

Für das Vorliegen der Voraussetzungen von Nr. 14 des Anhangs I der UGP-Richtlinie ist es erforderlich, dass seitens des angeworbenen Verbrauchers ein finanzieller Beitrag gleich welcher Höhe zu erbringen ist, um eine aus dem System resultierende Vergütung zu erhalten.[1209]

Der EuGH hat im Wege eines Vorabentscheidungsverfahrens klargestellt, dass ein „Schneeballsystem" gemäß Anhang I Nr. 14 der deutsche UGP-Richtlinienfassung unlauter ist,

> „wenn (es) vom Verbraucher einen finanziellen Beitrag gleich welcher Höhe im Austausch für die Möglichkeit verlangt, eine Vergütung zu erzielen, die hauptsächlich durch die Einführung neuer Verbraucher in ein solches System und weniger durch den Verkauf oder Verbrauch von Produkten zu erzielen ist."[1210]

1204 *Preuß*, S. 68.
1205 Vgl. *Bläse*, S. 6.
1206 *Preuß*, S. 69.
1207 Vgl. *Leible*, WRP 1998, 18 (20); *Brammsen/Apel*, GRUR Int. 2014, 1119 (1119).
1208 Richtlinie 2005/29/EG, ABl. EU Nr. L 149, S. 22.
1209 *Büscher*, GRUR 2015, 5 (7).
1210 EuGH, GRUR Int. 2014, 592.

Dieser Vorabentscheidung lag folgender Sachverhalt und folgende Vorlagefrage zugrunde:[1211] Das streitgegenständliche, im Fernabsatz von Kleinkrediten tätige Unternehmen warb gegenüber seinen litauischen Bestandskunden damit, dass diese für jeden neu angeworbenen weiteren Kunden LTL[1212] 20,- (umgerechnet etwa EUR 5,79) erhalten würden, der sich durch die Anwerbung des jeweiligen Bestandskunden neu bei dem Unternehmen registrierte. Bei der Neuanmeldung musste jeder Neukunde dabei einen Betrag von LTL 0,01 auf das Unternehmenskonto überweisen, um sich anhand der dadurch erhaltenen Eingangsdaten identifizieren und als tatsächlichen Neuzugang verifizieren zu können.

In dieser Vorgehensweise erkannte die litauische Wettbewerbsbehörde einen Verstoß gegen den bußgeldbewehrten Art. 7 Nr. 22 des litauischen Gesetzes über unlautere Geschäftspraktiken, der Nr. 14 der schwarzen Liste im Anhang zur UGP-Richtlinie[1213] umsetzen soll und erließ einen Bußgeldbescheid. Gegen diesen Vorwurf wehrte sich das Unternehmen mit der Begründung, es habe kein „Schneeballsystem“ betrieben und bei dem durch die Neukunden überwiesenen Betrag handele es sich lediglich um den niedrigsten technisch überhaupt zu überweisenden Betrag. Ferner hätten die so erzielten Erträge für die Prämienfinanzierung der werbenden Bestandskunden nur in sehr geringem Umfang herangezogen werden können.

Der litauische Oberste Verwaltungsgerichtshof setzte das Verfahren aus und wendete sich sodann mit drei Fragen zur Vorabentscheidung an den EuGH. Das Gericht wollte – verkürzt dargestellt – wissen, ob (I) die Zahlung eines „Eintrittsentgelts“ durch den Verbraucher ein unerlässlicher Bestandteil für jedes nach Anhang I Nr. 14 der UGP-Richtlinie unlautere Schneeballsystem sei, wenn ja, ob (II) der Höhe des „Eintrittsentgelts“ für die Bewertung des Systems als unlauter Bedeutung zukommt und (III), ob es ferner für die Unlauterkeit einzig darauf ankomme, dass die Prämie dem Bestandskunden in erster Linie für die Akquirierung neuer Kunden und nicht für die Abnahme von Produkten zugeführt würde, oder ob zusätzlich dazu die Prämie für den Bestandskunden überwiegend aus den Beiträgen der neu geworbenen Kunden gezahlt werden müsse.[1214]

Der Leitsatz des EuGH auf diese Fragen besagt, dass Anhang I Nr.14 der UGP-Richtlinie dahingehend auszulegen ist,

> „dass ein Schneeballsystem nur dann unter allen Umständen eine unlautere Geschäftspraxis darstellt, wenn ein solches System vom Verbraucher einen finanziellen Beitrag gleich welcher Höhe im Austausch für die Möglichkeit verlangt, eine Vergütung zu erzielen, die hauptsächlich durch die Einführung neuer Verbraucher in ein solches System und weniger durch den Verkauf oder Verbrauch von Produkten zu erzielen ist.“[1215]

1211 Siehe auch *Mäsch*, GRUR-Prax 2014, 232 f.; *Brammsen/Apel*, GRUR Int. 2014, 1119 f.
1212 Litas. Ein Litas sind 100 (litauische) Cent.
1213 Angang I Nr. 14 der Richtlinie 2005/29/EG.
1214 Vgl. *Brammsen/Apel*, GRUR Int. 2014, 1119 (1120).
1215 EuGH, Urteil vom 03.04.2014 – C-515/12 = BeckRS 2014, 80660.

Die Auffassung des EuGH, ein „finanzieller Beitrag gleich welcher Höhe" sei konstitutive Voraussetzung für ein entsprechendes Schneeballsystem, wird vereinzelt bereits in der deutschen Literatur vertreten.[1216] Zwar lässt sich weder in der litauischen noch in der deutschen Sprachfassung der Richtlinie das Tatbestandsmerkmal finden, dass der Verbraucher einen Beitrag entrichten muss, um dem jeweiligen progressiven System beitreten zu können.[1217] Es werden aber bereits konkrete Bestrebungen seitens des deutschen Gesetzgebers getroffen, diese Situation zu klären.[1218]

(ii) Relation zwischen deutschem Strafrecht und Europarecht

Nach herrschender Meinung deckt sich § 3 Abs. 3 Anhang Nr. 14 UWG mit dem Anwendungsbereich § 16 Abs. 2 UWG.[1219] Demnach sind die Erwägungen der zivilrechtlichen Fassung grundsätzlich auch auf die strafrechtliche Norm zu übertragen, sofern nicht gegen § 1 StGB als Ausgestaltung des Art. 103 Abs. 2 GG verstoßen wird.[1220]

Aufgrund der Entscheidung des EuGH entsteht die Problematik, dass durch die so eingeführte „Entgeltpflicht" eine Divergenz des Anwendungsbereiches von Anhang I Nr. 14 der UGP-Richtlinie bzw. der deutschen Umsetzung in § 3 Abs. 3 Anhang Nr. 14 UWG und § 16 Abs. 2 UWG entsteht.[1221]

Es gibt diesbezüglich Meinungen, die besagen, dass es sich bei der Strafrechtsnorm der progressiven Kundenwerbung grundsätzlich um genuin nationales Strafrecht handelt, welches mangels einer Regelungskompetenz der EU für diesen Bereich gänzlich unabhängig vom europäischen Lauterkeitsrecht auszulegen ist.[1222] Dabei wird allerdings übersehen, dass bereits die Neugestaltung des § 16 UWG auf

---

1216 So etwa *Schöttle*, WRP 2009, 673 (678).

1217 *Brammsen/Apel*, GRUR Int. 2014, 1119 (1120). Das Tatbestandsmerkmal „eine Gegenleistung zu erbringen" ist nach den Schlussanträgen der Generalstaatsanwältin *Sharpston* ebenfalls nicht „klar" in der bulgarischen, griechischen, schwedischen, slowenischen und der ungarischen Richtlinienfassung enthalten; in anderen Sprachfassungen wie etwa der französischen, der polnischen und der spanischen ist sie allerdings ein wesentliches Merkmal, vgl. BeckRS 2013, 82395 Rn. 23.

1218 So liegt ein Referentenentwurf des Bundesministeriums der Justiz und für Verbraucherschutz für den Entwurf eines Zweiten Gesetzes zur Änderung des Gesetzes gegen den unlauteren Wettbewerb vor, in dem unter Bezugnahme auf die Entscheidung des EuGH, Urteil vom 03.04.2014 – C-515/12 eine Klarstellung zum Erfordernis eines finanziellen Beitrags des Verbrauchers in Schneeball- und Pyramidensystemen in Nr. 14 des Anhangs zu § 3 Abs. 3 UWG gefordert wird, vgl. GRUR 2014, 1180 (1181).

1219 NK-UWG – *Wirtz*, § 3 Rn. 160.

1220 Vgl. Fn. 537.

1221 So auch *Brammsen/Apel*, GRUR Int. 2014, 1119.

1222 *Brammsen/Apel*, WRP 2011, 400 (404); *Brammsen/Apel*, GRUR Int. 2014, 1119 (1122).

die gemeinschaftsrechtliche Rechtsharmonisierung im Lauterkeitsrecht und dem Verbraucherschutzrecht zurückzuführen ist.[1223]

Folglich ist die überwiegende Ansicht vorzugswürdig, die den Standpunkt vertritt, dass der Vorrang des Europarechts gemeinsam mit der Pflicht zur richtlinienkonformen Auslegung gleichermaßen das Strafrecht betrifft.[1224] Insoweit ist § 16 Abs. 2 UWG europarechtskonform auszulegen, weswegen auch die Urteile des EuGH für die Auslegung maßgeblich sind.[1225] Im Folgenden stellt sich daher die Frage, wie sich die durch den EuGH eingeführte „Entgeltpflicht“ im Anhang I Nr. 14 der UGP-Richtlinie bzw. § 3 Abs. 3 Anhang Nr. 14 UWG auf den Tatbestand der progressiven Kundenwerbung auswirkt.

Stellt man die verschiedenen Tatbestände gegenüber, so kann man erkennen, dass der Straftatbestand des § 16 Abs. 2 UWG sowohl enger wie auch weiter als der Anhang I Nr. 14 der UGP-Richtlinie bzw. § 3 Abs. 3 Anhang Nr. 14 UWG gefasst ist.[1226]

(1) Weiterer Anwendungsbereich des § 16 Abs. 2 UWG

Die Strafnorm der progressiven Kundenwerbung ist dahingehend weiter gefasst, dass die Einkünfte, die durch den neu angeworbenen Verbraucher aus dem System zu erwirtschaften sind – anders als in Nr. 14 der Anhänge zur UGP-Richtlinie bzw. zu § 3 Abs. 3 UWG – nicht „hauptsächlich“ aus der Anwerbung neuer Mitglieder generiert werden sollen.[1227] Es ist vielmehr ausreichend, dass ein „besonderer Vorteil“ für den angesprochenen Verbraucher Anreiz genug dafür ist, das System für sich selbst in Gang zu bringen und aufrecht zu erhalten.[1228] Auch ist das oben besprochene Merkmal eines „Eintrittsgeldes“ nicht Bestandteil des § 16 Abs. 2 UWG. Bisher wurde dieses Merkmal vielmehr als Indikator für die Strafbarkeit eines progressiven Systems gesehen.[1229]

1223 MK StGB – *Janssen/Maluga*, § 16 Rn. 6.

1224 Harte-Bavendamm/Henning-Bodewig – *Dreyer*, § 16 Rn. 4f.; *Dannecker*, ZStW 117, 697 ff.; *Eisele*, JA 2000, 991 (998); *Tiedemann*, NJW 1993, 23 (24 f.). Für einen Überblick über die im Einzelnen anwendbaren Richtlinien siehe MK StGB – *Janssen/Maluga*, § 16 Rn. 6 m.w.N.

1225 *Olesch*, WRP 2007, 908 (911).

1226 Siehe *Brammsen/Apel*, GRUR Int. 2014, 1119 (1123).

1227 *Brammsen/Apel*, GRUR Int. 2014, 1119 (1123).

1228 Fezer – *Rengier*, § 16 Rn. 149.

1229 Siehe bereits Fn. 1195.

(2) Engerer Anwendungsbereich des § 16 Abs. 2 UWG

Auf der anderen Seite ist der Anwendungsbereich des § 16 Abs. 2 UWG enger gefasst als Nr. 14 der Anhänge zur UGP-Richtlinie bzw. zu § 3 Abs. 3 UWG.[1230]

Zum einen ist seitens des Täters im deutschen Strafrecht ein In-Aussicht-stellen eines „besonderen Vorteils" gegenüber dem anzuwerbenden Verbraucher erforderlich, der mit den durch den Werber vermittelten Waren, Rechtspositionen oder Dienstleistungen nicht identisch sein darf.[1231]

Als „besonders" in diesem Sinne wird ein Vorteil dann angesehen, wenn er den angeworbenen Verbraucher dazu veranlasst, in dem jeweiligen System mit einer gewissen Beharrlichkeit werbend aktiv tätig zu werden, um dadurch eine Systemerweiterung zu erreichen.[1232] Ein geringfügiger Vorteil reicht allerdings für eine Strafbarkeit nicht aus – es sind grundsätzlich die Grenzen der §§ 243 Abs. 2, 248a StGB im Hinblick auf die Beurteilung der Geringwertigkeit zu beachten.[1233]

Der Wert, über den der EuGH im Rahmen des Vorabentscheidungsverfahrens zu entscheiden hatte, betrug allerdings umgerechnet höchstens ca. EUR 5,79, weswegen er nach deutschem Recht als zu geringfügig für § 16 Abs. 2 UWG angesehen würde.[1234] Insoweit ist die progressive Kundenwerbung auch wieder in diesem Detail enger als Anhang I Nr. 14 der UGP-Richtlinie bzw. § 3 Abs. 3 Anhang Nr. 14 UWG.

Zum anderen sind die Anforderungen des § 16 Abs. 2 UWG auch insoweit enger, als die zusätzliche Voraussetzung besteht, dass zwischen dem in Aussicht gestellten Vorteil des anwerbenden Täters und dem Beitreten des Verbrauchers ein objektiver Zusammenhang vorliegen muss. Dies ist dann der Fall, wenn der Anwerbeanreiz vom Werber tatsächlich versprochen und zudem objektiv beitrittsfördernd ist, wohingegen es für Nr. 14 der jeweiligen Anhänge ausreichend ist, wenn eine subjektive Vorstellung bzw. Erwartungshaltung des Verbrauchers bezüglich des Vorteilserhalts gegeben ist.[1235]

(iii) Fazit

Die diskutierte Entscheidung des EuGH stellt das Erfordernis der Erhebung eines Eintrittsgeldes als ungeschriebenes Tatbestandsmerkmal des § 16 Abs. 2 UWG in einem neuen Licht dar. Wurde diesem Merkmal bis dato lediglich Indizwirkung zugemessen, so ist die Beantwortung des EuGH auf die Anfragen im Rahmen des Vorabentscheidungsverfahrens für die Tatbestandsmäßigkeit der Norm so weit von Belang, als das „Eintrittsgeld" nun als ungeschriebenes Tatbestandsmerkmal

1230 Vgl. *Brammsen/Apel*, GRUR Int. 2014, 1119 (1123 f.).
1231 Zu den Voraussetzungen eines „besonderen Vorteils" siehe S. 177 ff.
1232 *Brammsen/Apel*, WRP 2011, 400 (405); *Otto/Brammsen*, WiB 1996, 281 (288); *Wünsche*, BB 2012, 273 (275).
1233 Vgl. bereits dazu die Ausführungen auf S. 192 f. dieser Arbeit.
1234 *Brammsen/Apel*, GRUR Int. 2014, 1119 (1124).
1235 *Brammsen/Apel*, GRUR Int. 2014, 1119 (1124).

angesehen werden kann.[1236] Dies ergibt sich nach Ansicht des EuGH aus der Natur des „Schneeballsystems“ und der Zielrichtung der Richtlinie, die den Verbraucher vor unlauteren Geschäftspraktiken schützen soll, welche ihre wirtschaftlichen Interessen tangieren.[1237]

Ein zusätzliches Tatbestandsmerkmal ist dabei insb. deswegen unproblematisch, weil es sich faktisch bei diesem um eine „Verengung“ des Tatbestands handelt, die einem potentiellen Täter im Rahmen der Prüfung einer Tatbestandsmäßigkeit zu Gute kommt. Mithin ist darin kein Verstoß etwa gegen das Bestimmtheitsgebot des Art. 103 Abs. 2 GG zu sehen, da es um eine für den Täter grundsätzlich entlastende Regel geht.[1238]

Sofern § 16 Abs. 2 UWG auf der anderen Seite enger als Anhang I Nr. 14 der UGP-Richtlinie bzw. § 3 Abs. 3 Anhang Nr. 14 UWG gefasst ist, so stellt dies als Folge des „lex scripta“ – Grundsatzes ebenfalls kein Problem ihm Rahmen der Anwendung der Strafnorm dar.[1239]

Folglich ist das zusätzliche Tatbestandsmerkmal im Licht des Vorrangs des Europarechts sowie der Pflicht zur richtlinienkonformen Auslegung zu sehen. Seitens der Legislative gibt es bereits erste Ansatzpunkte, diese Problemstellung zu klären.[1240]

h. Subjektiver Tatbestand

Für den subjektiven Tatbestand erforderlich ist nach § 15 StGB vorsätzliches Handeln. Dabei ist dolus eventualis ausreichend.[1241]

i. Rechtswidrigkeit und Schuld

Das Eingreifen von Rechtfertigungsgründen ist bei § 16 Abs. 2 UWG kaum vorstellbar.[1242] Sofern sich der Täter darauf beruft, er habe das System für legal gehalten, so liegt ein Verbotsirrtum nach § 17 StGB vor, der grundsätzlich nur dann unvermeidbar ist, wenn der Täter im Vorfeld eine die Strafbarkeit verneinende

1236 *Brammsen* und *Apel* griffen das Problem zwar erstmals auf (vgl. GRUR Int. 2014, 1119 ff.). Sie vertreten allerdings die Ansicht, dass § 16 Abs. 2 UWG als genuin nationale Strafvorschrift stets autonom vom Europarecht auszulegen und anzuwenden ist.

1237 *Büscher*, GRUR 2015, 5 (8).

1238 Siehe nur *Joecks*, § 1 Rn. 8.

1239 *Sch/Sch – Eser/Hecker, § 1 Rn. 8.*

1240 Vgl. bereits Fn. 1206.

1241 MK-StGB – *Janssen/Maluga*, § 16 Rn. 124. Auch in diesem Punkt ist § 16 Abs. 2 UWG enger als Nr. 14 des Anhangs I zur UGP-Richtlinie bzw. des Anhangs zu § 3 Abs. 3 UWG. Während es bei dem unlauteren Handeln zivilrechtlicher Natur keines Verschuldens bedarf (nicht einmal Fahrlässigkeit), ist bei der strafrechtlichen Würdigung der progressiven Kundenwerbung ein vorsätzliches Handeln erforderlich, vgl. *Brammsen/Apel*, GRUR Int. 2014, 1119 (1124) m.w.N.

1242 Vgl. Fezer – *Rengier*, § 16 Rn. 103 ff.

vertrauenswürdige Rechtsauskunft eingeholt hat.[1243] Das OLG Braunschweig ging etwa von der Annahme eines unvermeidbaren Verbotsirrtum in der Konstellation aus, dass Rechtsanwälte dem Veranstalter eines Gewinnspiels bescheinigten, die angebotenen Spiele seien nicht strafbar.[1244]

5. Anwendung auf den Strukturvertrieb

Aus dem eben Ausgeführten lässt sich festhalten, dass für die Abgrenzung des Strukturvertriebs von strafbaren Vertriebssystemen nach § 16 Abs. 2 UWG nicht ausschlaggebend ist, ob verschiedene Verkaufsebenen und Stufen im System vorhanden sind. Vielmehr ist auf eine progressive Ausrichtung des Vertriebs abzustellen.[1245]

Wesentliche Tatbestandsmerkmale, die für ein progressives System erforderlich sind, können beim klassischen Strukturvertrieb allerdings nicht gefunden werden:

Die jeweilige Zentrale eines Strukturvertriebs kann als Veranstalter i.S.d. § 16 Abs. 2 UWG angesehen werden, sofern sie nicht nur in der Funktion des Produktgebers auftritt, sondern darüber hinaus auch die einzelnen Vertriebsstrukturen organisiert und den Ablauf koordiniert. Auch liegt ein Handeln im geschäftlichen Verkehr vor, da durch den Produktabsatz wirtschaftliche Geschäftszwecke verfolgt werden.

Problematisch wird die Annahme einer Tatbestandsmäßigkeit des Strukturvertriebs erstmals, wenn die Verbraucherstellung des von § 16 Abs. 2 UWG geschützten Personenkreises zu prüfen ist. Sofern es lediglich zu einer Veräußerung eines Finanzprodukts kommt und keine Anwerbung für eine Vertriebspartnerschaft in Erwägung gezogen wird, ist generell von der Verbraucherstellung des Erwerbers auszugehen. Aber auch bei einer direkten Anwerbungshandlung ist im maßgeblichen Zeitpunkt von der Verbraucherstellung des potentiellen Tatopfers auszugehen, da auf die erste Kontaktaufnahme abzustellen ist.[1246]

Beim Veranlassen zur Abnahme muss unterschieden werden, ob die jeweilige Strukturvertriebsform direkt auf den neuen Geschäftspartner als Abnehmer der angebotenen Waren, Rechte oder Dienstleistungen abzielt oder ob eine Anwerbung zu dem Zweck erfolgen soll, dass der Angeworbene lediglich selbst verkauft. In ersterem Fall ist von einem Veranlassen zur Abnahme auszugehen, wohingegen eine Anwerbung ausschließlich zu Vertriebszwecken, wie dies beim Vertrieb von Finanzprodukten oftmals der Fall ist, nicht für das Veranlassen zur Abnahme genügt.

Ein weiteres Augenmerk bei der Beurteilung des Strukturvertriebs in Abgrenzung zu anderen progressiven Vertriebsformen liegt auf dem Merkmal des Versprechens

---

1243 Fezer – *Rengier*, § 16 Rn. 158.

1244 OLG Braunschweig NStZ-RR 1998, 251 f. Insoweit ist jedoch zu berücksichtigen, dass sich die Entscheidung darauf stützt, dass aufgrund der damaligen Diskussionslage selbst eine neutrale Auskunftsperson keine klare Antwort auf die Frage nach der Strafbarkeit hätte geben können, vgl. Fezer – *Rengier*, § 16 Rn. 158 m.w.N.

1245 *Olesch*, WRP 2007, 908.

1246 Siehe dazu ausführlich S. 176 f.

besonderer Vorteile. Wie oben dargestellt, muss der potentiell neue Vertriebspartner durch eine vermögenswerte Vergünstigung beeinflusst werden, damit die typische Dynamik eines Systems der progressiven Kundenwerbung in Gang gesetzt wird.[1247]

In einem (legalen) Finanzdienstleistungsstrukturvertrieb ist das Finanzprodukt grundsätzlich für die Verkäufer zu den gleichen Konditionen erhältlich wie für außenstehende Käufer. Der Vorteil für den Geschäftspartner besteht dann lediglich in dem Erhalt einer anteiligen Provision für den eigenen Kauf des Finanzprodukts. Insoweit besteht im Hinblick auf die Strafbarkeit kein Unterschied zwischen Strukturvertriebsverkäufern und angestellten Finanzvermittlern.

Doch selbst, wenn besondere Vorteile wie etwa eingeräumte Rabatte und Sonderkonditionen für den Verkauf von Finanzprodukten oder die Anwerbung neuer Vertriebspartner in Aussicht gestellt werden, bedarf es für eine Strafbarkeit nach § 16 Abs. 2 UWG noch eines Kettenelements. Es ist das wichtigste Abgrenzungsmerkmal bei der Beurteilung der Progressivität des jeweiligen Systems.

An diesem Kettenelement fehlt es, wie oben bereits ausführlich dargestellt, wenn der Produktbezug auch bei Anwerbehandlungen für neue Vertriebspartner im Vordergrund steht und es dem strukturhöheren Werber nicht in erster Linie darum geht, durch die erfolgreiche Anwerbungshandlung Prämien zu verdienen.[1248]

Schließlich ist bei der Beurteilung der Strafbarkeit eines Strukturvertriebs nach § 16 Abs. 2 UWG noch das bisher ungeschriebene Tatbestandsmerkmal des Eintrittsgeldes zu beachten. Im Strukturvertrieb von Finanzdienstleistungsprodukten ist denkbar, dass ein neuer Geschäftspartner vor Aufnahme der Vertriebstätigkeit zunächst kostenpflichtige Produktschulungen durchlaufen muss, um sich in die Materie einzuarbeiten und die gesetzlichen Anforderungen einer Zertifizierung zu erfüllen.

Dies könnte als „Eintrittsgeld“ i.S.d. europarechtlichen Rechtsprechung eingeordnet werden, da es einen finanziellen Beitrag im Austausch für die Möglichkeit darstellt, eine Vergütung zu erzielen.[1249] Allerdings fordert der EuGH weiter, dass das Vertriebssystem darauf angelegt ist, die Vergütung hauptsächlich durch die Akquise neuer Geschäftspartner und nicht in erster Linie durch den Verkauf oder Verbrauch von Produkten zu generieren. Dadurch setzt sich der „rote Faden“ des Progressivitätserfordernisses, welches letztlich in alle Merkmalen des Tatbestandes ausstrahlt, bis zum Ende fort, sodass bei der Anwendung des § 16 Abs. 2 UWG auf Strukturvertriebe durch das „neue“ Merkmal keine überraschenden Resultate erwartet werden können. Es wird weder ein bis dato illegales Vertriebssystem zurück in die Legalität geführt, noch ist eine Illegalität eines im Übrigen straflosen Strukturvertriebs zu befürchten.

1247 Vgl. dazu Fn. 1149 f.

1248 Siehe dazu ausführlich S. 181 ff.

1249 EuGH, GRUR Int. 2014, 592.

6. Sonstiges

Die progressive Kundenwerbung stellt ein Unternehmensdelikt i.S.d. § 11 Abs. 1 Nr. 6 StGB dar, sodass bereits der Versuch des § 16 Abs. 2 UWG strafbar ist.[1250]

Im Rahmen der Konkurrenzen kommt es oftmals zu Überschneidungen mit § 16 Abs. 1 UWG.[1251]

1250 *Köhler/Bornkamm*, § 16 Rn. 4.
1251 Fezer – *Rengier*, § 16 Rn. 163.

F. Zusammenfassung und Schlussbemerkung

Steht der Personenversicherungsvermittler mit einem Bein im Gefängnis oder kann er insb. im Vertriebszweig des Strukturvertriebs ohne Bedenken seine Profession ausüben?

Die Untersuchung hat gezeigt, dass der Personenversicherungsvermittler in seinen unterschiedlichen Ausgestaltungen und Erscheinungsformen zwar strafrechtlichen Risiken begegnet, diesen aber durch eine gewissenhafte Arbeitsweise und unter Berücksichtigung der Interessen aller Vertragsparteien ohne größeren Aufwand entgehen kann.

Im ersten Teil der Arbeit konnte verdeutlicht werden, dass es nicht den einen Personenversicherungsvermittler in Deutschland gibt. Vielmehr ist das Versicherungswesen bereits durch seine Entstehungsgeschichte sehr facettenreich und es gibt unterschiedliche Vermittlertypen, die entweder größtenteils auf Seiten des Versicherungsnehmers oder eher auf Seiten des Versicherers angesiedelt sind. Die Hauptvermittlertypen sind dabei der Versicherungsvertreter und der Versicherungsmakler, die beide durch die Vermittlerrichtlinie mittlerweile in § 59 VVG legaldefiniert sind.

Das Strafrecht sieht im Allgemeinen für Personenversicherungsvermittler tatbestandliche Risiken in den unterschiedlichsten Bereichen vor. Es wurde herausgearbeitet, dass vor allem der Betrugsstrafbarkeit nach § 263 StGB besondere Bedeutung zukommt. Daneben wurden ferner die Delikte Hausfriedensbruch (§ 123 StGB), Verletzung von Privatgeheimnissen (§ 203 StGB), Nötigung (§ 240 StGB), Erpressung (§ 253 StGB), Geldwäsche (§ 253 StGB), Versicherungsmissbrauch (§ 265 StGB), Untreue (§ 266 StGB), Urkundenfälschung (§ 267 StGB) sowie Bestechlichkeit und Bestechung im geschäftlichen Verkehr (§ 299 StGB) in einem tatbestandlichen Überblick dargestellt und in Bezug auf eine potentielle Strafbarkeit des Versicherungsvermittlers untersucht.

Insgesamt lässt sich für die strafrechtliche Bewertung des Personenversicherungsvermittlerwesens anführen, dass ein ausreichender Schutz für die Neukunden und Versicherungsnehmer sowie die Versicherungsunternehmen vor missbräuchlichem Handeln der Versicherungsvermittler gegeben ist.

Zwar machen es technische, politische und gesellschaftliche Entwicklungen immer wieder erforderlich, die Gesetzeslage an einzelnen Stellen den aktuellen Problemfeldern des zeitlichen Wandels und den europarechtlichen Tendenzen anzupassen, was zuletzt etwa im Bereich der Bestechlichkeit und Bestechung im geschäftlichen Verkehr zu beobachten war. Dies macht es allerdings nicht erforderlich, gänzlich neue Reglementierungen zu schaffen oder bestehende Deliktsstrukturen in ihren wesentlichen Komponenten zu modifizieren.

Neben den vermittlerspezifischen strafrechtlichen Risiken gibt es für den im Strukturvertrieb tätigen Intermediär für Personenversicherungen die Hauptproblematik, dass seine Vertriebsmethode nicht nur mit anderen Vertriebskonzepten wie etwa dem Franchising, sondern oftmals auch mit dem illegalen Schneeballsystem und dessen verschiedenen Unterformen gleichgesetzt wird.

Spricht man im Rahmen des Vertriebs von Konsumgütern generell von dem ursprünglich aus Amerika stammenden „Multi-Level-Marketing", so wird der Absatz von Finanz- und besonders Personenversicherungsprodukten durch Laienwerber im Rahmen von mehrstufig aufgebauten Vertriebsprodukten und unter Akquirierung neuer Mitarbeiter bei erfolgsbezogener Vergütung im deutschsprachigen Raum in erster Linie als „Strukturvertrieb" bezeichnet. Das dafür bisher geforderte Wesensmerkmal der „Produktbindung" indes ist bei Strukturvertrieben im Finanzdienstleistungssektor grundsätzlich abzulehnen, da die Vertriebsart auch im Versicherungsbereich bei sog. Allfinanzunternehmen Anwendung findet.

Die Einordnung des Strukturvertriebs als illegale oder zumindest dubiose Vertriebsmethode erfolgt wie aufgezeigt zu Unrecht und liegt in erster Linie daran, dass der Aufbau eines Schneeball- bzw. Pyramidensystems in den wesentlichen Komponenten dem legalen Strukturvertrieb ähnelt. So werden etwa in beiden Systemen progressive Werbung betrieben, Laien als potentielle Geschäftspartner akquiriert und es wird für alle Systemausgestaltungen nach außen die Bezeichnung des „Strukturvertriebs" geführt.

Der hauptsächliche Unterschied besteht allerdings darin, dass der Fokus des legalen Strukturvertriebs darauf gelegt wird, die Personenversicherungsprodukte an Kunden außerhalb des Vertriebssystems zu vermitteln, wohingegen die unterschiedlichen Formen des sittenwidrigen Pyramiden- bzw. Schneeballsystems mit seinen Unterformen hauptsächlich auf die Gewinnung neuer Geschäftspartner und nicht auf den Vertrieb an den „vertriebsexternen" Endkunden abzielt. Der Produktabsatz erfolgt dabei größtenteils strukturintern oder aber es wird der Eindruck erweckt, bereits für die Anwerbung neuer Geschäftspartner eine Vergütung zu erhalten. In der Ausgestaltung des sog. „Ponzi-Schemes" werden die Gelder der Kunden zweckwidrig für Provisionszahlungen oder den eigenen Zwecken des Veranstalters verwendet und nicht vertragsgemäß verwaltet bzw. angelegt.

Für eine strafrechtliche Erfassung, Bewertung und Abgrenzung von strukturvertrieblichen Problemstellungen wird § 16 Abs. 2 UWG herangezogen. Von einem progressiven Kundenwerbesystem i.S.d. Vorschrift kann gesprochen werden, wenn angeworbene Kunden in einem Unternehmen besondere Vorteile für die Werbung weiterer Kunden erhalten, die dann ihrerseits abermals durch werbende Tätigkeit Vorteile erhalten.

Ein „Nadelöhr" für die Anwendung des Tatbestandes stellt der geschützte Personenkreis dar. War die Vorschrift ursprünglich auf alle Nichtkaufleute anwendbar, so bedarf es heute der Verbraucherstellung des Angeworbenen. Dadurch besteht zunächst die Gefahr der deutlichen Einschränkung des Tatbestands. Der Angeworbene als von § 16 Abs. 2 UWG geschützte Person läuft bereits Gefahr, seine Verbraucherstellung in dem Zeitpunkt zu verlieren, in dem er den inneren Entschluss trifft, selbst Neukunden anzuwerben und mithin unternehmerisch tätig zu werden.

Diese Problematik ist dahingehend zu lösen, dass zwar richtigerweise auf die Verbraucherstellung des „Opfers" abzustellen ist, der potentielle Teilnehmer des progressiven Systems allerdings erst dann seine Verbrauchereigenschaft verliert, wenn er sich dazu entscheidet, das Werbe- und Vertriebssystem für sich selbst in Gang zu setzten. Während des erstmaligen Kennenlernens bzw. der Teilnahme an einer Informationsveranstaltung ist der Interessent noch als Verbraucher anzusehen.

Eine weitere Besonderheit des Tatbestandes stellt ein zuletzt aus europäischer Sicht als konstitutive Voraussetzung für den Tatbestand eingefordertes Eintrittsgeld dar. Bisher galt ein gefordertes Eintrittsgeld vor Aufnahme der Werbetätigkeit lediglich als Indikator für ein strafbares progressives System nach § 16 Abs. 2 UWG. Durch dieses Erfordernis kommt es zu einer faktischen Verengung des Tatbestandes.

Dennoch ist diese Entwicklung zu begrüßen, da die Norm gerade vor finanziellen Einbußen von Verbrauchern und Wettbewerbern schützen soll. Damit wird neben dem generellen Fehlen eines progressiven Elements ein weiteres Abgrenzungskriterium etwa für „Kunden-werben-Kunden" – Systeme eines Buchclubs oder bei Versicherungen eingeführt, welches für eine zusätzliche Klarheit bei der Abgrenzung der oftmals fließend ineinander übergreifenden illegalen Pyramiden- bzw. Schneeballsysteme und Struktursysteme sorgen kann.

Für den Strukturvertrieb von Personenversicherungen kann insgesamt festgehalten werden, dass diese Vertriebsart durchaus seine Daseinsberechtigung hat. Sowohl für den tätigen Versicherungsvermittler, als auch für den Versicherer wird die Möglichkeit geboten, neue Kundenfelder zu erschließen und eine leistungsspezifische und -gerechte Vergütung zu gewährleisten. Dabei setzen sich die Beteiligten bei ordnungsgemäßer Arbeitsweise auch keinem strafrechtlichen Risiko aus.

Daneben beinhaltet das Vertriebsmodell des Strukturvertriebs auch Nachteile. So besteht die Gefahr, dass die Vermittler bei den Versicherungsgesellschaften oftmals als produktgebundene Vertreter tätig sind und auf diese Weise nach einem „Wochenend-Crashkurs" über die Produkte des Versicherers bei Freunden und Bekannten agieren, ohne über fundierte Qualifikationen und Produktkenntnisse zu verfügen, welche für eine sachgerechte Beratung erforderlich wären.

Zukünftig ist aus diesen Erwägungen heraus zu überlegen, einer potentiellen Strafbarkeit des Versicherungsvermittlers im Strukturvertrieb dadurch zu begegnen, dass durch strengere Zulassungsvoraussetzungen sowie eine umfassendere Überwachung der tätigen Vermittler – etwa durch flächendeckende, stichprobenartige Überprüfungen – einer deliktischen Handlung vorgebeugt werden könnte.

Insgesamt wird dem Personenversicherer allerdings ohnehin an der Vermeidung von Schadensfällen und der qualifizierten Ausbildung der Ausschließlichkeitsvertreter gelegen sein, da dieser für die gebundenen Vermittler eine uneingeschränkte Haftungsübernahme nach § 34d Abs. 4 Nr. 2 GewO eingehen muss.

Literaturverzeichnis

Abram, Nils: Die §§ 42a bis 42 I VVG des Referentenentwurfes eines Ersten Gesetzes zur Neuregelung des Versicherungsvermittlungsrechts, r+s 2005, S. 137–143.

—: Werden in Deutschland gesetzliche Berufsregelungen für Versicherungsvermittler bald Wirklichkeit?, VersR 1998, S. 551–557.

Achenbach, Hans: Aus der 1996/97 veröffentlichen Rechtsprechung zum Wirtschaftsstrafrecht, NStZ 1997, S. 536–539.

Acker, Wendelin / Ehling, Jan: Einladung in die Business-Lounge? – Strafbarkeitsrisiko bei Vergabe oder Annahme von Einladungen im geschäftlichen Verkehr, BB 2012, S. 2517–2522.

Albrecht, Uwe: Zusätzliche Straf- und Bußgeldtatbestände im Werberecht? – WRP 1974, S. 653–661.

Alexander, Christian: Die strafbare Werbung in der UWG-Reform, WRP 2004, S. 407–421.

Althoff, Anne: Existenzgründung und Zweiteinkommen mit Multi-Level Marketing, 4. Auflage, Frankfurt/Main, 1997.

Amelung, Knut: Bemerkungen zum Schutz des „befriedeten Besitztums“ in § 123 StGB, NJW 1986, S. 2075–2082.

Apetz, Martin: Das Verbot aggressiver Geschäftspraktiken – Herkunft, Inhalt, Umsetzung und Zukunftsperspektiven eines neuen Verbotskonzepts des europäischen Lauterkeitsrechts, Köln 2011.

Arzt, Gunther / Weber, Ulrich / Heinrich, Bernd / Hilgendorf, Eric: Strafrecht Besonderer Teil – Lehrbuch, 3. Auflage, Bielefeld 2015 (zit.: A/W – *Bearbeiter*).

Bach, Florian: Kundenbindungsprogramme und Bestechung im geschäftlichen Verkehr nach § 299 II StGB, wistra 2008, S. 47–50.

Backmann, Leonhard: Die Abgrenzung des Betrugs von Diebstahl und Unterschlagung, Köln, 1974.

Bangert, Curt M.: Der selbstständige und der unselbstständige Versicherungsvertreter – Arten, wirtschaftliche Bedeutung und Abgrenzung, Karlsruhe 1983.

Baumann, Frank: Versicherungsvermittlung durch Versicherungsmakler, Karlsruhe 1998.

Baumbach, Adolf / Hopt, Klaus J.: Handelsgesetzbuch mit GmbH & Co., Handelsklauseln, Bank- und Börsenrecht, Transportrecht (ohne Seerecht), 36. Aufl., München 2014 (zit.: Baumbach/Hopt – *Bearbeiter*).

Baumert, Andreas J. / Frank Schmitt: Phoenix Kapitaldienst – Ein Verfahren schreibt BGH – Rechtsprechung, NZI 2012, S. 394–402.

Beckemper, Katharina: Die Strafbarkeit des Veranstaltens eines Pyramidenspiels nach § 6c UWG, wistra 1999, S. 169–174.

Beckmann, Roland Michael / Matusche-Beckmann, Annemarie: Versicherungsrechtshandbuch, 2. Auflage, München 2009 (zit.: Beckmann/Matusche-Beckmann – *Bearbeiter*).

Beenken, Matthias / Sandkühler, Hans-Ludger: Das neue Versicherungsvermittlergesetz – Die Umsetzung der EU-Versicherungsvermittlerrichtlinie, Freiburg, Berlin, München, Würzburg 2007.

—: Das Vermittlergesetz und seine Konsequenzen für die Branche, r+s 2007, S. 182–185.

Behm, Ulrich: Noch einmal: Zur Bedeutung des Einfriedungserfordernisses beim „befriedeten Besitztum" in § 123 I StGB – Anm. zum Urteil des OLG Oldenburg vom 21.01.1985 – Ss 566/84, JuS 1987, S. 950–953.

—: Umfassen die Schutzobjekte des § 123 Abs. 1 StGB auch Zubehörflächen?, GA 1986, S. 547–558.

Benken, Gert / Reusch, Peter: Der Einfluss der Deregulierung der Versicherungsmärkte auf die Haftung des Versicherungsmaklers, VersR 1992, S. 1302–1319.

Berlit, Wolfgang: Wettbewerbsrecht, 9. Auflage, München 2014.

Berz, Ulrich: Betrug trotz Gleichwertigkeit der Gegenleistung – Anm. zum Beschluss des BayObLG vom 23.11.1972, NJW 1973, S. 1337–1338.

Beyer, Walter E. Franchising als Instrument zur „Festigung der Marktstellung" – Möglichkeiten und Grenzen einer Unternehmung als Franchise-Geber in der Bundesrepublik Deutschland unter besonderer Berücksichtigung von Zielkonzeptionen der Franchise-Nehmer, Bochum 1988.

Biggart, Nicole Woolsey: Charismatic capitalism – direct selling organizations in America, Chicago 1989.

Birkholz, Manfred / Saller, Wolf: IOS Senkrechtstart und Absturz einer Erfolgsidee – Die Inside-Story einer Investmentgesellschaft, Düsseldorf, Wien 1970.

Bläse, Joachim: Die strafrechtliche Erfassung von Schneeballsystemen, insbesondere Kettenbrief- und System der progressiven Kundenwerbung, Stuttgart 1997.

Bock, Dennis / Wilms, Stephan: Die Verletzung von Privatgeheimnissen (203 StGB), JuS 2011, S. 24–28.

Bölscher, Jens: E-Commerce in der Versicherungswirtschaft, Karlsruhe 2002.

Bongard, Kai: Wirtschaftsfaktor Geldwäsche – Analyse und Bekämpfung, Wiesbaden 2001.

Böse, Martin: Das Bundesverfassungsgericht „bestimmt" den Inhalt des Untreuetatbestandes, Besprechung des Beschlusses des BVerfG vom 23. Juni 2010 – 2 BvR 2559/08; 2 BvR 105/09; 2 BvR 491/09, Jura 2011, S. 617–623.

Bottke, Wilfried: Teleologie und Effektivität der Normen gegen Geldwäsche (Teil 2), wistra 1995, S. 121–130.

Braess, Paul: Versicherungen und Risiko, Wiesbaden 1960.

Brammsen, Joerg / Apel, Simon: Abstimmungsproblem im Verhältnis von Nr. 14 Anhang I UGP-RL und Nr. 14 Anhang zu § 3 Abs. 3 UWG untereinander und zu § 16 Abs. 2 UWG, GRUR Int. 2014, S. 1119–1125.

—: Madoff, Phoenix, Ponzi & Co. – Bedarf das „Schneeballverbot“ der progressiven Kundenwerbung in § 16 Abs. 2 UWG der Erweiterung?, WRP 2011, S. 400–414.

Brammsen, Joerg / Leible, Stefan: Multi-Level-Marketing im System des deutschen Lauterkeitsrechts, BB 1997, Beilage 10 zu Heft 32, S. 1–20.

Bröckers, Kurt: Versicherungsmissbrauch (§ 265 StGB), Aachen 1999.

Brodie, Stewart / Stanworth, John / Wortuba, Thomas R. Comparisons of Salespeople in Multilevel vs. Single Level Direct Selling Organizations, Journal of Personal Selling & Sales Management 2002, S. 67–75.

Bronisch, Otfried: Anm. zum Urteil des LG Lübeck vom 30.06.1950 – 3 C 98/48, VersR 1950, S. 182.

Bruck, Ernst: Das Privatversicherungsrecht, Mannheim, Berlin, Leipzig 1930.

Bruns, Hans-Jürgen: Die Befreiung des Strafrechts vom zivilistischen Denken – Beiträge zu einer selbstständigen, spezifisch strafrechtlichen Auslegungs- und Begriffsbildungsmethodik, Berlin 1938.

Bundesverband Direktvertrieb Deutschland e.V. (Hrsg.). Verhaltensstandards des Direktvertriebs – mit Fairness zum Erfolg, Berlin 2014.

Bünger, Klaus: Plädoyer für Gewerbefreiheit bei Versicherungsvermittlern, GewArch 1994, S. 305–307.

Bühring, Dietrich: Der Einsatz von Laien als Werber unter Gewährung einer Werbeprämie, WRP 1958, S. 321–324.

Bundeskriminalamt (Hrsg.): Bundeslagebilder Wirtschaftskriminalität, Wiesbaden 2000–2013 (zit.: WiKri).

Büscher, Wolfgang: Aus der Rechtsprechung des EuGH und des BGH zum Wettbewerbsrecht seit Ende 2013, GRUR 2015, S. 5–18.

Cantzler, Andreas: Die Neufassung der Brandstiftungsdelikte, JA 1999, S. 474–479.

Çekin, Mesut S.: Strafbarkeitsrisiken beim IT-Outsourcing – Zum externen IT-Dienstleister als Gehilfen im Sinne des § 203 Abs. 2 S. 2 StGB, ZIS 2012, S. 425–430.

Dann, Matthias: Korruption im Notstand – zur Rechtfertigung von Schmiergeld- und Bestechungszahlungen, wistra 2011, S. 127–132.

Dann, Matthias: Und immer ein Stück weiter – Die Reform des deutschen Korruptionsstrafrechts, NJW 2016, S. 203–206.

Dannecker, Gerhard: Die Dynamik des materiellen Strafrechts unter dem Einfluss europäischer und internationaler Entwicklungen, ZStW 117 (2005), S. 697–748.

Deckers, Sven: Die Abgrenzung des Versicherungsvertreters vom Versicherungsmakler, Karlsruhe 2003.

Ditges, Florian: Franchising – die Partnerschaftsform mit System; ein Leitfaden zur ersten Orientierung, Berlin 2001.

Dohmen, Michael: Informations- und Beratungspflichten vor Abschluss des Versicherungsvertrags, Frankfurt am Main 2007.

Dölling, Dieter / Duttge, Gunnar / Rössner, Dieter: Nomos Kommentar gesamtes Strafrecht – StGB/StPO/Nebengesetze, 3. Auflage, Baden-Baden 2013 (zit.: Dölling/Duttge/Rössner – *Bearbeiter*).

Dorka, Michael: Bancassurance in Deutschland: Herausforderungen und Gestaltungsmöglichkeiten des Vertriebsweges Bancassurance im Versicherungsverkauf unter besonderer Berücksichtigung empirischer Erfolgsfaktoren, Mering 2012.

Dornis, Tim W.: Der „Schenkkreis" in der Strafbarkeitslücke? – Zum Tatbestandsmerkmal des „geschäftlichen Verkehrs" in § 16 Abs. 2 UWG, WRP 2007, S. 1303–1307.

Doth, Henning / Laas, Matthias: Hindert der Datenschutz die Übertragung von Maklerbeständen?, VW 2009, S. 140–142.

Durstin, Oskar / Peters Achim: Versicherungsberater und Versicherungsmakler in der rechtspolitischen Entwicklung, VersR 2007, S. 1456–1466.

Ebbing, Frank: Strukturvertrieb oder Schneeballsystem? Zur Zulässigkeit des Multilevel Marketing im US-amerikanischen Recht, GRUR Int. 1998, S. 15–30.

Ebel, Herman: Das Näheverhältnis beim Dreiecksbetrug und bei der Dreieckserpressung, Jura 2008, S. 256–261.

Eckstein, Ken / Püschel, Carolin: Aktuelle Gesetzesvorhaben zur Korruptionsbekämpfung, Newsdienst Compliance 2015, 71001.

Edenfeld, Stefan: Der Schuldner am Pranger – Grenzen zivilrechtlicher Schuldbeitreibung, JZ 1998, S. 645–653.

Eichler, Hermann: Versicherungsrecht, 2. Auflage, Karlsruhe 1976.

Eisele, Jörg: Computer- und Medienstrafrecht, München 2013 (zit.: *Eisele*, Computerstrafrecht).

—: Europäisches Strafrecht – Systematik des Rechtsgüterschutzes durch die Mitgliedsstaaten, JA 2000, S. 991–999.

—: Strafrecht – Besonderer Teil I – Straftaten gegen die Person und die Allgemeinheit, 3. Auflage, Stuttgart 2014 (zit.: *Eisele*, BT I).

Erbs, Georg / Kohlhaas, Max / Ambs, Friedrich: Beck'sche Kurzkommentare – Strafrechtliche Nebengesetze, Band 17, 201. Ergänzungslieferung, München 2015 (zit.: Erbs/Kohlhaas – *Bearbeiter*).

Evers, Jürgen / Oberst, Britta: Schwarze Liste verschärft Wettbewerb, VW 2009, S. 273.

Fabricius, Dirk: Betrug, Betrugsbegriffe und gesellschaftliche Entwicklung, Frankfurt am Main 1985.

Fahl, Christian: Absichtsbegriff im Strafrecht – Bespr. des Beschlusses des BGH vom 23.02.1961 – 4 StR 7/61, JA 1997, S. 110–116.

Farny, Dieter: Versicherungsbetriebslehre, 5. Auflage, Karlsruhe 2011.

Fezer, Karl-Heinz: Lauterkeitsrecht – Kommentar zum Gesetz gegen den unlauteren Wettbewerb (UWG), Band 2: §§ 5 – 22 UWG, München 2005 (zit.: Fezer – *Bearbeiter*).

Finger, Thorsten: Strafbarkeitslücken bei so genannten Kettenbrief-, Schneeball- und Pyramidensystemen, ZRP 2006, S. 159–161.

Fischer, Anne: Versicherungsvermittlung im Internet – der Vertriebskanal der Zukunft?, BB 2012, S. 2773–2779.

Fischer, Detlev: Die Entwicklung des Maklerrechts seit 2007, NJW 2009, S. 3210–3216.

Fischer, Thomas: Strafgesetzbuch mit Nebengesetzen, 61. Auflage, München 2014.

Foth, Heinrich: Betrug und illegales Rechtsgeschäft – eine kritische Bestandsaufnahme, GA 1966, S. 33–46.

Frehrking, Daniel-Christian / Schöffski, Oliver: Strukturvertrieb von Finanzdienstleistungen – Aufbau und Bedeutung, ZfB 64 (1994), S. 571–591.

Freund, Georg: Grundfälle zu den Urkundendelikten, JuS 1993, S. 731–737.

—: Urkundenstraftaten, 2. Auflage, Berlin, Heidelberg 2010.

Fricke, Martin: Einige Gedanken über die Berufsfreiheit der Versicherungsvermittler und die Umsetzung der EG-Vermittlerempfehlung vom 18. 12. 1991 in deutsches Recht, VersR 1995, S. 1134–1137.

Fuellmich, Reiner / Rieger, Stefan: Treuhandmodelle als Quelle für Massenschäden in Milliardenhöhe, ZIP 1999, S. 427–434.

Führer, Christian / Grimmer, Arnd: Versicherungsbetriebslehre, Ludwigshafen (Rhein) 2009.

Fuhrmann, Hans: Die Annahme von sogenannten Aufmerksamkeiten durch Beamte, GA 1959, S. 97–109.

Garmaier, Gerd: Wirtschaftsethische Aspekte des Franchisings: Franchising als Instrument zur Überwindung von Dilemmastrukturen, München 2009.

Gebert, Yvonne / Erdmann, Uwe / Beenken, Matthias: Praxishandbuch Vermittlerrecht, Karlsruhe 2013 (zit.: Gebert/Erdmann/Beenken – *Bearbeiter*).

Geerds, Detlev: Schadensprobleme beim Betrug, Jura 1994, S. 309–321.

Geerds, Friedrich: Versicherungsmißbrauch. Strafrechtliche, kriminologische und kriminalistische Probleme dieser sozialbetrügerischen Praktiken, Lübeck 1991.

Geilen, Gerd: Raub und Erpressung (Schluss), Jura 1980, S. 43–52.

Geisendörfer, Ulrich: Berufs- und Gewerbefreiheit, ein Grundrecht für Unternehmer, GewArch 1995, S. 41–45.

Geppert, Klaus: Versicherungsmißbrauch (§ 265 StGB neue Fassung), Jura 1998, S. 382–386.

Gesamtverband der Deutschen Versicherungswirtschaft e.V. (Hrsg.): Statistisches Taschenbuch der Versichersicherungswirtschaft, Berlin 2014.

—: Unverbindliche Orientierungshilfe zur strafrechtlichen Beurteilung von Einladungen und Geschenken gegenüber Geschäftspartnern und Amtsträgern, Berlin 2013.

—: Verhaltenskodex des Gesamtverbandes der Deutschen Versicherungswirtschaft für den Vertrieb von Versicherungsprodukten, Berlin 2012.

Giesen, Thomas: Zum Begriff des Offenbarens nach § 203 StGB im Falle der Einschaltung privatärztlicher Verrechnungsstellen, NStZ 2012, S. 122–128.

Goethe, Johann Wolfgang: Götz von Berlichingen – Text und Kommentar, 1773; Frankfurt am Main 2001.

Götting, Horst-Peter / Nordemann, Axel: Nomos Kommentar UWG – Handkommentar, 2. Auflage, Baden-Baden 2013 (zit.: NK-UWG – *Bearbeiter*).

Granderath, Peter: Strafbarkeit von Kettenbriefaktionen!, wistra 1988, S. 173–177.

Griess, Heinz-A.; Zinnert, Mario: Der Versicherungsmakler – Position und Funktion aus rechtlicher und wirtschaftlicher Sicht, 3. Auflage, Karlsruhe 1997 (zit.: *Griess/Zinnert*, Versicherungsmakler).

Groß, Claudia: Multi-Level-Marketing, Identität und Ideologie im Network-Marketing, Wiesbaden 2008.

Grote, Joachim / Schaaf, Martin: Neue Haftungsmaßstäbe bei der Vermittlung fondsgebundener Versicherungsprodukte? – Anm. zum Urteil des BGH vom 11.07.2011 – IV ZR 164/11, GWR 2012, S. 477–482.

Gutmann, Alexander: Der Vermögensschaden beim Betrug im Licht der neueren höchstrichterlichen Rechtsprechung (I), MDR 1963, S. 3–8.

Haft, Fritjof: Strafrecht Besonderer Teil II, 8. Auflage, München 2005 (zit.: *Haft*, BT 2).

Haft, Fritjof / Schwoerer, Max: Bestechung im internationalen Geschäftsverkehr; in: Heinrich, Bernd / Hilgendorf, Eric / Mitsch, Wolfgang / Sternberg-Lieben, Detlev (Hrsg.): Festschrift für Ulrich Weber zum 70. Geburtstag, Bielefeld 2004, S. 367–384.

Hannemann, Susanne: Vertrieb von Finanzdienstleistungen – Einsatz von Maklern, Handelsvertretern und Franchise-Systemen, Wiesbaden 1993.

Harte-Bavedamm, Henning / Henning-Bodewig, Frauke: Gesetz gegen den unlauteren Wettbewerb (UWG) mit Preisangabenverordnung – Kommentar, 3. Auflage, München 2013 (zit.: Harte-Bavedamm/Henning-Bodewig – *Bearbeiter*).

Hartung, Jürgen: Datenschutz und Verschwiegenheit bei Auslagerungen durch Versicherungsunternehmen, VersR 2012, S. 400–410.

Hefendehl, Roland: Vermögensgefährdung und Exspektanzen – Das vom Zivilrecht konstruierte und vom Bilanzrecht konkretisierte Herrschaftsprinzip als Grundlage des strafrechtlichen Vermögensbegriffs, Berlin 1994.

Heghmanns, Michael / Niehaus, Holger: Outsourcing im Versicherungswesen und der Gehilfenbegriff des § 203 III 2 StGB, NStZ 2008, S. 57–62.

Heinrich, Bernd: Der Umfang der Ausübung des Hausrechts in einer Wohnung bei mehreren Berechtigten im Rahmen des § 123 StGB, JR 1997, S. 89–96.

Helmer, Georg: Die Geschichte der privaten Feuerversicherung in den Herzogtümern Schleswig und Holstein – insbesondere die Geschichte der Entstehung und Entwicklung der Brandgenossenschaften oder „Brandgilden" in Schleswig-Holstein, Band 2, Berlin 1926.

Helmrich, Jan: Zum Beginn der Verfolgungsverjährung bei Bestechungsdelikten (§§ 299, 331 ff. StGB), wistra 2009, S. 10–15.

Herrmann, Harald / Wilkens, Uta: Das Schicksal der Versicherungs-Vermittlerrichtlinie in Deutschland 2005/2006, DZWiR 2006, 309–315.

Herzog, Felix / Mülhausen, Dietmar: Geldwäschebekämpfung und Gewinnabschöpfung – Handbuch der straf- und wirtschaftsrechtlichen Regelungen, München 2006 (zit.: Herzog/Mühlhausen – *Bearbeiter*).

Hilgendorf, Eric: Grundfälle zum Computerstrafrecht, JuS 1996, S. 702–706.

—: Strafrechtliche Probleme beim Outsourcing von Versicherungsdaten; in: Hilgendorf, Eric (Hrsg.), Informationsstrafrecht und Rechtsinformatik, Berlin 2004, S. 81–118.

Hillenkamp, Thomas: Risikogeschäft und Untreue, NStZ 1981, S. 161–168.

Hoock, Reiner / Lüer, Christoph: Hat der Außendienst ausgedient? – Die traditionelle Ausschließlichkeitsorganisation zeigt tiefgreifenden Veränderungsbedarf, VW 2002, S. 980–981.

Hoth, Jürgen: Waren und gewerbliche Leistungen – Versuch einer Begriffsbestimmung für das Handels-, Wettbewerbs-, Warenzeichen-, Zugabe- und Rabattrecht, WRP 1956, S. 261–268.

Hübner, Ulrich: Notwendigkeit einer Berufsregelung für Versicherungsvermittler in Deutschland; In: Hamburger Gesellschaft zur Förderung des Versicherungswesens mbH (Hrsg.): Berufsregelung für Versicherungsvermittler in Deutschland (1997), S. 3–46 (zit.: *Hübner*).

Ihle, Jörg: Der Informationsschutz des Versicherungsnehmers, Hamburg 2006.

Jabornegg, Peter: Zum Vermittlerbegriff im neuen Versicherungsvermittlungsrecht, VR 2005, S. 128–133.

Jäger, Christian: Die drei Unmittelbarkeitsprinzipien beim Betrug, JuS 2010, S. 761–766.

Jahn, Ralf / Klein, Thoralf: Überblick über das Gesetz zur Neuregelung des Versicherungsvermittlerrechts, DB 2007, S. 957–962.

Jakobs, Günther: Untreue-Vorwurf wegen Verletzung gesellschaftsrechtlicher Sonderpflichten – Mannesmann/Vodafone – Anm. zum Urteil des LG Düsseldorf vom 22.07.2004 – XIV 5/03, NStZ 2005, S. 276–278.

Jansen, Dieter: Allfinanz 2000 – Das Handbuch der Kapitalanlage und Vermögensbildung, Neuwied, Berlin 1992.

Jaques, Henning: Die Bestechungstatbestände unter besonderer Berücksichtigung des Verhältnisses der §§ 331 ff. StGB zu § 12 UWG, Frankfurt am Main 1996.

Joecks, Wolfgang: Studienkommentar StGB, 11. Auflage, München 2014.

Joecks, Wolfgang / Miebach, Klaus: Münchener Kommentar zum StGB, 2. Aufl., München 2012–2015 (zit.: MK StGB – *Bearbeiter*).

Jung, Günther: Makler suchen Bestände – Bestände suchen Makler Erkenntnisse aus Bestandsbewertungen, VW 1997, S. 263–264.

Karas, Othmar: EU/EWR – Herausforderung an die Österreichische Versicherungswirtschaft; in Kalwait, Rainer / Lieber, Bernd / Jakob, Geribert (Hrsg.): Versicherungswirtschaft im Umbruch, S. 27–59, Karlsruhe 2005.

Kargl, Walter: Der strafrechtliche Vermögensbegriff als Problem der Rechtseinheit, JA 2001, S. 714–720.

—: Die Mißbrauchskonzeption der Untreue (§ 266 StGB) – Vorschlag de lege ferenda, ZStW 113 (2001), S. 565–596.

—: Rechtsgüter und Tatobjekte der Strafbestimmung gegen Hausfriedensbruch, JZ 1999, S. 930–938.

—: Urkundenverfälschung durch den Aussteller (§ 267 StGB), JA 2003, S. 604–611.

Karstens, Jens: Schneeballsysteme gemäß der Richtlinie über unlautere Geschäftspraktiken – mehr Fragen als Antworten, Bulletin des Direktvertriebs, Juni 2-2005; S. 19–22.

Karten, Walter: Ökonomische Aspekte einer EU-Richtlinie zur Versicherungsvermittlung, ZVersWiss 2002, S. 43–60.

Kaub, Erich: Franchise-Systeme in der Gastronomie, Saarbrücken 1980.

Keil, Christoph: Der Versicherungsmakler im gegenwärtigen und zukünftigen Markt, VW 1990, S. 311–320.

Keller, Rainer: Anm. zum Urteil des BGH vom 11.11.1982 – 4 StR 406/82, JR 1983, S. 515–517.

Kern, Holger: Bancassurance – Modell der Zukunft?, Karlsruhe 1999.

Kienle, Florian / Kappel, Jan: Korruption am Bau – Ein Schlaglicht auf Bestechlichkeit und Bestechung im geschäftlichen Verkehr, NJW 2007, S. 3530–3535.

Kilian, Robert: Strafbare Werbung (§ 16 UWG), Baden-Baden 2011.

–: Zur Strafbarkeit von Ponzi-Schemes – Der Fall Madoff nach deutschem Wettbewerbs- und Kapitalmarktstrafrecht, HRRS 2009, S. 285–290.

Kindhäuser, Urs: Strafrecht Allgemeiner Teil, 7. Auflage, Baden-Baden 2015.

Kindhäuser, Urs / Nikolaus, Sonja: Der Tatbestand des Betrugs (§ 263 StGB), JuS 2006, S. 193–198.

Kindhäuser, Urs / Neumann, Ulfrid / Paeffgen, Hans-Ullrich: Nomos Kommentar Strafgesetzbuch, 4. Auflage, Baden-Baden 2013 (zit.: NK-StGB – *Bearbeiter*).

Kintzi, Heinrich: Externe Datenverarbeitung von Berufsgeheimnissen im Kontext von § 203 StGB – Verletzung von Privatgeheimnissen, DRiZ 2007, S. 244–249.

Koch, Peter: Aktuelle Fragen des Versicherungsmaklerrechts – zugleich Besprechung von Grieß / Zinnert: „Der Versicherungsmakler"; VersR 1997, S. 1200–1203.

–: Der Versicherungsmakler im neuen Vermittlerrecht, VW 2007, S. 248–254.

Köhler, Helmut / Bornkamm, Joachim: Gesetz gegen den unlauteren Wettbewerb, 33. Auflage, München 2015.

Köpke, Jan: Die Bedeutung des § 203 Abs. 1 Nr. 6 StGB für Private Krankenversicherer, insbesondere bei der innerorganisatorischen Geheimnisweitergabe, Heidelberg 2003.

Kraatz, Erik: Brandstiftung bei gemischt-genutzten Gebäuden, JuS 2012, S. 691–694.

Krack, Ralf / Radtke, Henning: Der Dreiecksbetrug oder die Fragwürdigkeit der „Befreiung des Strafrechts vom zivilistischen Denken" – Anm. zum Urteil des OLG Celle vom 12.10.1993 – 1 Ss 166/93, JuS 1995, S. 17–21.

Krets, Jérôme: Strafrechtliche Erfassung des Versicherungsmißbrauchs und des Versicherungsbetrugs nach dem Sechsten Strafrechtsreformgesetz, Heidelberg 2001.

Krey, Volker / Hellmann, Uwe / Heinrich, Manfred: Strafrecht Besonderer Teil – Studienbuch in systematisch-induktiver Darstellung; Band 2: Vermögensdelikte, 16. Auflage, Stuttgart 2012.

Kühl, Kristian: Täterschaft und Teilnahme, JA 2014, S. 668–674.

Küper, Wilfried / Zopfs, Jan: Strafrecht Besonderer Teil – Definitionen mit Erläuterungen, 9. Auflage, Heidelberg 2015.

Küstner, Wolfram / Thume, Karl-Heinz: Handbuch des gesamten Außendienstrechts; Band 3 – Vertriebsrecht, Frankfurt am Main 2009.

Lackner, Karl / Kühl, Kristian / Heger, Martin: Strafgesetzbuch – Kommentar, 28. Auflage, München 2014 (zit.: *Lackner/Kühl*).

Lampe, Ernst-Joachim: Strafrechtliche Probleme der „progressiven Kundenwerbung", GA 1977, S. 33–55.

–: Soll ein Straf- oder Bußgeldtatbestand gegen die progressive Kundenwerbung für Waren oder Leistungen geschaffen werden? – Referat für die 11. Arbeitstagung der Kommission zur Bekämpfung der Wirtschaftskriminalität 08. – 12. März

1976; in: Tagungsberichte der Sachverständigenkommission zur Bekämpfung der Wirtschaftskriminalität, Band VIII, Anlage 10, Bonn 1976 (zit.: *Lampe*, Referat).

von Landmann, Robert / Rohmer, Gustav: Gewerbeordnung und ergänzende Vorschriften – Kommentar, Band 1, 68. Ergänzungslieferung, München 2014 (zit.: Landmann/Rohmer – *Bearbeiter*, GewO).

Langheid, Theo / Wandt, Manfred: Münchener Kommentar zum Versicherungsvertragsgesetz, Band 1, München 2010 (zit.: MK VVG – *Bearbeiter*).

Laufhütte, Heinrich Wilhelm / Rissing-van Saan, Ruth / Tiedemann, Klaus: Strafgesetzbuch, Leipziger Kommentar, (zit.: LK – *Bearbeiter*).

—: Band 4: §§ 80–109k, 12. Auflage, Berlin 2007.

—: Band 5: §§ 110–145d, 12. Auflage, Berlin 2009.

—: Band 6: §§ 146–210, 12. Auflage, Berlin 2009.

—: Band 9 / Teil 1: §§ 263–266b, 12. Auflage, Berlin 2012.

—: Band 9 / Teil 2: §§ 267–283d, 12. Auflage, Berlin 2009.

Leible, Stefan: Multi-Level-Marketing ist nicht wettbewerbswidrig!, Anm. zum Urteil des LG Offenburg vom 07.08.1997 – 2 O 60/96, WRP 1998, S. 18–21.

Leip, Carsten: Der Straftatbestand der Geldwäsche – Zur Auslegung des § 261 StGB, Berlin, Baden-Baden 1995.

Leitner, Werner / Rosenau, Henning: Wirtschafts- und Steuerstrafrecht, 1. Auflage, Baden-Baden 2017 (zit.: NK-WSS – *Bearbeiter*).

Liebenam, Wilhelm: Zur Geschichte und Organisation des römischen Vereinswesens – 3 Untersuchungen, Aalen 1964.

Lindenau, Kerstin: Die Betrugsstrafbarkeit des Versicherungsnehmers aus strafrechtlicher und kriminologischer Sicht, Hamburg 2005.

Martinek, Michael, Semler, Franz-Jörg / Habermeier, Stefan / Flohr, Eckhard: Handbuch des Vertriebsrechts, 3. Auflage, München 2010 (zit.: Martinek/Semler/Habermeier/Flohr – *Bearbeiter)*.

Mäsch, Gerald / Hesse, Katharina: Multi-Level-Marketing im straffreien Raum – Veränderung der strafrechtlichen Beurteilung von Direktvertriebssystemen durch die UWG-Novelle 2004, GRUR 2010, S. 10–15.

Mäsch, Gerald: Voraussetzung eines unzulässigen Schneeballsystems; Anm. zum Urteil des EuGH vom 03.04.2014 – C-515/12, GRUR-Prax, S. 232–233.

Matschewsky, Hans: Der Versicherungsbetrug im künftigen Recht, Düsseldorf 1934.

Mattern, Isabel: Das Informationsmodell im VVG unter Berücksichtigung der Auswirkungen auf die AGB-Kontrolle, Karlsruhe 2011.

Matusche, Annemarie: Pflichten und Haftung des Versicherungsmaklers, 4. Auflage, Karlsruhe 1995.

Matusche-Beckmann, Annemarie: Probleme bei der Abgrenzung des Versicherungsagenten vom Versicherungsmakler, VersR 1995, S. 1391–1398.

Meier, André: Der rechtliche Schutz patientenbezogener Gesundheitsdaten, Karlsruhe 2003.

Meixner, Oliver / Steinbeck, René: Allgemeines Versicherungsvertragsrecht, 2. Auflage, München 2011.

Mennicke, Petra / Radtke, Henning: Die Abtretung von Honorarforderungen aus strafrechtlicher Sicht, MDR 1993, 400–404.

Mensching, Christopher: Verbraucherschutz durch Berufsregelungen für Versicherungsvermittler, Bonn 2001.

Michaelis, Oliver: Die Systemfehler der Finanzkrise, Köln 2011.

Mitsch, Wolfgang: Die Untreue – Keine Angst vor § 266 StGB!, JuS 2011, S. 97–103.

—: Die Vermögensdelikte im Strafgesetzbuch nach dem 6. Strafrechtsreformgesetz, ZStW 111(1999), S. 65–122.

Möhrenschlager, Manfred: Anm. zum Beschluss des LG Fulda vom 15.12.1983 – 27 Js 7608/81, wistra 1984, S. 191–192.

Möller, Hans: Recht und Wirklichkeit der Versicherungsvermittlung – eine rechtspolitische Studie, Hamburg 1944.

Müller-Christmann, Bernd: Warenhauspassage als Geschäftsraum oder befriedetes Besitztum? – Anm. zum Urteil des OLG Oldenburg vom 21.01.1985 – Ss 566/84, Jus 1987, S. 19–24.

Müller-Vogg, Hugo: Reinfried Pohl – Der Doktor, der Kämpfer, der Sieger, Hamburg 2013.

Nagler, Johannes: Bezugscheine als Objekte von Vermögensverbrechen, ZAkDR 1941, S. 294–296.

Neuhaus, Heike: Der endgültige Täuschungsentschluss – eine Strafbarkeitsvoraussetzung der Urkundenfälschung?, GA 1994, S. 224–233.

Ohly, Ansgar / Sosnitza, Olaf: Gesetz gegen den unlauteren Wettbewerb mit Preisangabenverordnung – Kommentar, 6. Auflage, München 2014.

Olesch, Norbert: § 16 II UWG: Ein Schiff ohne Wasser, WRP 2007, S. 908–911.

Otto, Harro: Die neue Rechtsprechung zum Betrugstatbestand, Jura 2002, S. 606–615.

—: Die Struktur des strafrechtlichen Vermögensschutzes, Berlin 1970 (zit.: *Otto*, Vermögensschutz).

—: „Geldgewinnspiele“ und verbotene Schneeballsysteme nach § 6c UWG, wistra 1997, S. 81–89.

—: Spielgewinn ohne Spiel – Strafrecht als Mittel der Bekämpfung sozial lästiger Verhaltensweisen – in: Graul, Eva / Wolf, Gerhard (Hrsg); Gedächtnisschrift für Dieter Meurer, Berlin 2002, S. 263–282 (zit.: *Otto*, GS Meurer).

—: Strafrechtliche Konsequenzen aus der Ermöglichung der Kenntnisnahme von Bankgeheimnissen in einem öffentlich-rechtlichen Kreditinstitut durch Wartungs- und Servicepersonal eines Computer-Netzwerkes, wistra 1999, S. 201–206.

—: Wirtschaftliche Gestaltung am Strafrecht vorbei – Dargestellt am Beispiel des § 6c UWG –, Jura 1999, S. 97–104.

—: Zur progressiven Kundenwerbung nach § 6c UWG durch Veranstaltung eines Pyramidensystems – Anm. zum Beschluss des BGH vom 22.10.1997 – 5 StR 223/97, wistra 1999, S. 227–228.

Otto, Harro / Brammsen, Joerg: Progressive Kundenwerbung, Strukturvertrieb und Multi-Level-Marketing, WiB 1996, S. 281–292.

Palandt, Otto: Bürgerliches Gesetzbuch, 74. Aufl., München 2015 (zit.: Palandt – *Bearbeiter*).

Park, Tido: Nomos Kommentar Kapitalmarktstrafrecht – Straftaten / Ordnungswidrigkeiten / Finanzaufsicht / Compliance, 3. Auflage, Baden-Baden 2013 (zit.: Park – *Bearbeiter*).

Peglau, Jens: Die Regelbeispiele des § 263 Abs. 3 Nr. 2 StGB, wistra 2004, S. 7–10.

Posselt, Thorsten: Das Design vertraglicher Vertriebsbeziehungen am Beispiel Franchising, ZfB 1999, S. 347–375.

Pragal, Oliver: Die Korruption innerhalb des privaten Sektors und ihre strafrechtliche Kontrolle durch § 299 StGB – Erscheinungsformen, Rechtsgut, Tatbestandsauslegung und ein Reformvorschlag, Köln 2006.

Preuß, Sascha: Produktvertrieb durch Strukturvertrieb, Frankfurt 2011.

Prölss, Jürgen / Martin, Anton: Versicherungsvertragsgesetz, 29. Aufl., München 2015 (zit.: Prölss/Martin – *Bearbeiter*).

Puchta, Michael; Hofmann, Ulrike; Bachmann, Christoph: Adele Spitzeder – Ein Bankenskandal erschüttert München, München 2010.

Radtke, Henning: Der praktische Fall Strafrecht: Eine Bewerbung mit kleinen Fehlern, JuS 1995, S. 236–238.

—: Neue Formen der Datenspeicherung und das Urkundenstrafrecht, ZStW 115 (2003), S. 26–59.

Randt, Karsten: Abermals Neues zur Korruptionsbekämpfung: Die Ausdehnung der Angestelltenbestechung des § 299 StGB auf den Weltmarkt, BB 2002, S. 2252–2256.

Ransiek, Andreas: Risiko, Pflichtwidrigkeit und Vermögensnachteil bei der Untreue, ZStW 116 (2004), S. 634–679.

Raube, Ralf: Strafrechtliche Probleme der progressiven Kundenwerbung unter besonderer Berücksichtigung von Kettenbriefen, Pfaffenweiler 1995.

Reiff, Peter: Aspekte einer Neugestaltung des Rechts der Versicherungsvermittlung, ZVersWiss 2002, S. 103–136.

—: Das Gesetz zur Neuregelung des Versicherungsvermittlerrechts, VersR 2007, S. 717 - 731.

—: Das Versicherungsvermittlerrecht nach der Reform, ZVersWiss 2007, S. 535–574.

—: Die Haftung des Versicherers für Versicherungsvermittler, Teil 1, r+s 1998, S. 89–96.

Rein, Detlev: Die Bedeutung der §§ 203 ff. StGB n.F. für die private Personenversicherung, VersR 1976, S. 117–124.

Rengier, Rudolf: Die „harmonische" Abgrenzung des Raubes von der räuberischen Erpressung entsprechend dem Verhältnis von Diebstahl und Betrug, JuS 1981, S. 654–662.

—: Die Unterscheidung von Zwischenzielen und unvermeidlichen Nebenfolgen bei der Betrugsabsicht, JZ 1990, S. 321–326.

—: Strafrecht Besonderer Teil I – Vermögensdelikte, 15. Auflage, München 2013 (zit.: *Rengier*, BT I).

—: Strafrecht Besonderer Teil II – Delikte gegen die Person und die Allgemeinheit, 16. Auflage, München 2015 (zit.: *Rengier*, BT II).

Richter, Hans: Kettenbriefe doch Straflos?; Anm. zum Urteil des BayObLG vom 21.03.1990 – 4 St 226/89, wistra 1990, S. 216–218.

—: Strafloses Betreiben eines Kettenbriefsystems? – Anm. zum Beschluss des BGH vom 29.09.1986 – 4 StR 148/86, wistra 1987, S. 276–278.

Riesenkampff, Alexander / Schuba, Boris: Wie sicher sind die Auszahlungen des Schneeballsystems an seine Anleger?, NJW 2010, S. 571–575.

Rittner, Fritz: Wirtschaftsrecht – Ein Lehrbuch, 2. Auflage, Heidelberg 1987.

Rittner, Fritz / Dreher, Meinrad / Kulka, Michael: Wettbewerbs- und Kartellrecht – Eine systematische Darstellung des deutschen und europäischen Rechts, 8. Auflage, Heidelberg 2014.

Rogall, Klaus: Die Verletzung von Privatgeheimnissen (§ 203 StGB) – Aktuelle Probleme und ungelöste Fragen, NStZ 1983, S. 1–9.

Römer, Wolfgang / Langheid, Theo: Versicherungsvertragsgesetz: VVG, 4. Auflage, München 2014 (zit.: Römer/Langheid – *Bearbeiter*).

Römer, Wolfgang: Versicherungsvertragsrecht – Neuere höchstrichterliche Rechtsprechung, 7. Auflage, Köln 1997.

Römermann, Volker: Doppelt geschädigte Kapitalanleger? – Der Fall „Phoenix", NZG 2009, 1261–1263.

Rönnau, Thomas: Der neue Straftatbestand des Versicherungsmißbrauchs – eine wenig geglückte Gesetzesregelung, JR 1998, S. 441–446.

Röske, Marcus / Böhme, Frank: Der vermeintliche Betriebsinhaber als tauglicher Täter i.S.d. § 299 StGB, wistra 2011, S. 445–447.

Roxin, Claus: Anmerkung zum Urteil des BGH vom 21.04.1986 – 2 StR 661/85, JZ 1997, S. 210–212.

Rudolphi, Hans-Joachim / Horn, Eckhard / Samson, Erich / Wolter, Jürgen: SK StGB – Systematischer Kommentar zum Strafgesetzbuch, Loseblatt, 8. Auflage, Stand: 148 Ergänzungslieferung, Köln 2014 (zit.: SK – *Bearbeiter*).

Säcker, Franz Jürgen / Rixecker, Roland: Münchener Kommentar zum Bürgerlichen Gesetzbuch, Band 1, 6. Auflage, München 2012 (zit.: MK BGB – *Bearbeiter*).

Salinger, Frank: Das Untreuestrafrecht auf dem Prüfstand der Verfassung, NJW 2010, S. 3195–3198.

—: Rechtsprobleme des Untreuetatbestandes, JA 2007, S. 326–334.

Samson, Erich: Grundprinzipien des strafrechtlichen Vermögensbegriffes, JA 1989, S. 510–514.

—: Grundprobleme der Urkundenfälschung, JuS 1970, S. 369–376.

Satzger, Helmut: Besprechung des Urteils des BayObLG vom 18.12.1997 – 5 St RR 67/97, JA 1998, S. 926–929.

—: Probleme des Schadens beim Betrug, Jura 2009, S. 518–528.

Satzger, Helmut / Schluckebier, Wilhelm / Widmaier, Gunter: StGB Strafgesetzbuch – Kommentar, 2. Auflage, Köln 2014 (zit.: SSW – *Bearbeiter*).

Schad, Thomas: Betrügereien gegen Versicherungen, München 1965.

Schade, Jürgen: Geschäfte an der Haustür durch unbestellte Vertreter, Köln 1978.

Schimikowski, Peter: Versicherungsvertragsrecht, 5. Auflage, München 2014.

Schindler, Susanne: Mobile Business in der Versicherungswirtschaft – Einsatzpotentiale in der Kundenkommunikation, Karlsruhe 2002.

Schlüchter, Ellen: Zweites Gesetz zur Bekämpfung der Wirtschaftskriminalität – Kommentar mit einer kriminologischen Einführung, Heidelberg 1987.

Schmahl, C. H.: Multi Level Marketing – Erläuterung des Multi Level Marketings und Eingliederung in den wirtschaftlichen Kontext mit Darstellung der Chancen und Risiken für Unternehmen, Networker und Konsumenten durch Multi Level Marketing als alternativer Vertriebskanal, Aachen 2006.

Schmid, David: Korruption durch Bonuszuwendungen – Strafbarkeit der (Media-) Agentur als Beauftragte im Sinne von § 299 Abs. 1 StGB, Freiburg im Breisgau, 2013.

Schmitz, Roland: Verletzung von (Privat)geheimnissen – Der Tatbestand des § 203 StGB, JA 1996, S. 772–777.

—: Verletzung von (Privat)geheimnissen – Qualifikationen und ausgewählte Probleme der Rechtfertigung, JA 1996, S. 949–955.

Schneider, Christian: Der Vertrieb von Versicherungen über das Internet nach Inkrafttreten der EG-Richtlinie über den Fernabsatz von Finanzdienstleistungen; Berlin 2004 (zit.: *Schneider*, der Vertrieb von Versicherungen über das Internet).

Schneider, Swen: Elektronische Verträge und Vertrauen im Internet – Modellierung von Vertrags- und Vertrauensmanagementprozessen bei Telearbeit und Telekooperationen in virtuellen Organisationen mittels XML-Netzen; Wiesbaden 2003 (zit.: *Schneider*, Elektronische Verträge und Vertrauen im Internet).

Schönleiter, Ulrich: Das neue Recht für Versicherungsvermittler, GewArch 2007, S. 265–273.

Schönke, Adolf / Schröder, Horst: Strafgesetzbuch – Kommentar, 29. Auflage, München 2014 (zit.: Sch/Sch – *Bearbeiter*).

Schöttle, Hendrik: Die Schwarze Liste – Übersicht über die neuen Spezialtatbestände des Anhangs zu § 3 Abs. 3 UWG, WRP 2009, S. 673–683.

Schreiber, Hans-Ludwig / Beulke, Werner: Untreue durch Verwendung von Vereinsgeldern zu Bestechungszwecken – Anm. zum Urteil des BGH vom 27.02.1975 – 4 StR 571/74, Jus 1977, S. 656–661.

Schüll, Christian: Die Strafbarkeit von Versicherungsnehmer und Versicherungsvermittler nach dem Strafgesetzbuch (StGB), Berlin 2011.

Schünemann, Bernd: Raub und Erpressung (3.Teil), JA 1988, S. 486–493.

Schwintowski, Hans-Peter: Unkündbare Kostenausgleichsvereinbarung neben Versicherungsvertrag, Anm. zum Urteil des BGH vom 12.03.2014 – IV ZR 295/13, NJW 2014, S. 1658–1663.

Seier, Jürgen / Martin, Susanne: Die Untreue (§ 266 StGB), JuS 2001, S. 874–878.

Skaupy, Walther: Franchising – Handbuch für die Betriebs- und Rechtspraxis, 2. Auflage, München 1995.

Sonnen, Bernd-R.: Schadensberechnung beim Handel mit Warenterminoptionen – Anm. zum Beschluss des BGH vom 23.02.1982 – 5 StR 685/11, NStZ 1983, S. 72–74.

Sosnitza, Olaf: Der Gesetzentwurf zur Umsetzung der Richtlinie über unlautere Geschäftspraktiken, WRP 2008, S. 1014–1034.

Spindler, Gerald / Schuster, Fabian: Recht der elektronischen Medien – Kommentar, 3. Auflage, München 2015 (zit.: Spindler/Schuster – *Bearbeiter*).

Sprafke, Jan: Korruption, Strafrecht und Compliance, Berlin 2010.

Steiner, Michael: Der GDV-Vertriebskodex 2013: Zahnloser Tiger oder Wolf im Schafspelz?, CCZ 2014, S. 50–62.

Streng, Franz: „Passives Tun" als dritte Handlungsform – nicht nur beim Betrug – Plädoyer für eine kausalitätsorientierte Abgrenzung von Tun und Unterlassen, ZStW 122 (2010), S. 1–23.

Taupitz, Jochen: Macht und Ohnmacht der Verbraucher auf dem dekontrollierten europäischen Versicherungsmarkt, VersR 1995, S. 1125–1134.

Teichler, Maximilian: Das zukünftige Vermittlerrecht, VersR 2002, S. 385–392.

Tenckhoff, Joerg: Anm. zum Beschluss des BGH vom 28.04.1987 – 5 StR 566/86, JR 1988, S. 126–128.

—: Die Vermögensverfügung des Genötigten als ungeschriebenes Tatbestandsmerkmal der §§ 253, 255 StGB, JR 1974, S. 489–493.

Thume, Karl-Heinz: Multi-Level-Marketing, ein stets sittenwidriges Vertriebssystem?, WRP 1999, S. 280–286.

Thust, Wolfgang: Geldmaschine Strukturvertrieb, 4. Auflage, Wiesbaden 2010.

Tiedemann, Klaus: Der Vergleichsbetrug; in: Kohlmann, Günter (Hrsg.): Festschrift für Ulrich Klug zum 70. Geburtstag, Band 2, Köln 1983, S. 405–417 (zit.: *Tiedemann*, FS Klug).

—: Europäisches Gemeinschaftsrecht und Strafrecht, NJW 1993, S. 23–31.

Tietz, Bruno: Struktur und Dynamik des Direktvertriebs – Eine betriebswissenschaftliche Analyse für die Bundesrepublik Deutschland, Landsberg am Lech 1995.

—: Strukturvertrieb, WiSt 1994, S. 629–630.

Tiffe, Achim: Der Fall Prokon, die Aufsicht und der Ruf nach Verboten, VuR 2014, S. 81–82.

Többens, Hans W.: Die Straftaten nach dem Gesetz gegen den unlauteren Wettbewerb (§ 16–19 UWG), WRP 2005, S. 552–561.

Traub, Wolfgang: Marktfunktion und Dienstleistung des Versicherungsmaklers auf der Grundlage informationsökonomischer Ergebnisse, Karlsruhe 1995.

—: Marktfunktion und Dienstleistung des Versicherungsmaklers, ZVersWiss 1994, S. 369–397.

Trinkhaus, Hans: Handbuch der Versicherungsvermittlung – Provisionen und Abfindungen der Versicherungsvermittler, Band I, Berlin 1955.

Unger, Brigitte: Die Versicherungsvermittlung im Wirkungsfeld des Aufsichts- und Wettbewerbsrechts, Karlsruhe 1987.

Usinger, Wolfgang / Jung, Martin: Die Gebührenunterhebung – ein strafbarer Tatbestand?, wistra 2011, S. 452–457.

Verbraucherzentrale Bundesverband: Stellungnahme des Verbraucherzentrale Bundesverbandes zur Neugestaltung des Rechts der Versicherungsvermittlung und des Berufs „Versicherungsberater“, Berlin 2006.

Voß, Georg / Höft, Erich / Müller-Stein / Jörg: Das Recht der Versicherungsvermittlung, 3. Auflage, Wiesbaden 1990.

Wabnitz, Heinz-Bernd / Janovsky, Thomas: Handbuch des Wirtschafts- und Steuerstrafrechts, 4. Auflage, München 2014 (zit.: Wabnitz/Janovsky – *Bearbeiter).*

Walther, Felix: Das Korruptionsstrafrecht des StGB, Jura 2010, S. 511–520.

Walter, Tonio: Angestelltenbestechung, internationales Strafrecht und Steuerstrafrecht – Entgegnung auf *Randt*, BB 2000, 1006, wistra 2001, S. 321–327.

Warda, Günter: Grundzüge der strafrechtlichen Irrtumslehre (4. Teil), Jura 1979, S. 286–297.

Weiß, Regina: Das abredewidrig ausgefüllte Blankett – echte oder unechte Urkunde, Jura 1993, S. 288–293.

Wendt, Fred: Konstellationen des Versicherungsbetruges – Tatbedingungen und Opferreaktionen Tübingen 1995.

Wehling, Margret: Anreizsysteme im Multi-Level-Marketing, Stuttgart 1999 (zit.: *Wehling*, Anreizsysteme).

—: Strukturvertrieb – Kurzfristige Modeerscheinung oder Vertriebsorganisationsform der Zukunft? (Teil 1), zfo 1994, S. 203–209.

Werber, Manfred: „Best advice" und die Sachwalterhaftung des Versicherungsmaklers, VersR 1992, S. 917–923.

—: Zur Rechtsstellung des Versicherungsmaklers in heutiger Zeit, VW 1988, S. 1159–1167.

Wesselhöft, Hilke: Datenschutz im Versicherungswesen, Frankfurt am Main 1996.

Wessels, Johannes / Beulke, Werner / Satzger, Helmut: Strafrecht Allgemeiner Teil – Die Straftat und ihr Aufbau, 44. Auflage, Heidelberg 2014.

Wessels, Johannes / Hettinger, Michael: Strafrecht Besonderer Teil 1 – Straftaten gegen Persönlichkeits- und Gemeinschaftswerte. 38. Auflage, Heidelberg 2014.

Wessels, Johannes / Hillenkamp, Thomas: Strafrecht Besonderer Teil 2 – Straftaten gegen Vermögenswerte, 37. Auflage, Heidelberg 2014.

Wesselhöft, Hilke: Datenschutz im Versicherungswesen, Frankfurt am Main 1996.

Winter, Gerrit: Das Provisionsabgabeverbot in der Lebensversicherung – Grenzen und zivilrechtliche Auswirkungen, VersR 2002, S. 1055–1066.

Wirtz, Bernd W. / Vogt, Patrick / Denger, Katharina: Electronic Business in der Versicherungswirtschaft, ZVersWiss 2002, S. 161–190.

Wittig, Petra: Die Absicht der rechtswidrigen Bereicherung, JA 2013, S. 401–406.

—: § 299 StGB durch Einschaltung von Vermittlerfirmen bei Schmiergeldzahlungen, wistra 1998, S. 7–10.

Wollschläger, Sebastian: Der Täterkreis des § 299 Abs. 1 StGB und Umsatzprämien im Stufenwettbewerb, Heidelberg 2009.

Wolff, Carsten: Die Neuregelung des Versicherungsmißbrauchs (§ 265, § 263 Abs. 3 Satz 2 Nr. 5 StGB), Frankfurt am Main 2000.

Wolters, Gereon: Das sechste Gesetz zur Reform des Strafrechts, JZ 1998, S. 397–400.

Wrange, Nikolaus: Was ist (teilweises) Zerstören durch eine Brandlegung?, JR 2000, S. 360–363.

Wünsche, Kai: Abgrenzung zulässiger Multi-Level-Marketing-Systeme von unzulässiger progressiver Kundenwerbung, BB 2012, S. 273–278.

Zacharias, Michael M.: Network-Marketing: Beruf und Berufung – Karrierechancen im Zukunftsmarkt Direktvertrieb, 2. Auflage, Augsburg 2008.

Zierke, Horst: Versicherungsberater – Versicherungsvermittler, MDR 1989, S. 780–781.

Zieschang, Frank: „Urkundentricks“, JA 2008, S. 192–198.

Zinnert, Mario: Das Recht des Versicherungsmaklers am Anfang des 21. Jahrhunderts – Rechtliche und rechtspolitische Streiflichter–; VersR 2000, S. 399–407.

Zinnert, Mario: Recht und Praxis des Versicherungsmaklers, Karlsruhe 2008 (zit.: *Zinnert*, Versicherungsmakler).

Zopfs, Jan: Erfordert der Schutz des Versicherers den strafrechtlichen Tatbestand des Versicherungsmissbrauchs (§ 265 StGB)?, VersR 1999, S. 265–273.

Zuckoff, Mitchell: Ponzi's Scheme – the true story of a financial legend, New York 2005.

Zumpf, Christian: Informations- und Beratungspflichten des Versicherungsvermittlers, Berlin 2011